W0326747

jetzt lerne ich

VBA mit Access

Unser Online-Tipp
für noch mehr Wissen ...

... aktuelles Fachwissen rund
um die Uhr – zum Probelesen,
Downloaden oder auch auf Papier.

www.InformIT.de

jetzt lerne ich

VBA mit Access

Der einfache Einstieg in die
Datenbankprogrammierung

BERND HELD

Markt+Technik

Bibliografische Information Der Deutschen Bibliothek
Die Deutsche Bibliothek verzeichnet diese Publikation in der Deutschen Nationalbibliografie; detaillierte bibliografische Daten sind im Internet über <http://dnb.ddb.de> abrufbar.

Die Informationen in diesem Produkt werden ohne Rücksicht auf einen eventuellen Patentschutz veröffentlicht.
Warennamen werden ohne Gewährleistung der freien Verwendbarkeit benutzt.
Bei der Zusammenstellung von Texten und Abbildungen wurde mit größter Sorgfalt vorgegangen.
Trotzdem können Fehler nicht vollständig ausgeschlossen werden.
Verlag, Herausgeber und Autoren können für fehlerhafte Angaben und deren Folgen weder eine juristische Verantwortung noch irgendeine Haftung übernehmen.
Für Verbesserungsvorschläge und Hinweise auf Fehler sind Verlag und Herausgeber dankbar.

Alle Rechte vorbehalten, auch die der fotomechanischen Wiedergabe und der Speicherung in elektronischen Medien.
Die gewerbliche Nutzung der in diesem Produkt gezeigten Modelle und Arbeiten ist nicht zulässig.

Fast alle Hardware- und Softwarebezeichnungen und weitere Stichworte und sonstige Angaben, die in diesem Buch verwendet werden, sind als eingetragene Marken geschützt.
Da es nicht möglich ist, in allen Fällen zeitnah zu ermitteln, ob ein Markenschutz besteht, wird das ® Symbol in diesem Buch nicht verwendet.

Umwelthinweis:
Dieses Buch wurde auf chlorfrei gebleichtem Papier gedruckt.
Um Rohstoffe zu sparen, haben wir auf Folienverpackung verzichtet.

10 9 8 7 6 5 4 3 2 1

09 08 07

ISBN 978-3-8272-4119-1

© 2007 by Markt+Technik Verlag,
ein Imprint der Pearson Education Deutschland GmbH,
Martin-Kollar-Straße 10–12, D-81829 München/Germany
Alle Rechte vorbehalten
Lektorat: Brigitte Bauer-Schiewek, bbauer@pearson.de
Herstellung: Martha Kürzl-Harrison, mkuerzl@pearson.de
Korrektorat: Petra Kienle
Coverkonzept: independent Medien-Design, Widenmayerstraße 16, 80538 München
Covergestaltung: Thomas Arlt, tarlt@adesso21.net
Satz: text&form GbR, Fürstenfeldbruck
Druck und Verarbeitung: Graficas Cems, Villatuerta
Printed in Spain

Übersicht

Inhaltsverzeichnis

Liebe Leserin, lieber Leser!

Das Programm Access ist technisch sehr ausgereift und Sie werden auf den ersten Blick nicht viel vermissen, was Sie für Ihre tägliche Arbeit brauchen. Mithilfe von VBA-Makros lassen sich aber gerade tägliche lästige Routinearbeiten weitestgehend automatisieren. Sie haben einmalig den Aufwand mit der Erstellung der dazu benötigten Prozeduren. Später profitieren Sie jedoch davon und Ihnen bleibt viel mehr Zeit für andere Dinge. Außerdem werden Sie zunehmend auf programmierte Access-Lösungen stoßen. Nur wenn Sie selbst mit VBA programmieren können, verstehen Sie diese Lösungen wirklich und können sie selbst auf Ihre Bedürfnisse hin abändern, ohne auf externe Dienstleister zurückgreifen zu müssen.

Dieses Buch ist für die Access-Versionen 2000 bis 2007 konzipiert und untergliedert sich in zehn Kapitel. Am Ende des Buchs beherrschen Sie den effektiven Umgang mit VBA-Prozeduren und die Entwicklung eigener Lösungen.

Bei Nachfragen und für allgemeines Feedback zu meinem Buch erreichen Sie mich über meine Homepage *http://held-Office.de* oder über *info@pearson.de*. So erreichen Sie gleichzeitig auch den Verlag. Auf der Homepage von Markt+Technik finden Sie ein eigenes VBA-Forum, wo Sie Ihre VBA-Fragen loswerden können. Ich moderiere dieses Forum zusammen mit meiner sehr geschätzten Kollegin Monika Weber. Sie sind natürlich herzlich eingeladen, in diesem VBA-Forum mitzumachen.

Möchten Sie einen VBA-Kurs besuchen, so finden Sie auf meiner Homepage regelmäßig Schulungsangebote. Diese Angebote reichen von Einzelschulungen in meinem Schulungsraum bei Vaihingen-Enz/Roßwag bis hin zu

Hotel- und Firmenschulungen. Gerne komme ich auch direkt zu Ihnen in Ihre Firma, um VBA zu schulen.

Nun aber viel Spaß beim Lesen und bei der Programmierung Ihrer Datenbanken!

Bernd Held

HINWEIS

Da bei diesem Buch keine CD vorgesehen ist, können Sie die Daten gerne bei mir über die E-Mail-Adresse *held-office@t-online.de* anfordern.

Kapitel 1

jetzt lerne ich

Erste Schritte mit Access-VBA

Die Programmiersprache in Microsoft Access heißt VBA (Visual Basic for Application). Diese Sprache ist auch in allen anderen Office-Anwendungen integriert, was bedeutet, dass Sie sogar über Access hinaus Daten an andere Anwendungen wie Excel, Word oder Outlook weitergeben können. Dieses Buch beschäftigt sich mit der Programmierung von Access-Tabellen, Abfragen, Formularen und Berichten.

Die Programmiersprache VBA setzen Sie vor allem dann ein, wenn Sie tägliche Abläufe automatisieren und Access um weitere eigene Funktionen ergänzen möchten. Auch in Hinblick auf Arbeitssicherheit und Arbeitserleichterung haben Sie die Möglichkeit, gerade lästige Routinearbeiten mit VBA sicher und elegant auszuführen. Selbstverständlich lässt sich über den Einsatz der Programmiersprache eine erhöhte Arbeitsgeschwindigkeit erreichen. Wenn Sie eigene Anwendungen auf Basis von Access entwickeln möchten, setzen Sie auch hier Access-VBA ein.

1.1 Das Objektmodell von Access

Da Ihnen in Access leider kein Makrorecorder zur Verfügung steht, mit dem Sie beispielsweise wie in Excel leicht mehr über die Syntax von Befehlen erfahren können, müssen Sie sich in Access ohne diese Hilfe begnügen und sich entsprechend intensiv mit dem Objektmodell von Access auseinandersetzen. Dazu steht Ihnen ein Objektkatalog direkt in der Entwicklungsumgebung zur Verfügung.

Um den Objektkatalog von Access aufzurufen, gehen Sie wie folgt vor:

1. Starten Sie Access, legen Sie eine neue Datenbank an oder laden Sie eine bereits vorhandene und drücken Sie danach die Tastenkombination [Alt]+[F11], um zur Entwicklungsumgebung zu gelangen.
2. In der Entwicklungsumgebung wählen Sie aus dem Menü ANSICHT den Befehl OBJEKTKATALOG. Alternativ dazu können Sie auch die Taste [F2] drücken, um den Objektkatalog aufzurufen.
3. Wählen Sie im Drop-down-Feld PROJEKT/BIBLIOTHEK den Eintrag ACCESS aus.
4. Im Listenfeld KLASSEN aktivieren Sie beispielsweise den Eintrag APPLICATION.

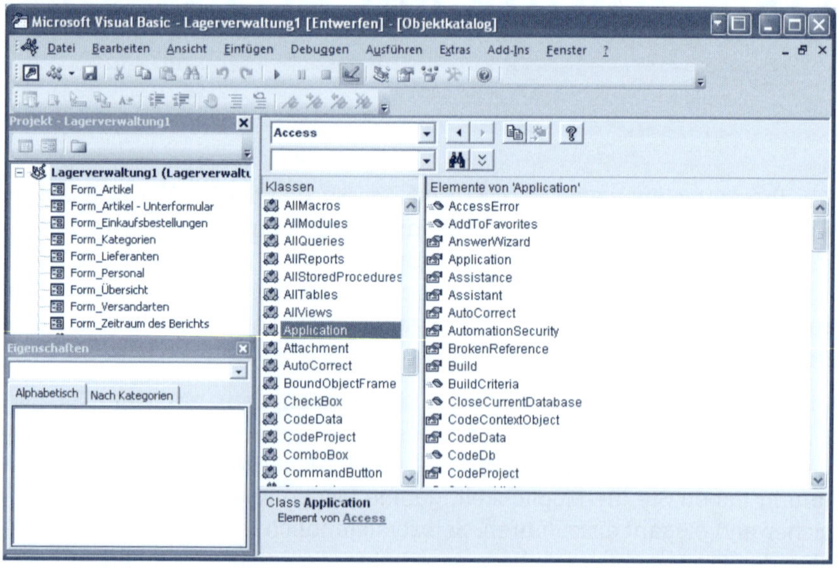

Abb. 1.1: Der Objektexplorer gibt Auskunft über die Objekte von Access.

Haben Sie den Objektkatalog vor sich, dann können Sie im Listenfeld ELEMENTE die zur Verfügung stehenden Eigenschaften und Methoden des Objekts einsehen. Markieren Sie die Methode bzw. Eigenschaft, über die Sie mehr erfahren möchten, und klicken Sie auf das Fragezeichensymbol in der Symbolleiste. Daraufhin wird die Online-Hilfe aufgerufen. Dort finden Sie weiterführende Informationen und Beispielcodes, die Sie in Ihre Module kopieren und verwenden können. In Abbildung 1.1 ist beispielsweise das Objekt `Application` ausgewählt. Dabei handelt es sich um das oberste Objekt der Hierarchie. Es steht für die eigentliche Access-Anwendung. Für dieses Objekt gibt es diverse Methoden und Eigenschaften.

Zunächst einmal sollte geklärt werden, was Objekte, Eigenschaften, Methoden und Ereignisse sind.

- Objekte

  Als Objekt bezeichnet man alle Elemente, die Sie in Access sehen können. Die wichtigsten Objekte sind Datenbanken, Tabellen, Abfragen, Formulare, Berichte und Module.

- Eigenschaften

  Dahinter verbergen sich die Merkmale eines Objekts. So ist z.B. die Formatierung eines Berichts eine Eigenschaft des Objekts »Bericht«.

- Methoden

  Wenn von Methoden die Rede ist, fragen Sie sich am besten immer, was Sie mit den einzelnen Objekten anstellen können. Angewandt auf eine Datenbank wären das die Methoden zum Öffnen, Speichern und Schließen.

- Ereignisse

  Unter einem Ereignis können Sie sich eine automatisierte Prozedur vorstellen. Ein Beispiel hierfür wäre das Klicken auf eine Schaltfläche oder das Öffnen eines Formulars. In beiden Fällen liegt ein Ereignis vor. Sie haben dann die Möglichkeit, zu bestimmen, welche weiteren Aktionen dabei stattfinden sollen.

Alle in VBA zur Verfügung stehenden Objekte werden in Bibliotheken verwaltet. Standardmäßig ist im ersten Drop-down-Feld der Eintrag <ALLE BIBLIOTHEKEN> ausgewählt. Wenn Sie die Anzeige etwas einschränken und die Inhalte einzelner Bibliotheken einsehen möchten, wählen Sie die gewünschte Bibliothek im Drop-down-Feld aus. Sie können z.B. in der Bibliothek VBA Befehle ansehen, welche nicht nur auf Access beschränkt sind, sondern im gesamten Office-Paket eingesetzt werden können. So finden Sie in dieser Bibliothek die Anweisungen `ChDir` bzw. `ChDrive` zum Wechseln eines Verzeichnisses bzw. eines Laufwerks oder allgemeine Funktionen wie `Date` und `Time`, um den aktuellen Tag sowie die Uhrzeit aus dem System zu lesen. Klar, es würde keinen Sinn machen, diese Anweisungen ausschließlich in der Access-Bibliothek zu speichern, da sie allgemein von allen Office-Anwendungen eingesetzt werden können.

1.2 Die Entwicklungsumgebung von Access-VBA

Wie bereits erwähnt, gelangen Sie über die Tastenkombination [Alt]+[F11] in die Entwicklungsumgebung von Access. Dort finden Sie folgendes Fenster vor:

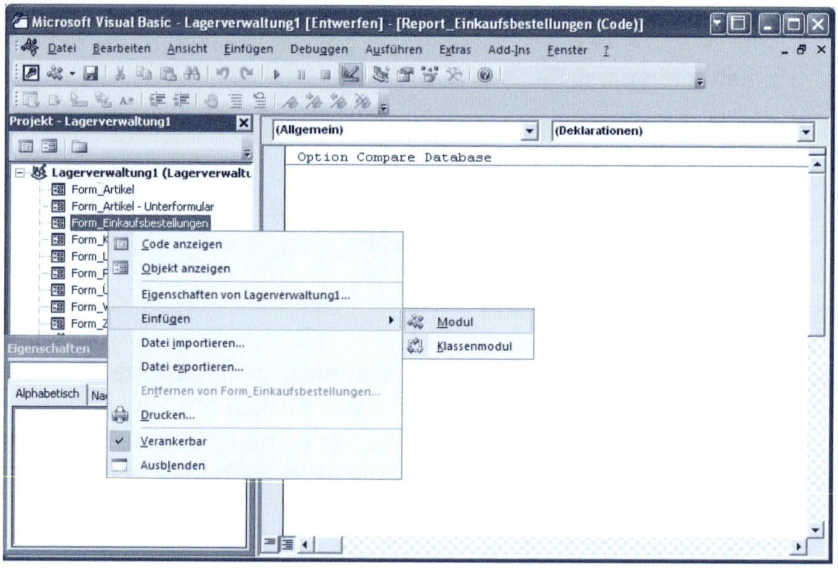

Abb. 1.2: Die Entwicklungsumgebung von Access-VBA

1.2.1 Das Code-Fenster

Zunächst steht Ihnen noch keine Möglichkeit zur Verfügung, um direkt Code einzufügen. Sie müssen vorher erst ein neues, noch leeres Modul anlegen. Dazu haben Sie zwei Möglichkeiten:

- Klicken Sie im Projekt-Manager mit der rechten Maustaste auf die dort angezeigte Datenbank und wählen Sie aus dem Kontextmenü den Befehl EINFÜGEN/MODUL.
- Eine alternative Vorgehensweise, ohne vorher über die Tastenkombination [Alt]+[F11] in die Entwicklungsumgebung zu gehen, sieht vor, im Datenbankfenster in der linken Steuerungsleiste das Symbol MODULE anzuklicken und danach auf die Schaltfläche NEU zu klicken.

Bei beiden Varianten wird ein neues Modul eingefügt, welches auch gleich im Projekt-Explorer angezeigt wird.

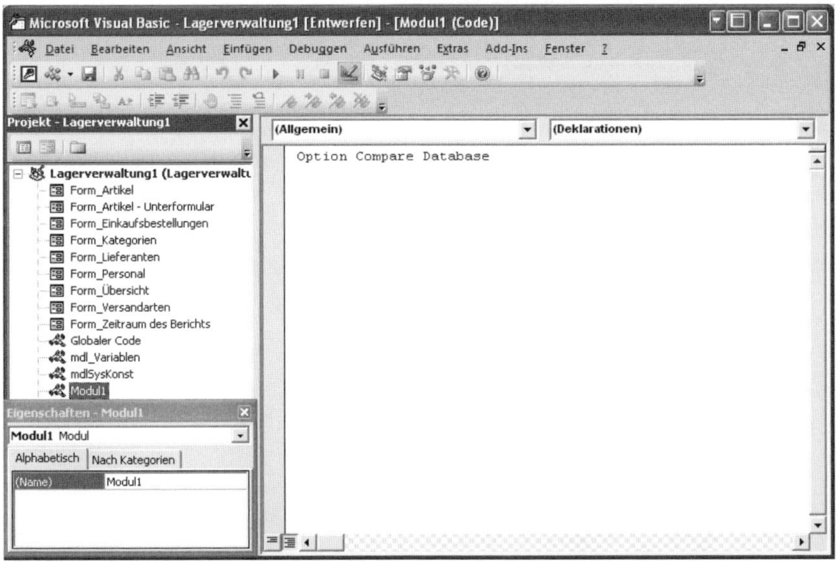

Abb. 1.3: Ein neues, leeres Modul wird angezeigt.

Auf den ersten Blick erkennen Sie, dass sich oberhalb des Code-Bereichs zwei Drop-down-Felder befinden:

- Im ersten Drop-down-Feld (ALLGEMEIN) werden alle Objekte aufgelistet, die sich in der Entwicklungsumgebung befinden. Das können beispielsweise Tabellen, Formulare und Berichte sein.
- Im zweiten Drop-down-Feld (DEKLARATIONEN) sehen Sie alle Methoden und Ereignisse, die auf das im ersten Drop-down-Feld eingestellte Objekt angewandt werden können.

1.2.2 Das Eigenschaftenfenster

Ein weiteres Fenster, das Eigenschaftenfenster, ist in der Entwicklungsumgebung von Access standardmäßig nicht eingeblendet. Dieses Fenster blenden Sie ein, indem Sie aus dem Menü ANSICHT den Befehl EIGENSCHAFTENFENSTER wählen oder alternativ die Taste [F4] drücken. Das Eigenschaftenfenster können Sie dazu benutzen, in einem Formular bestimmte Eigenschaften festzulegen, ohne eine einzige Zeile programmieren zu müssen.

Wenn Sie beispielsweise ein Formular in der Entwurfsansicht öffnen und danach in die Entwicklungsumgebung wechseln, dann können Sie Abbildung 1.4 sehen.

Wenn Sie beispielsweise im EIGENSCHAFTENFENSTER auf die Registerkarte NACH KATEGORIEN wechseln, dann haben Sie die Möglichkeit, unter der Kategorie FORMAT bestimmte Einstellungen bezüglich der Größe, der Beschriftung sowie der Formatierung des Formulars vorzunehmen.

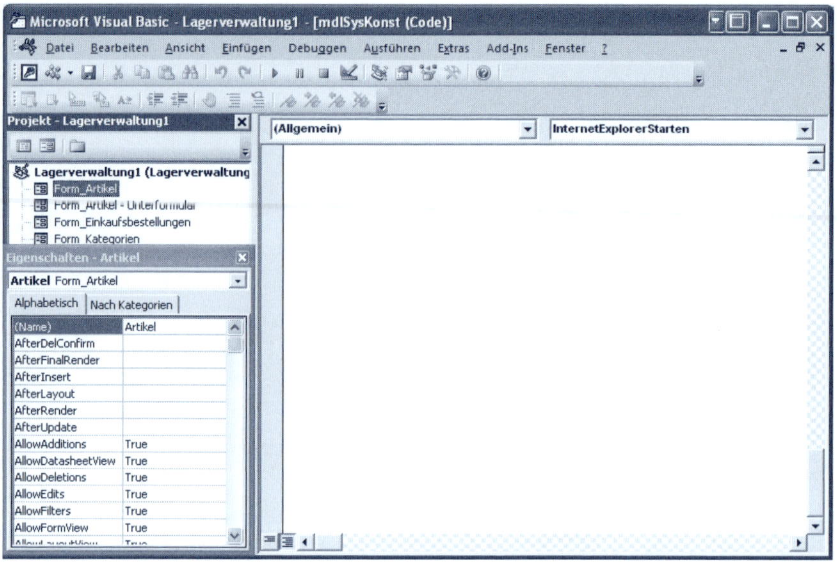

Abb. 1.4: Über das Eigenschaftenfenster Einstellungen für Formulare vornehmen

1.2.3 Das Direktfenster

Das Direktfenster dient zum Testen von Prozeduren. Dabei können Sie beispielsweise bestimmte Inhalte von Variablen, die Sie im nächsten Kapitel kennenlernen werden, im Direktfenster ausgeben. So gehen Sie sicher, dass verwendete Variablen auch gefüllt bzw. weiterverwendet werden können. Das Direktfenster blenden Sie ein, indem Sie in der Entwicklungsumgebung die Tastenkombination [Strg]+[G] drücken.

Einzelne Befehle können Sie übrigens auch direkt im Direktfenster testen. Geben Sie hierzu einmal die Zeile `MsgBox Date` ins Direktfenster ein und bestätigen Sie mit der Taste [↵]. Als Ergebnis wird das aktuelle Datum am Bildschirm angezeigt (Abbildung 1.5).

Soll das Ergebnis direkt im Direktfenster ausgegeben werden, dann schreiben Sie folgende Anweisung ins Direktfenster und bestätigen mit [↵].

```
Debug.Print Date
```

Über diesen Befehl können Sie auch mitten in einer Prozedur eine Variable bzw. ein Zwischenergebnis oder gar einen Text im Direktfenster der Entwicklungsumgebung ausgeben. Dieses Fenster sollten Sie von Zeit zu Zeit selbst leeren.

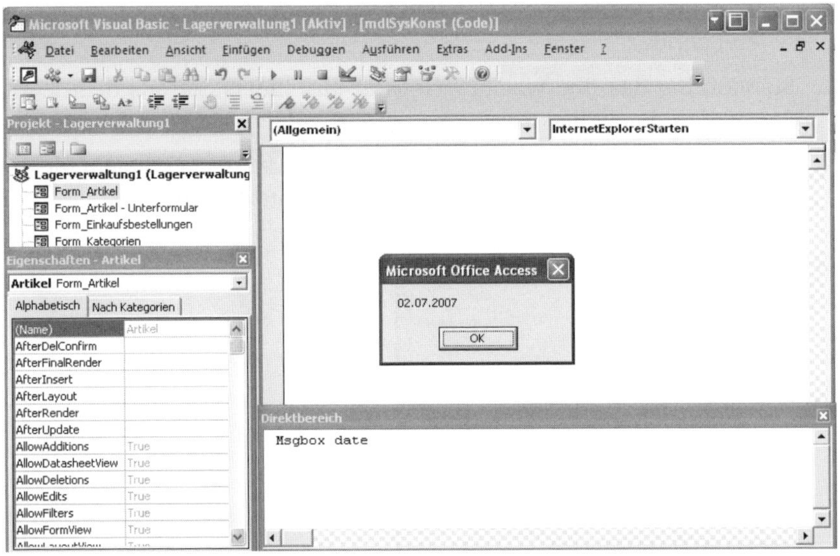

Abb. 1.5: Befehle im Direktfenster simulieren

1.2.4 Das Überwachungsfenster

Eine besonders wertvolle Funktion können Sie einsetzen, wenn Sie das Überwachungsfenster einblenden. Wählen Sie dazu aus dem Menü ANSICHT den Befehl ÜBERWACHUNGSFENSTER. Sie haben jetzt beispielsweise die Möglichkeit, zu überprüfen, wann sich eine bestimmte Variable ändert. Genau dann soll der Prozedurablauf unterbrochen werden.

Im folgenden Beispiel wird eine Schleife genau zehnmal durchlaufen. Bei jedem Schleifendurchlauf wird die Variable `intz` verändert. Die Aufgabe besteht nun darin, die Prozedur nach der ersten Änderung der Variablen `intz` zu stoppen. Demnach müsste die folgende Prozedur nach dem ersten Schleifendurchlauf gestoppt werden. Sehen Sie sich zu diesem Zweck einmal die Prozedur aus Listing 1.1 an. Mehr zum Thema Schleifen & Co. erfahren Sie in Kapitel 3 dieses Buchs.

Listing 1.1: Die Schleife wird genau zehnmal durchlaufen.

```
Sub SchleifenMakro()
Dim intz As Integer

For intz = 1 To 10

  Debug.Print "Schleifendurchlauf: " & intz

Next intz

End Sub
```

Um nun die Überwachung der Variablen `intz` einzustellen, befolgen Sie die nächsten Schritte:

1. Blenden Sie das Überwachungsfenster ein, indem Sie aus dem Menü Ansicht den Befehl Überwachungsfenster auswählen.
2. Klicken Sie in diesem Fenster mit der rechten Maustaste und wählen Sie den Befehl Überwachung hinzufügen aus dem Kontextmenü.

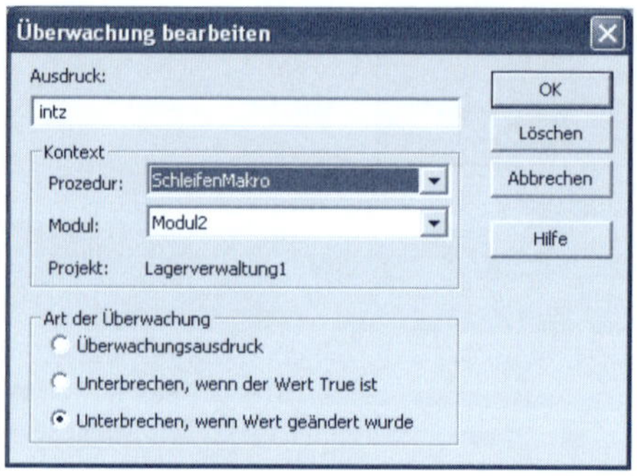

Abb. 1.6: Eine Überwachung hinzufügen

3. Geben Sie im Feld Ausdruck den Namen der Variablen an, die Sie überwachen möchten.
4. Die Namen der Prozedur sowie des Moduls sollten automatisch eingestellt sein, sofern Sie vor dem Aufruf den Mauszeiger innerhalb der Prozedur positioniert haben.
5. Aktivieren Sie die Option Unterbrechen, wenn Wert geändert wurde.
6. Bestätigen Sie Ihre Einstellung mit OK.
7. Positionieren Sie den Mauszeiger innerhalb der Prozedur und drücken Sie die Taste F5, um die Prozedur zu starten.

Da die Variable `intz` zu Beginn der Schleife auf den Wert 1 gesetzt wird, findet gleich hier die erste Änderung der Variable statt. Genau an diesem Punkt stoppt die Verarbeitung der Prozedur. Über den gelben Balken direkt im Code-Fenster können Sie die »Stopp-Stelle« erkennen. Wenn Sie beispielsweise mit der Maus über die Variable `intz` im Code-Fenster streichen, dann wird der momentane Inhalt dieser Variablen in einem kleinen Popup-Fenster angezeigt. Im Überwachungsfenster können Sie ebenso den aktuellen Inhalt der Variablen anzeigen lassen.

Um die Prozedur weiterlaufen zu lassen, drücken Sie abermals die Taste F5. Die Prozedur stoppt nun bei jedem weiteren Schleifendurchlauf und zeigt den Inhalt der geänderten Variablen im Überwachungsfenster an.

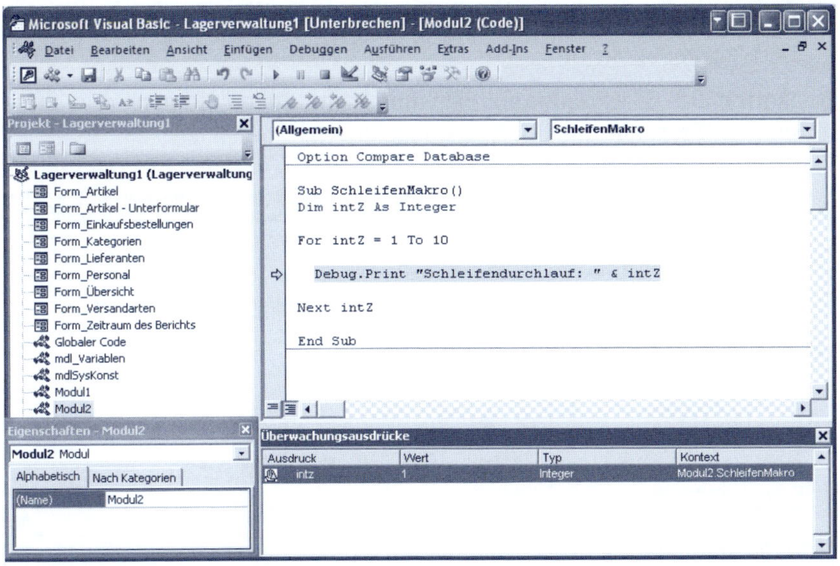

Abb. 1.7: Die Prozedur stoppt bereits beim ersten Schleifendurchlauf.

Das Überwachungsfenster wird selbstverständlich nur zum Testen von Prozeduren eingesetzt. Haben Sie eine Prozedur ausgiebig getestet, entfernen Sie den Überwachungsausdruck, indem Sie mit der rechten Maustaste im Überwachungsfenster klicken und aus dem Kontextmenü den Befehl ÜBERWACHUNG ENTFERNEN auswählen.

Das gerade vorgestellte Beispiel stoppt bei der ersten Änderung der Variablen `intz`. Im folgenden Beispiel definieren Sie den ersten Stopp-Punkt, wenn die Variable `intz` den Wert 5 annimmt. Um diese Einstellung vorzunehmen, verfahren Sie wie folgt:

1. Klicken Sie im Überwachungsfenster mit der rechten Maustaste und wählen Sie den Befehl ÜBERWACHUNGSAUSDRUCK HINZUFÜGEN.

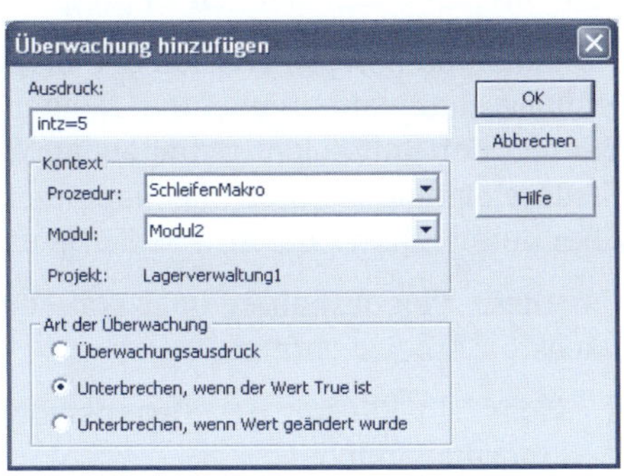

Abb. 1.8: Die Prozedur stoppt beim Zutreffen der Bedingung.

2. Geben Sie im Feld AUSDRUCK die Formel INTZ = 5 ein.

3. Aktivieren Sie die Option UNTERBRECHEN, WENN DER WERT TRUE IST.
4. Bestätigen Sie mit OK.
5. Starten Sie die Prozedur mit F5 und kontrollieren Sie nach dem Stoppen der Prozedur das Überwachungsfenster.

Abb. 1.9: Die Prozedur stoppt genau nach fünf Schleifendurchläufen.

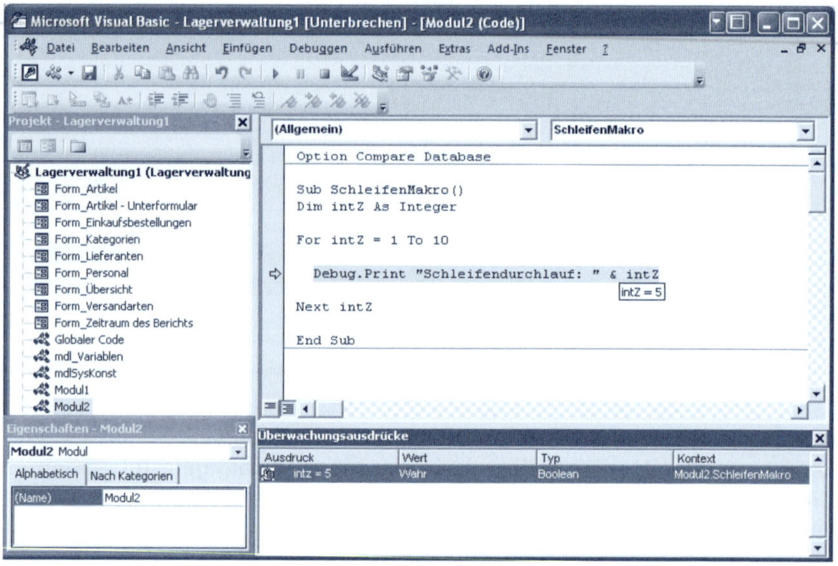

1.2.5 Das Lokal-Fenster

Das Lokal-Fenster wird in der Entwicklungsumgebung standardmäßig nicht angezeigt. Über das Menü ANSICHT können Sie dieses Fenster jedoch einblenden. Das Lokal-Fenster zeigt alle deklarierten Variablen in der aktuellen Prozedur und deren Werte an. Sie haben daher die Möglichkeit, die Werte von Variablen übersichtlich zu prüfen.

Im folgenden Beispiel werden alle Steuerelemente eines Formulars in einer Schleife durchlaufen und die Namen dieser Steuerelemente im Direktbereich der Entwicklungsumgebung ausgegeben. Neben den Namen der Steuerelemente können Sie über das Lokal-Fenster auch Informationen über deren Eigenschaften wie Farbe und Rahmenart ermitteln.

Um diese Eigenschaften im Lokal-Fenster anzuzeigen, befolgen Sie die nächsten Arbeitsschritte:

1. Wechseln Sie mit der Tastenkombination Alt+F11 in die Entwicklungsumgebung.
2. Wählen Sie aus dem Menü EINFÜGEN den Befehl MODUL.

3. Erfassen Sie folgende Prozedur:

Listing 1.2: Alle Steuerelemente eines Formulars auslesen

```
Sub FormularSteuerelementTypen()
Dim frm As Form
Dim ctrl As Control

Set frm = Form_Artikel

For Each ctrl In frm.Controls

  Debug.Print "Typ: " & ctrl.ControlType & " Name: " & ctrl.Name

Next ctrl

End Sub
```

4. Gehen Sie schrittweise durch die Prozedur, indem Sie den Mauszeiger auf die erste Zeile der Prozedur setzen und jeweils die Taste F8 drücken, um einen Schritt in der Prozedur abzuarbeiten.
5. Drücken Sie so lange die Taste F8, bis im Direktfenster das Feld ARTIKELNAME angezeigt wird.
6. Blättern Sie im Lokal-Fenster die Rubrik CTRL auf. Dort sehen Sie alle Einstellungen dieses Textfelds.

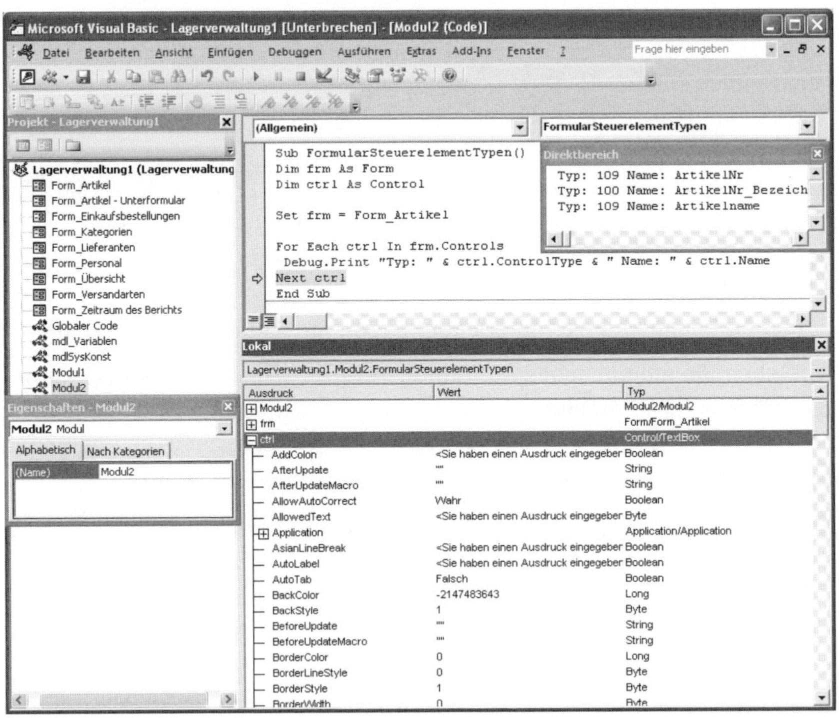

Abb. 1.10: Jedes einzelne Feld im Formular kann angesehen werden.

1.2.6 Die Symbolleiste Bearbeiten

Diese Symbolleiste ist standardmäßig in der Entwicklungsumgebung nicht eingeblendet. Holen Sie das jetzt nach, indem Sie im Menü Ansicht den Befehl Symbolleisten/Bearbeiten aufrufen.

Abb. 1.11: Die Symbolleiste Bearbeiten

Auf die wichtigsten Funktionen dieser Symbolleiste soll im Folgenden kurz eingegangen werden.

Einzug vergrößern bzw. verkleinern

Mit der Funktion Einzug vergrößern können Sie einzelne Zeilen oder auch mehrere Zeilen blockweise nach rechts einrücken. Dies erhöht die Lesbarkeit des Programmcodes.

Analog zur vorherigen Funktion können Sie mit der Funktion Einzug verkleinern eingerückte Programmteile wieder nach links rücken und pro Klick jeweils den markierten Text um einen Tabstopp versetzen.

Haltepunkt ein/aus

Wenn Sie eine Prozedur starten, die einen Haltepunkt aufweist, dann stoppt sie genau an diesem Haltepunkt. Hiermit können Sie Programmzwischenstände überprüfen.

Block auskommentieren

Hinterlegen Sie ausreichend Kommentare in Ihren Prozeduren. Es fällt Ihnen dadurch später leichter, die einzelnen Befehle nachzuvollziehen. Auch Änderungen an Prozeduren selbst können auf diese Art und Weise festgehalten werden.

Um einen Kommentar zu hinterlegen, haben Sie mehrere Möglichkeiten:

- Geben Sie ein einfaches Anführungszeichen ' vor dem eigentlichen Befehl oder Text ein oder
- erfassen Sie etwas altertümlicher die Anweisung `Rem`, gefolgt von einem Leerzeichen und dem Befehl oder Text.

Die Befehlszeile nimmt dann standardmäßig die Schriftfarbe Grün an. Diese so kommentierten Zeilen werden beim Ablauf der Prozedur nicht ausgewertet. Sie können ganze Kommentarzeilen anlegen oder auch innerhalb einer Zeile am Ende einen Kommentar anfügen. Möchten Sie innerhalb einer Zeile einen Kommentar im Anschluss eines Befehls erfassen, fügen Sie nach dem eigentlichen Befehl ein einfaches Anführungszeichen (') ein und schreiben Ihren Kommentar dazu.

Eine der am häufigsten gebrauchten Funktionen ist jene zum schnellen Auskommentieren von Anweisungen. Wenn Sie im späteren Verlauf des Buchs programmieren, werden Sie mit Sicherheit auch mal etwas auf die Schnelle einfach probieren wollen. Dazu werden Sie dann und wann einzelne oder auch mehrere Zeilen vorübergehend deaktivieren müssen. Klar, die schnellste Methode besteht darin, die Zeilen zu löschen. Der Nachteil daran ist, dass diese Zeilen dann weg sind. Also kommentieren Sie die betroffenen Zeilen einfach wie oben beschrieben aus. Wenn es sich dabei nur um einzelne Zeilen handelt, funktioniert diese Vorgehensweise. Umständlicher wird es aber, wenn Sie gleich blockweise Zeilen auskommentieren möchten. Dazu markieren Sie den Bereich, den Sie auskommentieren möchten, und klicken auf das Symbol BLOCK AUSKOMMENTIEREN.

Möchten Sie hingegen einzelne Zeilen oder auch einen ganzen Block wieder aktivieren, dann markieren Sie die entsprechende(n) Zeile(n) und klicken auf das Symbol AUSKOMMENTIERUNG DES BLOCKS AUFHEBEN.

Eigenschaften/Methoden anzeigen

Möchten Sie ganz schnell die zur Verfügung stehenden Eigenschaften und Methoden einer Anweisung einsehen, markieren Sie den gewünschten Befehl im Code und klicken Sie auf das Symbol EIGENSCHAFTEN/METHODEN ANZEIGEN.

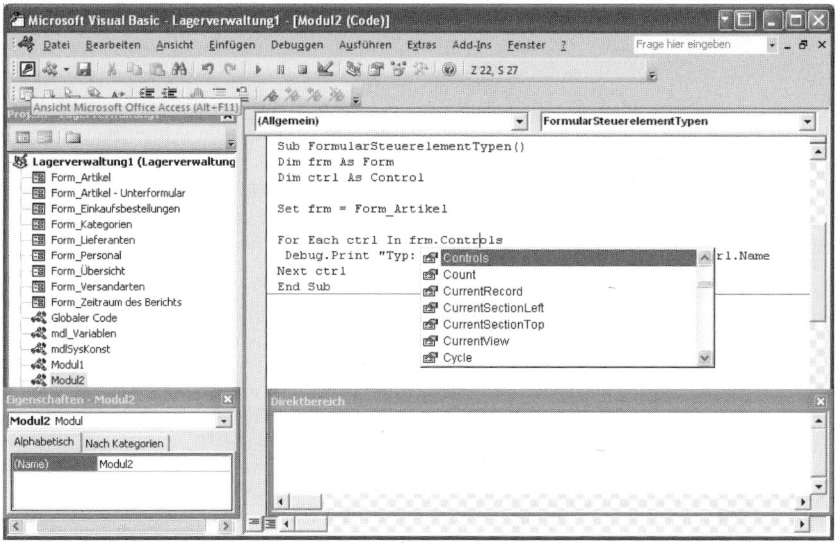

Abb. 1.12: Alle Eigenschaften und Methoden für Steuerelemente werden angezeigt.

Alternativ lautet die Tastenkombination für das Aufrufen der zur Verfügung stehenden Methoden und Eigenschaften: Strg+J.

Parameterinfo

Wenn Sie einen Befehl im Code-Bereich eingeben und danach die Taste Leer drücken, wird dynamisch ein QuickInfo-Fenster angezeigt, in dem Sie die zur Verfügung stehenden Argumente ablesen können. Die QuickInfo hilft Ihnen schnell weiter, die Befehle in der richtigen Syntax und mit den zur Verfügung stehenden Argumenten einzugeben. Möchten Sie bereits erfasste Befehle mit weiteren Argumenten bestücken, setzen Sie die Einfügemarke in die Anweisung (nicht auf den Befehl) und klicken in der Symbolleiste BEARBEITEN auf das Symbol PARAMETERINFO.

Konstanten anzeigen

Einige VBA-Befehle bieten Ihnen sogenannte Konstanten an. Solche Konstanten finden Sie beispielsweise beim Befehl `MsgBox`. Dieser Befehl zeigt ein normales Meldungsfenster mit einer `OK`-Schaltfläche an. Diesem Standarddialog können Sie weitere Schaltflächen bzw. Symbole hinzufügen. Genau diese sind als Konstanten hinterlegt.

QuickInfo

Wenn Sie die Einfügemarke in einen Befehl setzen und danach auf das Symbol QUICKINFO klicken, wird Ihnen die komplette Syntax angezeigt.

Abb. 1.13: Die QuickInfo zu einem Befehl anzeigen

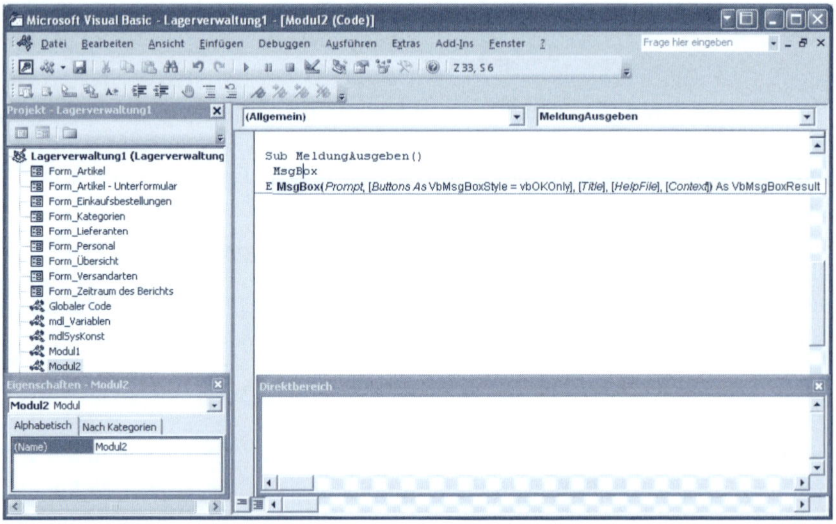

Diese QuickInfo können Sie noch schneller anzeigen, wenn Sie die Tastenkombination [Strg]+[I] drücken.

Sollte Sie die QuickInfo stören, können Sie diese natürlich abschalten, indem Sie in der Entwicklungsumgebung im Menü EXTRAS den Befehl OPTIONEN wählen. Wechseln Sie danach zur Registerkarte EDITOR und deaktivieren Sie das Kontrollkästchen AUTOMATISCHE QUICKINFO.

Lesezeichen setzen/zurücksetzen

Wenn Sie VBA-Prozeduren schreiben, die sehr umfangreich werden, hilft es Ihnen vielleicht weiter, wenn Sie Lesezeichen in Ihrem Code setzen. Dazu setzen Sie die Einfügemarke auf die Stelle im Code, an der Sie ein Lesezeichen setzen möchten, und klicken auf das Symbol LESEZEICHEN SETZEN/ZURÜCKSETZEN. Wie Sie jetzt sehen, wird am Beginn der Zeile ein hellblaues abgerundetes Vierecksymbol eingefügt. Betätigen Sie dieses Symbol erneut, wird das Lesezeichen wieder entfernt. Mit dem Einsatz von Lesezeichen können Sie schneller von einer Stelle an eine andere springen.

Somit sind Sie auch in der Lage, bestimmte Codestücke miteinander zu vergleichen, ohne lange über die Bildlaufleisten die richtige Stelle im Code suchen zu müssen.

Sobald Sie ein oder auch mehrere Lesezeichen in Ihrem Quellcode gesetzt haben, werden weitere Symbole in der Symbolleiste BEARBEITEN aktiviert. Damit können Sie zum nächsten bzw. vorherigen Lesezeichen springen. Nachdem Sie Ihre Prozeduren fertiggestellt haben, können Sie mit einem Klick alle gesetzten Lesezeichen wieder entfernen.

Eine sehr elegante Möglichkeit, um einzelne Prozeduren miteinander zu vergleichen, besteht darin, das Code-Fenster in zwei Bereiche zu teilen. Dazu wählen Sie aus dem Menü FENSTER den Befehl TEILEN. Dadurch wird der Code-Bereich genau in der Mitte horizontal geteilt. Es entstehen dabei zwei neue Fenster, die beide über eine eigene Steuerung verfügen. Über die vertikalen Bildlaufleisten können Sie in den einzelnen Fenstern navigieren. Um diese Teilung der Fenster wieder rückgängig zu machen, wählen Sie noch einmal den Befehl TEILEN aus dem Menü FENSTER.

Ganzes Wort

Hinter diesem Symbol verbirgt sich eine Erleichterung bei der Eingabe von Befehlen. Geben Sie hierfür die ersten paar Buchstaben eines Befehls ein. Der VBA-Editor ergänzt dann automatisch die restlichen Buchstaben des Befehls, sofern er ihn erkennt. Geben Sie beispielsweise einmal die Buchstaben `Ms` ein und klicken Sie danach auf das Symbol GANZES WORT. Der VBA-Editor schlägt daraufhin den Befehl `MsgBox` vor.

Schneller geht es allerdings, wenn Sie die ersten Buchstaben eines Befehls eingeben und dann die Tastenkombination [Strg]+[Leer] drücken.

1.2.7 Die Symbolleiste Debuggen

Die Symbolleiste DEBUGGEN stellt Ihnen Symbole zur Verfügung, die das schnelle Testen von Quellcode vereinfachen. Diese Symbolleiste ist beim Starten der Entwicklungsumgebung standardmäßig nicht eingeblendet. Um sie einzublenden, wählen Sie in der Entwicklungsumgebung aus dem Menü ANSICHT den Befehl SYMBOLLEISTEN.

Abb. 1.14: Die Symbolleiste Debuggen

Entnehmen Sie der folgenden Tabelle die Bedeutung der einzelnen Symbole:

Tabelle 1.1: Die Symbole der Symbolleiste Debuggen

Symbol	Bedeutung
	Aktiviert und deaktiviert den Entwurfsmodus.
	Führt die aktuelle Prozedur aus, falls sich der Cursor in einer Prozedur befindet, und öffnet anderenfalls einen Dialog zum Auswählen eines Makros.
	Beendet die Ausführung eines Programms und wechselt in den Haltemodus. Stattdessen können Sie auch die Taste [Esc] drücken, um den Ablauf der Prozedur zu stoppen.
	Löscht die Aufrufeliste und die Variablen auf Modulebene und beendet das Projekt.
	Setzt oder entfernt einen Haltepunkt in der aktuellen Zeile. Alternativ dazu genügt auch das Drücken der Taste [F9], um einen Haltepunkt zu setzen bzw. zu entfernen.
	Führt jeweils genau eine Anweisung im Code aus. Alternativ können Sie hier mit der Taste [F8] arbeiten, um einen Code Zeile für Zeile zu durchlaufen.
	Führt im Code-Fenster jeweils eine Prozedur oder eine Anweisung im Code aus.

Symbol	Bedeutung
	Führt die restlichen Zeilen einer Prozedur aus, in der sich der aktuelle Ausführungspunkt befindet.
	Blendet das Lokal-Fenster ein.
	Blendet das Direkt-Fenster ein. Alternativ dazu können Sie auch die Tastenkombination [Strg]+[G] drücken, um das Direkt-Fenster einzublenden.
	Blendet das Überwachungsfenster ein.
	Zeigt das Dialogfeld AKTUELLEN WERT ANZEIGEN mit dem aktuellen Wert des ausgewählten Ausdrucks an.
	Zeigt das Dialogfeld AUFRUFELISTE an, in dem die derzeit aktiven Prozeduraufrufe (Prozeduren in der Anwendung, die gestartet, aber nicht abgeschlossen wurden) angezeigt werden.

Tabelle 1.1: Die Symbole der Symbolleiste Debuggen (Forts.)

1.2.8 Automatische Syntaxprüfung

Der VBA-Editor von Access unterstützt Sie bereits bei der Eingabe von Befehlen tatkräftig. Sehen Sie sich dazu einmal das nächste Beispiel an.

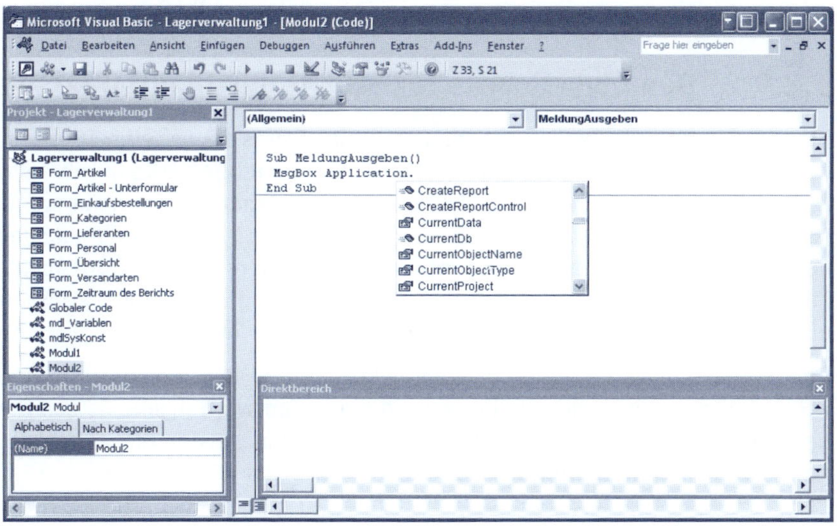

Abb. 1.15: Alle Methoden und Eigenschaften des Objekts Application anzeigen

Begonnen haben Sie in der Prozedur MeldungAusgeben damit, das Objekt Application einzugeben. Sobald Sie den Punkt eintippen, bietet der VBA-Editor Ihnen an, was er an Befehlen für genau dieses Objekt im Angebot hat. Unter anderem ist dies die Methode CurrentDb, die den Namen der aktuellen Datenbank ermittelt. Sie brauchen nichts weiter zu tun, als die Methode aus dem Drop-down-Feld zu wählen. Mit diesem Automatismus stellt der VBA-Editor sicher, dass Sie keine Eigenschaften oder Methoden verwenden, die den Objekten fremd sind. Mit der Taste [Tab] können Sie den gewünschten Befehl aus dem Drop-down-Feld auswählen. Fügen Sie nun einen weiteren Punkt ein, um das Kontextmenü für die Methode CurrentDb auszuklappen. Wählen Sie aus dem Kontextmenü den Befehl Name.

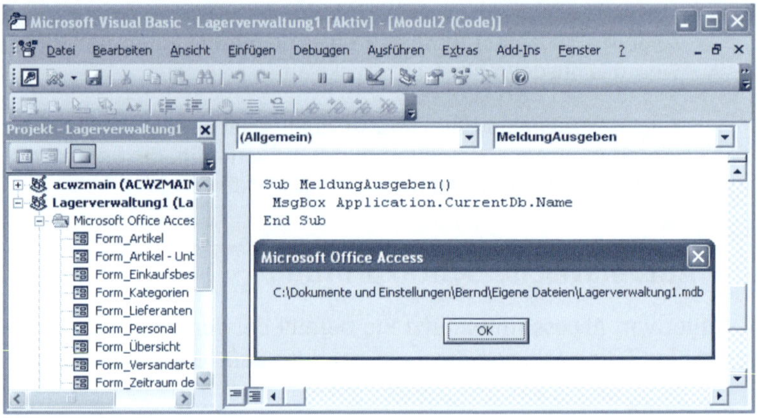

Abb. 1.16: Den Namen der aktuellen Datenbank ausgeben

1.2.9 Den Code Schritt für Schritt durchlaufen lassen

Eine weitere Möglichkeit der Fehlersuche in Access ist es, eine Prozedur Zeile für Zeile abzuarbeiten. Dazu setzen Sie die Einfügemarke in die erste Zeile der Prozedur und drücken die Taste [F8]. Alternativ können Sie ebenso den Menübefehl DEBUGGEN/EINZELSCHRITT wählen. Die Prozedur hält nach jedem Befehl an. Sie können dann prüfen, ob die gewünschte Aktion ausgeführt wurde, indem Sie die Entwicklungsumgebung kurzfristig verlassen und in Ihrer Datenbanktabelle die Ergebnisse kontrollieren.

Eine weitere Variante ist es, in obiger Prozedur die Einfügemarke in jene Zeile zu setzen, bis zu der die Prozedur durchlaufen werden soll. Setzen Sie beispielsweise die Einfügemarke in die Zeile, bis zu der Sie den Code durchlaufen möchten, und drücken Sie die Taste [F9].

1.2.10 Tastenkombinationen einsetzen

Neben den beiden gerade vorgestellten Tastenkombinationen Strg+C, um Codeteile zu kopieren und Strg+V, um diese kopierten Codeteile an anderer Stelle des Moduls wieder einzufügen, gibt es eine ganze Reihe weiterer Tastenkombinationen, die Ihnen mehr Arbeitserleichterung und eine nicht zu unterschätzende Zeitersparnis beim Programmieren bringen.

Entnehmen Sie aus der folgenden Tabelle einige der gängigsten Tastenkombinationen für das zügige Arbeiten in der Entwicklungsumgebung.

Tabelle 1.2: Die Tastenkombinationen des Entwicklers

Tastenkombination	Beschreibung
F7	Code-Fenster anzeigen
F2	Objektkatalog anzeigen
Strg+F	Suchen
Strg+H	Ersetzen
F3	Weitersuchen
⇧+F3	Vorheriges suchen
Strg+↓	Nächste Prozedur
Strg+↑	Vorherige Prozedur
⇧+F2	Definition anzeigen
Strg+Bild↓	Einen Bildschirm nach unten
Strg+Bild↑	Einen Bildschirm nach oben
Strg+⇧+F2	Zur letzten Position wechseln
Strg+Pos1	Anfang des Moduls
Strg+Ende	Ende des Moduls
Strg+→	Ein Wort nach rechts
Strg+←	Ein Wort nach links
Ende	Zum Zeilenende wechseln
Pos1	Zum Zeilenanfang wechseln
Strg+Z	Letzten Befehl rückgängig machen
Strg+C	Code kopieren
Strg+X	Code ausschneiden
Strg+V	Code einfügen

Tabelle 1.2: Die Tastenkombinationen des Entwicklers (Forts.)

Tastenkombination	Beschreibung
Strg+Y	Aktuelle Zeile löschen
Strg+Entf	Bis zum Wortende löschen
⇥	Einzug vergrößern
⇧+⇥	Einzug verkleinern
Strg+⇧+F9	Alle Haltepunkte löschen
⇧+F10	Kontextmenü anzeigen
Strg+P	Modul drucken
Strg+E	Modul/Formular exportieren
Strg+S	Modul speichern

1.3 Weitere Einstellungen

In der Entwicklungsumgebung von Access haben Sie die Möglichkeit, den Visual Basic-Editor nach Ihren eigenen Wünschen anzupassen. Dazu wählen Sie aus dem Menü EXTRAS den Befehl OPTIONEN.

1.3.1 Editor-Einstellungen

Wechseln Sie auf die Registerkarte EDITOR. Dort können Sie die Einstellungen für das Code- und das Projektfenster festlegen.

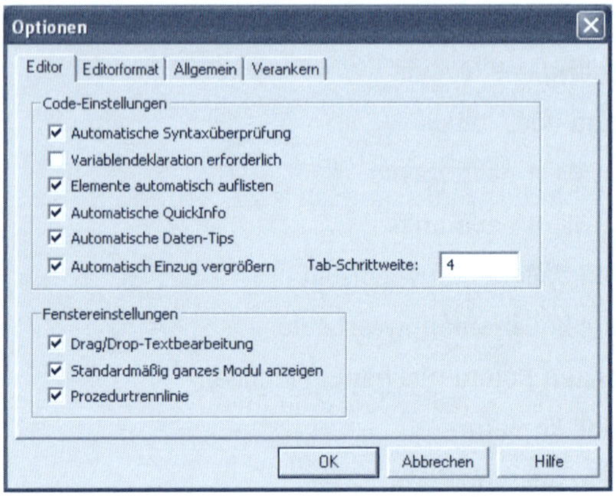

Abb. 1.17: Editoreinstellungen vornehmen

Im Gruppenfeld CODE-EINSTELLUNGEN finden Sie die folgenden Einstellungsmöglichkeiten:

- AUTOMATISCHE SYNTAXÜBERPRÜFUNG: Mit dieser Einstellung sorgen Sie dafür, dass Ihr Editor nach der Eingabe einer Codezeile automatisch eine Syntaxprüfung vornimmt.
- VARIABLENDEKLARATION ERFORDERLICH: Wenn Sie diese Option aktivieren, wird die Anweisung `Option Explicit` den allgemeinen Deklarationen in allen neuen Modulen hinzugefügt. Damit müssen alle im Code verwendeten Variablen zu Beginn eines Makros definiert werden. Wird dies vergessen, weist Sie Access automatisch darauf hin. Eine Prozedur wird nicht ausgeführt, wenn nicht alle verwendeten Variablen deklariert sind.
- ELEMENTE AUTOMATISCH AUFLISTEN: Zeigt eine Liste mit den Informationen an, die die Anweisung an der aktuellen Einfügemarke logisch vervollständigen würden.
- AUTOMATISCHE QUICKINFO: Wird diese Option aktiviert, werden bei der Eingabe eines Befehls die dazugehörigen Funktionen bzw. Parameter angezeigt.
- AUTOMATISCHE DATEN-TIPPS: Diese Option ist lediglich im Haltemodus verfügbar und zeigt den Wert der Variablen an, auf der der Mauszeiger sich gerade befindet.
- AUTOMATISCH EINZUG VERGRÖSSERN: Zur besseren Übersichtlichkeit können Sie Ihren Quellcode einrücken. Die dafür zur Verfügung gestellte Option ermöglicht es, für die erste Codezeile einen Tabulator festzulegen. Alle nachfolgenden Zeilen beginnen an der Tabulatorposition.
- TAB-SCHRITTWEITE: In diesem Eingabefeld stellen Sie die Tab-Schrittweite auf einen Wert zwischen 1 und 32 Leerzeichen ein.
- Im Gruppenfeld FENSTEREINSTELLUNGEN können Sie unter anderem Drag& Drop im Code-Fenster ausschalten, automatisch eine Trennlinie zwischen den einzelnen Prozeduren ziehen lassen und das Erscheinungsbild von neuen Modulen beeinflussen.

1.3.2 Editierformat festlegen

Wenn Sie zur Registerkarte EDITIERFORMAT wechseln, können Sie die Darstellung Ihres Quellcodes anpassen.

Abb. 1.18: Das Editierformat anpassen

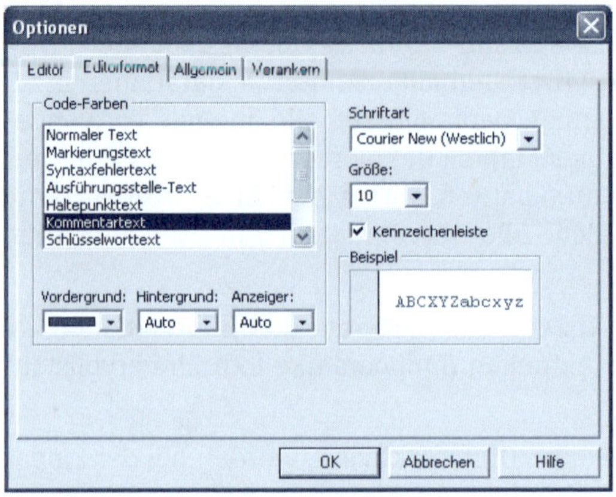

Im Listenfeld werden die Textelemente angezeigt, für die die Farben angepasst werden können. Darunter befinden sich drei Drop-down-Felder, in denen Sie das Format für den Vorder- bzw. Hintergrund der einzelnen Elemente sowie das Kennzeichen in der Kennzeichenleiste bestimmen können. Darüber hinaus haben Sie die Möglichkeit, die Schriftart sowie deren Größe zu bestimmen. Die Kennzeichenleiste kommt dann zur Geltung, wenn Sie häufiger mit Haltepunkten oder Lesezeichen arbeiten.

1.3.3 Allgemeine Einstellungen vornehmen

Wechseln Sie nun zur Registerkarte ALLGEMEIN. Dort werden die Einstellungen, die Fehlerbehandlung und die Kompilierungseinstellungen für das aktuelle Visual Basic-Projekt festgelegt.

Im Gruppenfeld EINSTELLUNGEN FÜR FORMULAR-RASTER können Sie die Darstellungsart des Formulars beim Bearbeiten festlegen. Sie können ein Raster anzeigen, die Rastereinheiten sowie die Rasterung selbst für das Formular festlegen und eingefügte Steuerelemente automatisch am Raster ausrichten lassen.

Die Einstellung QUICKINFO ANZEIGEN bezieht sich lediglich auf die QuickInfos für die Symbolschaltflächen und kann deaktiviert werden, wenn Sie etwas mehr Übung haben und die Symbole in den Symbolleisten kennen.

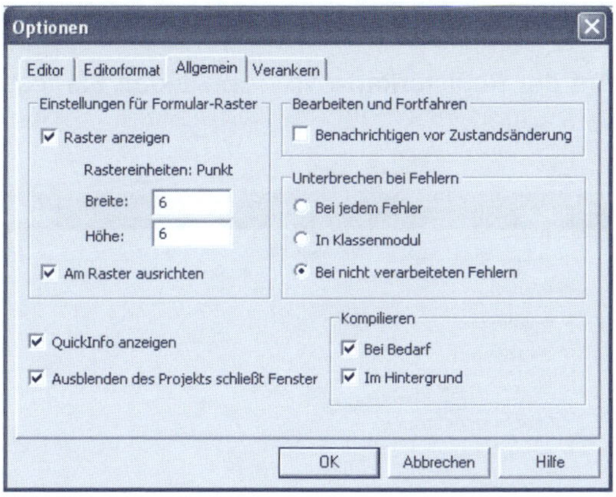

Abb. 1.19: Allgemeine Einstellungen vornehmen

Aktivieren Sie das Kontrollkästchen AUSBLENDEN DES PROJEKTS SCHLIESST FENSTER, wenn Projekt-, Objekt- oder Modulfenster automatisch geschlossen werden sollen, sobald ein Projekt im Projekt-Explorer ausgeblendet wird.

Im Gruppenfeld BEARBEITEN UND FORTFAHREN bestimmen Sie, ob eine Benachrichtigung erfolgen soll, wenn durch eine angeforderte Aktion alle Variablen auf Modulebene für ein laufendes Projekt zurückgesetzt werden.

Das Gruppenfeld UNTERBRECHEN BEI FEHLERN bestimmt, wie Fehler in der Visual Basic-Entwicklungsumgebung verarbeitet werden sollen. Das Einstellen dieser Option wirkt sich auf alle Instanzen von Visual Basic aus, die nach dem Ändern dieser Einstellung gestartet wurden.

Sie haben dabei folgende drei Möglichkeiten:

1. BEI JEDEM FEHLER: Bei jedem Fehler wird für das Projekt der Haltemodus aktiviert, unabhängig davon, ob eine Fehlerbehandlungsroutine aktiviert ist oder sich der Code in einem Klassenmodul befindet. Die fehlerhafte Zeile wird dann mit einer gelben Hintergrundfarbe hinterlegt.

2. IN KLASSENMODUL: Mit dieser Einstellung werden alle nicht verarbeiteten Fehler in einem Klassenmodul mit dem Haltemodus gestoppt.

3. BEI NICHT VERARBEITETEN FEHLERN: Wenn eine Fehlerbehandlungsroutine läuft, wird der Fehler behandelt, ohne den Haltemodus zu aktivieren. Sollte keine Fehlerbehandlungsroutine vorhanden sein, bewirkt der Fehler, dass der Haltemodus für das Projekt aktiviert wird.

Im Gruppenfeld KOMPILIEREN legen Sie fest, ob ein Projekt vor dem Start vollständig kompiliert oder ob der Code bei Bedarf kompiliert wird, wodurch die Anwendung schneller gestartet werden kann.

1.3.4 Fenster verankern

Auf der Registerkarte VERANKERN legen Sie fest, welche Fenster verankerbar sein sollen.

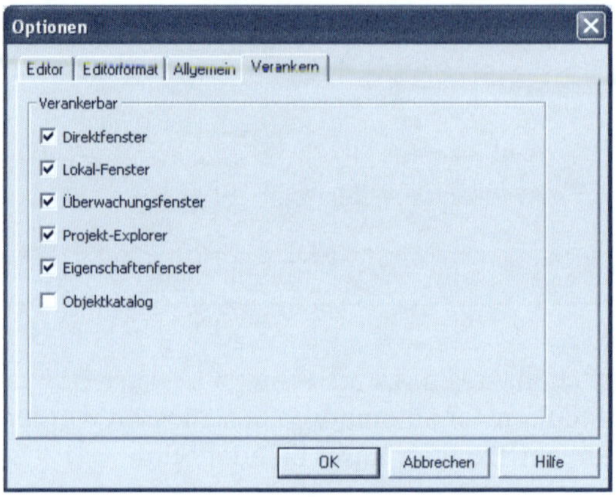

Abb. 1.20: Fenster verankern

Ein Fenster ist verankert, wenn es mit einer Kante eines anderen verankerbaren Fensters oder eines Anwendungsfensters verbunden ist. Ein verankerbares Fenster wird beim Verschieben automatisch ausgerichtet. Verankerbare Fenster können Sie wie die Codefenster auch mitten im VBA-Editor platzieren. Wählen Sie die Fenster aus, die verankerbar sein sollen, und deaktivieren Sie die Kontrollkästchen für die anderen Fenster.

1.4 Die ersten Prozeduren

Schreiben Sie nun Ihre ersten Prozeduren. Dazu wechseln Sie über die Tastenkombination Alt+F11 in die Entwicklungsumgebung und wählen aus dem Menü EINFÜGEN den Befehl MODUL.

Prozeduren beginnen standardmäßig mit dem Schlüsselwort `Sub`, gefolgt von einem Namen. Die erste Zeile der Prozedur wird danach mit einem Klammerpaar abgeschlossen. Am Ende der Prozedur folgt die Endanweisung `End Sub`.

1.4.1 Ein mehrzeiliges Infofenster ausgeben

Erfassen Sie die Prozedur aus Listing 1.3.

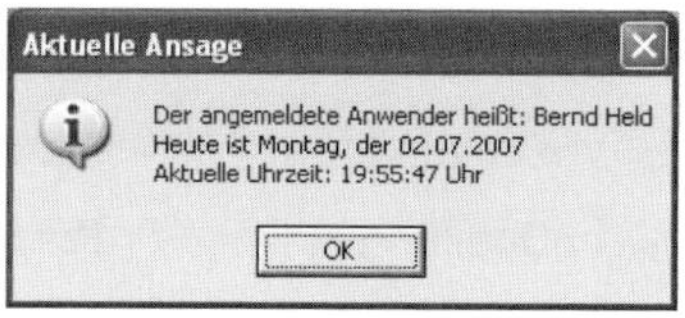

Abb. 1.21: Eine mehrzeilige Meldung wird am Bildschirm angezeigt.

Listing 1.3: Eine mehrzeilige Meldung anzeigen

```
Sub MehrzeiligeMeldungausgeben()

  MsgBox "Der angemeldete Anwender heißt: " & _
  Environ("username") & vbLf & _
 "Heute ist " & Format(Date, "DDDD, ""der"" DD.MM.YYYY") & vbLf & _
 "Aktuelle Uhrzeit: " & Time & " Uhr", vbInformation, _
 "Aktuelle Ansage"

End Sub
```

Sollen mehrere Zeilen in einem Meldungsfenster ausgegeben werden, dann müssen Sie für jede neue Zeile die Konstante `vbLf` (Visual Basic Line Feed = Zeilenumbruch) setzen. Den unter Windows angemeldeten Anwender bekommen Sie über die Anweisung `Environ` (Betriebssystemumgebung), der Sie die Konstante `Username` übergeben. Da Sie Textteile und Funktionen bei dieser Prozedur mischen, müssen Sie die einzelnen Teile durch das Zeichen & voneinander trennen. Das aktuelle Systemdatum fragen Sie über die VBA-Funktion `Date` ab. Diese allgemeine VBA-Funktion ist übrigens in allen Office-Anwendungen einsetzbar und liefert das aktuelle Datum. Dabei orientiert sich diese Funktion an dem eingestellten Datum in der Systemsteuerung von Windows. Das zurückgelieferte Datum kann über die Funktion `Format` in das gewünschte Format gebracht werden. Die Formatierung erfolgt hierbei über Formatkürzel. So gelten folgende Definitionen:

- DD — Zweistellige Tagesangabe (02)
- DDD — Tagesausgabe in der Kurzform (Mo)
- DDDD — Tagesausgabe in der Langform (Montag)
- MM — Zweistellige Monatsausgabe (07)
- MMM — Monatsausgabe in der Kurzform (Jul)
- MMMM — Monatsausgabe in der Langform (Juli)
- YY — Zweistellige Jahresausgabe (07)
- YYYY — Vierstellige Jahresausgabe (2007)

Die aktuelle Uhrzeit können Sie über die VBA-Funktion `Time` abfragen.

Über die Konstante `vbInformation` fügen Sie dem Meldungsfenster noch ein Informationssymbol hinzu. Weitere mögliche Symbole sind:

- vbCritical Stopp-Symbol
- vbExclamation Ausrufezeichen-Symbol
- vbQuestion Fragezeichen-Symbol

Ganz am Ende der Anweisung haben Sie die Möglichkeit, dem Fenster noch einen Titel zuzuweisen.

1.4.2 Meldung mit Rückfrage erstellen

Im folgenden Beispiel soll vor einem Vorgang sicherheitshalber abgefragt werden, ob er wirklich durchgeführt werden soll. Diese Art der Abfrage findet man oft bei kritischen Vorgängen wie dem Löschen oder Drucken von Daten. Gerade beim Löschen von Daten sollte eine Rückfrage eingesetzt werden, um sicherzustellen, dass nicht versehentlich wichtige Daten gelöscht werden.

Auch für diese Aufgabe können Sie die Funktion `MsgBox` einsetzen. Allerdings müssen Sie hierbei die Meldung mit zwei zusätzlichen Schaltflächen JA und NEIN bestücken. Erfassen Sie zunächst die vorläufige Prozedur aus Listing 1.4.

Listing 1.4: Der erste Schritt zur Rückfrage

```
Sub VorgangAbfragen()
Dim intWahl As Integer

 intWahl = MsgBox("Wollen Sie den Vorgang wirklich fortsetzen?", _
                  vbYesNo + vbQuestion, "Rückfrage")

 Debug.Print intWahl

End Sub
```

Starten Sie diese Prozedur einmal, indem Sie den Mauszeiger in die Prozedur setzen und die Taste F5 drücken.

Abb. 1.22: Ja oder Nein klicken

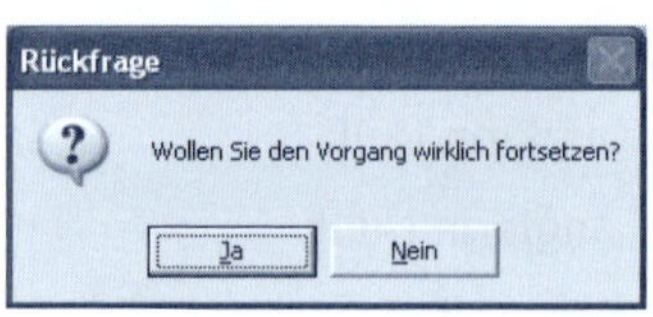

Bei der Programmierung von Schaltflächen verhält es sich so, dass jede Schaltfläche bei einer MsgBox eine eindeutige Nummer hat.

Wie aber können Sie diese Nummer herausfinden?

- Setzen Sie dazu entweder den Mauszeiger auf die Funktion `MsgBox` und rufen Sie über die Taste [F1] die Online-Hilfe zu diesem Befehl auf.
- Schreiben Sie den Rückgabewert der Funktion `MsgBox` über den Befehl `Debug.Print` in das Direktfenster der Entwicklungsumgebung. Blenden Sie das Direktfenster über die Tastenkombination [Strg]+[G] ein und lesen Sie den Inhalt des Fensters ab. Sie werden feststellen, dass der Rückgabewert im Direktfenster der Wert 6 ist, sofern Sie die Schaltfläche Ja drücken. Beim Klick auf die Schaltfläche Nein wird die Nummer 7 zurückgegeben.

Arbeiten Sie diese Informationen in die Prozedur aus Listing 1.5 ein.

Listing 1.5: Komplette Rückfrage, ob der Vorgang weiter durchgeführt werden soll

```
Sub VorgangAbfragen()
Dim intWahl As Integer

 intWahl = MsgBox("Wollen Sie den Vorgang wirklich fortsetzen?", _
                  vbYesNo + vbQuestion, "Rückfrage")

'Debug.Print intWahl

    If intWahl = 6 Then
        MsgBox "Sie haben Ja geklickt!"
    Else
        MsgBox "Sie haben Nein geklickt!"
    End If

End Sub
```

Anstelle der Nummer 6 können Sie ebenso die Konstante `acYes` einsetzen.

1.4.3 Einen Eingabedialog aufrufen

Bei der nächsten Aufgabe soll ein Dialog aufgerufen werden, mit dem der Anwender eine Eingabe vornehmen kann. Um diese Aufgabe zu lösen, setzen Sie die Funktion `InputBox` aus Listing 1.6 ein.

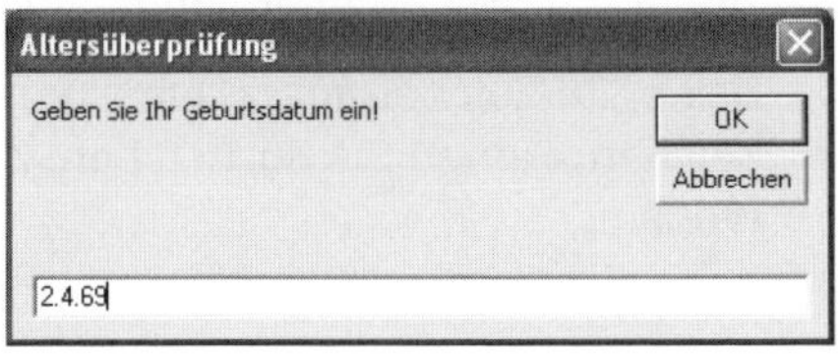

Abb. 1.23: Das Geburtsdatum eingeben

Listing 1.6: Das Alter des Anwenders wird abgefragt.

```
Sub EingabedialogAufrufen()
Dim strEingabe As String

 strEingabe = InputBox("Geben Sie Ihr Geburtsdatum ein!", _
 "Altersüberprüfung")

 If IsDate(strEingabe) Then

   MsgBox "Sie sind genau " & _
   Format(Date - CDate(strEingabe), "YY") & " Jahre alt!"

 End If

End Sub
```

Prüfen Sie, ob es sich bei dem eingegeben Wert auch wirklich um ein gültiges Datum handelt. Für diesen Zweck setzen Sie die Funktion `IsDate` ein. Treffen beide Bedingungen zu, kann die Berechnung des Alters stattfinden. Dabei subtrahieren Sie das aktuelle Tagesdatum vom Geburtsdatum. Bei dieser Operation würde die Anzahl der Tage zurückgegeben, die zwischen den beiden Datumsangaben liegen. Da Sie aber die Differenz in Jahren haben möchten, setzen Sie auch hier die Funktion Format ein, um das Ergebnis in das gewünschte Format zu bringen.

1.5 Variablen definieren und einsetzen

Der folgende Abschnitt bildet die Voraussetzung für eine strukturierte Programmierung mit VBA. Mit Variablen speichern Sie Informationen dauerhaft während der Laufzeit einer Prozedur, d.h., Sie können Variablen auch mehrmals in einer Prozedur benutzen, indem Sie Variablen füllen und Werte hochzählen oder subtrahieren. Mit Konstanten legen Sie Informationen fest, die sich nie ändern. Access bietet für die Deklaration von Variablen und Konstanten eine ganze Auswahl an Datentypen. Je nach Aufgabe setzten Sie dazu die vorgesehenen Datentypen ein.

1.5.1 Syntaxfestlegungen für Variablen

Wenn Sie Variablen einsetzen, müssen Sie sich dabei an bestimmte Konventionen für deren Benennung halten:

- Das erste Zeichen muss aus einem Buchstaben bestehen. Als folgende Zeichen können Sie Buchstaben, Zahlen und einige Sonderzeichen verwenden.

- Sie dürfen keine Leerzeichen in einem Variablennamen verwenden. Wenn Sie einzelne Wörter trennen möchten, verwenden Sie dazu den Unterstrich, wie z.B. Dim curMiete_Januar as Currency.
- Sonderzeichen wie #, %, &, ! oder ? sind nicht erlaubt.

1.5.2 Die Namenskonvention von Gregory Reddick

Für die Deklaration von Variablen *kann man* sich an die definierte Notation von Gregory Reddick halten. Dabei wird dem Variablennamen ein Kürzel vorangestellt, an dem man den Datentyp der Variablen erkennen kann. Dies erleichtert die Pflege von Quellcodes erheblich.

Folgende Kürzel sind dabei von Gregory Reddick festgelegt worden:

Tabelle 1.3: Die Namenskonvention von Gregory Reddick

Kürzel	**Datentyp**
`bool`	Boolean
`byte`	Byte
`cur`	Currency
`date`	Date
`dec`	Decimal
`dbl`	Double
`int`	Integer
`lng`	Long
`obj`	Object
`sng`	Single
`str`	String
`var`	Variant

Des Weiteren verwendet Reddick für die Datenbankobjekte folgende Präfixe:

Tabellen `tbl`, Abfragen `qry`, Formulare `frm`, Berichte `rpt`, Module `mdl` oder `mod`

1.5.3 Variablen deklarieren

Variablen werden immer zu Beginn einer Prozedur deklariert, also nach der `Sub`-Anweisung bzw. `Function`-Anweisung. Dabei spricht man von *lokalen* Variablen. Diese Variablen können nur in dieser Prozedur verwendet werden, in der sie deklariert wurden. Nachdem eine Prozedur durchgelaufen ist, wird diese Variable wieder aus dem Speicher gelöscht.

Von globalen Variablen in Standardmodulen spricht man, wenn Sie von der ganzen Anwendung aus auf diese zugreifen möchten. Dann muss die Variablendeklaration außerhalb der Prozeduren, also etwa im Kopf des Moduls, stattfinden.

Globale Variablen können anwendungsweit verwendet werden. Diese werden nach dem Ende einer Prozedur auch nicht gelöscht und behalten ihren aktuellen Wert bei. Es gibt Beispiele, in denen diese Vorgehensweise sinnvoll ist. In den meisten Fällen sollten globale Variablen aber vermieden werden, da sie wertvollen Speicherplatz auf dem Stapelspeicher belegen, was sich negativ auf das Laufzeitverhalten von Prozeduren auswirken kann. Außerdem können globale Variablen von überall verändert werden, was die Zuverlässigkeit der enthaltenen Werte mindert.

Eine Variablendeklaration beginnt immer mit der Anweisung `Dim`, gefolgt von einem Variablennamen, den Sie frei wählen können. Danach geben Sie mit dem Schlüsselwort `As` an, welchen Datentyp die Variable erhalten soll.

1.5.4 Statische Variablen

Sie haben die Möglichkeit, Variablen so zu definieren, dass deren »Lebensdauer« sich über das Ende der Prozedur hinaus verlängert. Sehen Sie sich dazu einmal die beiden folgenden Listings an.

Listing 1.7: Der Inhalt der Variablen lngZaehler wird nach dem Makro gelöscht.

```
Sub VariablenKurzeLebensdauer()

Dim lngZaehler As Long

  lngZaehler = lngZaehler + 1
  MsgBox lngZaehler

End Sub
```

In Listing 1.7 wird bei jedem Prozedurstart die Variable auf den Anfangswert 0 (ungesetzter Zustand) zurückgesetzt.

Listing 1.8: Der Inhalt der Variablen lngZaehler bleibt nach Ablauf des Makros bestehen.

```
Sub VariablenLangeLebensdauer()

Static lngZaehler As Long

  lngZaehler = lngZaehler + 1
  MsgBox lngZaehler

End Sub
```

Wenn Sie die Prozedur aus Listing 1.8 mehrmals hintereinander aufrufen, dann werden Sie sehen, dass der Inhalt der Variablen `lngZaehler` auch nach jedem Durchlauf erhalten bleibt.

1.5.5 Private Variablen

Als Nächstes ist die Anweisung `Private` zu nennen. Wird diese Anweisung bei der Deklaration einer Variablen außerhalb einer Prozedur eingesetzt, ist deren Gültigkeit auf das Modul beschränkt, in dem sich die Deklaration befindet. Sehen Sie sich dazu einmal die folgende Prozedur aus Listing 1.9 an.

```
Option Compare Database
Private strName As String

Sub VariablenNurImAktuellenModulEinsetzbar()

  strName = Application.CurrentDb.Name
  MsgBox strName

End Sub
```

Listing 1.9: Die Variable strName kann in allen Makros des Moduls eingesetzt werden.

1.5.6 Öffentliche Variablen

Analog zu den privaten Variablen gibt es selbstverständlich auch öffentliche Variablen. Diese Variablen werden mit der Anweisung `Public` deklariert. Damit haben Sie die Möglichkeit, auf Variablen zuzugreifen, die in anderen Modulen untergebracht sind. Sehen Sie sich dazu einmal das Beispiel aus Listing 1.10 an.

```
Public sngMwst As Single

Sub VariablenModulUebergreifendVerwendbar()
  sngMwst = 1.19

  MsgBox 100 * sngMwst

End Sub
```

Listing 1.10: Die Variable sngMwst kann in allen Prozeduren des Projekts verwendet werden.

1.5.7 Variablendeklaration erzwingen

Sie können Access so einstellen, dass jede Variable vor ihrer ersten Verwendung deklariert werden muss. Vorher läuft keine einzige Prozedur an, sofern sie mit Variablen arbeitet, die zuvor nicht deklariert wurden. Um diese wichtige Einstellung vorzunehmen, wechseln Sie in die Entwicklungsumgebung und rufen den Befehl EXTRAS/OPTIONEN auf. Wechseln Sie auf die

Registerkarte EDITOR und aktivieren Sie das Kontrollkästchen VARIABLENDEKLARATION ERFORDERLICH.

Was bewirkt diese Einstellung aber genau? Immer wenn Sie ein neues Modul einfügen, wird automatisch die Anweisung `Option Explicit` in die erste Zeile Ihres Modulblatts eingetragen. Diese Anweisung können Sie selbstverständlich auch von Hand eingeben. Sie bedeutet nichts anderes, als dass verwendete Variablen im Code vor deren Aufruf deklariert werden müssen. Vorher läuft gar nichts!

Die Entwicklungsumgebung von Access bietet Ihnen eine hilfreiche Möglichkeit, zu prüfen, wo verwendete Variabeln definiert sind. Klicken Sie die zu überprüfende Variable mit der rechten Maustaste an und wählen Sie im Kontextmenü den Befehl DEFINITION aus. Der Mauszeiger springt danach direkt an die Stelle im Code, an der die Variable definiert wurde.

1.5.8 Die wichtigsten Variablentypen

Die beiden wichtigsten Variablentypen sind zum einen die Variable vom Typ `String` und zum anderen die `Integer`-Variable. In einer Variablen von Typ `String` können Sie Texte zwischenspeichern, manipulieren und ausgeben. Mit einer Variablen vom Typ `Integer` führen Sie mathematische Berechnungen aus. `Integer`-Variablen werden oft als Zähler in Schleifen verwendet, die Sie im weiteren Verlauf des Buchs noch kennenlernen.

Entnehmen Sie der nachfolgenden Tabelle die gängigsten Variablentypen und deren Speicherbedarf:

Tabelle 1.4: Die Datentypen für die Programmierung

Variablentyp	Wertebereich/Speicherbedarf
`Byte`	Ganze Zahlen zwischen 0 und 255 (1 Byte)
`Boolean`	Wahrheitswert, entweder `True` oder `False` (2 Bytes)
`Currency`	Währungsdatentyp: Festkommazahlen mit 15 Stellen vor und 4 Stellen nach dem Komma (8 Bytes)
`Date`	Datums- und Zeitdatentyp (8 Bytes)
`Decimal`	Dezimalzahlen (14 Bytes)
`Double`	Fließkommazahlen mit einer Genauigkeit von 16 Stellen hinter dem Komma (8 Bytes)
`Integer`	Ganze Zahlen zwischen –32.768 und +32.767 (2 Bytes)
`Long`	Ganze Zahlen im Wertebereich von –2.147.483.648 und +2.147.483.647 (4 Byte)

Variablentyp	Wertebereich/Speicherbedarf
`Object`	Datentyp gibt einen Verweis auf ein Objekt wieder (4 Bytes)
`Single`	Fließkommazahlen mit einer Genauigkeit von 8 Stellen hinter dem Komma (4 Bytes)
`String`	Der Datentyp für alle Texte (10 Bytes)
`Variant`	Standarddatentyp, wird automatisch gewählt, wenn kein anderer Datentyp definiert ist (16 Bytes)

Tabelle 1.4: Die Datentypen für die Programmierung (Forts.)

Oft werden Variablen in folgender Form deklariert:

```
Dim lngZ1, lngZ2, lngZ3 As Long
```

Dazu ist zu sagen, dass lediglich die letzte Variable dem Typ `Long` zugeordnet wird. Alle anderen Variablen bekommen den Datentyp `Variant`. Richtig wäre hier:

```
Dim lngZ1 As Long
Dim lngZ2 As Long
Dim lngZ3 As Long
```

oder

```
Dim lngZ1 As Long, lngZ2 As Long, lngZ3 As Long
```

1.5.9 Noch kürzere Deklaration von Variablen

Wenn Sie nach und nach geübter in der Programmierung werden, möchten Sie möglicherweise die Variablennamen nicht mehr ganz so lang schreiben und auch bei der Datentypanweisung weniger Schreibarbeit haben. Sehen Sie sich dazu einmal die folgende Tabelle an:

Ausführlich	Kurzform
`Dim intZaehler as Integer`	`Dim intZaehler%`
`Dim lngZaehlerGross as Long`	`Dim lngZaehlerGross&`
`Dim curBetrag as Currency`	`Dim curBetrag@`
`Dim strMeldung as String`	`Dim strMeldung$`
`Dim sngZahl as Single`	`Dim sngZahl!`
`Dim dblMaxZahl as Double`	`Dim dblMaxZahl#`

Tabelle 1.5: Noch kürzere Datentypdeklaration

Für jeden in der Tabelle 1.5 aufgeführten Datentyp gibt es ein Kurzzeichen, welches Sie einsetzen können, um den Programmiercode zu verkürzen. Kurzer Programmiercode erhöht aber nicht zwangsläufig die Übersichtlichkeit.

1.6 Die Verwendung von Konstanten

Im Gegensatz zu den Variablen ändern die Konstanten nie ihren Wert. Auch hier wird zwischen lokalen und globalen Konstanten unterschieden. Globale Konstanten werden außerhalb der einzelnen Prozeduren definiert und sind damit für alle Prozeduren im Modul verwendbar. Lokale Konstanten hingegen gelten nur in der Prozedur, in der sie definiert wurden. Wie schon bei den Variablen sollten Sie darauf achten, nicht allzu viele globale Konstanten zu verwenden, da sich dies merklich auf Ihren Speicher auswirkt.

Nachfolgend ein paar typische Deklarationen mit Konstanten:

```
Const strDatenbank = "DB1.mdb"
Const DateStart = #1/1/2007#
Const strFehlermeldung1 = _
 "Fehler beim Drucken aufgetreten!"
Const sngMWST = 1.19
```

Was kann hier noch verbessert werden? Was für die Variablen gilt, hat auch bei den Konstanten Konsequenzen. In den obigen Beispielen ist noch nicht erklärt worden, welche Datentypen verwendet werden sollen. Zum aktuellen Zeitpunkt wird in allen vier Beispielen der Datentyp `Variant` eingesetzt. Es geht auch etwas genauer und speichersparender:

```
Const strDatenbank As String = "DB1.mdb"
Const DateStart As Date = #1/1/2007#
Const strFehlermeldung1 As String = _
 "Fehler beim Drucken!"
Const sngMWST As Single = 1.19
```

1.7 Die wichtigsten Systemkonstanten

Neben den selbst zu definierenden Konstanten gibt es in VBA eine ganze Reihe vorgefertigter Systemkonstanten, die Sie für Ihre Programmierung einsetzen können.

1.7.1 Datumsformat-Konstanten

Für das Anzeigen von Datums- und Zeitangaben stehen Ihnen fertige Systemkonstanten zur Verfügung, die die Formatierung des Datums bzw. des Zeitwerts für Sie übernehmen.

Diese Datums-/Zeitkonstanten können im Zusammenspiel mit der Funktion `FormatDatTime` verwendet werden.

Die Funktion `FormatDateTime` hat folgende Syntax:

```
FormatDateTime(Date[,NamedFormat])
```

Im Argument `Date` übergeben Sie der Funktion einen Datumswert.

Im Argument `NamedFormat` wählen Sie eine der in der Tabelle folgenden Datums-/Zeitkonstanten.

Tabelle 1.6: Die Datumskonstanten

Konstante	Wert	Beschreibung
`vbGeneralDate`	0	Zeigt ein Datum und/oder eine Uhrzeit an. Wenn es ein Datum gibt, wird es in Kurzform angezeigt. Wenn es eine Uhrzeit gibt, wird sie im langen Format angezeigt. Falls vorhanden, werden beide Teile angezeigt.
`vbLongDate`	1	Zeigt ein Datum im langen Datumsformat an, das in den Ländereinstellungen des Computers festgelegt ist.
`VbShortDate`	2	Zeigt ein Datum im kurzen Datumsformat an, das in den Ländereinstellungen des Computers festgelegt ist.
`vbLongTime`	3	Zeigt eine Uhrzeit in dem Zeitformat an, das in den Ländereinstellungen des Computers festgelegt ist.
`vbShortTime`	4	Zeigt eine Uhrzeit im 24-Stunden-Format (hh:mm) an.

Im Beispiel aus Listing 1.11 wird das heutige Datum auf verschiedene Weisen im Direktfenster angezeigt.

Listing 1.11: Das aktuelle Tagesdatum unterschiedlich ausgeben

```
Sub DatumsformateBearbeiten()
Dim DatAngabe As Date

   DatAngabe = Now
   Debug.Print FormatDateTime(DatAngabe, vbGeneralDate)
   Debug.Print FormatDateTime(DatAngabe, vbLongDate)
   Debug.Print FormatDateTime(DatAngabe, vbShortDate)
   Debug.Print FormatDateTime(DatAngabe, vbLongTime)
   Debug.Print FormatDateTime(DatAngabe, vbShortTime)

End Sub
```

Starten Sie die Prozedur aus Listing 1.11 und blenden Sie in der Entwicklungsumgebung das Direktfenster ein.

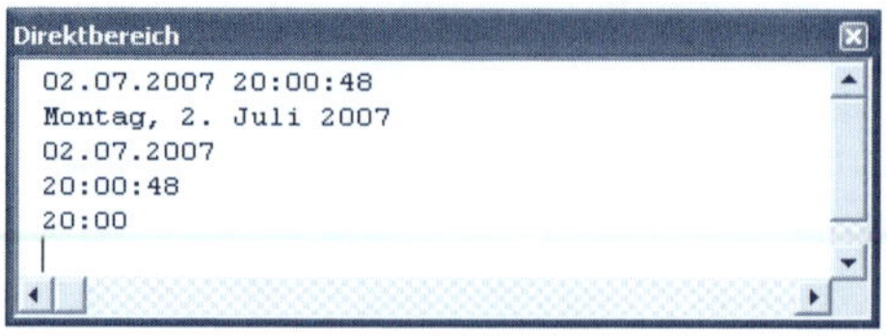

Abb. 1.24: Datums- und Zeitangaben ausgeben

Über weitere Datums-/Zeitkonstanten können Sie das Quartal bzw. den genauen Wochentag abfragen.

Über die Funktion `Datepart` extrahieren Sie einen bestimmten Teil des Datums, indem Sie auf die Konstanten dieser Funktion zurückgreifen. Die Syntax dieser Funktion lautet:

```
DatePart(Intervall, Datum[,ErsterTagWoche[, ErsterTagJahr]])
```

Im Argument `Intervall` müssen Sie genau angeben, welchen Teil des Datums Sie extrahieren möchten. Die einzelnen Möglichkeiten sehen Sie in der folgenden Tabelle 1.7.

Tabelle 1.7: Die Intervall-Konstanten der Funktion DatePart

Einstellung	**Beschreibung**
`yyyy`	Jahr
`q`	Quartal
`m`	Monat
`y`	Tag des Jahres
`d`	Tag
`w`	Wochentag
`ww`	Woche
`h`	Stunde
`n`	Minute
`s`	Sekunde

Im Argument `ErsterTagWoche` müssen Sie den ersten Tag der Woche angeben. Denken Sie beispielsweise daran, dass der jüdische Kalender mit dem Sonntag als ersten Tag der Woche beginnt. Für unseren europäischen Bereich müssen Sie daher den Wert `2` bzw. die Konstante `vbMonday` einsetzen. Wenn Sie die ganze Sache etwas variabler halten möchten, dann setzen Sie die Konstante `vbUseSystem` ein. Damit wird die Einstellung des ersten Tags der Woche direkt aus den Einstellungen Ihrer Windows-Systemsteuerung herausgelesen. Sehen Sie die einzelnen Belegungen der Konstanten in Tabelle 1.8.

Tabelle 1.8: Die ErsterTagWoche-Konstanten der Funktion DatePart

Konstante	Wert	Beschreibung
`vbUseSystem`	0	Die NLS API-Einstellung wird verwendet.
`vbSunday`	1	Sonntag (Voreinstellung)
`vbMonday`	2	Montag
`vbTuesday`	3	Dienstag
`vbWednesday`	4	Mittwoch
`vbThursday`	5	Donnerstag
`vbFriday`	6	Freitag
`vbSaturday`	7	Samstag

Im letzten Argument `ErsteWocheJahr` legen Sie die erste Woche eines Jahres fest. Danach richtet sich auch jeweils die Nummerierung der Kalenderwoche. Dabei können Sie folgende Einstellungen treffen:

Tabelle 1.9: Die ErsteWocheJahr-Konstanten der Funktion DatePart

Konstante	Wert	Beschreibung
`vbUseSystem`	0	Die NLS API-Einstellung aus der Systemsteuerung von Windows wird verwendet.
`vbFirstJan1`	1	Anfang in der Woche mit dem 1. Januar (Voreinstellung)
`vbFirstFourDays`	2	Anfang in der ersten Woche, die mindestens vier Tage im neuen Jahr enthält
`vbFirstFullWeek`	3	Anfang in der ersten vollen Woche des Jahres

Im folgenden Beispiel aus Listing 1.12 wird zu einem gegebenen Tagesdatum das dazugehörige Quartal ausgegeben. Dabei wird einer Funktion ein Tagesdatum übergeben. Die Funktion ermittelt dann das entsprechende Quartal und gibt es an die aufrufende Prozedur zurück. Erfahren Sie mehr zu Funktionen in den Kapiteln 4 und 5 dieses Buchs.

Listing 1.12: Aus dem Datum wird das dazugehörige Quartal ermittelt.

```
Function Quartal(DatAngabe)

   Quartal = DatePart("q", DatAngabe)

End Function
```

```
Sub DatAbfrage()

 MsgBox " Das angebene Datum liegt im " & Quartal("02.05.2007") & _
 " .Quartal!"

End Sub
```

Eine weitere Funktion ist die Funktion WeekDayName. Mithilfe dieser Funktion können Sie auf ähnliche Konstanten wie gerade beschrieben zurückgreifen. Die Syntax dieser Funktion lautet:

```
WeekdayName(Wochentag, Kurz, ErsterWochentag)
```

Das Argument Wochentag gibt numerische Bezeichnung des Wochentages wieder, die abhängig ist von der Wahl des Arguments ErsterWochentag.

Das Argument Kurz legt fest, ob der Name des Tages abgekürzt werden soll oder nicht. Setzen Sie dieses Argument auf den Wert True, wenn Sie den ermittelten Wochentag abkürzen möchten. Setzen Sie hingegen dieses Argument auf den Wert False, um den Namen des ermittelten Tages auszuschreiben.

Im Argument ErsterWochentag geben Sie den ersten Tag der Woche an, den Sie in Tabelle 1.8 ermitteln können.

Im folgenden Beispiel aus Listing 1.13 wird anhand eines Datums der dazugehörige Wochentag ausgegeben.

Listing 1.13: Den Wochentag ermitteln

```
Function Wochentag(DatAngabe)

 Wochentag = WeekdayName _
(Weekday(DatAngabe, vbUseSystemDayOfWeek), False)

End Function


Sub WochenTagAbfrage()

  MsgBox " Der angegebene Wochentag ist ein " & _
  Wochentag("02.05.2007")

End Sub
```

1.7.2 Dir-Konstanten

Sicher kennen Sie noch den alten DOS-Befehl Dir, über den Sie sich damals, aber auch noch heute, den Inhalt Ihrer Festplatte anzeigen lassen konnten. Mit diesem Befehl können bestimmte Konstanten eingesetzt werden, die Sie in der nachfolgenden Tabelle 1.10 einsehen können.

Tabelle 1.10: Die Konstanten der Funktion Dir

Konstante	Wert	Beschreibung
`vbNormal`	0	(Voreinstellung) Dateien ohne Attribute
`vbReadOnly`	1	Schreibgeschützte Dateien, zusätzlich zu Dateien ohne Attribute
`vbHidden`	2	Versteckte Dateien, zusätzlich zu Dateien ohne Attribute
`vbSystem`	4	Systemdatei, zusätzlich zu Dateien ohne Attribute. Beim Macintosh nicht verfügbar.
`vbVolume`	8	Datenträgerbezeichnung. Falls andere Attribute angegeben wurden, wird `vbVolume` ignoriert. Beim Macintosh nicht verfügbar.
`vbDirectory`	16	Verzeichnis oder Ordner, zusätzlich zu Dateien ohne Attributen.

Im folgenden Beispiel soll mithilfe der Funktion `GetAttr` und den `Dir`-Konstanten überprüft werden, ob eine bestimmte Datenbank in einem Verzeichnis existiert. Schreiben Sie dazu eine Funktion und eine aufrufende Prozedur, die Sie im folgenden Listing sehen können.

```
Function DB_Ver(ByVal Pfad As String) As Boolean

  On Error Resume Next
  DB_Ver = (GetAttr(Pfad) And vbDirectory) = 0

End Function

Sub DatDa()

b = DB_Ver("C:\temp\Nordwind.mdb")

 If b = False Then
    MsgBox "Datenbank konnte nicht gefunden werden!"
 Else
    MsgBox "Datenbank wurde im angegebenen Pfad gefunden!"
 End If

End Sub
```

Übergeben Sie der Funktion `DB_Ver` den kompletten Pfad- und Dateinamen der gesuchten Datenbank. Mit dem Schlüsselwort `ByVal` legen Sie fest, dass diese übergebene Variable als Wert übertragen wird. Das bedeutet, dass der aktuelle Wert der Variablen nicht von der Prozedur verändert werden kann, an die er übergeben wird.

Über die Funktion `GetAttr` geben Sie einen Wert vom Typ `Integer` zurück, der die Attribute einer Datei, eines Verzeichnisses oder eines Ordners darstellt.

1.7.3 File Input/Output-Konstanten

Mithilfe dieser Konstanten können Sie den Zugriff auf eine Datei festlegen. Dabei können Sie eine Datei mit Leserecht öffnen. Sie haben dann keine Chance, diese Datei zu verändern. Eine weitere Möglichkeit ist es, eine Datei zu öffnen und dafür zu sorgen, dass diese neu angelegt wird, sofern sie schon existiert. Die dritte Möglichkeit ist, in eine Datei hineinzuschreiben und dabei die bisherigen Eingaben beizubehalten, also den neuen Text einfach unten anzuhängen. Diese File/Output-Konstanten werden bevorzugt in der Verarbeitung von Textdateien angewendet.

Entnehmen Sie die einzelnen Möglichkeiten des Dateizugriffs aus der folgenden Tabelle 1.11.

Tabelle 1.11: Die Konstanten für den Dateizugriff bei Textdateien

Konstante	Wert	Beschreibung
`ForReading`	1	Öffnet eine Datei, die nur gelesen werden kann. Sie können nicht in diese Datei schreiben.
`ForWriting`	2	Öffnet eine Datei zum Schreiben. Wenn es eine Datei mit dem gleichen Namen gibt, wird der frühere Inhalt überschrieben.
`ForAppending`	8	Öffnet eine Datei und schreibt an das Ende dieser.

Bei der nächsten Aufgabe greifen Sie auf den Windows Scripting Host von Microsoft zu. Um dafür den Zugriff auf die einzelnen Befehle zu bekommen, gehen Sie wie folgt vor:

1. Wechseln Sie in die Entwicklungsumgebung von Access.
2. Wählen Sie aus dem Menü EXTRAS den Befehl VERWEISE.
3. Aktivieren Sie im Listenfeld VERFÜGBARE VERWEISE die Bibliothek MICROSOFT SCRIPTING RUNTIME.
4. Bestätigen Sie Ihre Einstellung mit OK.

Legen Sie im nächsten Schritt eine Textdatei an, geben einen Text ein und speichern diese Textdatei unter dem Namen ARTIKEL.TXT im Verzeichnis C:\TEMP\. Erfassen Sie danach folgende Prozedur.

Listing 1.14: Eine Textdatei zeilenweise einlesen

```
Function TextDat_Lesen(strFileIn As String) As Long

Dim fso As Scripting.FileSystemObject
Dim Puffer As Scripting.TextStream
Dim strText As String
Dim intZ As Long


    Set fso = New Scripting.FileSystemObject
  Set Puffer = _
  fso.OpenTextFile(strFileIn, ForReading, False)

    Do While Puffer.AtEndOfStream <> True
        strText = Puffer.ReadLine
        intz = intz + 1
        Debug.Print strText
    Loop

    Puffer.Close

    Set Puffer = Nothing
    Set fso = Nothing
    TextDat_Lesen = intz
  End Function


Sub TextdateiLesen()

 TextDat_Lesen ("C:\Temp\Artikel.txt")

End Sub
```

Erzeugen Sie im ersten Schritt ein `FileSystemObject`. Danach lesen Sie die angegebene Textdatei in einen Datenpuffer unter Verwendung der Methode `OpenTextFile`, der Sie die Konstante `ForReading` übergeben. Die Eigenschaft `AtEndOfStream` liefert den Wert `True`, wenn Sie den letzten Satz des Datenpuffers gelesen haben. Und genauso bauen Sie Ihre Schleife auf, die so lange abgearbeitet wird, bis die letzte Zeile im Datenpuffer verarbeitet wurde. Mithilfe der Methode `ReadLine` lesen Sie den Datenpuffer zeilenweise aus und übertragen diese Zeile in die String-Variable `strText`, die Sie dann auch im Direktbereich von Access über die Anweisung `Debug.Print` ausgeben. Schließen Sie danach die geöffnete Textdatei über die Methode `Close` und geben Sie den durch die Objekte reservierten Arbeitsspeicher über die Anweisung `Set`, der Sie das Schlüsselwort `Nothing` übergeben, wieder frei.

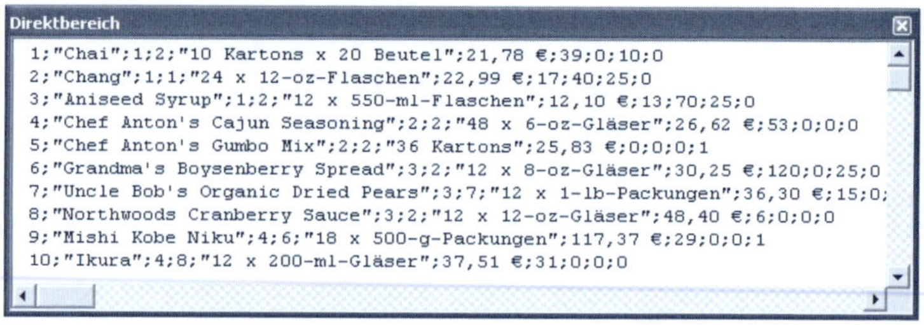

Abb. 1.25: Eine Textdatei wurde in das Direktfenster der Entwicklungsumgebung gelesen.

1.7.4 Die Shell-Konstanten

Mithilfe der Funktion `Shell` können Sie jedes ausführbare Programm aufrufen. Über die Shell-Konstanten legen Sie dabei fest, ob das Programm im Hintergrund bleiben bzw. minimiert oder maximiert angezeigt werden soll.

Die Funktion `Shell` hat folgende Syntax:

```
Shell(Pfadname[,FensterStil])
```

Im Argument `Pfadname` geben Sie den Pfad sowie den Dateinamen der ausführbaren Datei an, die Sie starten möchten.

Das Argument `Fensterstil` legt den Stil des Fensters fest, in dem das Programm ausgeführt werden soll. Dabei stehen Ihnen folgende Konstanten aus Tabelle 1.12 zur Verfügung.

Tabelle 1.12: Die Konstanten der Funktion Shell

Konstante	Wert	Beschreibung
`vbHide`	0	Das Fenster ist ausgeblendet und das ausgeblendete Fenster erhält den Fokus.
`vbNormalFocus`	1	Das Fenster hat den Fokus und die ursprüngliche Größe und Position werden wiederhergestellt.
`vbMinimizedFocus`	2	Das Fenster wird als Symbol mit Fokus angezeigt.
`vbMaximizedFocus`	3	Das Fenster wird maximiert mit Fokus angezeigt.
`vbNormalNoFocus`	4	Die zuletzt verwendete Größe und Position des Fensters werden wiederhergestellt. Das momentan aktive Fenster bleibt aktiv.
`vbMinimizedNoFocus`	6	Das Fenster wird als Symbol angezeigt. Das momentan aktive Fenster bleibt aktiv.

Wenden Sie jetzt die Funktion `Shell` und deren Konstanten in einem Beispiel an. So wird im nächsten Listing der Internet Explorer von Microsoft gestartet und eine bestimmte Webseite automatisch geladen.

Listing 1.15: Den Internet Explorer aufrufen

```
Sub InternetExplorerStarten()

Dim boolWebSeite As Boolean
Dim strWeb As String

 strWeb = "http://held-office.de"
 boolWebSeite = _
 Shell("C:\Programme\Internet Explorer\IExplore.exe " & strWeb, 1)

End Sub
```

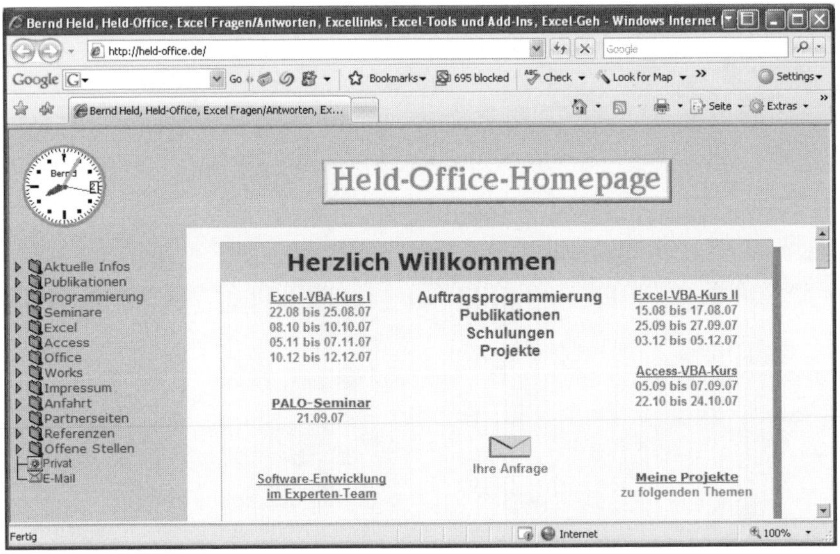

Abb. 1.26: Den Internet Explorer über die Shell-Funktion starten

Kapitel 2

jetzt lerne ich

Die Sprachelemente von VBA

Das Wesentliche, was eine Programmiersprache ausmacht, sind ihre Sprachelemente. In diesem Kapitel erfahren Sie, wie Sie Ihre Programme mithilfe von Abfragen, Schleifen und anderen Anweisungen flexibel gestalten können. Der richtige Einsatz der Sprachelemente macht letztendlich die Kunst der Programmierung aus.

Unter anderem geht es in diesem Kapitel um folgende Fragestellungen:

- Wie arbeite ich mit Verzweigungen?
- Wie kann ich die verzwickten Verzweigungen übersichtlicher darstellen?
- Wie programmiere ich Schleifen mit VBA?

2.1 Verzweigungen mit If...Then...Else

Mit Verzweigungen können Sie in Access bestimmte Zustände abfragen und je nach Zustand anders reagieren. Beispielsweise könnten Sie überprüfen, ob eine Anwender ein gültiges Datum erfasst bzw. ob eine bestimmte Tabelle in der Datenbank vorhanden ist.

Die Syntax für eine solche Verzweigung lautet:

```
If Bedingung Then [Anweisungen] [Else elseAnweisungen]
```

Alternativ können Sie die Blocksyntax verwenden:

```
If Bedingung Then
[Anweisungen]
[ElseIf Bedingung-n Then
[elseifAnweisungen] ...
[Else
[elseAnweisungen]]
End If
```

Unter dem Argument `Bedingung` bzw. `Bedingung-n` müssen Sie entweder einen numerischen Ausdruck oder einen Zeichenfolgenausdruck eingeben, der `True` oder `False` ergibt. Wenn die Bedingung den Wert `0` zurückmeldet, wird `Bedingung` als `False` interpretiert.

Unter dem Argument `Anweisungen` werden jene Anweisungen aufgeführt, die durchgeführt werden sollen, wenn `Bedingung` den Wert `True` liefert.

Unter dem Argument `elseifAnweisungen` sind eine oder mehrere Anweisungen gemeint, die ausgeführt werden, wenn die zugehörige Bedingung (bzw. `Bedingung-n`) den Wert `True` meldet.

Das Argument `elseAnweisungen` meint eine oder mehrere Anweisungen, die ausgeführt werden sollen, wenn keine der Bedingungen (`Bedingung-Ausdruck` oder `Bedingung-n-Ausdruck`) den Wert `True` melden.

> Verwenden Sie die erste Variante, wenn Sie kurze Abfragen durchführen, beispielsweise einen Datentyp kontrollieren. Die Blockvariante ist dann von Interesse, wenn Sie mehrere Aktionen in einem Zweig durchführen möchten. Dies erhöht die Übersichtlichkeit des Quellcodes.

Auf den folgenden Seiten sehen Sie ein paar typische Beispiele für den Einsatz von Verzweigungen in Access.

2.1.1 Benutzereingabe auswerten

Im ersten Beispiel wird der Anwender aufgefordert, eine Eingabe über eine Eingabemaske vorzunehmen. Über den Einsatz der `If`-Anweisung wird danach kontrolliert, ob eine korrekte Eingabe vorgenommen wurde.

Listing 2.1: Eine Benutzereingabe auswerten

```
Sub InputboxAuswerten()
Dim strEingabe As String

strEingabe = InputBox _
("Geben Sie hier entweder Ja oder Nein ein!", "Eingabe")

If strEingabe = "" Then Exit Sub

 If strEingabe = "Ja" Then

    MsgBox "Sie haben Ja eingegeben!"
```

```
 ElseIf strEingabe = "Nein" Then
     MsgBox "Sie haben Nein eingegeben!"
    Else
     MsgBox "Sie haben keinen gültigen Wert eingegeben!"
  End If

End Sub
```

Mithilfe der Funktion `InputBox` können Sie einen Dialog auf dem Bildschirm anzeigen, bei dem der Anwender die Möglichkeit hat, eine Eingabe zu machen. Das Ergebnis dieser Eingabe speichern Sie in der Variablen `strEingabe`. Prüfen Sie in der ersten Schleife (Variante 1), ob überhaupt ein Wert eingegeben wurde. Wenn nicht, dann beenden Sie das Makro, indem Sie die Anweisung `Exit Sub` einsetzen. Im anderen Fall läuft das Makro weiter und gelangt zur zweiten Verzweigung (Variante 2). Dort prüfen Sie, welche Eingabe erfolgt ist. Wenn die Eingabe Ja vorgenommen wurde, geben Sie eine dementsprechende Meldung über die Funktion `MsgBox` auf dem Bildschirm aus. Anderenfalls müssen Sie noch prüfen, ob der Wert Nein oder gar ein anderer Wert eingegeben wurde. Setzen Sie dafür die `ElseIf`-Bedingung ein und fragen Sie die Eingabe erneut ab.

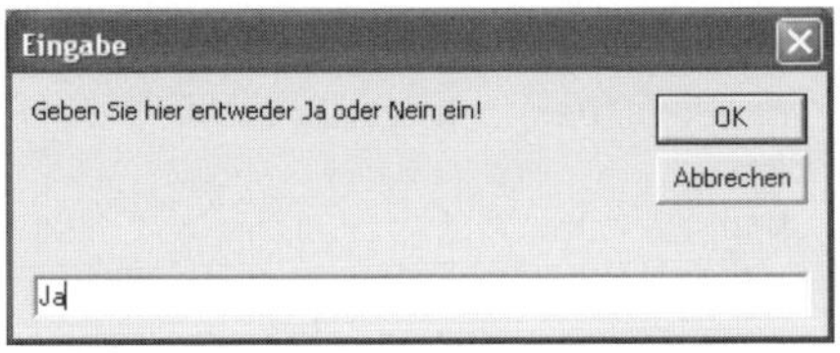

Abb. 2.1: Eine Eingabe wird abgefragt.

2.1.2 Angemeldeten Anwender abfragen

Im folgenden Beispiel soll ermittelt werden, wer am Computer unter Windows angemeldet ist. Für den Fall, dass ein unbekannter Anwender ermittelt wird, sorgt ein Befehl dafür, dass die aktuelle Datenbank wieder geschlossen wird.

Listing 2.2: Der Windows-Anmeldename wird abgefragt.

```
Sub AnwenderAbfragen()

If Environ("Username") <> "Bernd" Then

  Application.CloseCurrentDatabase

Else

  MsgBox "Sie haben freien Zugriff auf alle Objekte!"

End If

End Sub
```

Über das Objekt Environ können Sie unter anderem den Anmeldenamen von Windows ermitteln. Übergeben Sie diesem Objekt hierfür den Text »Username« und werten Sie das Ergebnis über die If-Anweisung aus. Die Methode CloseCurrentDatabase schließt die aktuell geöffnete Datenbank.

2.1.3 Wochentag abfragen

Im folgenden Beispiel wird ermittelt, ob ein bestimmter Termin an einem Wochenende liegt oder nicht. Verantwortlich für diese Auswertung ist die Funktion WeekDay, der Sie in Kapitel 4 wiederbegegnen.

In Listing 2.3 wird eine Datumseingabe über eine Eingabemaske vorgenommen und danach ausgewertet.

Listing 2.3: Den Wochentag abfragen

```
Sub WochentagOderNicht()
Dim strDatum As String

 strDatum = InputBox("Bitte geben Sie ein Datum ein!", _
"Datumseingabe", Date)

 If strDatum = "" Then Exit Sub

 If Weekday(strDatum) = 1 Or Weekday(strDatum) = 7 Then
  MsgBox "Der " & strDatum & " ist ein Wochenende!"
  Else
  MsgBox "Der " & strDatum & " ist ein Wochentag!"
 End If

End Sub
```

Sehen Sie sich einmal die Funktion InputBox zu Beginn der Prozedur aus Listing 2.3 an. Bei dieser Funktion werden in diesem Beispiel drei Argumente eingesetzt. Im ersten Argument geben Sie den Text an, der in der Maske als »Begleittext« angezeigt werden soll. Im zweiten Argument haben Sie die Möglichkeit, den Titel des Dialogfensters festzulegen. Beim dritten Argument können Sie das Eingabefeld der Maske mit einem Wert vorbelegen. Geben Sie dort das aktuelle Tagesdatum als Vorgabe an. Dies hat den Vorteil, dass der Anwender gleich erkennen kann, wie das Datum formatiert werden muss.

Abb. 2.2: Der Wochentag eines Datums wird abgefragt.

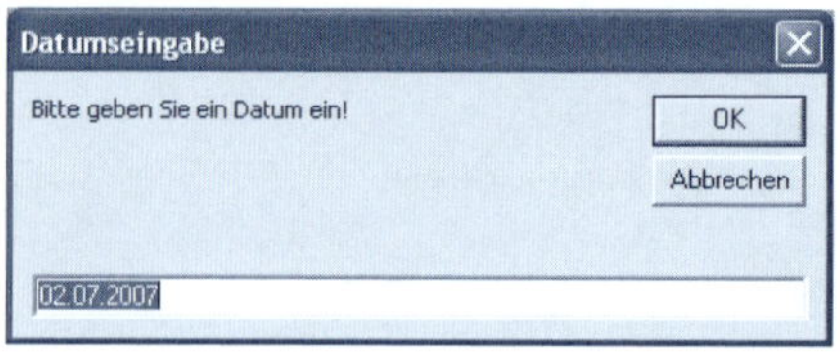

Die Funktion WeekDay liefert je nach Wochentag einen Wert zwischen 1 und 7. Dabei muss man wissen, dass bei der Standardeinstellung dieser Funktion der Wert 1 dem Sonntag entspricht sowie der Wert 7 dem Samstag. Auf den Punkt gebracht, fängt die Woche in VBA mit dem Sonntag als erstem Tag der Woche an. Diesem Standardverhalten tragen Sie Rechnung, indem Sie diese beiden Rückgabewerte abfragen und auswerten.

2.1.4 Eingaben prüfen und wandeln

Im folgenden Beispiel überprüfen Sie, ob ein Anwender einen Text oder einen numerischen Wert eingibt. Je nach Ergebnis reagieren Sie entsprechend. Sehen Sie sich dazu einmal das Listing 2.4 an.

Listing 2.4: Text oder Zahl?

```
Sub EingabenAuswertenUndUmwandeln()
Dim strEingabe As String

 strEingabe = InputBox("Geben Sie hier einen Text ein!", "Eingabe")

 If strEingabe = "" Then Exit Sub

 If IsNumeric(strEingabe) Then
    MsgBox "Sie haben einen numerischen Wert eingegeben!"
    Exit Sub
 Else
    strEingabe = UCase(strEingabe)
 End If

 MsgBox strEingabe

End Sub
```

Nützen Sie die Funktion InputBox, um einen Abfragedialog am Bildschirm anzuzeigen. Kontrollieren Sie danach wiederum, ob überhaupt eine Eingabe vorgenommen wurde. Wenn ja, dann prüfen Sie mithilfe der Funktion IsNumeric, ob ein numerischer Wert eingegeben wurde. Wenn nicht, dann wandeln Sie den eingegebenen Text über die Funktion UCase in Großbuchstaben um.

Selbstverständlich haben Sie auch die Möglichkeit einen Text in Kleinbuchstaben zu wandeln. Die dazu notwendige Funktion heißt LCase.

2.1.5 Daten abfragen

Beim folgenden Beispiel liegt eine kleine Tabelle nach dem Muster aus Abbildung 2.3 vor.

Abb. 2.3: Die Ausgangstabelle

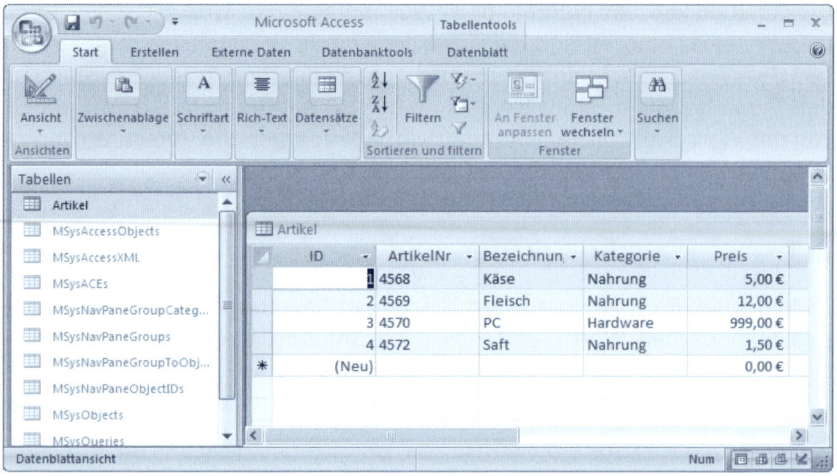

Im Makro aus Listing 2.5 wird nun geprüft, ob es überhaupt Datensätze in der Kategorie NAHRUNG gibt.

Listing 2.5: Die Anzahl gefundener Datensätze auswerten

```
Sub DatensätzeZählen()
Dim intAnz As Integer

intAnz = DCount("ID", "Artikel", "[Kategorie] = 'Nahrung'")

If intAnz = 0 Then
  MsgBox "kein Satz gefunden!"
Else
  MsgBox intAnz & " Sätze gefunden!"
End If

End Sub
```

Definieren Sie im ersten Schritt eine Variable vom Typ `Integer`. Wenden Sie danach die Funktion `DCount` an, um einen Zugriff auf die Tabelle ARTIKEL herzustellen. Dazu muss die Tabelle nicht geöffnet werden. Übergeben Sie dieser Funktion als ersten Parameter das Feld, welches Sie in der Tabelle zählen möchten. Im zweiten Argument geben Sie den Namen der Tabelle an, auf die Sie zugreifen möchten. Im dritten Argument haben Sie die Möglichkeit, noch eine Einschränkung vorzunehmen. Im Beispiel aus Listing 2.5 werden nur Datensätze gezählt, die als Kategorie den Begriff NAHRUNG haben. Werten Sie die Anzahl der gefundenen Datensätze in einer `If`-Anweisung aus und zeigen Sie das Ergebnis der Zählung am Bildschirm an.

Abb. 2.4: Es konnten drei Sätze gefunden werden.

Neben der Funktion `DCount` gibt es weitere Funktionen wie beispielsweise die Funktionen `DSum`, `DAvg`, `DFirst`, `DLast`, die Sie in Kapitel 4 näher kennen lernen werden.

2.1.6 Letztes Speicherdatum einer Datenbank abfragen

In der folgenden Aufgabe soll das letzte Speicherdatum der aktuell geöffneten Datenbank abgefragt werden. Starten Sie dazu das Makro aus Listing 2.6.

Listing 2.6: Das letzte Speicherdatum der Datenbank ermitteln

```
Sub ZeitpunktLetzteSpeicherungAbfragen()
Dim DateSpeicherung As Date

DateSpeicherung = FileDateTime(Application.CurrentDb.Name)

 MsgBox "Letzte Speicherung um: " & DateSpeicherung

If Day(DateSpeicherung) < Day(Date) Then
  MsgBox "Die Datenbank wurde heute noch nicht gespeichert!"
End If

End Sub
```

Mithilfe der Funktion `FileDateTime` können Sie das letzte Speicherdatum der aktuell geöffneten Datenbank abfragen. Selbstverständlich kann diese Funktion auch auf nicht geöffnete Datenbanken angewendet werden. Dazu muss lediglich anstelle der Befehlskette `Application.CurrentDB.Name` der Name sowie der komplette Pfad zur Datenbank angegeben werden. Vergleichen Sie danach das aktuelle Tagesdatum mit dem Tagesdatum der letzten Speicherung der Datenbank. Den Tagesanteil aus einem Datum können Sie hierbei mithilfe der Funktion `Day` herausziehen. Dabei meldet diese Funktion einen Rückgabewert, je nach Monat, von 1 bis 31.

Abb. 2.5: Das letzte Speicherdatum der Datenbank ermitteln

2.1.7 Anlagedatum einer Datenbank auswerten

Im folgenden Beispiel aus Listing 2.7 wird geprüft, ob die aktuell geöffnete Datenbank älter als 30 Tage ist.

Bevor Sie die Prozedur starten können, binden Sie in der Entwicklungsumgebung eine zusätzliche Bibliothek ein, die die dazu notwendigen Befehle enthält. Dazu verfahren Sie wie folgt:

1. Wechseln Sie über die Tastenkombination Alt+F11 in die Entwicklungsumgebung von Access.
2. Wählen Sie aus dem Menü EXTRAS den Befehl VERWEISE.

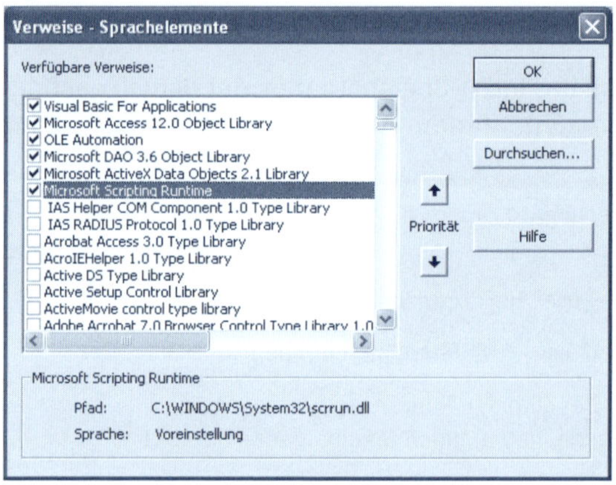

Abb. 2.6: Eine Zusatzbibliothek einbinden

3. Aktivieren Sie die Bibliothek MICROSOFT SCRIPTING RUNTIME.
4. Bestätigen Sie mit OK.
5. Starten Sie die Prozedur aus Listing 2.7.

Listing 2.7: Das Alter einer Datenbank auswerten

```
Sub Erstelldatum()
' Verweis auf "Microsoft Scripting Runtime" setzen
Dim FSO As New Scripting.FileSystemObject
Dim FSDatei As Scripting.File
Dim dateErstellt As Date

Set FSDatei = FSO.GetFile(CurrentDb.Name)
dateErstellt = FSDatei.DateCreated

If (Date - dateErstellt) > 30 Then
   MsgBox "Die Datenbank ist mehr als 30 Tage alt!"
End If

End Sub
```

Deklarieren Sie im ersten Schritt Objektvariablen vom Typ `FileSystemObject` und `File`. Über die Methode `GetFile` können Sie auf die Eigenschaften der Datenbank zugreifen. Unter anderem können Sie hierbei die Eigenschaft `DateCreated` anwenden, um das Erstellungsdatum der Datenbank abzufragen.

Subtrahieren Sie das aktuelle Datum vom Erstelldatum der Datenbank. Die Differenz wird hierbei in Tagen ausgegeben. Ist die Datenbank älter als 30 Tage, dann wird eine Meldung am Bildschirm angezeigt.

Selbstverständlich können Sie das Erstellungsdatum einer Datenbank auch auf nicht geöffnete Datenbanken anwenden. Sehen Sie sich dazu einmal die Prozedur aus Listing 2.8 an und passen Sie es bei der Pfad- und Dateiangabe entsprechend an.

Listing 2.8: Das Erstellungsdatum einer geschlossenen Datenbank wird abgefragt.

```
Sub ErstelldatumGeschlosseDB()
' Verweis auf "Microsoft Scripting Runtime" setzen
Dim FSO As New Scripting.FileSystemObject
Dim FSDatei As Scripting.file
Dim dateErstellt As Date

Set FSDatei = FSO.GetFile("C:\Nordwind.mdb")
dateErstellt = FSDatei.DateCreated

If (Date - dateErstellt) > 30 Then
   MsgBox "Die Datenbank ist mehr als 30 Tage alt!"
End If

End Sub
```

2.1.8 Datum der Tabellenerstellung abfragen

Soll lediglich ermittelt werden, wann eine bestimmte Tabelle erstellt wurde, dann starten Sie das Makro aus Listing 2.9.

Listing 2.9: Das Erstellungsdatum einer Tabelle ermitteln

```
Sub TabelleErstellt()

 MsgBox "Erstellungsdatum der Tabelle 'Artikel': " & vbLf & _
 CurrentDb.TableDefs("Artikel").DateCreated, vbInformation

End Sub
```

In der `TableDefs`-Auflistung sind automatisch alle Tabellen der Datenbank verzeichnet. Sie brauchen nur noch den Namen der Tabelle angeben, zu der Sie nähere Informationen haben möchten. Mithilfe der Eigenschaft `DateCreated` können Sie dabei den Zeitpunkt der Tabellenerstellung abgreifen.

Abb. 2.7: Das Erstellungsdatum einer Datentabelle ermitteln

Werden Änderungen an der Struktur einer Tabelle vorgenommen, dann kann der Zeitpunkt dieser Änderung über die Eigenschaft `LastUpdated` wie in Listing 2.10 gezeigt, festgehalten werden. Dies können Sie leicht testen wenn Sie in der Entwurfsansicht eine neue Spalte mit dem Namen *Notiz* einfügen, die Tabelle speichern und danach die Prozedur aus Listing 2.10 starten.

Listing 2.10: Letzte Änderung an der Struktur einer Tabelle festhalten

```
Sub TabelleGeändert()

 MsgBox "Letzte Änderung in Tabelle 'Artikel': " & vbLf & _
 CurrentDb.TableDefs("Artikel").LastUpdated, vbInformation

End Sub
```

Abb. 2.8: Das letzte Änderungsdatum einer Tabelle ermitteln

2.1.9 Datumscheck vornehmen

Oft werden auch Datumsüberprüfungen in Access durchgeführt. Insbesondere wenn Berechnungen wie Liefertermine oder Zahlungsziele errechnet werden müssen, müssen Sie als Entwickler sicherstellen, dass auch wirklich Datumseingaben vorgenommen wurden. Kontrollieren Sie dieses sofort nach der Eingabe, indem Sie das Listing 2.11 einsetzen.

Listing 2.11: Zahlungsziel überwachen

```
Sub Datumsprüfung()
Dim dateZ As Date

On Error GoTo fehler

Beginn:
 dateZ = InputBox("Geben Sie das Lieferdatum ein!", _
 "Datum eingeben")
```

```
If IsDate(dateZ) And datez >= "01.01.2007" Then
 Else
  MsgBox "Nur Eingaben im aktuellen Jahr möglich"
  GoTo Beginn
End If

datez = datez + 14
MsgBox "Das Zahlungsziel ist der: " & datez
Exit Sub

fehler:
  MsgBox "Sie haben kein gültiges Datum eingegeben!"
  GoTo Beginn

End Sub
```

Im ersten Schritt fordern Sie den Anwender auf, ein Datum einzugeben. Danach kontrollieren Sie mithilfe einer `If...Then`-Verzweigung, ob das Datum im gültigen Bereich liegt. Es werden nur Datumseingaben akzeptiert, die größer oder gleich dem Datum 01.01.07 sind. Prüfen Sie zusätzlich, ob es sich überhaupt um einen gültigen Datumswert handelt. Dazu verwenden Sie die Funktion `IsDate`. Diese Funktion meldet den Wert `True`, wenn es sich um ein Datum handelt. Wurde ein gültiges Datum eingegeben, dann rechnen Sie mit diesem Datum. Dabei können Sie genauso vorgehen, wie Sie es auch bei numerischen Werten machen würden. Addieren Sie zum Liefertermin einfach die Zahl 14 (14 Tage), um einen gängigen Zahlungstermin zu errechnen. Geben Sie diesen Termin dann auf dem Bildschirm aus.

Wenn Sie sich noch einmal das Listing 2.11 ansehen, finden Sie zu Beginn des Listings eine `On Error`-Anweisung. Damit stellen Sie sicher, dass Ihr Makro nicht abstürzt, wenn aus Versehen oder gar mit Absicht ein Text eingegeben wird. Sollte ein Anwender in diesem Beispiel einen Text eingeben, wird die Sprungmarke `fehler` angesprungen. Dort erhält der Benutzer eine Nachricht, dass ihm bei der Eingabe ein Fehler unterlaufen ist. Mit dem Befehl `GoTo` geben Sie ihm aber die Möglichkeit, seine Eingabe zu wiederholen. Als Sprungziel geben Sie dort die Sprungmarke `Beginn` an.

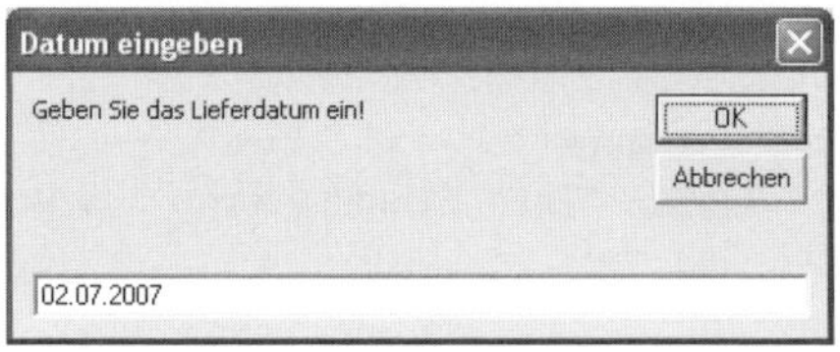

Abb. 2.9: Das Lieferdatum eingeben

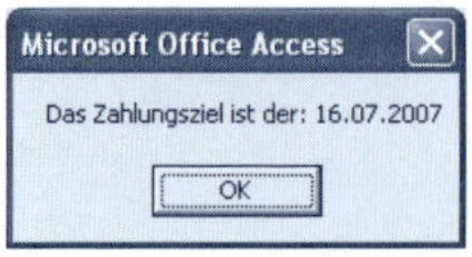

Abb. 2.10: Das Rechnungsdatum ermitteln

HINWEIS: Neben der Funktion `IsNumeric` gibt es weitere Funktionen, mit denen Sie Ihre Daten prüfen können. Eine davon ist die Funktion `IsDate`. Die Funktion `IsDate` gibt den Wert `True` zurück, wenn der Ausdruck ein Datum ist oder in ein gültiges Datum umgewandelt werden kann. Andernfalls wird der Wert `False` zurückgegeben. In Windows liegen gültige Datumswerte im Bereich vom 1. Januar 100 n. Chr. bis 31. Dezember 9999 n. Chr. Auf anderen Betriebssystemen können andere Bereiche gelten.

2.2 Verzweigungen mit IIF

Neben der Verzweigung `If...Then...Else` gibt es eine weitere Möglichkeit, um Werte zu überprüfen. Die Funktion lautet `IIF`.

Die Funktion `IIF` hat folgende Syntax:

```
IIf(Expr, TruePart, FalsePart)
```

Mit dem Argument `Expr` geben Sie den auszuwertenden Ausdruck an.

Das Argument `truepart` liefert den zurückgegebenen Wert oder Ausdruck, wenn `expr` den Wert `True` ergibt.

Das Argument `FalsePart` stellt den zurückgegebenen Wert oder Ausdruck dar, wenn `expr` den Wert `False` liefert.

Diese Funktion wertet immer sowohl den Teil `TruePart` als auch den Teil `FalsePart` aus, auch dann, wenn nur einer von beiden Teilen zurückgegeben wird.

Machen Sie sich die Wirkungsweise an folgendem Beispiel deutlich:

Listing 2.12: Die besondere Verzweigung IIf

```
Function Pruefen(Test1 As Integer)
    Prüfen = IIf(Test1 > 1000, "Gross", "Klein")
End Function

Sub Übergabe()
   MsgBox "Ihre Eingabe war: " & Pruefen(100)
End Sub
```

Über die Funktion `Prüfen` können Sie mit der Funktion `IIf` kontrollieren, ob ein übergebener Wert in einem bestimmten Wertebereich liegt. Die Funktion Prüfen rufen Sie auf, indem Sie in Ihrer Prozedur den Namen der Funktion angeben und dieser einen Wert mitgeben. In der Funktion Prüfen wird dieser übergebene Wert dann untersucht und an die aufrufende Prozedur zurückgemeldet.

2.3 Verzweigungen mit Select Case

Wenn Sie mehrere Verzweigungen ineinander schachteln bzw. mehrere Verzweigungen hintereinander durchführen möchten, gibt es dafür eine bessere und übersichtlichere Lösung. Setzen Sie für solche Aufgaben die Anweisung Select Case ein.

Die Syntax für Select Case lautet:

```
Select Case Testausdruck
[Case Ausdrucksliste-n
[Anweisungen-n]] ...
[Case Else
[elseAnw]]
End Select
```

Unter dem Argument Testausdruck wird ein beliebiger numerischer Ausdruck oder Zeichenfolgenausdruck erfasst, den Sie auswerten möchten. Im Argument Ausdrucksliste-n spezifizieren Sie den zu untersuchenden Ausdruck. Dabei können Sie Vergleichsoperatoren verwenden. So stehen Ihnen Vergleichsoperatoren wie Is, Like oder auch die arithmetischen Vergleichsoperatoren (siehe Tabelle 2.1) zur Verfügung. Mit dem To-Operator können Sie außerdem Wertebereiche als Vergleichswert festlegen.

Unter dem Argument Anweisungen-n können Sie eine oder mehrere Anweisungen angeben, die ausgeführt werden sollen, wenn Testausdruck mit irgendeinem Teil in Ausdrucksliste-n übereinstimmt.

Das Argument elseAnw ist optional einsetzbar. Damit können Sie darauf reagieren, wenn Testausdruck mit keinem der Ausdrücke im Case-Abschnitt übereinstimmen sollte.

Sehen Sie nun ein paar typische Beispiele für den Einsatz von Select Case.

2.3.1 Zahlenwerte prüfen mit Select Case

Im nächsten Beispiel werden Eingaben geprüft. Dabei soll ermittelt werden, in welchem Wertebereich die Eingabe vorgenommen wurde. Sehen Sie sich dazu das folgende Listing an.

Listing 2.13: Zahlenwerte übersichtlich prüfen

```
Sub MehrfachAuswertung()
Dim intEingabe As Integer

intEingabe = InputBox _
("Geben Sie einen Wert zwischen 1 und 100 ein!")

Select Case intEingabe

 Case 1 To 5
   MsgBox "Wert liegt zwischen 1 und 5"

 Case 6, 7, 8
   MsgBox "Wert ist entweder 6, 7 oder 8"

 Case 9 To 15
   MsgBox "Wert liegt zwischen 9 und 15"

 Case 16 To 100
   MsgBox "Wert liegt zwischen 16 und 100"

 Case Else
   MsgBox "es wurde kein gültiger Wert eingegeben!"

End Select

End Sub
```

Wenden Sie die `Select Case`-Anweisung an, um die eingegebenen Werte zu überprüfen. In der ersten Abfrage kontrollieren Sie, ob der eingegebene Wert zwischen 1 und 5 liegt. In diesem Fall können Sie den Vergleichsoperator `To` einsetzen. In der zweiten Abfrage haben Sie die Zahlenwerte durch Komma getrennt eingegeben. Wurde kein gültiger Zahlenwert eingegeben, dann schlägt die Anweisung `Case Else` zu. Dort geben Sie eine Fehlermeldung auf dem Bildschirm aus.

> Übrigens muss die Anordnung der `Case`-Zweige nicht absteigend vorliegen. Legen Sie ruhig die Zweige weiter nach oben, die am meisten angesteuert werden. Dieser Befehl arbeitet sich von `Case`-Zweig zu `Case`-Zweig von oben nach unten durch. Demnach kann Access noch schneller arbeiten, wenn Sie die »Haupttreffer« immer ganz oben in der `Select Case`-Anweisung anordnen.

Die folgende Tabelle enthält eine Liste der Vergleichsoperatoren und die Bedingungen, unter denen das Ergebnis `True`, `False` oder `0` wird:

Vergleichsoperator	Erklärung
<	kleiner als
<=	kleiner oder gleich
>	größer als
>=	größer oder gleich
=	gleich
<>	ungleich

Tabelle 2.1: Die Vergleichsoperatoren in Access

2.3.2 Textwerte prüfen mit Select Case

Im letzten Beispiel aus Listing 2.13 haben Sie Zahlenwerte überprüft. Dasselbe funktioniert natürlich auch bei Texten. Im folgenden vereinfachten Beispiel werden anhand von eingegebenen Ortsnamen die dazugehörigen Postleitzahlen ermittelt.

Listing 2.14: Dem Ortsnamen wird die dazugehörige PLZ zugewiesen.

```
Sub PLZsuche()
Dim strEingabe As String
Dim strPLZ As String

strEingabe = InputBox _
("Geben Sie bitte einen Ortsnamen ein!")

If strEingabe = "" Then Exit Sub

Select Case strEingabe

 Case "Gerlingen"
   strPLZ = "70839"

 Case "Stuttgart"
  strPLZ = "70469, 70468, 70467"

 Case "Tübingen"
  strPLZ = "72076"

 Case "Leinfelden"
  strPLZ = "70771"

 Case "Sindelfingen"
  strPLZ = "72076"

 Case Else
  MsgBox "Die Stadt " & strEingabe & " ist noch nicht erfasst!"
  Exit Sub

End Select
```

```
MsgBox "Für die Stadt " & strEingabe & _
       " sind folgende PLZ möglich: " & strPLZ

End Sub
```

Die Abfragetechnik bei Texten funktioniert fast identisch mit jener bei den Zahlenwerten. Denken Sie jedoch daran, dass Sie die Texte in doppelte Anführungszeichen setzen.

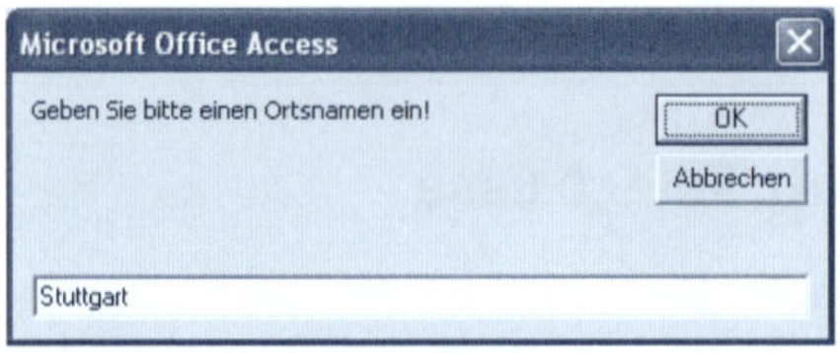

Abb. 2.11: Eingabe der Stadt liefert ...

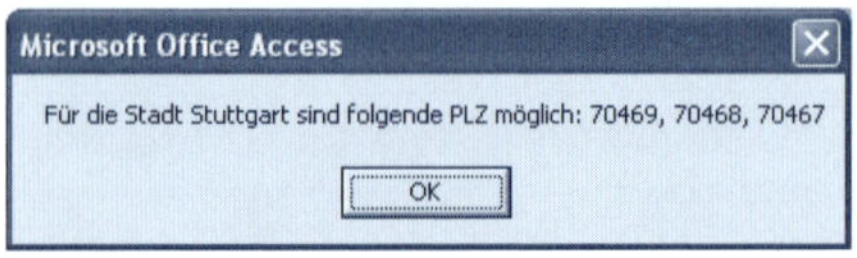

Abb. 2.12: ... die zur Verfügung stehenden Postleitzahlen.

2.3.3 Individuelle Begrüßung vornehmen

Folgender Ansatz aus Listing 2.15 kann eingesetzt und leicht erweitert werden, wenn es darum geht, verschiedene Anwender individuell über einen Dialog zu begrüßen.

Listing 2.15: Eine individuelle, schnell erweiterbare Lösung

```
Sub IndividuelleBegrüßung()

Select Case Environ("Username")
    Case "Bernd"
        MsgBox "Hallo Bernd (Papi)"

    Case "Wiola"
        MsgBox "Hallo Wiola (Mami)"

    Case "Alexander"
        MsgBox "Hallo Alexander (Sohn)"

    Case "Katharina"
        MsgBox "Hallo Katharina (Tochter)"

    Case Else
        MsgBox "hallo Mr. unbekannt!"
End Select

End Sub
```

2.3.4 Versionscheck durchführen

Da es mitunter einen ganz erheblichen Unterschied macht, ob Sie Access 2000, 2002, 2003 oder 2007 einsetzen, sehen Sie in Listing 2.16 einen Versionscheck, der Ihre Access-Installation überprüft und die Version am Bildschirm ausgibt.

Listing 2.16: Einen Versionscheck durchführen

```
Sub AccessVersionChecken()

Select Case SysCmd(acSysCmdAccessVer)

  Case "9.0"
    MsgBox "Access 2000 im Einsatz!", vbInformation

  Case "10.0"
    MsgBox "Access 2002 im Einsatz!", vbInformation

  Case "11.0"
    MsgBox "Access 2003 im Einsatz!", vbInformation

  Case "12.0"
    MsgBox "Access 2007 im Einsatz!", vbInformation

  Case Else
    MsgBox "Access-Version nicht ermittelbar!", vbCritical

End Select

End Sub
```

Mithilfe der Methode SysCmd können Sie unter anderem auch einen Versionscheck Ihrer Access-Installation durchführen. Übergeben Sie dieser Methode die Konstante acSysCmdAccessVer, um diese Aufgabe zu lösen.

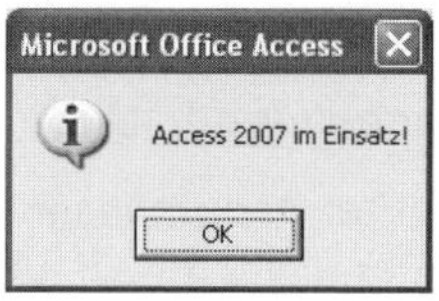

Abb. 2.13: Die aktuelle Version abfragen

Lernen Sie in Kapitel 3 weitere Möglichkeiten kennen, was Sie mit der Methode SysCmd alles anstellen können.

2.4 Schleifen programmieren

Schleifen werden in Access verwendet, um Abläufe mehrmals hintereinander durchzuführen. Die Schleifen werden so lange durchlaufen, bis eine oder mehrere Bedingungen zutreffen, die dann einen Abbruch der Schleife bewirken. Je nach verwendeter Schleife findet die Abbruchprüfung am Anfang der Schleife bzw. am Ende der Schleife statt. Lernen Sie auf den nächsten Seiten die zur Verfügung stehenden Schleifen und einfache Beispiele für den Einsatz von Schleifen kennen.

2.4.1 For...Next-Schleifen

Sie können die Schleife `For...Next` verwenden, um einen Block von Anweisungen eine unbestimmte Anzahl von Wiederholungen ausführen zu lassen. `For...Next`-Schleifen verwenden eine Zählervariable, deren Wert mit jedem Schleifendurchlauf erhöht oder verringert wird. Sie brauchen daher nicht daran zu denken, den Zähler selbst hoch- oder herunterzusetzen.

Die Syntax dieser Schleife lautet:

```
For Zähler = Anfang To Ende [Step Schritt]
[Anweisungen]
[Exit For]
[Anweisungen]
Next [Zähler]
```

Das Argument `Zähler` ist erforderlich und besteht aus einer numerischen Variable, die als Schleifenzähler dient.

Das Argument `Anfang` repräsentiert den Startwert von `Zähler`.

Mit dem Argument `Ende` legen Sie den Endwert von `Zähler` fest. Das Argument `Schritt` ist optional. Hier können Sie den Betrag bestimmen, um den `Zähler` bei jedem Schleifendurchlauf verändert wird. Falls kein Wert angegeben wird, ist die Voreinstellung eins.

Unter `Anweisungen` stehen eine oder mehrere Anweisungen zwischen `For` und `Next`, die so oft wie angegeben ausgeführt werden.

Innerhalb einer Schleife kann eine beliebige Anzahl von `Exit For`-Anweisungen an beliebiger Stelle als alternative Möglichkeit zum Verlassen der Schleife verwendet werden.

Formularfelder auslesen

Im folgenden Beispiel werden die Namen aller im Formular ARTIKEL verwendeten Steuerelemente im Direktbereich der Entwicklungsumgebung ausgegeben.

Listing 2.17: Die Namen aller Steuerelemente in den Direktbereich auslesen

```
Sub FormularElementeAuslesen()
Dim frm As Form
Dim intz As Integer

Set frm = Forms!Artikel

For intz = 1 To frm.Controls.Count - 1
 Debug.Print frm.Controls(intz).Name
Next intz

End Sub
```

Deklarieren Sie im ersten Schritt eine Objektvariable vom Typ `Form` sowie eine Zählvariable, die Sie für die Schleifensteuerung benötigen. Geben Sie danach über die Anweisung `Set` den Namen des Formulars bekannt, dessen Steuerelemente Sie auslesen möchten. Die anschließende Schleife wird so oft durchlaufen, wie es Steuerelemente im Formular ARTIKEL gibt. Das erste Steuerelement im Formular wird über den Index 0 angesprochen, sodass die Gesamtzahl der Steuerelemente um den Wert 1 subtrahiert werden muss. In der Auflistung `Controls` sind alle Steuerelemente des Formulars automatisch verzeichnet. Diese gilt es nun über den Einsatz einer `For Next`-Schleife auszulesen.

Innerhalb der Schleife können Sie die Namen der einzelnen Steuerelemente über die Eigenschaft `Name` abfragen und über die Anweisung `Debug.Print` im Direktfenster der Entwicklungsumgebung ausgeben.

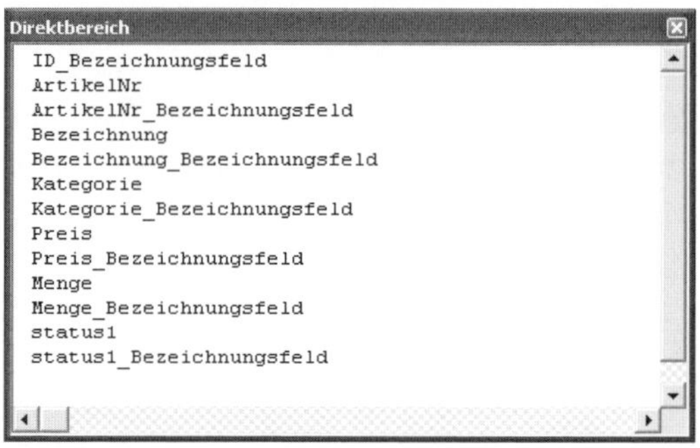

Abb. 2.14: Die Namen aller Felder eines Formulars ermitteln

Menüs und Symbolleisten auslesen (Access 2000 bis Access 2003)

Im folgenden Beispiel werden alle in Access eingesetzten Menü- und Symbolleisten ermittelt und im Direktfenster der Entwicklungsumgebung ausgegeben. In der allerneuesten Access-Version 2007 sind Menü- und Symbolleisten durch die sogenannten »Ribbons« ersetzt worden.

Listing 2.18: Alle Leisten auslesen

```
Sub LeistenInfo()
Dim intz As Integer
Dim strLeiste As String

For intz = 1 To Application.CommandBars.Count

 Select Case CommandBars(intz).Type

  Case 0
   strLeiste = "Symbolleiste"

  Case 1
   strLeiste = "Menüleiste"

  Case 2
   strLeiste = "Kontextmenü"

 End Select

 Debug.Print strLeiste & vbTab & _
 CommandBars(intz).Name & vbTab & CommandBars(intz).Index

Next intz

End Sub
```

Über das Objekt `CommandBars` können alle Menü- und Symbolleisten in Access wie auch bei jeder anderen Office-Anwendung ausgelesen werden. Mithilfe der Funktion `Count` können Sie dabei die Gesamtzahl der vorhandenen Menü- und Symbolleisten abfragen. Diese Gesamtzahl bildet das Endkriterium für die `For Next`-Schleife. Innerhalb der Schleife prüfen Sie über die Eigenschaft `Type`, um welchen Typ einer Leiste es sich jeweils handelt. Dabei gelten folgende Typen:

- 0 Symbolleiste
- 1 Menüleiste
- 2 Kontextmenü

Über die Eigenschaft `Index` können Sie eine Menü- oder Symbolleiste ebenso eindeutig identifizieren wie über den Namen des Elements.

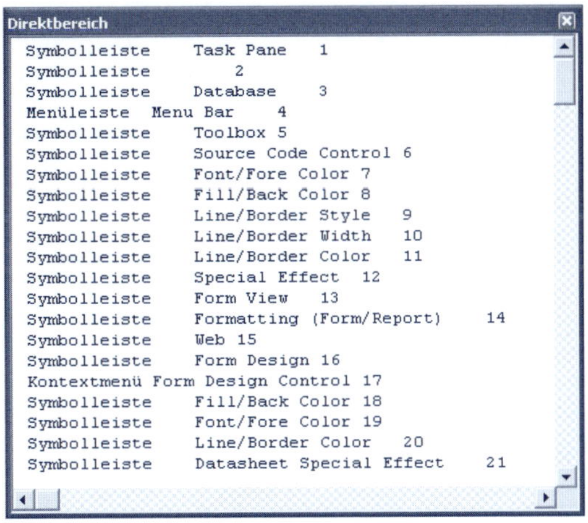

Abb. 2.15: Alle Leisten identifizieren und ausgeben

Verweise ermitteln

Über das Einbinden von zusätzlichen Bibliotheken können Sie auf weitere VBA-Befehle zugreifen, die standardmäßig in Access nicht verfügbar sind. Das folgende Makro aus Listing 2.19 listet alle momentan eingebundenen Bibliotheken auf. Das Einbinden zusätzlicher Bibliotheken können Sie in der Entwicklungsumgebung über den Befehl VERWEISE aus dem Menü EXTRAS vornehmen.

Listing 2.19: Eingebundene Bibliotheken auslesen

```
Sub VerweiseAuslesen()
Dim intz As Integer

For intz = 1 To References.Count

 Debug.Print References(intz).Name
 Debug.Print References(intz).FullPath & vbLf

Next intz

End Sub
```

In der Auflistung `References` sind alle momentan eingebundenen Bibliotheken abrufbar. Diese können Sie mithilfe der `For Next`-Schleife nacheinander abrufen. Innerhalb der Schleife ermitteln Sie über die Eigenschaft `Name` den Namen der jeweiligen Bibliothek. Die Eigenschaft `FullPath` gibt Ihnen den Speicherpfad der Bibliothek zurück. Beide Informationen geben Sie über den Befehl `Debug.Print` im Direktfenster der Entwicklungsumgebung aus.

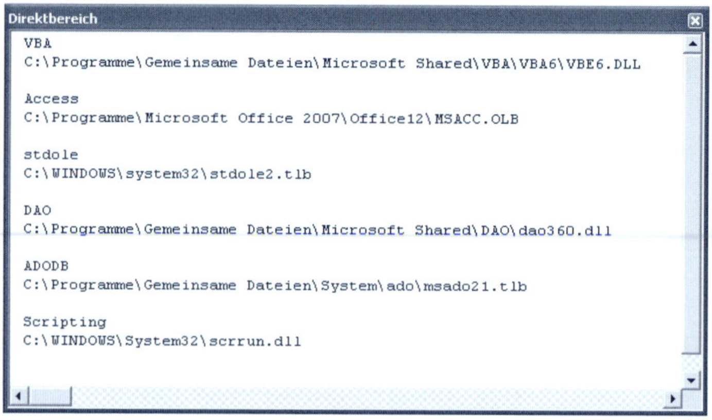

Abb. 2.16: Alle momentan eingebundenen Bibliotheken anzeigen

2.4.2 For Each...Next-Schleifen

Die Schleife `For Each...Next` wiederholt eine Gruppe von Anweisungen für jedes Element in einem Datenfeld oder einer Auflistung.

Die Syntax dieser Schleife lautet:

```
For Each Element In Gruppe
[Anweisungen]
[Exit For]
[Anweisungen]
Next [Element]
```

Das Argument `Element` stellt die Variable zum Durchlauf durch die Elemente der Auflistung oder des Datenfelds dar. Bei Auflistungen ist für `Element` nur eine Variable vom Typ `Variant`, eine allgemeine Objektvariable oder eine beliebige spezielle Objektvariable zulässig. Bei Datenfeldern ist für `Element` nur eine Variable vom Typ `Variant` zulässig.

Das nächste Argument `Gruppe` steht für den Namen einer Objektauflistung oder eines Datenfelds.

Das letzte Argument `Anweisungen` ist optional und führt eine oder mehrere Anweisungen durch, die für jedes Element in `Gruppe` ausgeführt werden sollen.

Tabellen auflisten

Eine typische Anwendung, bei der Sie die `For Each...Next`-Schleife einsetzen können, ist das Auflisten aller Tabellen einer Datenbank. Sehen Sie sich dazu die Prozedur aus Listing 2.20 an. Diese Prozedur ist jedoch erst ab Access 2000 einsetzbar.

Listing 2.20: Alle Tabellen einer Datenbank auflisten

```
Sub TabellenListen()
Dim accObj As AccessObject
Dim dbs As CurrentData

Set dbs = Application.CurrentData

For Each accObj In dbs.AllTables

  Debug.Print accObj.Name

Next accObj

End Sub
```

Deklarieren Sie zuerst eine Objektvariable vom Typ `AccessObject`. Danach geben Sie über die Anweisung `Set` bekannt, dass Sie auf das Objekt `CurrentData` zugreifen möchten. Über dieses Objekt können Sie auf weitere Unterobjekte wie beispielsweise Tabellen und Abfragen zugreifen.

In der `For each...Next`-Schleife durchlaufen Sie alle Tabellen der Datenbank. Diese Information steht automatisch für Sie in der Auflistung `AllTables` bereit, welche Sie jetzt Tabelle für Tabelle abarbeiten. Innerhalb der Schleife geben Sie den Namen der jeweiligen Tabelle über die Anweisung `Debug.Print` im Direktfenster der Entwicklungsumgebung aus.

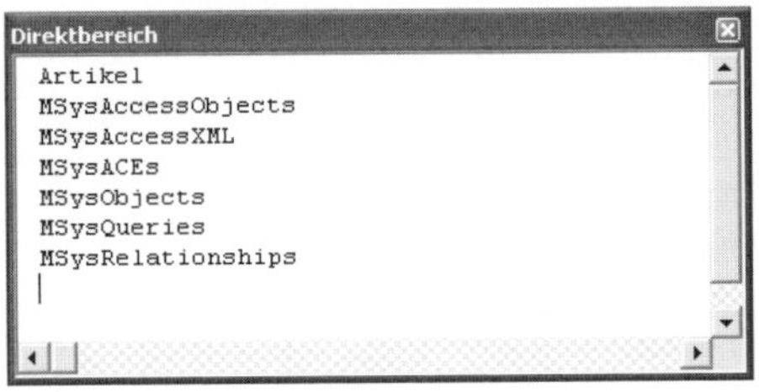

Abb. 2.17: Die Namen aller Tabellen einer Datenbank ausgeben

Bei den Tabellen, die mit dem Kürzel MSys beginnen, handelt es sich um Systemtabellen, die in der Access-Ansicht gar nicht angezeigt werden, aber in jeder Datenbank mit dabei sind.

Datenbanken suchen

Im folgenden Beispiel aus Listing 2.21 werden alle Datenbanken, die sich im Office-Ordner befinden, ermittelt und die Namen im Direktfenster der Entwicklungsumgebung ausgegeben.

Das folgende Listing ist für die Access-Versionen 2000–2003 einsetzbar. Weiter unten im Kapitel finden Sie eine lauffähige Lösung für Access 2007

Listing 2.21: Alle verfügbaren Datenbanken ermitteln

```
Sub SchleifeForEach()
Dim Varobj As Variant
Const verz = "C:\Programme\Microsoft Office\"

 On Error GoTo fehler
 ChDir verz

    With Application.FileSearch
        .NewSearch
        .LookIn = verz
        .FileName = "*.mdb"
        .SearchSubFolders = True

        If .Execute() > 0 Then

           For Each Varobj In .FoundFiles
             Debug.Print Varobj
           Next obj

        End If
    End With
  Exit Sub

fehler:
If Err.Number = 76 Then
 MsgBox "Es gibt kein Verzeichnis mit dem Namen " & verz
Else
 MsgBox Err.Description
End If

End Sub
```

Zu Beginn der Prozedur geben Sie das zu durchsuchende Verzeichnis in einer Konstanten an. Wechseln Sie über die Anweisung `ChDir` dann direkt in dieses Verzeichnis. Danach starten Sie die Suche und verwenden dabei das Objekt `FileSearch`, um die einzelnen Dateien im Verzeichnis zu ermitteln. Auf dieses Objekt können Sie einige Eigenschaften anwenden: Die Eigenschaft `NewSearch` setzt die Einstellungen aller Suchkriterien auf die Standardeinstellungen zurück. Mithilfe der Eigenschaft `LookIn` geben Sie bekannt, in welchem Verzeichnis die Suche beginnen soll. Die Eigenschaft

SearchSubFolders bestimmt, ob die Suche auch in Unterverzeichnissen fortgesetzt werden soll. In diesem Fall müssen Sie diese Eigenschaft auf den Wert True setzen. Die Eigenschaft FileType gibt den Typ von Datei in einer Konstanten an, nach der gesucht werden soll. Möchten Sie beispielsweise nicht nur Access-Datenbanken suchen lassen, sondern alle Dateitypen, dann wählen Sie die Konstante msoFileTypeAllFiles. Über die Eigenschaft FileCount geben Sie dann den Namen der gefundenen Datei an und schreiben diesen direkt in den Direktbereich Ihrer Entwicklungsumgebung.

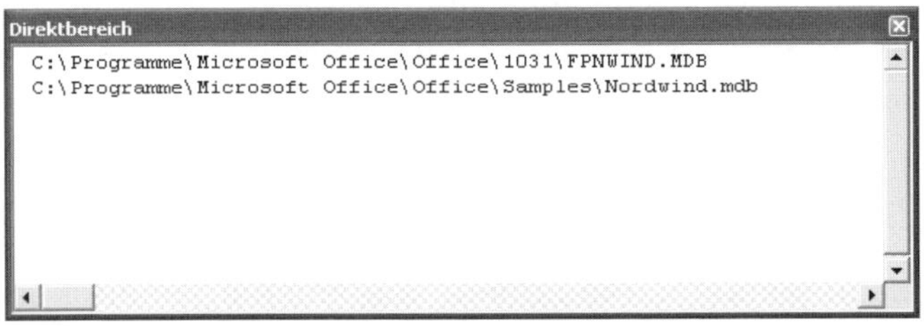

Abb. 2.18: Dateien suchen und im Direktfenster ausgeben

Sehen Sie nun die Umsetzung dieser Aufgabe für Anwender der Version Excel 2007.

Listing 2.22: Eine For Each...Next-Schleife zum Ermitteln aller Access-Datenbanken eines Verzeichnisses

```
Sub SchleifeForEach2007()
Dim intZeile As Integer
 Dim fs As FileSystemObject
Dim fVerz As Folder
Dim fDatei As File
Dim fDateien As Files

  'Erzeuge ein FileSystemObject
  Set fs = CreateObject("Scripting.FileSystemObject")
  'Folder-Objekt zum angebenen Suchordner
  Set fVerz = fs.GetFolder("C:\Programme\Microsoft Office\")
  'Auflistung aller Dateien im Verzeichnis
  Set fDateien = fVerz.Files

  'Durchlaufe alle gefundenen Dateien
  For Each fDatei In fDateien
    'Ist die aktuelle Datei eine Access Datei?
    If InStr(fDatei,".mdb") Or InStr(fDatei,".accdb") _
      Then
         'Datenbank gefunden, Dateiname ausgeben
         Debug.Print fDatei.Name
    End If
  Next fDatei
End Sub
```

Zu Beginn der Prozedur erstellen Sie einen Verweis auf die Bibliothek `FileSystemObject`. Diese Bibliothek enthält alle Befehle, die notwendig sind, um Verzeichnisse und Dateien auszulesen. Über die Anweisung `GetFolder` geben Sie bekannt, in welchem Verzeichnis Sie die Suche durchführen möchten. Das Auflistungsobjekt `Files` enthält automatisch alle Dateien, die im angegebenen Verzeichnis vorhanden sind. Über die Funktion `InStr` überprüfen Sie, ob der String ».mdb« (< Access 2007) oder ».accdb« (= Access 2007) im Dateinamen vorkommt. Wenn ja, dann sammeln Sie die Dateinamen dieser Dateien und geben Sie diese über die Anweisung `Debug.Print` im Direktfenster der Entwicklungsumgebung aus.

2.4.3 Die Schleife Do Until...Loop

Die `Do Until...Loop`-Schleife wiederholt einen Block mit Anweisungen, solange eine Bedingung den Wert `True` erhält. Die Bedingung wird jeweils am Ende der Schleife geprüft. Als Abbruchbedingung können Sie alles Mögliche abfragen; so können Sie z.B. eine Abbruchbedingung festlegen, wenn ein bestimmter Wert erreicht ist.

Die Syntax dieser Schleife sieht wie folgt aus:

```
Do [{Until} Bedingung]
[Anweisungen]
[Exit Do]
[Anweisungen]
Loop
```

Die `Bedingung` stellt einen numerischen Ausdruck oder Zeichenfolgenausdruck dar, der entweder `True` oder `False` ergibt. Liefert die Bedingung den Wert 0, so wird sie als `False` interpretiert. Hinter `Anweisungen` verbergen sich eine oder mehrere Anweisungen, die wiederholt werden, bis die Bedingung durch `True` erfüllt ist.

Innerhalb einer `Do Until...Loop`-Anweisung kann eine beliebige Anzahl von `Exit Do`-Anweisungen an beliebiger Stelle als Alternative zum Verlassen einer `Do...Loop`-Anweisung verwendet werden. Mit `Exit Do` können Sie die Schleife auch vor ihrem eigentlich definierten Ende verlassen.

Tabelle – Satz für Satz auslesen

Im folgenden Makro aus Listing 2.23 werden aus der Tabelle Artikel alle Produktbezeichnungen ausgelesen.

Listing 2.23: Alle Datensätze aus einer Tabelle auslesen

```
Sub AlleSaetzeLesen()
Dim rst As ADODB.Recordset

Set rst = CurrentProject.Connection.Execute( _
"SELECT * FROM Artikel")

Do Until rst.EOF

 Debug.Print rst.Fields("Bezeichnung")
 rst.MoveNext

Loop

End Sub
```

Über die Methode `Execute` können Sie eine SQL-Anweisung absetzen. Bei der hier im Beispiel eingesetzten SQL-Anweisung werden alle Artikel der Tabelle ARTIKEL zunächst in das `RecordSet`-Objekt `rst` eingelesen. Die dort eingelesenen Artikel, von denen die Gesamtzahl nicht bekannt ist, werden über eine Schleife Satz für Satz ausgelesen. Wurde der letzte Satz verarbeitet, dann liefert die Eigenschaft `EOF` den Wert `True`, was den sofortigen Schleifenabbruch zur Folge hat.

Vergessen Sie nicht jeweils den nächsten Datensatz im `RecordSet`-Objekt über die Methode `MoveNext` anzusteuern, da Sie sich sonst in einer Endlosschleife wiederfinden.

HINWEIS

Abb. 2.19: Eine Tabelle satzweise lesen

2.4.4 Die Schleife Do While...Loop

Die `Do While...Loop`-Schleife wiederholt einen Block mit Anweisungen, solange eine Bedingung den Wert `True` erhält. Die Prüfung der angegebenen Bedingung erfolgt immer zu Beginn der Schleife. Als Abbruchbedingung können Sie alles Mögliche abfragen; so können Sie z.B. eine Abbruchbedingung festlegen, wenn ein bestimmter Wert erreicht ist oder eine Zelle einen bestimmten Text aufweist.

Die Syntax dieser Schleife sieht wie folgt aus:

```
Do [{While} Bedingung]
[Anweisungen]
[Exit Do]
[Anweisungen]
Loop
```

Die Bedingung stellt einen numerischen Ausdruck oder Zeichenfolgenausdruck dar, der entweder True oder False ergibt. Liefert die Bedingung den Wert 0, so wird die Bedingung als False interpretiert. Hinter den Anweisungen verbergen sich eine oder mehrere Anweisungen, die wiederholt werden, solange oder bis die Bedingung True erfüllt ist.

Innerhalb einer Do While...Loop-Anweisung kann eine beliebige Anzahl von Exit Do-Anweisungen an beliebiger Stelle als Alternative zum Verlassen einer Do...Loop-Anweisung verwendet werden.

Dateien zählen und letztes Änderungsdatum ermitteln

Im folgenden Beispiel aus Listing 2.24 werden alle Dateien aus dem Verzeichnis C:\WINDOWS\ aufgelistet sowie das letzte Änderungsdatum dieser Dateien ermittelt.

Listing 2.24: Dateien zählen und Erstellungsdatum festhalten

```
Sub DateienZählen()
Dim strOrdner As String
Dim strName As String
Dim intz As Integer

    strOrdner = "c:\Windows\"

   strName = Dir(strOrdner & "*.*")

   While strName <> ""

        Debug.Print strName & Space(50 - Len(strName)) & _
                    FileDateTime(strOrdner & strName)
        strName = Dir
        intz = intz + 1

    Loop
    MsgBox "Gefundene Dateien: " & intz

End Sub
```

Zu Beginn des Makros legen Sie fest, auf welchem Laufwerk bzw. in welchem Verzeichnis nach den Dateien gesucht werden soll. Danach setzen Sie die Funktion Dir ein. Diese Funktion gibt eine Zeichenfolge (String) zurück, die den Namen einer Datei, eines Verzeichnisses oder eines Ordners darstellt, der mit einem bestimmten Suchmuster, einem Dateiattribut oder mit der angegebenen Datenträger- bzw. Laufwerksbezeichnung übereinstimmt. Geben Sie dieser Funktion noch als Information mit, wo diese suchen und nach welchen Dateien sie Ausschau halten soll. Speichern Sie den ersten gefundenen Wert in der Variablen `strName`. Setzen Sie danach die `Do While...Loop`-Schleife auf, die so lange durchlaufen werden soll, bis keine weiteren Dateien mehr gefunden werden. Innerhalb der Schleife suchen Sie jeweils die nächste Datei im angegebenen Verzeichnis. Über den Einsatz der Funktion `FileDateTime` können Sie das letzte Änderungsdatum der jeweiligen Datei ermitteln. Übergeben Sie dieser Funktion neben dem Datei- auch den Verzeichnisnamen.

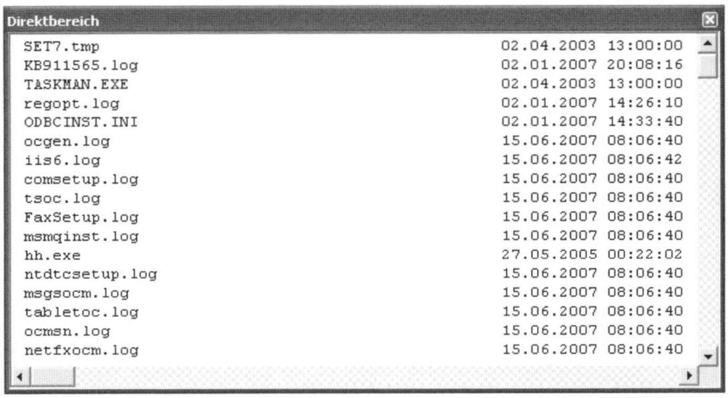

Abb. 2.20: Alle Dateien aus dem Windows-Verzeichnis

Kapitel 3

jetzt lerne ich

Die wichtigsten Objekte

In diesem Kapitel können Sie Beispiele zu den wichtigsten Access-Objekten nachschlagen. Zu jedem Objekt stehen Ihnen zahlreiche Methoden und Eigenschaften zur Verfügung, die Sie bei der Programmierung einsetzen können.

3.1 Das AccessObject-Objekt

Mithilfe des `AccessObject`-Objekts können Sie auf Auflistungsobjekte zugreifen und diese auswerten. Dabei stehen Ihnen folgende Auflistungsobjekte zur Verfügung:

Tabelle 3.1: Alle Access-Objects im Überblick

AccessObject	Auflistung	Enthält Informationen über
Datenzugriffsseite	`AllDataAccessPages`	gespeicherte Datenzugriffsseiten
Datenbankdiagramm	`AllDatabaseDiagrams`	gespeicherte Datenbankdiagramme
Form	`AllForms`	gespeicherte Formulare
Funktion	`AllFunctions`	gespeicherte Funktionen
Makro	`AllMacros`	gespeicherte Makros
Modul	`AllModules`	gespeicherte Module
Abfrage	`AllQueries`	gespeicherte Abfragen

Tabelle 3.1: Alle Access-Objects im Überblick (Forts.)

AccessObject	Auflistung	Enthält Informationen über
Bericht	`AllReports`	gespeicherte Berichte
Gespeicherte Prozedur	`AllStoredProcedures`	gespeicherte Prozeduren
Table	`AllTables`	gespeicherte Tabellen
Sicht	`AllViews`	gespeicherte Ansichten

3.1.1 Alle Module auflisten

Um alle in der Entwicklungsumgebung angelegten Module aufzulisten, können Sie auf die Auflistung `AllModules` zurückgreifen. Im Beispiel aus Listing 3.1 werden die Namen sowie das Erstellungsdatum aller Module im Direktfenster der Entwicklungsumgebung ausgegeben.

Listing 3.1: Alle Module auflisten

```
Sub ModuleListen()
Dim accObj As AccessObject
Dim dbs As CurrentProject

    Set dbs = Application.CurrentProject

    For Each accObj In dbs.AllModules
        Debug.Print "Name        : " & accObj.Name
        Debug.Print "Erstellt am : " & accObj.DateCreated & vbLf
    Next accObj

End Sub
```

Über die Eigenschaft `CurrentProject` haben Sie Zugriff auf die aktuelle Datenbank. Über die Eigenschaft `Name` können Sie sich die Namen der einzelnen Module ausgeben lassen, wenn Sie das Auflistungsobjekt `AllModules` einsetzen. In dieser Auflistung sind wie in einem Inhaltsverzeichnis automatisch alle in der Datenbank enthaltenen Module enthalten. Mithilfe der Eigenschaft `DateCreated` können Sie abfragen, wann das jeweilige Modul erstellt wurde.

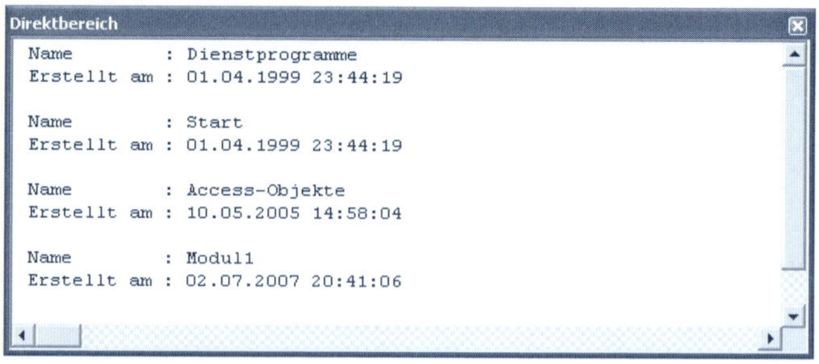

Abb. 3.1: Die Namen sowie das Erstellungsdatum der Module abfragen

3.1.2 Alle Tabellen auflisten

Über die Auflistung `AllTables` haben Sie Zugriff auf alle Tabellen, die sich in der Datenbank befinden. In der Prozedur aus Listing 3.2 werden die Namen aller Tabellen in das Direktfenster der Entwicklungsumgebung geschrieben. Dabei wird geprüft, ob die jeweilige Tabelle momentan geöffnet ist.

Listing 3.2: Alle Tabellen einer Datenbank abarbeiten

```
Sub TabellenAuflisten()
Dim Accobj As AccessObject
Dim dbs As CurrentData

    Set dbs = Application.CurrentData

    For Each Accobj In dbs.AllTables
        Debug.Print "Tabellenname: " & Accobj.Name
        Debug.Print "Geöffnet    : " & Accobj.IsLoaded & vbLf
    Next Accobj

End Sub
```

Über die Eigenschaft `CurrentData` haben Sie Zugriff auf einige Objekte, die sich in der geöffneten Datenbank befinden. Unter diesen Objekten befinden sich auch Tabellen, die Sie über die Auflistung `AllTables` ansprechen können. Mithilfe der Eigenschaft `Name` können Sie den Namen der jeweiligen Tabelle ermitteln. Die Funktion `IsLoaded` gibt Auskunft darüber, ob eine Tabelle momentan geöffnet ist. Wenn ja, dann meldet diese Funktion den Rückgabewert `True`.

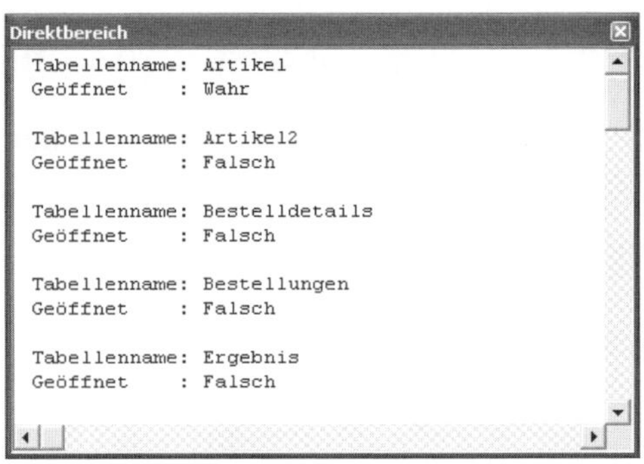

Abb. 3.2: Den Status einer Tabelle abfragen

Bei der Prozedur aus Listing 3.2 werden auch Systemtabellen mit im Direktfenster ausgegeben. Diese Systemtabellen werden in der Normalansicht von Access nicht angezeigt. Bei der Prozedur aus Listing 3.3 werden diese Systemtabellen vor dem Auslesen in den Direktbereich herausgefiltert.

Listing 3.3: Alle Tabellen (ohne Systemtabellen) ausgeben

```
Sub TabellenListenOhneSystem()
Dim Accobj As AccessObject
Dim dbs As CurrentData

    Set dbs = Application.CurrentData

    For Each Accobj In dbs.AllTables

        If Left(Accobj.Name, 4) <> "MSys" Then
            Debug.Print Accobj.Name
        End If

    Next Accobj

End Sub
```

Über die Funktion `Left` können Sie einen Teil des jeweiligen Tabellennamens extrahieren. Indem Sie im zweiten Argument dieser Funktion die Zahl 4 angeben, werden vom Namen der Tabelle die ersten vier Zeichen von links für den Vergleich herangezogen. Entspricht diese Zeichenfolge MSys, dann handelt es sich um eine Systemtabelle.

3.2 Die Application-Objekte

Das Application-Objekt steht an oberster Ebene. Es bezieht sich auf die aktive Microsoft Access-Anwendung und beinhaltet alle darunterliegenden Objekte wie Formulare, Reports, Drucker und Bildschirm

3.2.1 Name der aktuellen Datenbank abfragen

Soll der Name der aktuell geöffneten Datenbank abgefragt werden, dann können Sie diese Aufgabe über die Prozedur aus Listing 3.4 durchführen.

Listing 3.4: Den Namen der aktuellen Datenbank abfragen

```
Sub DatenbankName()

    MsgBox "Das aktuelle Projekt heißt" & _
        Application.CurrentProject.Name

    MsgBox "Die aktuelle Datenbank heißt: " & _
        Application.CurrentDb.Name

End Sub
```

Über die Eigenschaft Name, welche Sie auf das Objekt CurrentProject anwenden, ermitteln Sie den Namen der aktuellen Datenbank.

Über die Eigenschaft Name, welche Sie auf das Objekt CurrentDb anwenden, können Sie ebenfalls den Namen der aktuellen Datenbank ermitteln. Dabei wird der komplette Pfad der Datenbank gemeldet.

3.2.2 Pfad der aktuellen Datenbank abfragen

Um den Pfad der aktuell geöffneten Datenbank abzufragen, setzen Sie die Eigenschaft Path wie in Listing 3.5 ein.

Listing 3.5: Den Pfad der aktuellen Datenbank ausgeben

```
Sub PfadAusgeben()

    MsgBox "Der aktuelle Datenbankpfad lautet: " & _
        Application.CurrentProject.Path

End Sub
```

Um beide Informationen, also den Pfad sowie den Namen der aktuellen Datenbank abzufragen, verwenden Sie die Eigenschaft FullName.

Listing 3.6: Den Pfad- und Dateinamen der aktuellen Datenbank ausgeben

```
Sub PfadUndNameAusgeben()

    MsgBox "Die aktuelle Datenbank heißt: " & _
        Application.CurrentProject.FullName

End Sub
```

3.2.3 Pfad der Anwendung abfragen

Über den Einsatz der Methode SysCmd können Sie den Pfadnamen der Anwendung ermitteln. Im Beispiel aus Listing 3.7 wird der Installationspfad von Microsoft Access ermittelt.

Listing 3.7: Den Installationspfad von Access ermitteln

```
Sub InstallationsPfadAusgeben()

    MsgBox "Das Installationsverzeichnis von Access lautet: " & _
        vbLf & SysCmd(acSysCmdAccessDir), vbInformation

End Sub
```

Übergeben Sie der Methode SysCmd als Konstante acSysCmdAccessDir, um das Installationsverzeichnis von Microsoft Access abzufragen.

3.2.4 Access-Version feststellen

Mit der Methode SysCmd können Sie auch die Access-Version ermitteln. Im folgenden Beispiel aus Listing 3.8 wird die Access-Version am Bildschirm ausgegeben.

Listing 3.8: Die Access-Version feststellen

```
Sub AccessVersionFeststellen()

    MsgBox SysCmd(acSysCmdAccessVer)

    'oder

    MsgBox Application.Version

End Sub
```

Übergeben Sie der Methode SysCmd als Konstante acSysCmdAccessVer, um die Access-Version zu ermitteln. Alternativ können Sie die Anweisung Application.Version verwenden.

3.2.5 Aktuellen Anwendernamen abfragen

Mithilfe der Methode CurrentUser können Sie den Namen des aktuellen Benutzers der Datenbank zurückgeben.

Listing 3.9: Den aktuellen Access-Anwender auslesen

```
Sub AnwenderNamenAusgeben()

    MsgBox "Der aktuelle Benutzer ist: " & _
        Application.CurrentUser, vbInformation

End Sub
```

Alternativ können Sie auch auf den in Windows angemeldeten Anwender zugreifen, indem Sie das Makro aus Listing 3.10 starten.

Listing 3.10: Den an Windows angemeldeten Anwender auslesen

```
Sub AnwenderNamenAusgeben2()

    MsgBox "Der aktuelle Benutzer ist: " & _
        Environ("Username"), vbInformation

End Sub
```

Über das Objekt Environ greifen Sie auf die Umgebungsvariablen von Windows zu. Eine Variable davon ist der angemeldete Anwender, den Sie über die Konstante UserName abfragen können.

3.2.6 Die aktuelle Datenbank schließen

Soll die aktuelle Datenbank geschlossen werden, dann können Sie für diese Aufgabe die Methode `CloseCurrentDatabase` einsetzen. Diese Methode kommt unter anderem zum Einsatz, wenn Sie eine Microsoft Access-Datenbank von einer anderen Anwendung aus über Automatisierung geöffnet haben.

Listing 3.11: Die aktuell geöffnete Datenbank schließen

```
Sub DatenbankBeenden()

    Application.CloseCurrentDatabase

End Sub
```

3.2.7 Die Applikation beenden

Möchten Sie Microsoft Access beenden, dann setzen Sie die Methode `Quit` ein, welche Sie auf das Objekt `Application` anwenden. Im Makro aus Listing 3.12 wird die Anwendung beendet und alle Änderungen an der aktuellen Datenbank werden vorher gesichert.

Listing 3.12: Die Access-Sitzung beenden

```
Sub ApplikationBeenden()

    Application.Quit acQuitSaveAll

End Sub
```

Die Methode `Quit` kann mit folgenden Optionen eingesetzt werden:

- `acQuitPrompt`: zeigt ein Dialogfeld an, in dem Sie gefragt werden, ob geänderte, aber nicht gesicherte Objekte vor dem Beenden von Microsoft Access gespeichert werden sollen
- `acQuitSaveAll`: speichert alle Objekte, ohne ein Dialogfeld anzuzeigen. (Standardeinstellung)
- `acQuitSaveNone`: beendet Microsoft Access, ohne Objekte zu speichern.

3.2.8 Drucker auflisten

Um zu ermitteln, welche Drucker Sie im Einsatz haben und an welchem Anschluss diese hängen, nutzen Sie das neue Auflistungsobjekt `Printers`, das Sie im Zusammenspiel mit dem Objekt `Application` einsetzen. Diese Prozedur ist erst ab Access 2002 lauffähig.

Listing 3.13: Alle installierten Drucker ausgeben

```
Sub DruckerListen()
Dim Drucker As Printer

    For Each Drucker In Application.Printers

        With Drucker
            Debug.Print "Druckername: " & .DeviceName & vbCr _
                & "Anschluss: " & .Port
        End With

    Next Drucker

End Sub
```

Die Eigenschaft `DeviceName` zeigt den Druckernamen an. Mithilfe der Eigenschaft `Port` können Sie den Anschluss anzeigen, dem Ihr Drucker zugeordnet ist.

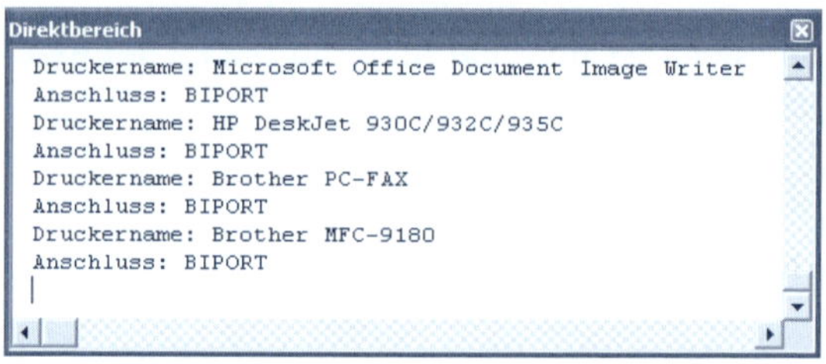

Abb. 3.3: Die Drucker sowie die Anschlüsse ausgeben

3.3 Das Control-Objekt

Das Objekt `Control` stellt ein Steuerelement dar, das sich in einem Formular, einem Bericht, einem Bereich oder innerhalb eines anderen Steuerelements befindet oder einem anderen Steuerelement beigefügt ist.

Im folgenden Beispiel aus Listing 3.14 werden alle Textfelder des Formulars ARTIKEL im Direktfenster ausgegeben.

Listing 3.14: Alle Textfelder eines Formulars auslesen

```
Sub SteuerelementeAuslesen()
Dim ctrl As Control
Dim frm As Form

    Set frm = Form_Artikel

    For Each ctrl In frm.Controls

        If TypeName(ctrl) = "Textbox" Then
            Debug.Print ctrl.Name
```

```
            Debug.Print TypeName(ctrl) & vbLf
        End If

    Next ctrl

End Sub
```

Über die Anweisung `Set` geben Sie zunächst einmal an, wie das Formular heißt. Danach setzen Sie eine `For Each Next`-Schleife auf, die alle Steuerelemente des Formulars abarbeitet. Innerhalb der Schleife prüfen Sie über den Einsatz der Funktion `TypeName`, ob es sich bei dem jeweiligen Steuerelement um ein Textfeld handelt. Wenn ja, dann meldet diese Funktion den Ausdruck TEXTBOX zurück. In diesem Fall geben Sie den Namen des Steuerelements über die Eigenschaft `Name` aus.

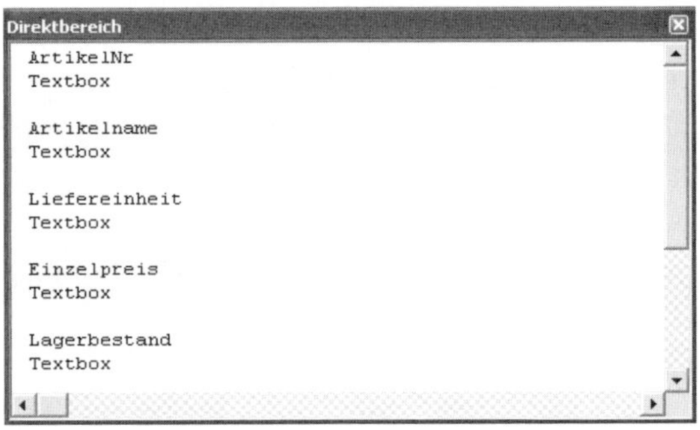

Abb. 3.4: Alle Textfelder eines Formulars dokumentieren

3.4 Das DoCmd-Objekt

Über den Einsatz des Objekts `DoCmd` können Sie Aktionen wie das Schließen von Fenstern, das Öffnen von Formularen und das Festlegen der Werte von Steuerelementen ausführen.

Auf den nächsten Seiten folgt nun eine Auswahl von typischen Aufgaben, die in Verbindung mit diesem Objekt durchgeführt werden können.

3.4.1 Filter in Tabellen setzen

Mithilfe der Methode `ApplyFilter` können Sie einen Filter hinzufügen. Dabei können Sie diesen Filter gewöhnlich in Tabellen oder Formularen einsetzen. Die Syntax dieser Methode lautet:

```
DoCmd.ApplyFilter(Filtername, Bedingung)
```

Tabelle 3.2: Die Argumente der Methode ApplyFilter

Argument	**Beschreibung**
`Filtername`	Optional. Legt den Namen eines Filters oder einer Abfrage in der aktuellen Datenbank fest.
`Bedingung`	Optional. Legt die Bedingung fest

Im folgenden Beispiel aus Listing 3.15 wird die Tabelle ARTIKEL geöffnet. Danach werden alle Artikel ausgefiltert, die einen Lagerbestand kleiner 10 aufweisen.

Listing 3.15: Filter setzen

```
Sub FilterSetzen()

    DoCmd.OpenTable "Artikel"
    DoCmd.ApplyFilter , "Lagerbestand <10"

End Sub
```

Über die Methode `OpenTable` öffnen Sie die Tabelle, danach wenden Sie die Methode `ApplyFilter` an, um den Filter zu setzen. Das Filterkriterium wird dabei in Anführungszeichen angegeben.

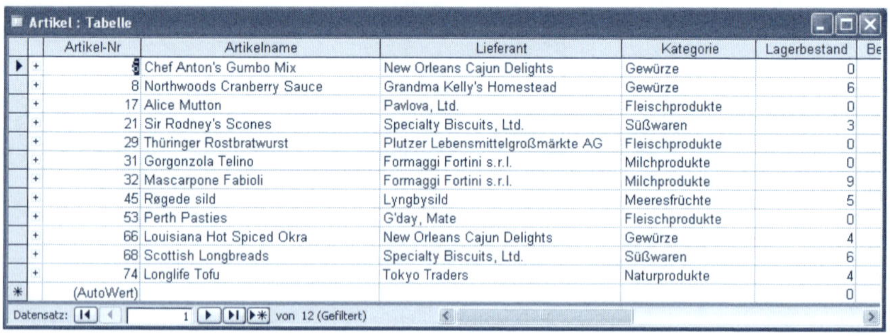
Artikel : Tabelle

Artikel-Nr	Artikelname	Lieferant	Kategorie	Lagerbestand
5	Chef Anton's Gumbo Mix	New Orleans Cajun Delights	Gewürze	0
8	Northwoods Cranberry Sauce	Grandma Kelly's Homestead	Gewürze	6
17	Alice Mutton	Pavlova, Ltd.	Fleischprodukte	0
21	Sir Rodney's Scones	Specialty Biscuits, Ltd.	Süßwaren	3
29	Thüringer Rostbratwurst	Plutzer Lebensmittelgroßmärkte AG	Fleischprodukte	0
31	Gorgonzola Telino	Formaggi Fortini s.r.l.	Milchprodukte	0
32	Mascarpone Fabioli	Formaggi Fortini s.r.l.	Milchprodukte	9
45	Røgede sild	Lyngbysild	Meeresfrüchte	5
53	Perth Pasties	G'day, Mate	Fleischprodukte	0
66	Louisiana Hot Spiced Okra	New Orleans Cajun Delights	Gewürze	4
68	Scottish Longbreads	Specialty Biscuits, Ltd.	Süßwaren	6
74	Longlife Tofu	Tokyo Traders	Naturprodukte	4
(AutoWert)				0

Datensatz: 1 von 12 (Gefiltert)

Abb. 3.5: Alle Artikel mit einem Lagerbestand kleiner 10 werden gefiltert.

Sollen beispielsweise gleich mehrere Artikel ausgefiltert werden, dann können Sie diese Aufgabe über die Prozedur aus Listing 3.16 lösen. Dabei werden alle Artikel mit dem Namen KONBU bzw. die mit den Buchstaben CH beginnen in der Tabelle ARTIKEL gefiltert.

Listing 3.16: Filter mit mehreren Kriterien setzen

```
Sub FilterSetzenMitZweiKriterien()

    DoCmd.OpenTable "Artikel"
    DoCmd.ApplyFilter , "Artikelname like 'Ch*' _
        OR Artikelname='Konbu'"

End Sub
```

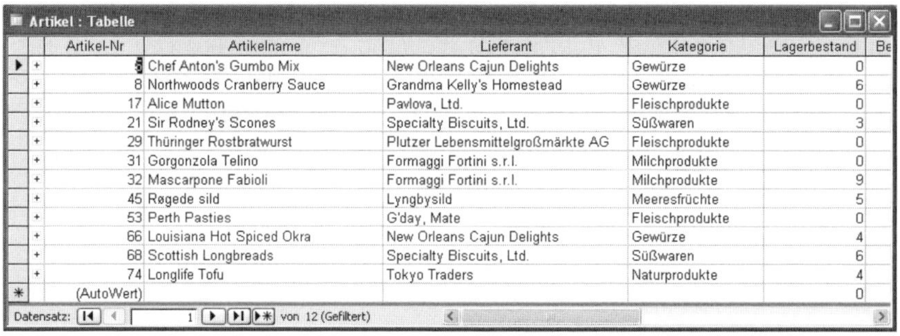

Artikel : Tabelle

Artikel-Nr	Artikelname	Lieferant	Kategorie	Lagerbestand	Be
5	Chef Anton's Gumbo Mix	New Orleans Cajun Delights	Gewürze	0	
8	Northwoods Cranberry Sauce	Grandma Kelly's Homestead	Gewürze	6	
17	Alice Mutton	Pavlova, Ltd.	Fleischprodukte	0	
21	Sir Rodney's Scones	Specialty Biscuits, Ltd.	Süßwaren	3	
29	Thüringer Rostbratwurst	Plutzer Lebensmittelgroßmärkte AG	Fleischprodukte	0	
31	Gorgonzola Telino	Formaggi Fortini s.r.l.	Milchprodukte	0	
32	Mascarpone Fabioli	Formaggi Fortini s.r.l.	Milchprodukte	9	
45	Røgede sild	Lyngbysild	Meeresfrüchte	5	
53	Perth Pasties	G'day, Mate	Fleischprodukte	0	
66	Louisiana Hot Spiced Okra	New Orleans Cajun Delights	Gewürze	4	
68	Scottish Longbreads	Specialty Biscuits, Ltd.	Süßwaren	6	
74	Longlife Tofu	Tokyo Traders	Naturprodukte	4	
(AutoWert)				0	

Datensatz: 1 von 12 (Gefiltert)

Abb. 3.6: Mit mehreren Kriterien filtern

Durch die Methode `ShowAllRecords` werden alle vorhandenen Filter entfernt, die für die aktuelle Tabelle, die aktuelle Abfrage oder das aktuelle Formular eingerichtet wurden. Diese Methode hat keine weiteren Argumente.

3.4.2 Objekte umbenennen

Mithilfe der Methode `Rename` können Sie Objekte wie Tabellen, Formulare und sonstige umbenennen. Die Syntax dieser Methode lautet:

```
DoCmd.Rename(NeuerName, ObjektTyp, AlterName)
```

Tabelle 3.3: Die Argumente der Methode Rename

Argument	Beschreibung
`NeuerName`	Erforderlich. Legt den neuen Namen des umzubenennenden Objekts fest.
`ObjektTyp`	Optional. Gibt den Typ des umzubenennenden Objekts an.
`AlterName`	Optional. Gibt den alten Namen des Objekts an.

Im folgenden Beispiel aus Listing 3.17 wird die Tabelle ARTIKELNEU umbenannt.

Listing 3.17: Eine Tabelle umbenennen

```
Sub TabelleUmbenennen()

    On Error GoTo fehler
    DoCmd.Rename "ArtikelNeu", acTable, "ArtikelAktuell"
    Exit Sub

fehler:
    MsgBox Err.Number & vbTab & Err.Description

End Sub
```

Sollte Umbenennung nicht erfolgreich sein, dann können Sie anstatt einer zu einer Fehlermeldung über die Anweisung `On Error GoTo` zu einer Fehlerbehandlung übergehen. Dabei werten Sie das Objekt `Err` aus, indem Sie über die Eigenschaften `Number` und `Description` die Fehlernummer sowie eine Beschreibung des Fehlers am Bildschirm anzeigen.

3.4.3 Objekte kopieren

Mithilfe der Methode `CopyObject` kopieren Sie Objekte wie Tabellen und Berichte. Die Syntax dieser Methode lautet:

```
DoCmd.CopyObject(Zieldatenbank, NeuerName, Quellobjekttyp,
Quellobjektname)
```

Tabelle 3.4: Die Argumente der Methode CopyObject

Argument	Beschreibung
`Zieldatenbank`	Optional. Gibt den gültigen Pfad und Dateinamen für die Datenbank an, in die das Objekt kopiert werden soll.
`NeuerName`	Optional. Legt den neuen Namen für das zu kopierende Objekt fest. Sie können beim Kopieren in eine andere Datenbank denselben Namen verwenden, indem Sie dieses Argument nicht angeben.
`Quellobjekttyp`	Optional. Gibt an, um welchen Objekttyp es sich handelt.
`Quellobjektname`	Optional. Gibt den Namen des Quellobjekts an.

Im folgenden Beispiel aus Listing 3.18 wird die Tabelle ARTIKEL kopiert und der Namen ARTIKELAKTUELL vergeben.

Listing 3.18: Eine Tabelle kopieren

```
Sub TabelleKopieren()
    DoCmd.CopyObject , "ArtikelNEU", acTable, "Artikel"
End Sub
```

Soll die Tabelle ARTIKEL in eine andere Datenbank kopiert werden, die momentan nicht geöffnet ist, dann wenden Sie die Prozedur aus Listing 3.19 an.

Listing 3.19: Eine Tabelle in eine andere Datenbank kopieren

```
Sub TabelleKopierenInAndereDB()
    On Error GoTo fehler
    DoCmd.CopyObject "C:\Temp\BackUp.mdb", _
        "ArtikelAktuell", acTable, "Artikel"
    Exit Sub
fehler:
    MsgBox Err.Number & vbTab & Err.Description
End Sub
```

Sollte der Kopiervorgang nicht erfolgreich sein, dann können Sie anstatt eines Prozedurabsturzes über die Anweisung `On Error GoTo` zu einer Fehlerbehandlung übergehen. Dabei werten Sie das Objekt `Err` aus, indem Sie über die Eigenschaften `Number` und `Description` die Fehlernummer sowie eine Beschreibung des Fehlers am Bildschirm anzeigen.

Genauso wie das Kopieren von Tabellen funktioniert auch das Kopieren von Formularen. In der Prozedur aus Listing 3.20 wird das Formular ARTIKEL kopiert und unter dem Namen ARTIKELNEU abgelegt.

Listing 3.20: Ein Formular kopieren

```
Sub FormularKopieren()

    DoCmd.CopyObject , "ArtikelNEU", acForm, "Artikel"

End Sub
```

Geben Sie bei der Methode `CopyObject` im zweiten Argument die Konstante `acForm` an, um festzulegen, dass Sie ein Formular kopieren möchten.

3.4.4 Objekte löschen

Über die Methode `DeleteObject` können Sie ein Objekt wie beispielsweise eine Tabelle oder ein Formular aus einer Datenbank entfernen. Die Syntax dieser Methode lautet:

```
DoCmd.DeleteObject(Objekttyp, Objektname)
```

Tabelle 3.5: Die Argumente der Methode DeleteObject

Argument	Beschreibung
`Objekttyp`	Gibt den Objekttyp an.
`Objektname`	Optional. Gibt den Namen des Objekts bekannt, das gelöscht werden soll.

Im folgenden Beispiel aus Listing 3.21 wird die Tabelle ARTIKELAKTUELL aus der aktuellen Datenbank entfernt.

Listing 3.21: Eine Tabelle aus der Datenbank entfernen

```
Sub TabelleEntfernen()

    On Error GoTo fehler
    DoCmd.DeleteObject acTable, "ArtikelAktuell"
    Exit Sub

fehler:
    MsgBox Err.Number & vbTab & Err.Description

End Sub
```

3.4.5 Objekte exportieren

Mit der Methode `OutputTo` können Sie die Daten in einem bestimmten Microsoft Access-Datenbankobjekt (einem Datenblatt, einem Formular, einem Bericht, einem Modul oder einer Datenzugriffsseite) in verschiedenen Formaten ausgeben. Die Syntax dieser Methode lautet:

```
DoCmd.OutputTo(ObjektTyp, ObjektName, AusgabeFormat, Ausgabedatei,
AutoStart, Vorlagendatei)
```

Tabelle 3.6: Die Argumente der Methode OutPutTo

Argument	Beschreibung
`ObjektTyp`	Erforderlich. Legt die Art des Access-Objekts fest, dessen Daten Sie exportieren möchten. Dabei haben Sie folgende Möglichkeiten: `acOutputForm`: Export der Daten eines Formulars `acOutputFunction`: Export einer Funktion `acOutputModule`: Export eines kompletten Moduls inkl. aller Funktionen und Makros `acOutputQuery`: Export der Ergebnisse eine Abfrage `acOutputReport`: Export eines Berichts `acOutputServerView`: Export einer Serveransicht `acOutputStoredProcedure`: Export einer gespeicherten Prozedur `acOutputTable`: Export einer Tabelle
`ObjektName`	Optional. Gibt den Namen des Objekts an, das Sie exportieren möchten.
`AusgabeFormat`	Optional. Legt fest, in welchem Datenformat Sie die Daten transferieren möchten. Die bekanntesten Formate heißen dabei wie folgt: `acFormatHTML`: Konvertiert die Daten in das HTML-Format `acFormatRTF`: Konvertiert die Daten in das Rich-Text-Format. Dieses Format kann beispielsweise problemlos in Microsoft Word eingelesen werden. `acFormatTXT`: Mit diesem Format ist das Textformat gemeint. `acFormatXLS`: Konvertiert die Daten in das Microsoft Excel-Format.
`Ausgabedatei`	Optional. Der Pfad sowie den Dateinamen der Datei, in welche Sie die Daten transferieren möchten. Dabei muss die Datei noch nicht vorhanden sein. Access legt diese bei Bedarf selber an.

Tabelle 3.6: Die Argumente der Methode OutPutTo (Forts.)

Argument	Beschreibung
`AutoStart`	Optional. Damit haben Sie die Möglichkeit, die so erstellte Exportdatei gleich zu öffnen. Verwenden Sie den Wert `True`, um die entsprechende auf Windows basierende Anwendung sofort zu starten. Setzen Sie das Argument auf den Wert `False` oder lassen Sie es weg, wenn Sie die Exportdatei nicht öffnen möchten.
`Vorlagedatei`	Optional. Dieses Argument ist dann von Interesse, wenn Sie eine Vorlage beispielsweise für die HTML-Datei verwenden möchten. In diesem Fall ist dann der komplette Pfad dieser Vorlagendatei anzugeben.

Im folgenden Beispiel aus Listing 3.22 wird die Tabelle Artikel in eine HTML-Datei geschrieben.

Listing 3.22: Eine Tabelle exportieren

```
Sub TabelleExportierenAlsHTML()

    DoCmd.OutputTo acOutputTable, "Artikel", acFormatHTML, _
        "C:\artikel.html", True

End Sub
```

Geben Sie bei der Methode `OutputTo` den Objekttyp, den Namen des Objekts, das gewünschte Ausgabeformat sowie den Namen der Zieldatei an. Dabei wird die Zieldatei, sofern sie noch nicht existiert, neu angelegt. Im letzten Argument der Methode geben Sie den Wert `True` an, was bedeutet, dass die Zieldatei nach dem Export angezeigt werden soll.

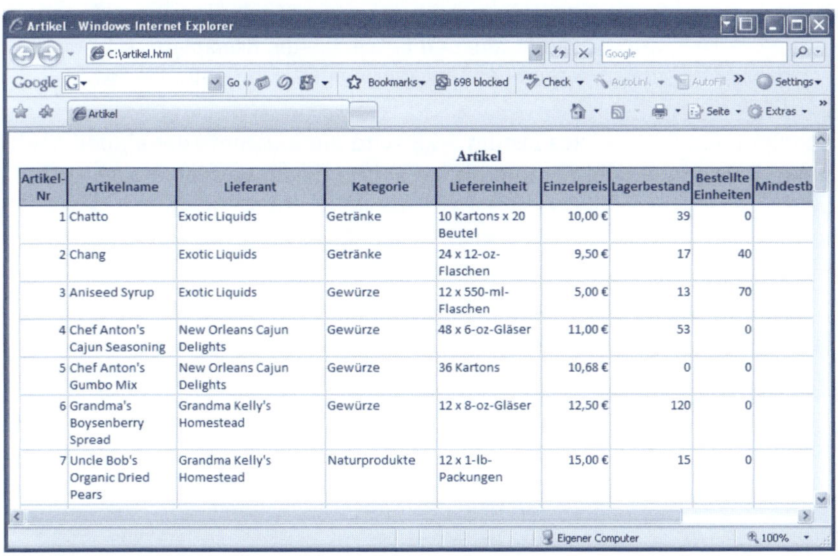

Abb. 3.7: Eine Tabelle ins HTML-Format transferieren

3.4.6 Objekte drucken

Über die Methode PrintOut können Sie einen Drucken-Befehl in Access ausführen. Die Syntax dieser Methode lautet:

```
DoCmd.PrintOut(Druckbereich, Von, Bis, Druckqualität, Exemplare,
ExemplareSortieren)
```

Tabelle 3.7: Die Argumente der Methode PrintOut

Argument	Beschreibung
Druckbereich	Optional. acPages, acPrintAll (Standard), acSelection
Von	Optional. Gibt die erste Seite des Bereichs an, ab der gedruckt werden soll. Dieses Argument ist erforderlich, wenn Sie für das Argument Druckbereich die Konstante acPages angeben.
Bis	Optional. Gibt die letzte Seite an, bis zu der gedruckt werden soll. Dieses Argument ist erforderlich, wenn Sie für das Argument Druckbereich die Konstante acPages angeben.
Druckqualität	Optional. Dabei gelten folgende Konstanten: acDraft (Entwurfsqualität) acHigh (bestmögliche Druckqualität) acLow (Konzeptdruckqualität) acMedium (mittlere Druckqualität)
Exemplare	Optional. Gibt die Anzahl der Kopien an.
ExemplareSortieren	Optional. Verwenden Sie True, um die Exemplare zu sortieren, und False, um die Exemplare nicht während des Druckvorgangs zu sortieren.

Im folgenden Beispiel aus Listing 3.23 wird ein Bericht in der aktuell geöffneten Datenbank geöffnet und einige Seiten davon werden ausgedruckt.

Listing 3.23: Einen Bericht drucken

```
Sub BerichtDrucken()

    Application.Echo False
    DoCmd.OpenReport "Rechnung", acViewPreview
    DoCmd.PrintOut acPages, 1, 1, , 2
    DoCmd.Close
    Application.Echo True

End Sub
```

Über die Methode Echo können Sie festlegen, ob die Bildschirmaktualisierung während des Prozedurablaufs eingeschaltet bzw. ausgeschaltet wird. Wenn Sie diese Methode mit dem Argument False einsetzen, dann erfolgt der Druckvorgang gänzlich im Hintergrund. Nach dem Drucken der Seiten wenden Sie die Methode Close an, um den Bericht wieder zu schließen und schalten die Bildschirmaktualisierung wieder ein.

3.4.7 Objekte versenden

Für das Versenden von E-Mails verwenden Sie in Access die Methode SendObject. Dabei können Sie ganz genau festlegen, welchen Bestandteil einer Access-Datenbank Sie versenden möchten. Ferner übergeben Sie dieser Methode die Adressaten sowie den Begleittext der E-Mail. Die Syntax dieser Methode lautet:

```
DoCmd.SendObject(Objekttyp, Objektname, Ausgabeformat, An, Cc, Bcc,
Betreff, Nachricht, NachrichtBearbeiten, Vorlagedatei)
```

Tabelle 3.8: Die Argumente der Methode SendObject

Argument	Beschreibung
Objekttyp	Optional. Dabei geben Sie in einer Konstanten an, welchen Bestandteil der Datenbank Sie per E-Mail versenden möchten. Folgende Konstanten stehen Ihnen dabei zur Verfügung: acSendDataAccessPage: Eine Access-Datenzugriffseite wird einem E-Mail-Empfänger zugestellt. acSendForm: Ein Formular soll über eine E-Mail versendet werden. acSendModule: Ein Modul wird per E-Mail versendet. acSendNoObject: Es wird lediglich eine Text-E-Mail, ohne Anhang, versendet. Es handelt sich dabei um die Standardeinstellung. acSendQuery: Hierbei soll eine Abfrage per E-Mail versendet werden. acSendReport: Bei dieser Angabe wird ein Bericht versendet. acSendTable: Diese Konstante steht für das Versenden einer bestimmten Tabelle aus einer Datenbank.
Objektname	Optional. Hier muss der Name des Objekts angegeben werden, der per E-Mail versendet werden soll.

Tabelle 3.8: Die Argumente der Methode SendObject (Forts.)

Argument	Beschreibung
`Ausgabeformat`	Optional. Hier können Sie festlegen, in welcher Form das Access-Objekt versendet werden soll. Dabei haben Sie unter anderem die Auswahl zwischen folgenden Konstanten:
	`acFormatHTML`: Ausgabe des Access-Objekts über das HTML-Format, das Sie mit jedem Browser ansehen können.
	`acFormatRTF`: Beim RTF-Format handelt es sich um ein Textformat, das Sie mit nahezu jedem Textverarbeitungsprogramm öffnen können.
	`acFormatTXT`: Dieses Textformat ist mit jedem Texteditor, beispielsweise Notepad im Zubehör von Windows, zu lesen.
	`acFormatXLS`: Dabei handelt es sich um das Excel-Tabellenformat.
	`AcFormatDAP`: Bei dieser Konstante handelt es sich um Datenzugriffseiten.
`An`	Optional. Hier müssen Sie die Empfänger auflisten, deren Namen in die AN-Zeile der E-Mail-Nachricht aufgenommen werden sollen. Die Empfängernamen in diesem Argument müssen durch Semikola (;) voneinander getrennt werden.
`Cc`	Optional. Gibt an, an welche E-Mail-Empfänger Sie die E-Mail als Kopie schicken möchten. Es gelten dabei dieselben Optionen wie auch beim Argument `An`.
`Bcc`	Optional. Hier können Sie E-Mail-Empfänger eine »blinde Kopie« der E-Mail schicken, ohne dass der eigentliche Empfänger der E-Mail, der unter dem Argument AN angegeben wurde, etwas davon erfährt.
`Betreff`	Optional. Repräsentiert die Betreffzeile der E-Mail-Nachricht. Geben Sie dort einen Betreff in doppelten Anführungsstrichen an.
`Nachricht`	Optional. Geben Sie den Text an, der in die E-Mail eingefügt werden soll. Wenn Sie dieses Argument nicht angeben, wird nur das Objekt, jedoch kein Text in die E-Mail aufgenommen.
`Nachricht-Bearbeiten`	Optional. Hier können Sie entscheiden, ob Sie die E-Mail direkt absenden oder zur weiteren Bearbeitung vorher öffnen möchten. Setzen Sie dieses Argument auf den Wert `False`, um die Nachricht direkt zu versenden. Setzen Sie das Argument auf den Wert `True`, um die E-Mail zur weiteren Bearbeitung zu öffnen.

Argument	Beschreibung
Vorlagedatei	Optional. Handelt es ich um einen optionalen Wert, der den vollständigen Namen und Pfad der Datei angibt, die als Vorlage für eine HTML-Datei verwendet werden soll.

Tabelle 3.8: Die Argumente der Methode SendObject (Forts.)

Im folgenden Beispiel aus Listing 3.24 wird eine E-Mail versendet.

Listing 3.24: E-Mail versenden

```
Sub eMailVersenden()

    DoCmd.SendObject acSendTable, "Artikel", acFormatTXT, _
        "Held-office@t-online.de", , , "Artikeltabelle", _
        "Hallo Kunde" & vbLf & "Anbei die aktuellen A." & _
        vbLf & "Viele Grüße" & vbLf & "Held"

End Sub
```

Da bei dieser Art von E-Mail kein Dateianhang dabei ist, lassen Sie die ersten drei Argumente der Methode `SendObject` einfach leer. Danach geben Sie den Adressaten sowie den Kopieempfänger der Mail, den Titel sowie den eigentlichen Text der E-Mail an. Über den Einsatz der Konstanten `vbCrLf` können Sie im E-Mail-Text einen Zeilenumbruch erzeugen. Über das letzte Argument, das Sie auf `True` oder `False` setzen können, bestimmen Sie, ob die E-Mail direkt versendet oder noch einmal vor dem Versand zur Kontrolle angezeigt werden soll.

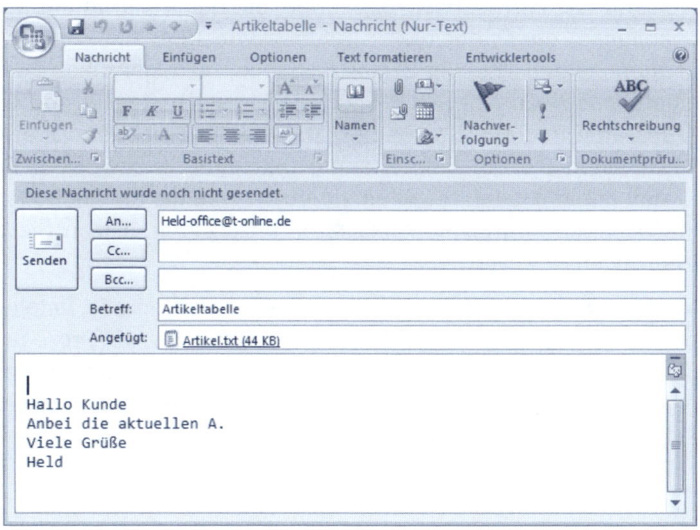

Abb. 3.8: Eine E-Mail mit Anhang versenden

Soll eine E-Mail versendet werden, bei der noch ein paar zusätzliche Informationen hinzugefügt werden sollen, dann können Sie auch direkt über das Outlook-VBA-Objektmodell gehen. Im folgenden Beispiel aus Listing 3.25 wird eine E-Mail mit Anhang versendet.

Listing 3.25: Eine E-Mail mit Anhang versenden

```
Sub EMailVerschicken()
Dim outl As Object
Dim Mail As Object

    DoCmd.OutputTo acOutputTable, "Artikel", acFormatTXT, _
        "C:\Artikel.txt"

    Set outl = CreateObject("Outlook.Application")
    Set Mail = outl.CreateItem(0)
    Mail.Subject = "Spieledatei im Anhang"
    Mail.Body = "Viel Spaß damit!:"
    Mail.To = "Held-office@t-online.de"
    Mail.CC = "Machero@aol.com"
    Mail.Attachments.Add "c:\Artikel.txt"
    'Mail.Display
    Mail.send

End Sub
```

Speichern Sie zunächst über die Methode `OutputTo` die Tabelle ARTIKEL in einer Textdatei mit dem Namen ARTIKEL.TXT. Danach erstellen Sie einen Verweis auf die VBA-Outlook-Bibliothek, um damit Zugriff auf alle Befehle zu bekommen, die Outlook-VBA Ihnen bietet. Über die Eigenschaft `Subject` können Sie den Titel der E-Mail festlegen. Die Eigenschaft `Body` enthält die eigentliche Nachricht der E-Mail. Die Eigenschaften `To` and `CC` geben den Adressaten und den Kopieadressaten der Nachricht an. Über die Methode `Add` können Sie der E-Mail einen Dateianhang zuweisen. Wenn Sie die E-Mail direkt senden möchten, dann wenden Sie die Methode `Send` an. Um die Nachricht vorher am Bildschirm anzuzeigen, setzen Sie die Methode `Display` ein.

Möchten Sie noch einen Schritt weitergehen und alle Dateien aus einem bestimmten Ordner versenden, dann starten Sie die Prozedur aus Listing 3.26. Diese Prozedur ist für Anwender der Versionen Access 2000 bis Access 2003 einsetzbar. Weiter unten im Kapitel finden Sie eine lauffähige Prozedur für die Version 2007.

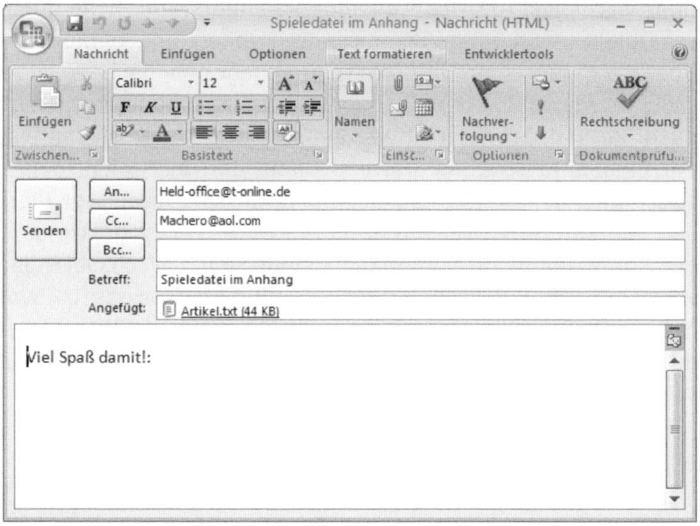

Abb. 3.9: Eine E-Mail mit Anhang an mehrere Adressaten versenden

Listing 3.26: Alle Textdateien aus einem Ordner versenden (bis Access 2003)

```
Sub EMailAlleDateienAusOrdner()
Dim outl as Object
Dim Mail As Object
Dim varDatei As Variant

    DoCmd.OutputTo acOutputTable, "Artikel", acFormatTXT, _
        "C:\Artikel.txt"

    Set outl = CreateObject("Outlook.Application")

    Set Mail = outl.CreateItem(0)
    Mail.Subject = "Alle aktuellen Textdateien im Anhang"
    Mail.Body = "Viel Spaß damit!:"
    Mail.To = "Held-office@t-online.de"
    Mail.CC = "Machero@aol.com"

    With Application.FileSearch
        .NewSearch
        .LookIn = "C:\"
        .FileName = "*.txt"
        .SearchSubFolders = False
        .Execute

        For Each varDatei In .FoundFiles
            Mail.Attachments.Add varDatei
        Next varDatei

    End With
    Mail.Display

End Sub
```

Über das Objekt `FileSearch` können Sie eine Dateisuche durchführen. Dieses Objekt bietet einige Eigenschaften an, die angegeben werden können. Über die Eigenschaft `FileName` wird angegeben, nach welchen Dateien gesucht werden soll. Über die Eigenschaft `LookIn` kann festgelegt werden, wo nach den Dateien gesucht werden soll. Hier kann das Laufwerk sowie das Verzeichnis angegeben werden. Dabei darf man nicht den letzten Backslash nach dem Verzeichnisnamen vergessen, da Access hierauf empfindlich reagiert. Sollen noch darunterliegende Verzeichnisse durchsucht werden, dann kann dies über die Eigenschaft `SearchSubFolders` festgelegt werden. Diese Eigenschaft wird auf den Wert `True` gesetzt, wenn die angegebene Suche alle Unterordner im durch die `LookIn`-Eigenschaft angegebenen Ordner einschließen soll. Die Methode `Execute` führt die jetzt näher spezifizierte Suche anschließend aus.

Abb. 3.10: Alle Textdateien aus einem Ordner werden versendet.

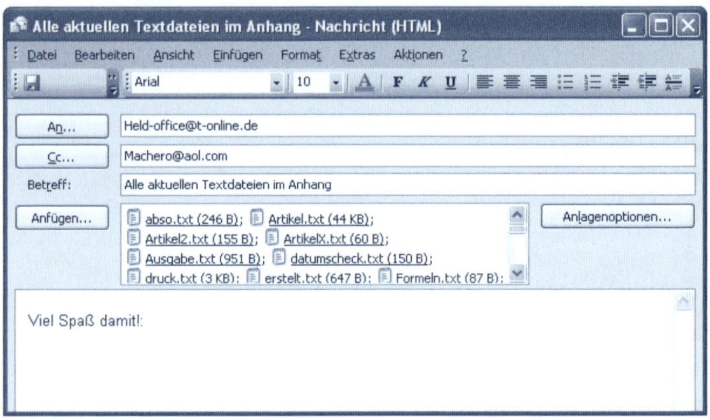

NEU

Im folgenden Listing sehen Sie die in der Access-Version 2007 lauffähige Variante.

Listing 3.27: Alle Textdateien aus einem Ordner versenden (Access 2007)

```
Sub EMailAlleDateienAusOrdner2007()
  Dim intZeile As Integer
  Dim fs As FileSystemObject
  Dim fVerz As Folder
  Dim fDatei As File
  Dim fDateien As Files
  Dim outl, Mail As Object
  Dim varDatei As Variant

DoCmd.OutputTo acOutputTable, "Artikel", acFormatTXT, _
"C:\Artikel.txt"

Set outl = CreateObject("Outlook.Application")
```

```
Set Mail = outl.CreateItem(0)
      Mail.Subject = "Alle aktuellen Textdateien im Anhang"
      Mail.Body = "Viel Spaß damit!:"
      Mail.To = "Held-office@t-online.de"
      Mail.CC = "Machero@aol.com"

      'Erzeuge ein FileSystemObject
      Set fs = CreateObject("Scripting.FileSystemObject")
      'Folder-Objekt zum angebenen Suchordner
      Set fVerz = fs.GetFolder("C:\")
      'Auflistung aller Dateien im Verzeichnis
      Set fDateien = fVerz.Files

      'Durchlaufe alle gefundenen Dateien
      For Each fDatei In fDateien
        If Right(fDatei.Name, 3) = "txt" Then
             Mail.Attachments.Add "c:\" & fDatei.Name
        End If
      Next fDatei

      Mail.Display
End Sub
```

3.4.8 Datensatz in Tabelle aktivieren

Über die Methode GoToRecord können Sie einen bestimmten Satz in einem Formular oder einer Tabelle voreinstellen. Die Syntax dieser Methode lautet:

```
DoCmd.GoToRecord(Objekttyp, Objektname, Datensatz, Offset)
```

Tabelle 3.9: Die Argumente der Methode GoToRecord

Argument	Beschreibung
Objekttyp	Gibt den Objekttyp an. Es gelten dabei: acActiveDataObject (Standard), acDataForm, acDataFunction, acDataQuery, acDataServerView, acDataStoredProcedure oder acDataTable.
Objektname	Optional. Gibt den Namen des Objekts an.
Datensatz	Optional. Dabei gelten folgende Konstanten: acFirst, acGoTo, acLast, acNewRec, acNext (Standard), acPrevious
Offset	Optional. Eine Zahl, die die Anzahl der Datensätze angibt, um die vorwärts oder rückwärts geblättert werden soll, wenn Sie für das Argument Datensatz acNext oder acPrevious angegeben haben, oder der Datensatz, zu dem Sie wechseln möchten, wenn Sie für das Argument Datensatz acGoTo angegeben haben. Der Ausdruck muss eine gültige Datensatznummer ergeben.

Im Beispiel aus Listing 3.28 wird die Tabelle ARTIKEL geöffnet und der letzte Satz voreingestellt.

Listing 3.28: Eine Tabelle öffnen und letzten Satz voreinstellen

```
Sub TabelleOeffnen()

    DoCmd.OpenTable "Artikel"
    DoCmd.GoToRecord acDataTable, "Artikel", acLast

End Sub
```

3.4.9 Menübefehle ausführen

Mithilfe der Methode `RunCommand` können Sie jeden möglichen Befehl in Access, den Sie über die Menüs ansteuern können, auch per Makro ausführen lassen. Diese Methode hat demzufolge mehrere hundert Konstanten, über die Sie steuern können, welcher Menübefehl ausgeführt werden soll. Die Syntax dieser Methode lautet:

```
DoCmd.RunCommand(Command)
```

Tabelle 3.10: Die Argumente der Methode RunCommand

Argument	Beschreibung
`Command`	Über eine Konstante aus Tabelle 3.12 können Sie den gewünschten Befehl ausführen.

Entnehmen Sie aus der folgenden Tabelle exemplarisch ein paar wichtige `Command`-Konstanten.

Tabelle 3.11: Die wichtigsten Command-Konstanten der Methode RunCommand

Konstante	Beschreibung
`acCmdAboutMicrosoftAccess`	Ruft den Info-Dialog auf
`acCmdAnswerWizard`	Zeigt die Direkthilfe an
`acCmdCloseWindow`	Schließt das aktuelle Fenster
`acCmdDatabaseProperties`	Zeigt die Datenbankeigenschaften an
`acCmdDocMinimize`	Minimiert das Datenbankfenster
`acCmdDocMaximize`	Maximiert das Datenbankfenster
`acCmdExit`	Beendet Microsoft Access
`acCmdFind`	Das Suchenfenster wird angezeigt
`acCmdNewDatabase`	Legt eine neue Datenbank an
`acCmdOpenDatabase`	Zeigt den ÖFFNEN-Dialog an
`acCmdOpenTable`	Öffnet eine Tabelle
`acCmdOptions`	Zeigt den Dialog OPTIONEN an

Konstante	Beschreibung
`acCmdPrint`	Zeigt den Dialog DRUCKEN an
`acCmdQuickPrint`	Druckt sofort, ohne den Dialog DRUCKEN anzuzeigen
`acCmdRedo`	Wiederholt die letzte Aktion
`acCmdUndo`	Widerruft die letzte Aktion
`acCmdRelationships`	Öffnet das Fenster, welches die Beziehungen der Tabellen anzeigt
`acCmdSend`	Öffnet den E-Mail-Dialog

Tabelle 3.11: Die wichtigsten Command-Konstanten der Methode RunCommand (Forts.)

Im folgenden Beispiel aus Listing 3.29 wird der Dialog DOKUMENTEIGENSCHAFTEN aufgerufen.

Listing 3.29: Die Dokumenteigenschaften der aktuellen Datenbank aufrufen

```
Sub DokumenteigenschaftenAnzeigen()

    DoCmd.RunCommand acCmdDatabaseProperties

End Sub
```

3.4.10 SQL-Anweisungen absetzen

Über die Methode `RunSQL` können Sie eine SQL-Anweisung absetzen, um Abfragen zu starten. Dabei sind Anfügeabfragen, Löschabfragen, Tabellenerstellungsabfragen sowie Aktualisierungsabfragen möglich. Die Syntax dieser Methode lautet:

```
DoCmd.RunSQL(SQLAnweisung, TransaktionVerwenden)
```

Argument	Beschreibung
`SQLAnweisung`	Erforderlich. Ein Zeichenfolgenausdruck, der einer gültigen SQL-Anweisung für eine Aktionsabfrage oder eine Datendefinitionsabfrage entspricht. Verwendet werden kann eine der folgenden Anweisungen: `INSERT INTO`, `DELETE`, `SELECT...INTO`, `UPDATE`, `CREATE TABLE`, `ALTER TABLE`, `DROP TABLE`, `CREATE INDEX` oder `DROP INDEX`. Fügen Sie eine `IN`-Klausel hinzu, wenn Sie auf eine andere Datenbank zugreifen möchten.
`TransaktionVerwenden`	Optional. Verwenden Sie `True`, um diese Abfrage in eine Transaktion einzubinden, oder `False`, wenn Sie keine Transaktion durchführen möchten.

Tabelle 3.12: Die Argumente der Methode RunSQL

Im folgenden Beispiel aus Listing 3.30 wird die Methode `RunSQL` eingesetzt, um in der Tabelle Kunden im Feld Position alle Texte von Inhaber zu Chef umzusetzen.

Listing 3.30: Eine SQl-Anweisung absetzen

```
Sub SQLAnweisungAbsetzen()
Dim strSQL As String

    strSQL = "UPDATE Kunden SET Position ='Chef' " & _
        " WHERE Position ='Inhaber'"

    DoCmd.SetWarnings False
    DoCmd.RunSQL strSQL
    DoCmd.SetWarnings True

End Sub
```

3.4.11 Fenstergröße festlegen

Mithilfe der Methode `MoveSize` können Sie die Fensterbreite des Access-Fensters einstellen. Die Syntax dieser Methode lautet:

```
DoCmd.MoveSize(Rechts, Unten, Breite, Höhe)
```

Tabelle 3.13: Die Argumente der Methode MoveSize

Argument	Beschreibung
`Rechts`	Optional. Die neue horizontale Position der oberen linken Ecke des Fensters, gemessen vom linken Rand des umgebenden Fensters.
`Unten`	Optional. Die neue vertikale Position der oberen linken Ecke des Fensters, gemessen vom oberen Rand des umgebenden Fensters.
`Breite`	Optional. Legt die neue Breite des Fensters fest.
`Höhe`	Optional. Legt die neue Höhe des Fensters fest.

HINWEIS

Die Maßeinheit für die Argumente lautet Twips. (Twip: eine Maßeinheit, die 1/20 eines Punkts oder 1/1440 eines Zolls entspricht. 567 Twips sind ein Zentimeter.)

Im folgenden Beispiel aus Listing 3.31 wird das Formular Artikel beim Aufruf in der Größe angepasst. Dazu stellen Sie das Ereignis `Form_Open` ein. Legen Sie den folgenden Quellcode direkt hinter das Formular. Dazu gehen Sie in die Entwurfsansicht des Formulars und klicken direkt im Formular mir der rechten Maustaste und wählen den Befehl Eigenschaften. Im Dialog Eigenschaften stellen Sie im oberen Drop-down-Feld den Eintrag Formular ein und wechseln auf die Registerkarte Ereignis. Klicken Sie dann direkt in das Feld

BEIM ÖFFNEN und führen Sie einen Klick auf das Symbol mit den drei Punkten durch. Ergänzen Sie dann die Ereignisprozedur wie in Listing 3.31.

```
Private Sub Form_Open(Cancel As Integer)

    DoCmd.MoveSize 100, 100, 8000, 6000

End Sub
```

Listing 3.31: Die Formulargröße wird beim Öffnen des Formulars angepasst.

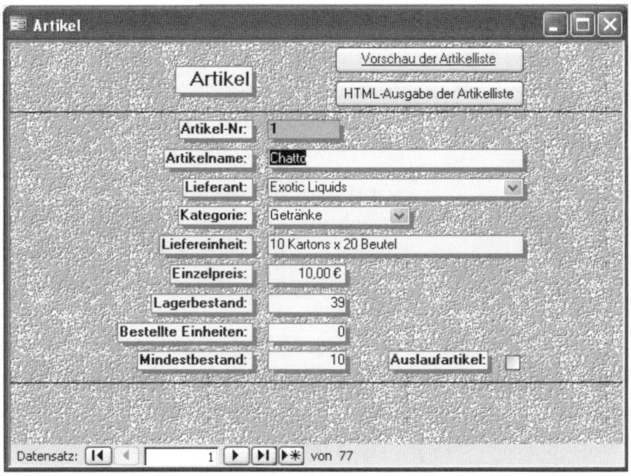

Abb. 3.11: Die Formulargröße wird beim Öffnen des Formulars bestimmt.

3.4.12 Datenbankinhalte transferieren

Mithilfe der Methode `TransferDatabase` können Sie Daten zwischen der aktuellen Datenbank und einer anderen Datenbank austauschen. Die Syntax dieser Methode lautet:

```
DoCmd.TransferDatabase(Transfertyp, Datenbanktyp, Datenbankname,
Objekttyp, Quelle, Ziel, NurStruktur, AnmeldungSpeichern)
```

Tabelle 3.14: Die Argumente der Methode TransferDatabase

Argument	Beschreibung
`Transfertyp`	Optional. Legt den Transfertyp fest. Es stehen dabei folgende Typen zur Verfügung: `acExport`, `acImport` Standard, `acLink`.
`Datenbanktyp`	Optional. Gibt den Namen der Datenbanktypen an, die zum Importieren, Exportieren oder Verknüpfen von Daten verwendet werden können. Standardwert ist hier »Microsoft Access«. Weitere mögliche Typen können Sie der Online-Hilfe entnehmen.

Tabelle 3.15: Die Argumente der Methode TransferDatabase (Forts.)

Argument	Beschreibung
`Datenbankname`	Optional. Gibt den vollständigen Namen und Pfad der Datenbank an, die zum Importieren, Exportieren oder Verknüpfen von Daten verwendet werden soll.
`Objekttyp`	Optional. Legt den Objekttyp fest.
`Quelle`	Optional. Gibt den Namen des Objekts an, dessen Daten importiert, exportiert oder verknüpft werden sollen.
`Ziel`	Optional. Gibt den Namen des importierten, exportierten oder verknüpften Objekts in der Zieldatenbank an.
`NurStruktur`	Optional. Verwenden Sie `True`, um nur die Struktur einer Datenbanktabelle zu importieren oder zu exportieren. Verwenden Sie `False`, um die Struktur der Tabelle sowie deren Daten zu importieren oder zu exportieren.
`Anmeldung-Speichern`	Optional. Verwenden Sie `True`, um in der Verbindungszeichenfolge einer verknüpften Tabelle den Benutzernamen (ID) und das Kennwort für eine ODBC-Datenbank zu speichern, zu der die Tabelle gehört. Auf diese Weise entfällt die Anmeldung beim Öffnen der Tabelle. Verwenden Sie `False`, wenn Sie den Benutzernamen und das Kennwort nicht speichern möchten.

Im folgenden Beispiel aus Listing 3.32 wird der Bericht RECHNUNG aus der Datenbank NORDWIND.MDB in die aktuell geöffnete Datenbank transferiert und unter dem Namen RECHNUNGNEU gespeichert.

Listing 3.32: Einen Bericht aus einer anderen Datenbank importieren

```
Sub BerichtTransferieren()

    On Error GoTo fehler
    DoCmd.TransferDatabase acImport, _
        "Microsoft Access", _
        "C:\Eigene Dateien\Nordwind.mdb", acReport, _
        "Rechnung", "RechnungNeu"
    Exit Sub

fehler:
    MsgBox Err.Number & vbTab & Err.Description

End Sub
```

3.4.13 Tabellen transferieren

Mithilfe der Methode `TransferSpreadsheet` können Sie Daten aus einer Access-Tabelle beispielsweise in eine Excel-Tabelle übertragen. Die Syntax dieser Methode lautet:

```
DoCmd.TransferSpreadsheet(Transfertyp, Dateiformat, Tabellenname,
Dateiname, BesitztFeldnamen, Bereich)
```

Tabelle 3.16: Die Argumente der Methode TransferSpreadsheet

Argument	Beschreibung
`Transfertyp`	Optional. Gibt an, welchen Transfer Sie genau durchführen möchten. Sie haben dabei die Auswahl zwischen dem Export (`acExport`), dem Import (`acImport`) oder einer Verknüpfung (`acLink`).
`Dateiformat`	Optional. Gibt an, in welcher Excel-Version (bzw. Lotus-Version) Sie die Access-Tabelle exportieren möchten.
`Tabellenamen`	Optional. Gibt den Namen der zu exportierenden Access-Tabelle an.
`Dateinamen`	Optional. Gibt das Ziel für den Datenexport bekannt. Dabei muss die angegebene Datenquelle nicht einmal existieren. Access legt diese neu für Sie an.
`BesitztFeldnamen`	Optional. Verwenden Sie den Wert `True`, um die erste Zeile der Kalkulationstabelle beim Importieren, Exportieren oder Verknüpfen zur Angabe der Feldnamen zu verwenden. Verwenden Sie hingegen den Wert `False`, wenn die erste Zeile als normale Datenzeile gelten soll. Wenn Sie dieses Argument nicht angeben, wird der Standardwert `False` verwendet.
`Bereich`	Diese Argument gilt nur für Importoperationen und darf beim Export nicht angeben werden. Beim Import werden standardmäßig alle Datensätze importiert, sofern dieses Argument nicht gesetzt wird.

Im folgenden Beispiel aus Listing 3.33 wird die Access-Tabelle ARTIKEL in eine Excel 2000-Tabelle überführt.

Listing 3.33: Eine Access-Tabelle nach Excel exportieren

```
Sub TabelleTransferieren()

    On Error GoTo fehler
    DoCmd.TransferSpreadsheet acExport, _
        acSpreadsheetTypeExcel9, "Artikel", _
        "C:\Artikel.xls", True
    Exit Sub
```

```
fehler:
    MsgBox Err.Number & vbTab & Err.Description

End Sub
```

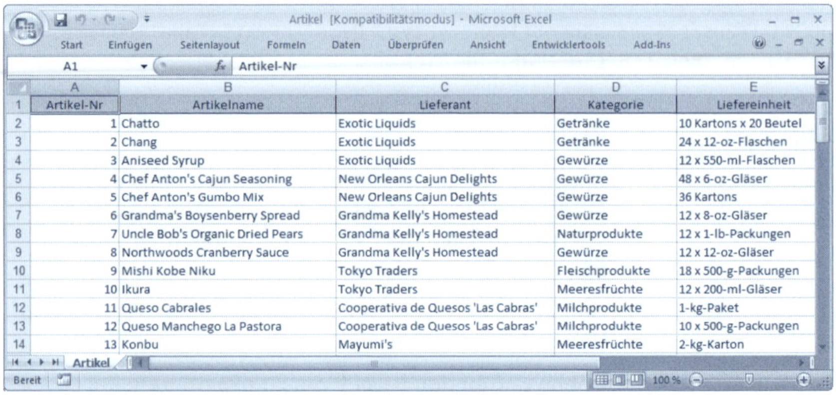

	A	B	C	D	E
1	Artikel-Nr	Artikelname	Lieferant	Kategorie	Liefereinheit
2	1	Chatto	Exotic Liquids	Getränke	10 Kartons x 20 Beutel
3	2	Chang	Exotic Liquids	Getränke	24 x 12-oz-Flaschen
4	3	Aniseed Syrup	Exotic Liquids	Gewürze	12 x 550-ml-Flaschen
5	4	Chef Anton's Cajun Seasoning	New Orleans Cajun Delights	Gewürze	48 x 6-oz-Gläser
6	5	Chef Anton's Gumbo Mix	New Orleans Cajun Delights	Gewürze	36 Kartons
7	6	Grandma's Boysenberry Spread	Grandma Kelly's Homestead	Gewürze	12 x 8-oz-Gläser
8	7	Uncle Bob's Organic Dried Pears	Grandma Kelly's Homestead	Naturprodukte	12 x 1-lb-Packungen
9	8	Northwoods Cranberry Sauce	Grandma Kelly's Homestead	Gewürze	12 x 12-oz-Gläser
10	9	Mishi Kobe Niku	Tokyo Traders	Fleischprodukte	18 x 500-g-Packungen
11	10	Ikura	Tokyo Traders	Meeresfrüchte	12 x 200-ml-Gläser
12	11	Queso Cabrales	Cooperativa de Quesos 'Las Cabras'	Milchprodukte	1-kg-Paket
13	12	Queso Manchego La Pastora	Cooperativa de Quesos 'Las Cabras'	Milchprodukte	10 x 500-g-Packungen
14	13	Konbu	Mayumi's	Meeresfrüchte	2-kg-Karton

Abb. 3.12: Die Access-Tabelle wurde nach Excel transferiert.

3.4.14 Exportieren und Importieren

Mithilfe der `TransferText`-Methode können Sie Text zwischen der aktuellen Microsoft Access-Datenbank und einer Textdatei importieren oder exportieren. Die Syntax dieser Methode lautet:

```
DoCmd.TransferText(Transfertyp, Spezifikationsname, Tabellenname,
Dateiname, BesitztFeldnamen, HTML-Tabellenname, Codepage)
```

Tabelle 3.17: Die Argumente der Methode TransferText

Argument	Beschreibung
`Transfertyp`	Optional. Es stehen folgende Typen zur Verfügung: `acExportDelim`, `acExportFixed`, `acExportHTML`, `acExportMerge`, `acImportDelim` (Standard), `acImportFixed`, `acImportHTML`, `acLinkDelim`, `acLinkFixed`, `acLinkHTML`
`Spezifikationsname`	Optional. Ein Zeichenfolgenausdruck, der den Namen einer Import- oder Exportspezifikation angibt, die Sie in der aktuellen Datenbank erstellt und gespeichert haben. Bei einer Textdatei mit fester Zeilenlänge müssen Sie entweder ein Argument angeben oder eine Schemadatei (Schema.ini) verwenden, die in demselben Ordner wie die importierte, verknüpfte oder exportierte Textdatei gespeichert sein muss.
`Tabellenname`	Optional. Legt den Namen einer Microsoft Access-Tabelle zum Importieren, Exportieren oder Verknüpfen von Textdaten fest.

Tabelle 3.17: Die Argumente der Methode TransferText (Forts.)

Argument	Beschreibung
`Dateiname`	Optional. Legt den vollständigen Namen und den Pfad der Textdatei an, die zum Importieren, Exportieren oder Verknüpfen von Daten verwendet werden soll.
`BesitztFeldnamen`	Optional. Verwenden Sie `True`, um die erste Zeile der Textdatei beim Importieren, Exportieren oder Verknüpfen zur Angabe der Feldnamen zu verwenden. Verwenden Sie `False`, wenn die erste Zeile als normale Datenzeile gelten soll.
`HTML-Tabellenname`	Optional. Gibt den Namen der Tabelle oder Liste in der HTML-Datei an, die Sie importieren oder verknüpfen möchten. Dieses Argument wird nur dann beachtet, wenn das Argument `Transfertyp` auf `acImportHTML` oder `acLinkHTML` festgelegt ist.
`Codepage`	Optional. Ein Wert des Typs `Long`, der den Zeichensatz der Codepage angibt.

Im folgenden Beispiel aus Listing 3.34 wird die Tabelle ARTIKEL als Textdatei exportiert.

Listing 3.34: Eine Tabelle im Textformat speichern

```
Sub TextExportieren()

    On Error GoTo fehler
    DoCmd.TransferText acExportDelim, , _
        "Artikel", "C:\Artikel.txt"
    Exit Sub

fehler:
    MsgBox Err.Number & vbTab & Err.Description

End Sub
```

Abb. 3.13: Eine Textdatei mit dem Semikolon als Trennzeichen wurde erstellt.

3.5 Das FileSystem-Objekt

Über das Objekt `FileSystem` gewinnen Sie Zugriff auf das Dateisystem Ihres Computers. Unter anderem können Sie über dieses Objekt Dateien kopieren und umbenennen, Verzeichnisse erstellen und löschen und einige andere Dinge mehr.

3.5.1 Datei kopieren

Mithilfe der Methode `CopyFile` können Sie eine oder mehrere Dateien von einem Ort an einen anderen kopieren. Die Syntax dieser Methode lautet:

```
Objekt.CopyFile Quelle, Ziel[, überschreiben]
```

Tabelle 3.18: Die Argumente der Methode CopyFile

Teil	Beschreibung
`Objekt`	Erforderlich. Das Objekt ist immer der Name eines `FileSystemObject`.
`Quelle`	Erforderlich. Zeichenfolge für die Dateispezifikation für eine oder mehrere zu kopierende Dateien, die Platzhalterzeichen enthalten kann.
`Ziel`	Erforderlich. Zeichenfolge für das Ziel, an das die Datei(en) aus Quelle kopiert werden soll(en). Platzhalterzeichen sind nicht zulässig.
`Überschreiben`	Optional. Boolescher Wert, der angibt, ob vorhandene Dateien überschrieben werden sollen. Wenn er `True` ist, werden die Dateien überschrieben; ist er `False`, werden sie nicht überschrieben. Die Voreinstellung ist `True`. Beachten Sie, dass CopyFile unabhängig vom Wert für überschreiben fehlschlägt, wenn für Ziel das schreibgeschützte Attribut festgelegt wurde.

Im folgenden Beispiel aus Listing 3.35 wird die Excel-Arbeitsmappe KATALOG.XLS aus dem Route-Verzeichnis der Festplatte in das Verzeichnis C:\EIGENE DATEIEN kopiert.

Listing 3.35: Dateien kopieren

```
Sub DateiKopieren()
Dim fs As Object

    On Error GoTo fehler
    Set fs = CreateObject("Scripting.FileSystemObject")
    fs.CopyFile "C:\Katalog.xls", "c:\Eigene Dateien\"
    Exit Sub
```

```
fehler:
    MsgBox Err.Number & vbTab & Err.Description

End Sub
```

Erstellen Sie über die Methode `CreateObject` einen Verweis auf die Bibliothek MICROSOFT SCRIPTING RUNTIME. Diese Bibliothek enthält alle Befehle, die für solche Art von Aufgaben notwendig sind. Über die Methode `CopyFile` kopieren Sie die im ersten Argument angegebene Datei in das im zweiten Argument genannte Verzeichnis.

Sollen gleich mehrere Dateien, beispielsweise alle Excel-Mappen, von einem Verzeichnis in ein anderes kopiert werden, dann starten Sie das Makro aus Listing 3.36.

Listing 3.36: Mehrere Dateien kopieren

```
Sub DateienKopieren()
Dim fs As Object

    On Error GoTo fehler
    Set fs = CreateObject("Scripting.FileSystemObject")
    fs.CopyFile "C:\*.xls", "c:\Eigene Dateien\"
    Exit Sub

fehler:
    MsgBox Err.Number & vbTab & Err.Description

End Sub
```

Wie Sie sehen können Sie bei der Methode `CopyFile` auch sogenannte »WildCards«, also Platzhalter, anwenden.

3.5.2 Datei verschieben

Mithilfe der Methode `MoveFile` verschieben Sie eine oder mehrere Dateien von einem Ort an einen anderen. Die Syntax dieser Funktion lautet:

```
Objekt.MoveFile Quelle, Ziel
```

Tabelle 3.19: Die Argumente der Methode MoveFile

Teil	Beschreibung
`Objekt`	Erforderlich. Immer der Name eines `FileSystemObject`.
`Quelle`	Erforderlich. Der Pfad der zu verschiebenden Datei(en). Die Zeichenfolge des Arguments `Quelle` kann nur in der letzten Pfadkomponente Platzhalterzeichen enthalten.
`Ziel`	Erforderlich. Der Pfad zu dem Ort, an den die Datei(en) verschoben werden soll(en). Das Argument Ziel kann keine Platzhalterzeichen enthalten.

Da die Methode nicht nur für Access-Datenbanken durchgeführt werden kann, wird im folgenden Beispiel exemplarisch eine Excel-Arbeitsmappe verschoben. In der Prozedur aus Listing 3.37 wird die Datei KATALOG.XLS von einem Verzeichnis in ein anderes verschoben.

Listing 3.37: Eine Datei in einen anderen Ordner verschieben

```
Sub DateiVerschieben()
Dim fs As Object

     On Error GoTo fehler
     Set fs = CreateObject("Scripting.FileSystemObject")
    fs.MoveFile "C:\Katalog.xls", "c:\Eigene Dateien\"
    Exit Sub

fehler:
    MsgBox Err.Number & vbTab & Err.Description

End Sub
```

Auch hier können wieder mehrere Dateien von einem Verzeichnis in ein anderes verschoben werden, wie Sie in Listing 3.38 sehen.

Listing 3.38: Mehrere Dateien verschieben

```
Sub DateienVerschieben()
Dim fs As Object

    On Error GoTo fehler
    Set fs = CreateObject("Scripting.FileSystemObject")
    fs.MoveFile "C:\*.xls", "c:\Eigene Dateien\"
    Exit Sub

fehler:
    MsgBox Err.Number & vbTab & Err.Description

End Sub
```

3.5.3 Datei löschen

Über den Einsatz der Methode `DeleteFile` löschen Sie eine angegebene Datei. Die Syntax dieser Methode lautet:

```
Objekt.DeleteFile Dateispez[, erzwingen]
```

Tabelle 3.20: Die Argumente der Methode DeleteFile

Teil	Beschreibung
`Objekt`	Erforderlich. Immer der Name eines `FileSystemObject`.
`Dateispez`	Erforderlich. Der Name der zu löschenden Datei. Die `Dateispez` kann in der letzten Pfadkomponente Platzhalterzeichen enthalten.

Teil	Beschreibung
`Erzwingen`	Optional. Boolescher Wert, der `True` ist, wenn Dateien mit Schreibschutzattribut gelöscht werden sollen, bzw. der `False` ist (Voreinstellung), wenn sie nicht gelöscht werden sollen.

Tabelle 3.20: Die Argumente der Methode DeleteFile (Forts.)

Im Makro aus Listing 3.39 wird eine Datei ohne Rückfrage von der Festplatte entfernt.

Listing 3.39: Eine Datei ohne Rückfrage löschen

```
Sub DateiEntfernen()
Dim fs As Object

    On Error GoTo fehler
    Set fs = CreateObject("Scripting.FileSystemObject")
    fs.DeleteFile "c:\Katalog.xls"
    Exit Sub

fehler:
    MsgBox Err.Number & vbTab & Err.Description

End Sub
```

Geben Sie beim Einsatz der Methode `DeleteFile` den Namen sowie den Pfad der Datei an, die Sie löschen möchten.

Im folgenden Beispiel aus Listing 3.40 werden alle Dateien aus dem temporären Verzeichnis C:\WINDOWS\TEMP gelöscht.

Listing 3.40: Mehrere Dateien ohne Rückfrage löschen

```
Sub DateienEntfernen()
Dim fs As Object

    On Error GoTo fehler
    Set fs = CreateObject("Scripting.FileSystemObject")
    fs.DeleteFile "c:\Windows\Temp\*.*"
    Exit Sub

fehler:
    MsgBox Err.Number & vbTab & Err.Description

End Sub
```

3.5.4 Dateiexistenz prüfen

Mithilfe der Methode `FileExists` können Sie überprüfen, ob eine bestimmte Datei in einem Verzeichnis überhaupt existiert.

Im Beispiel aus Listing 3.41 wird überprüft, ob die Datei KATALOG.XLS im Verzeichnis C:\EIGENE DATEIEN vorhanden ist.

Listing 3.41: Prüfung durchführen, ob eine Datei existiert

```
Sub DateiDa()
    Dim fs As Object

    Set fs = CreateObject("Scripting.FileSystemObject")

    If fs.FileExists("c:\Eigene Dateien\Katalog.xls") = True Then
        MsgBox "Datei existiert!"
    Else
        MsgBox "Datei existiert nicht!"
    End If

End Sub
```

Die Methode `FileExists` meldet den Wert `True` zurück, wenn die Datei im angegebenen Verzeichnis gefunden werden kann.

3.5.5 Ordnerexistenz prüfen

Über den Einsatz der Methode `FolderExists` können Sie feststellen, ob ein Verzeichnis existiert. Die Methode gibt den Wert `True` zurück, wenn ein angegebener Ordner vorhanden ist, bzw. den Wert `False`, wenn dies nicht der Fall ist. Die Syntax dieser Methode lautet:

`Objekt.FolderExists(Ordnerspez)`

Tabelle 3.21: Die Argumente der Methode FolderExists

Teil	Beschreibung
`Objekt`	Erforderlich. Immer der Name eines `FileSystemObject`.
`Ordnerspez`	Erforderlich. Der Name des Ordners, von dem Sie wissen möchten, ob er existiert. Sie müssen eine (entweder absolute oder relative) vollständige Pfadangabe machen, wenn Sie davon ausgehen, dass der Ordner nicht im aktuellen Ordner vorhanden ist.

In der Prozedur aus Listing 3.42 wird überprüft, ob der Ordner C:\TEMP existiert.

Listing 3.42: Prüfung durchführen, ob Ordner existiert

```
Sub OrdnerDa()
Dim fs As Object

    Set fs = CreateObject("Scripting.FileSystemObject")

    If fs.FolderExists("c:\Temp") = True Then
        MsgBox "Ordner existiert!"
    Else
        MsgBox "Ordner existiert nicht!"
    End If

End Sub
```

3.5.6 Verzeichnis anlegen

Über die Methode `CreateFolder` können Sie ein neues Verzeichnis anlegen. In der Prozedur aus Listing 3.43 wird der neue Ordner KOPIE angelegt.

Listing 3.43: Einen neuen Ordner erstellen

```
Sub OrdnerErstellen()
Dim fs As Object

    On Error GoTo fehler
    Set fs = CreateObject("Scripting.FileSystemObject")
    fs.CreateFolder "c:\Kopie"
    Exit Sub

fehler:
    MsgBox Err.Number & vbTab & Err.Description
End Sub
```

Mithilfe der Methode `CreateFolder` legen Sie einen neuen Ordner an. Sollte der Ordner bereits existieren, dann wird die Fehlernummer 58 zurückgegeben, die Sie am Bildschirm in Verbindung mit der Fehlerbeschreibung ausgeben können.

3.5.7 Verzeichnis löschen

Die Methode `DeleteFolder` löscht einen angegebenen Ordner und seinen Inhalt. Die Syntax dieser Methode lautet:

```
Objekt.DeleteFolder Ordnerspez[, erzwingen]
```

Tabelle 3.22: Die Argumente der Methode DeleteFolder

Teil	Beschreibung
`Objekt`	Erforderlich. Immer der Name eines `FileSystemObject`.
`Ordnerspez`	Erforderlich. Der Name des zu löschenden Ordners. Die `Ordnerspez` kann in der letzten Pfadkomponente Platzhalterzeichen enthalten.
`Erzwingen`	Optional. Boolescher Wert, der `True` ist, wenn Ordner mit Schreibschutzattribut gelöscht werden sollen, bzw. der `False` ist (Voreinstellung), wenn sie nicht gelöscht werden sollen.

Im folgenden Beispiel aus Listing 3.44 wird der Ordner KOPIE ohne Rückfrage entfernt.

Listing 3.44: Einen Ordner entfernen

```
Sub OrdnerEntfernen()
Dim fs As Object

    On Error GoTo fehler
    Set fs = CreateObject("Scripting.FileSystemObject")
    fs.DeleteFolder "c:\Kopie"
    Exit Sub

fehler:
    MsgBox Err.Number & vbTab & Err.Description

End Sub
```

Über die Methode `DeleteFolder` können Sie einen Ordner von Ihrer Festplatte entfernen. Sollte der Ordner nicht gefunden werden, dann meldet die Eigenschaft `Number` des Objekts `Err` den Fehler 76 (Pfad nicht gefunden). Befinden sich Dateien im zu löschenden Ordner, dann werden diese automatisch ohne weitere Rückfrage gelöscht.

3.5.8 Ordner auflisten

Wenn Sie mit Verzeichnissen arbeiten, dann sollten Sie auch eine Makrolösung haben, die überprüft, ob in einem Verzeichnis weitere Unterverzeichnisse existieren. Diese Aufgabe können Sie beispielsweise über eine Funktion erledigen. Übergeben Sie dieser Funktion den Namen des Verzeichnisses, das Sie auslesen möchten, und schreiben Sie alle Namen der Unterverzeichnisse in den Direktbereich der Entwicklungsumgebung von Access. Sehen Sie sich dazu die Prozedur aus Listing 3.45 an.

Listing 3.45: Alle Unterordner des Verzeichnisses Windows listen

```
Function OrdnerDurchsuchen(strV As String) As Boolean
Dim fs As Object
Dim objOrdner As Object
Dim Ordner As Object
Dim intz As Integer

 intz = 0
    Set fs = CreateObject("Scripting.FileSystemObject")
    Set objOrdner = fs.GetFolder(strV)

    For Each Ordner In objOrdner.SubFolders
        Debug.Print "Ordner " & intz & ": " & Ordner.Name
        intz = intz + 1
    Next Ordner

    Set objOrdner = Nothing
    Set fs = Nothing
End Function
```

```
Sub VerzeichnisStrukturAuslesen()
Dim b As Boolean

    b = OrdnerDurchsuchen("c:\windows")

End Sub
```

Über die Prozedur `VerzeichnisstrukturAuslesen` wird die Funktion `OrdnerDuchsuchen` aufgerufen. Dabei wird das gewünschte Verzeichnis an die Funktion übergeben. Innerhalb der Funktion wird eine Schleife durchlaufen, in der jedes Unterverzeichnis ermittelt wird. Mit der Anweisung `Debug.Print` wird der Name des jeweiligen Unterverzeichnisses in den Direktbereich der Entwicklungsumgebung geschrieben.

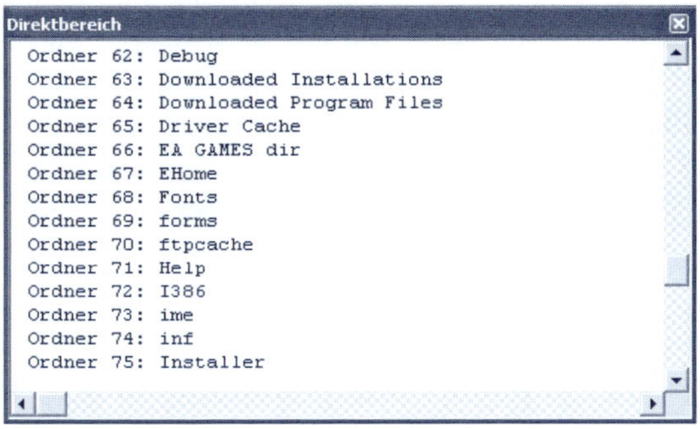

Abb. 3.14: Alle Unterordner von C:\Windows wurden ausgegeben.

3.5.9 Dateien auflisten

Möchten Sie alle Dateien eines Verzeichnisses ermitteln, dann erfassen Sie die Prozedur aus Listing 3.46.

Listing 3.46: Alle Dateien aus einem Ordner auflisten

```
Function OrdnerDurchsuchen2(strV As String) As Boolean
Dim fs As Object
Dim objOrdner As Object
Dim Datei As Object
Dim intz As Integer

    intz = 1
    Set fs = CreateObject("Scripting.FileSystemObject")
    Set objOrdner = fs.GetFolder(strV)

    For Each Datei In objOrdner.Files
        Debug.Print "Datei " & intz & ": " & Datei.Name
        intz = intz + 1
    Next Datei
```

```
    Set objOrdner = Nothing
    Set fs = Nothing
End Function


Sub DateienListen()
Dim b As Boolean

    b = OrdnerDurchsuchen2("c:\windows")

End Sub
```

Über die Prozedur `DateienListen` wird die Funktion `OrdnerDuchsuchen2` aufgerufen. Dabei wird das gewünschte Verzeichnis an die Funktion übergeben. Innerhalb der Funktion wird eine Schleife durchlaufen, in der jede Datei ermittelt wird. Mit der Anweisung `Debug.Print` wird der Name des jeweiligen Unterverzeichnisses in den Direktbereich der Entwicklungsumgebung geschrieben.

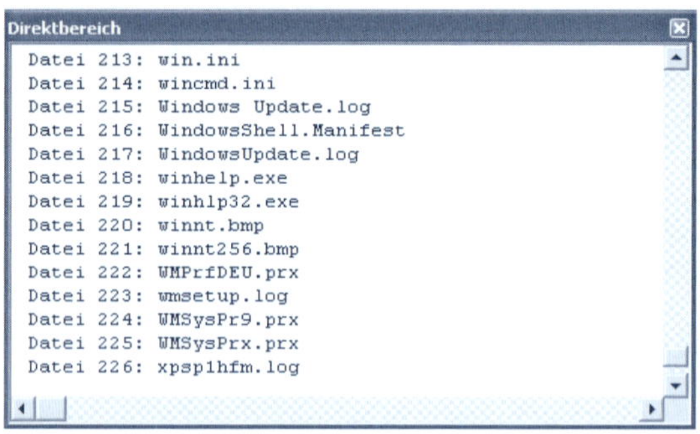

Abb. 3.15: Alle Dateien aus einem Verzeichnis werden ausgelesen.

3.5.10 Laufwerke auslesen

Möchten Sie Laufwerkstypen auslesen, dann können Sie dies über das Objekt `FileSystemObject` durchführen.

In der Prozedur aus Listing 3.47 werden alle Laufwerke Ihres Computers ausgelesen und deren Laufwerkstypen festgestellt.

Listing 3.47: Laufwerke auslesen und Typ bestimmen

```
Sub LaufwerkeAuslesen()
Dim fs As Object
Dim fsObj As Object
Dim strText As String

    On Error GoTo fehler
    Set fs = CreateObject("Scripting.FileSystemObject")
```

```
    For Each fsObj In fs.Drives

        Select Case fsObj.DriveType
            Case 1
                strText = "Disketten-Laufwerk/USB-Datenstick"

            Case 2
                strText = "Festplatte"

            Case 3
                strText = "Netzlaufwerk"

            Case 4
                strText = "CDROM-Laufwerk"

            Case 5
                strText = "RAM-Disk"

            Case Else
                strText = "nicht ermittelbar"

        End Select

        Debug.Print fsObj.DriveLetter & " ist ein(e) " & strText

    Next fsObj

Exit Sub

fehler:
    MsgBox Err.Number & vbTab & Err.Description

End Sub
```

Mithilfe der Auflistung `Drives`, in der alle Laufwerke Ihres PCs automatisch verzeichnet sind, können Sie mittels einer `For Each Next`-Schleife den Laufwerkstyp des jeweiligen Laufwerks über die Eigenschaft `DriveType` ermitteln. Dabei gelten folgende Zuordnungen.

Tabelle 3.23: Die DriveType-Eigenschaft im Überblick

Nummer	Beschreibung
1	Diskette, USB-Datenstick oder etwas ähnlich Auswechselbares
2	Festplatte (Fest eingebaut)
3	Netzlaufwerk
4	CD-ROM
5	RAM-Disk

Mithilfe der Eigenschaft `DriveLetter` können Sie den Laufwerksbuchstaben abfragen. Geben Sie diese beiden Informationen über die Anweisung `Debug.Print` im Direktfenster der Entwicklungsumgebung aus.

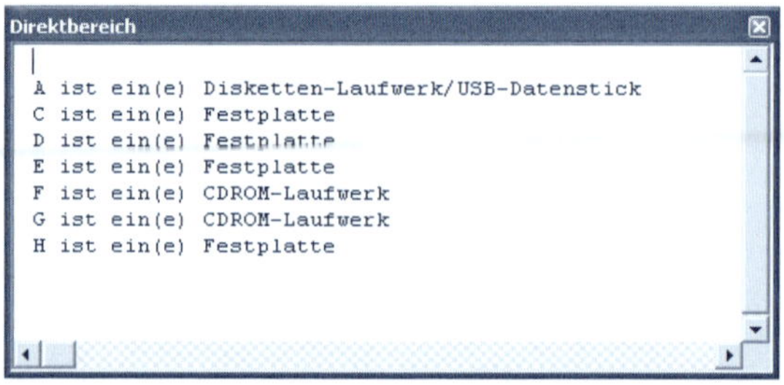

Abb. 3.16: Alle verfügbare Laufwerke wurden aufgelistet.

3.6 Das FileSearch-Objekt

VBA stellt mit dem `FileSearch`-Objekt ein sehr mächtiges Objekt für Suchfunktionen zur Verfügung.

Bevor Sie an das Programmieren dieser Aufgabe herangehen, binden Sie die Bibliothek MICROSOFT SCRIPTING RUNTIME in der Entwicklungsumgebung ein. Diese Bibliothek wird benötigt, um die Datumsinformationen der Datenbanken abzufragen. Das vorherige Einbinden einer zusätzlichen Bibliothek, um an zusätzliche Befehle zu kommen, wird übrigens in der Fachsprache als Early-Binding bezeichnet.

Beim nächsten Beispiel aus Listing 3.48 soll Ihre Festplatte nach Datenbanken abgesucht werden. Die Ergebnisse der Suche werden in das Direktfenster der Entwicklungsumgebung ausgegeben.

Das FileSearch-Objekt ist leider für Anwender der Version 2007 nicht mehr einsetzbar. Aus diesem Grund sehen Sie weiter unten im Kapitel eine für Access 2007 lauffähige Variante.

Listing 3.48: Alle Datenbanken suchen und dokumentieren

```
Function DB_Infos(FileName As Variant, DatNr As Integer) As String
Dim fso As Scripting.FileSystemObject

    Set fso = New Scripting.FileSystemObject

    With fso.GetFile(FileName)
        If DatNr = 1 Then DB_Infos = .Name
        If DatNr = 2 Then DB_Infos = .DateCreated
        If DatNr = 3 Then DB_Infos = .DateLastModified
        If DatNr = 4 Then DB_Infos = .Size
    End With

End Function
```

```
Sub DBsSuchen()
Dim VarFile As Variant

    With Application.FileSearch
        .NewSearch
        .LookIn = "c:\Programme\"
        .FileName = "*.mdb"
        .SearchSubFolders = True

        If .Execute() > 0 Then

            For Each VarFile In .FoundFiles

                Debug.Print VarFile
                Debug.Print DB_Infos(VarFile, 1)
                Debug.Print DB_Infos(VarFile, 2)
                Debug.Print DB_Infos(VarFile, 3)
                Debug.Print DB_Infos(VarFile, 4) & vbLf

            Next VarFile

        End If
    End With

End Sub
```

Über die Eigenschaft `Name` ermitteln Sie den Namen der jeweils gefundenen Datenbank.

Mithilfe der Eigenschaft `DateCreated` können Sie das Anlagedatum einer Datenbank bzw. auch eines Ordners ermitteln. Die Eigenschaft `DateLastModified` liefert Ihnen den genauen Zeitpunkt der letzten Änderung einer Datenbank. Die Eigenschaft `Size` liefert Ihnen die Größe der Datenbank in Byte.

Mithilfe des Objekts `FileSearch` kann nach bestimmten Dateien in Verzeichnissen gesucht werden. Dieses Objekt bietet einige Eigenschaften an, die angegeben werden können. Über die Eigenschaft `FileName` wird angegeben, nach welchen Dateien gesucht werden soll. Dabei kann die Endung von Access-Dateien (.mdb) mit einem Sternchen angegeben werden. Es können somit alle Access-Datenbanken gesucht und gefunden werden, egal, wie diese heißen. Über die Eigenschaft `LookIn` lässt sich festlegen, wo Access nach den Dateien suchen soll. Hier kann das Laufwerk sowie das Verzeichnis angegeben werden. Dabei darf man nicht den letzten Backslash nach dem Verzeichnisnamen vergessen, da Access hierauf empfindlich reagiert. Sollen noch darunterliegende Verzeichnisse durchsucht werden, dann kann dies über die Eigenschaft `SearchSubFolders` festgelegt werden. Diese Eigenschaft wird auf den Wert `True` gesetzt, wenn die angegebene Suche alle Unterordner im durch die LookIn-Eigenschaft angegebenen Ordner einschließen soll. Die Methode Execute führt die jetzt näher spezifizierte Suche anschließend aus.

Abb. 3.17: Alle verfügbaren Datenbanken werden aufgelistet.

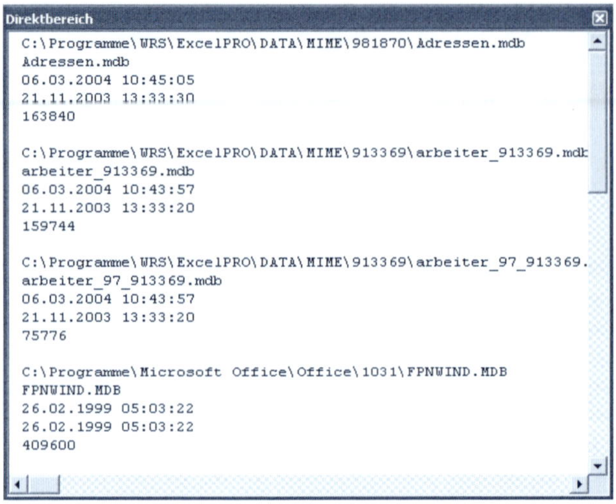

NEU

Sehen Sie jetzt im nachfolgenden Listing eine lauffähige Lösung für Access 2007.

Listing 3.49: Alle Datenbanken suchen und dokumentieren (Access 2007)

```
Sub DBsSuchen2007()
Dim fs As FileSystemObject
Dim fVerz As Folder
Dim fDatei As File
Dim fDateien As Files
Dim intz As Integer

    intz = 1
    Set fs = CreateObject("Scripting.FileSystemObject")
     'Folder-Objekt zum angebenen Suchordner
     Set fVerz = fs.GetFolder("C:\temp\")
     'Auflistung aller Dateien im Verzeichnis
      Set fDateien = fVerz.Files

      'Durchlaufe alle gefundenen Dateien
      For Each fDatei In fDateien
        If Right(fDatei.Name, 3) = "mdb" Then
        Debug.Print fDatei
        Debug.Print DB_Infos(fDatei, 1)
```

```
        Debug.Print DB_Infos(fDatei, 2)
        Debug.Print DB_Infos(fDatei, 3)
        Debug.Print DB_Infos(fDatei, 4) & vbLf
        Debug.Print "Datei " & intz & ": " & fDatei.Name
        intz = intz + 1
        End If
      Next fDatei

    Set fVerz = Nothing
    Set fs = Nothing

End Sub
```

3.7 Das CommandBar-Objekt

Alle Leisten (Menü- und Symbolleisten sowie Kontextmenüs) in Access werden durch das Objekt `CommandBars` beschrieben. Die einzelnen Leisten können Sie über die Eigenschaft `Type` unterscheiden; so liefert eine Symbolleiste den Index 0, eine Menüleiste den Index 1 und ein Kontextmenü den Index 2. Weiterhin können Leisten ganz gezielt über einen eindeutigen ID-Wert angesprochen werden.

3.7.1 Leisten identifizieren

Die nächsten Seiten sind für Anwender der Access-Versionen 2000–2003 von Interesse. In der neuesten Version wurden die Leisten durch die Ribbons ersetzt. Diese Ribbons werden auf Basis von XML-Scripts erstellt und sind nicht Thema dieses Buchs. Wenn Sie sich für dieses Thema interessieren, dann kann ich Ihnen mein Codebook oder das Access-VBA-Kompendium empfehlen.

Die folgende Prozedur aus Listing 3.50 schreibt alle Leisten von Access mit deren eindeutigem ID-Wert, Namen und Typ in den Direktbereich.

Listing 3.50: Leisten identifizieren

```
Sub LeistenIdentifizieren()
Dim intZ As Integer
Dim strText As String

 For intZ = 1 To CommandBars.Count

  Select Case CommandBars(intZ).Type

   Case 0
      strText = "Symbolleiste"

   Case 1
      strText = "Menüleiste"
```

```
    Case 2
       strText = "Kontextmenü"

    Case Else
       strText = "nicht ermittelbar"

    End Select

    Debug.Print intZ & " --> " & _
    CommandBars(intZ).Name & " --> " & strText

  Next intZ

End Sub
```

Ermitteln Sie im ersten Schritt alle vorhandenen Leisten von Access, indem Sie diese mithilfe der Methode Count zählen. Über die Eigenschaft Type geben Sie die Art der Befehlsleiste zurück. Entnehmen Sie die möglichen Konstanten bzw. Indexwerte Tabelle 3.24.

Tabelle 3.24: Die möglichen Typen von Leisten in Access

Index	**Konstante**	**Befehlsleiste**
0	msoBarTypeNormal	Symbolleiste
1	msoBarTypeMenuBar	Menüleiste
2	msoBarTypePopup	Kontextmenü

Mit der Eigenschaft Name ermitteln Sie den Namen der Befehlsleiste. Den eindeutigen Index haben Sie bereits durch das Hochzählen der Variablen intz herausgefunden. Über die Anweisung Debug.Print geben Sie alle Informationen über die vorhandenen Befehlsleisten im Direktbereich aus.

3.7.2 Symbolleiste ein- und ausblenden

In der folgenden Prozedur aus Listing 3.51 blenden Sie die Symbolleiste DATENBANK ein.

Listing 3.51: Eine Symbolleiste ein- bzw. ausblenden

```
Sub SymbolleisteDatenbankAnzeigen()

 'Einblenden
 Application.CommandBars("Database").Visible = True

 'Ausblenden
 'Application.CommandBars("Database").Visible = False

End Sub
```

Mithilfe der Eigenschaft Visible können Sie Symbolleiste ein- und ausblenden. Setzen Sie diese Eigenschaft auf den Wert True, wenn Sie eine Symbolleiste einblenden möchten. Verwenden Sie den Wert False, um eine Symbolleiste auszublenden.

3.7.3 Symbolleisten-IDs ermitteln

Jede einzelne Symbolschaltfläche in Access hat eine eindeutige ID, über die Sie die Symbolschaltfläche ansprechen können. Wie aber können Sie genau diese ID in Access ermitteln? In der Prozedur aus Listing 3.52 werden alle Symbole der Symbolleiste DATENBANK mit ihrem Namen und ihrem eindeutigen Menü in den Direktbereich geschrieben.

Listing 3.52: Symbol-IDs auflisten

```
Sub SymbolIDsAuflisten()
Dim intz As Integer
Dim Cmd As CommandBar

Set Cmd = Application.CommandBars("Database")

  For intz = 1 To Cmd.Controls.Count

    Debug.Print Cmd.Controls(intz).Caption & " --> " & _
                Cmd.Controls(intz).Id

  Next intz

End Sub
```

Deklarieren Sie im ersten Schritt eine Objektvariable vom Typ `CommandBar`. Danach geben Sie über die Anweisung `Set` den Namen der Symbolleiste bekannt, die Sie bearbeiten möchten. In einer `For each next`-Schleife durchlaufen Sie alle Symbole der Symbolleiste, ermitteln die Beschriftung der Symbolleiste, die standardmäßig nicht angezeigt wird, über die Eigenschaft `Caption` und geben diese über die Anweisung `Debug.Print` im Direktfenster der Entwicklungsumgebung aus. Mithilfe der Eigenschaft `ID` kann das einzelne Symbol direkt angesprochen und identifiziert werden.

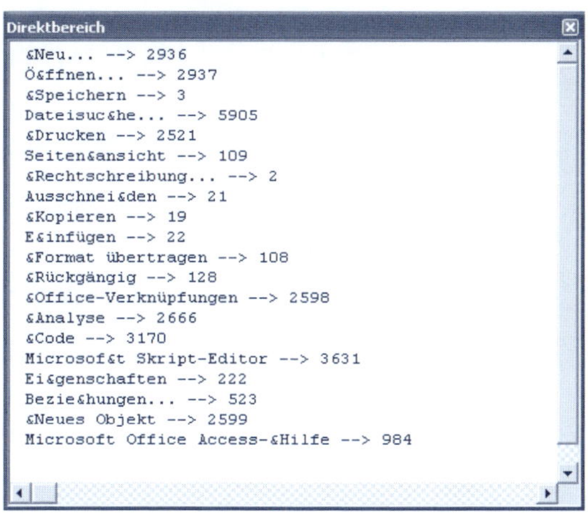

Abb. 3.18: Die Symbol-IDs wurden ausgelesen.

3.7.4 Leisten und Befehle ermitteln

Im nächsten Listing 3.53 schreiben Sie die Namen aller Leisten und ihrer dazugehörigen Befehle in den Direktbereich.

Listing 3.53: Menü- und Symbolleisten auflisten

```
Sub CommandBarsAuflisten()
Dim intz As Integer
Dim intSz As Integer
Dim Cmd As Object

Set Cmd = Application.CommandBars

 For intz = 1 To Cmd.Count

  Debug.Print "Das ist die Leiste: " & Cmd(intz).Name

  For intSz = 1 To Cmd(intz).Controls.Count
    Debug.Print Cmd(intz).Controls(intSz).Caption
  Next intSz

  Debug.Print vbLf
 Next intz

End Sub
```

Im Auflistungsobjekt `CommandBars` sind alle Leisten automatisch verzeichnet. In einer Schleife arbeiten Sie nacheinander eine Leiste nach der anderen ab, indem Sie über die Funktion `Count` die Anzahl der insgesamt zur Verfügung stehenden Leisten ermitteln.

In einer weiteren Schleife durchlaufen Sie alle Befehle der jeweiligen Leiste und ermitteln die Befehlsbeschriftung über die Eigenschaft `Caption`.

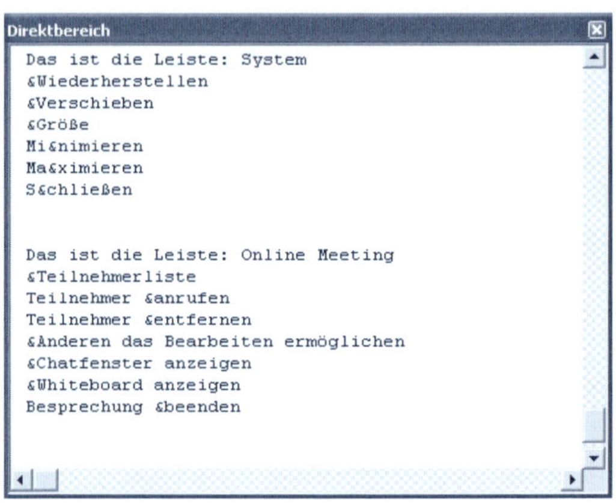

Abb. 3.19: Alle Befehle aus Menü- und Symbolleisten

3.7.5 Neue Symbolleiste erstellen

Wenn Sie Ihre eigene Symbolleiste anlegen möchten, mit den für Sie wichtigen Funktionen, dann können Sie eine Symbolleiste zuerst anlegen und später mit den gewünschten Symbolen belegen. Im ersten Schritt legen Sie nun eine neue, noch leere Symbolleiste an. Den Code für diese Aufgabe entnehmen Sie Listing 3.54.

Listing 3.54: Eine neue, noch leere Symbolleiste anlegen

```
Sub NeueSymbolleisteAnlegen()
Dim cmd As CommandBar

 On Error Resume Next
 Set cmd = CommandBars.Add("Neue Symbolleiste")

 With cmd
  .Visible = True
  .Top = 400
  .Left = 70
 End With

End Sub
```

Deklarieren Sie im ersten Schritt eine Objektvariable vom Typ `CommandBar`. Mit der Methode `Add` fügen Sie eine neue Symbolleiste ein und weisen diese der Objektvariablen über die Anweisung `Set` zu. Dabei bestimmen Sie über die Eigenschaft `Visible`, dass die Symbolleiste auf dem Bildschirm angezeigt wird. Mit den Eigenschaften `Top` und `Left` legen Sie die exakte Anzeigeposition (linke obere Ecke) fest. Sollte die Symbolleiste bereits angelegt worden sein, sorgt die Anweisung `On Error Resume Next` dafür, dass es zu keinem Makrofehler kommt. Die Methode `Add` wird in diesem Fall einfach ignoriert.

3.7.6 Symbolleiste löschen

Um eine Symbolleiste zu löschen, setzen Sie die Methode `Delete` aus Listing 3.55 ein. Sehen Sie sich dazu wieder die Anweisung `On Error Resume Next` an, die einen Makrofehler verhindert, wenn versucht wird, die bereits gelöschte Symbolleiste beispielsweise erneut zu löschen.

Listing 3.55: Eine Symbolleiste löschen

```
Sub SymbolleisteLöschen()
On Error Resume Next

 Application.CommandBars("Neue Symbolleiste").Delete

End Sub
```

3.7.7 Symbolschaltflächen-FaceIDs ermitteln

Im nächsten Schritt sollten Sie die noch leere Symbolleiste mit Ihren Wunschsymbolen befüllen. Jede einzelne Symbolschaltfläche in Access hat eine eindeutige ID, über die Sie die Symbolschaltfläche ansprechen können. Mit dieser ID ist eine eindeutige Funktion hinterlegt.

Neben der ID gibt es auch noch die sogenannte `FaceId`. Diese `FaceId` ist ebenso eindeutig und gibt das Aussehen des Symbols wieder.

Wie aber können Sie genau diese `FaceId` in Access ermitteln? In der folgenden Aufgabe aus Listing 3.56 werden Sie die ersten 1000 Symbole in eine eigene Symbolleiste einfügen.

Listing 3.56: Die FaceIds auslesen

```
Sub FaceIDsAuslesen()
Dim cmd As CommandBar
Dim cmdctrl As CommandBarControl
Dim intz As Integer

Set cmd = CommandBars.Add("FACEIDS")

For intz = 1 To 1000

 Set cmdctrl = cmd.Controls.Add(msoControlButton)

 With cmdctrl
  .FaceId = intz
  .TooltipText = intz
 End With

Next intz

cmd.Visible = True

End Sub
```

Deklarieren Sie im ersten Schritt zwei Objektvariablen: Die Objektvariable `cmd` repräsentiert später die neue Symbolleiste. Über die Objektvariable `cmdCtrl` werden später die einzelnen Symbole in die Symbolleiste eingefügt. Über die Methode `Add` wird eine neue Symbolleiste eingefügt und benannt. Danach wird eine Schleife aufgesetzt, die genau 1000 Mal durchlaufen wird. Innerhalb der Schleife wenden Sie die Methode `Add` an, um die einzelnen Symbole einzufügen. Über die Eigenschaft `FaceId` wird das Aussehen des Symbols bestimmt. Mithilfe der Eigenschaft `ToolTipText` können Sie diese eindeutige Nummer als Quickinfo ausgeben.

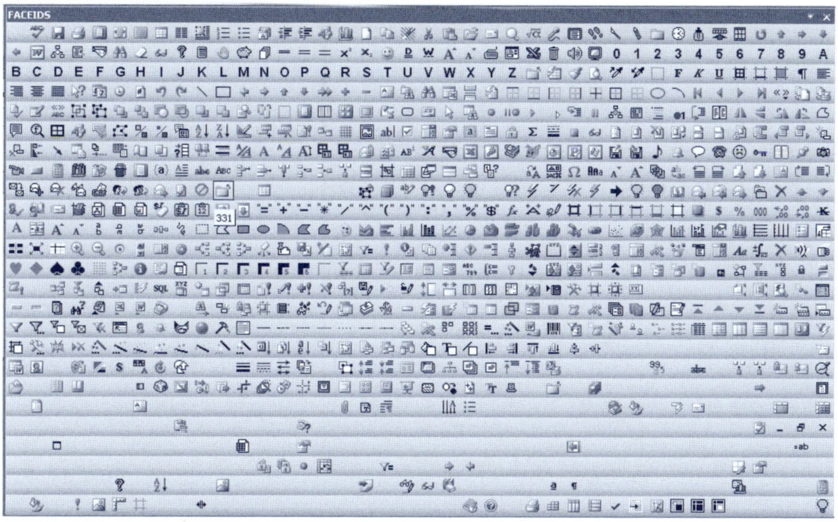

Abb. 3.20: Die Schaltflächen-Bildnummern werden ermittelt.

3.7.8 Symbolschaltflächen-IDs ermitteln

Sie haben nun das Aussehen der einzelnen Symbole über die `FaceId` herausgefunden. Es fehlt Ihnen nun noch die ID der einzelnen Symbole, die die Funktion der Symbolschaltfläche festlegt.

Im folgenden Beispiel aus Listing 3.57 wird die Symbolleiste DATENBANK untersucht. Alle IDs der Symbole dieser Schaltfläche werden in den Direktbereich geschrieben.

Listing 3.57: Die eindeutigen IDs der Symbole ermitteln

```
Sub IDsErmitteln()
Dim cmd As CommandBar
Dim cmdctrl As CommandBarControl

On Error Resume Next
Set cmd = Application.CommandBars("Database")

 For Each cmdctrl In cmd.Controls

     Debug.Print cmdctrl.TooltipText & " --> " & cmdctrl.Id

 Next cmdctrl

End Sub
```

Mithilfe der Eigenschaft `ToolTipText` können Sie die QuickInfo der einzelnen Symbole der Symbolleiste DATENBANK ermitteln. Mit der Eigenschaft `ID` ist die Aktion gemeint, die ausgeführt wird, wenn Sie die eine Symbolschaltfläche anklicken.

Abb. 3.21: Alle IDs der Symbolleiste Datenbank werden ermittelt.

3.7.9 Symbolschaltflächen einfügen

Da Sie nun alle erforderlichen Informationen haben, um die noch leere Symbolleiste mit den gewünschten Symbolen auszustatten, gehen Sie ans Werk.

Die Symbolleiste soll folgende Symbole enthalten:

- Das SPEICHERN-Symbol
- Das NEU-Symbol
- Das ÖFFNEN-Symbol
- Ein benutzerdefiniertes Symbol, dem Sie ein eigenes Makro zuweisen

In der Prozedur aus Listing 3.58 wird die Symbolleiste NEUE SYMBOLLEISTE angelegt und die gerade beschriebenen Funktionen werden integriert.

Listing 3.58: Eine Symbolleiste mit Symbolen bestücken

```
Sub SymbolleisteEinfügenUndFüllen()
Dim cmd As CommandBar
Dim cmdctrl As CommandBarControl

On Error GoTo fehler
Set cmd = CommandBars.Add("Neue Symbolleiste")

'Speichern-Symbol einfügen
Set cmdctrl = cmd.Controls.Add(msoControlButton, 3)

'Symbol Neu einfügen
Set cmdctrl = cmd.Controls.Add(msoControlButton, 2936)
```

```
'Symbol Öffnen einfügen
Set cmdctrl = cmd.Controls.Add(msoControlButton, 2937)

'Benutzerdefiniertes Symbol einfügen
Set cmdctrl = cmd.Controls.Add(msoControlButton)

With cmdctrl
  .FaceId = 125
  .TooltipText = "Aktuelles Datum"
  .OnAction = "DatumAusgeben"
End With

Set cmd = Nothing
Set cmdctrl = Nothing
Exit Sub

fehler:
  MsgBox Err.Number & " " & Err.Description

End Sub
```

Geben Sie in der Anweisung Set im Zusammenspiel mit der Methode Add an, um die neue Symbolleiste anzulegen, in welche Symbolleiste Sie die Symbole einfügen möchten. Danach fügen Sie mit der Methode Add die einzelnen Symbole ein. Wenn Sie dabei auf bereits fertige Funktionen von Access zurückgreifen möchten, genügt es, wenn Sie bei der Methode Add die dazugehörige ID mit angeben, die Sie vorher bereits über die Prozedur aus Listing 3.57 ermittelt haben. Damit werden das Aussehen sowie die dazugehörige QuickInfo, die die Beschreibung der Funktion enthält, automatisch mit angelegt.

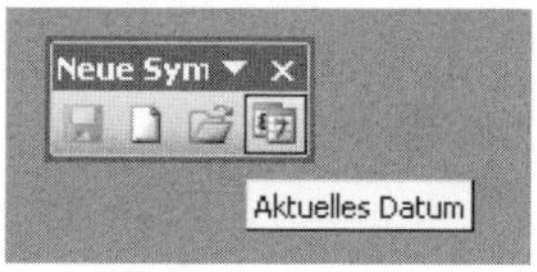

Abb. 3.22: Die neue Symbolleiste mit den vier Symbolen wurde angelegt.

Bei eigenen Symbolen müssen Sie die Eigenschaft FaceId einsetzen, um das Aussehen des Symbols festzulegen. Um eine QuickInfo zu definieren, die angezeigt werden soll, sobald der Anwender den Mauszeiger auf dem Symbol positioniert, setzen Sie die Eigenschaft ToolTipText ein. Damit überhaupt etwas passiert, wenn der Anwender auf das benutzerdefinierte Symbol klickt, legen Sie über die Eigenschaft OnAction fest, welche Prozedur beim Klick auf das Symbol ausgeführt werden soll. Sie müssen zu diesem Zweck die zuzuweisende Prozedur noch erfassen. Diese Prozedur sehen Sie in Listing 3.59.

Listing 3.59: Das aktuelle Tagesdatum ausgeben

```
Sub DatumAusgeben()

  MsgBox "Heute ist der " & Date, vbInformation

End Sub
```

3.7.10 Symbolleisten schützen

Sie können Symbolleisten jederzeit anpassen, d.h. neue Symbole in die Symbolleiste aufnehmen oder Symbole aus den Leisten herausnehmen. Des Weiteren können Sie die Position von Symbolleisten auf dem Bildschirm frei bestimmen. Möchten Sie all dies verhindern, so haben Sie die Möglichkeit, Ihre Symbolleisten zu schützen.

In der Prozedur aus Listing 3.60 wird die Symbolleiste DATENBANK geschützt.

Listing 3.60: Eine Symbolleiste schützen

```
Sub SymbolleisteSchützen()

 With Application.CommandBars("Database")

    .Protection = msoBarNoChangeVisible + msoBarNoCustomize
    .Visible = True

 End With

End Sub
```

Setzen Sie die Eigenschaft `Protection` ein, um Ihre Symbolleisten zu schützen. Die Konstante `msoBarNoChangeVisible` bewirkt, dass die Symbolleiste nicht im Kontextmenü erscheint, wenn Sie eine beliebige Symbolleiste mit der rechten Maustaste anklicken. Die Konstante `msoBarNoCustomize` verhindert ein Anpassen der Symbolleiste. Sie haben dadurch keine Möglichkeit, neue Symbole hinzuzufügen bzw. Symbole aus der Symbolleiste herauszunehmen.

Entnehmen Sie Tabelle 3.25 die Möglichkeiten, die Sie mit der Eigenschaft `Protection` haben.

Tabelle 3.25: Die Möglichkeiten zum Schutz von Symbolleisten

Konstante	Bedeutung
`msoBarNoChangeDock`	Die Symbolleiste kann nicht aus Ihrer Verankerung herausgelöst werden.
`msoBarNoChangeVisible`	Die Symbolleiste können Sie weder im Kontextmenü der Symbolleisten noch im Dialogfeld ANPASSEN sehen.

Tabelle 3.25: Die Möglichkeiten zum Schutz von Symbolleisten (Forts.)

Konstante	Bedeutung
msoBarNoCustomize	Kein Hinzufügen bzw. Löschen von Symbolen aus der Symbolleiste. Auch kein Verschieben der Symbole ist möglich.
msoBarNoHorizontalDock	Die Symbolleiste kann weder am oberen noch am unteren Bildschirm angedockt werden.
msoBarNoVerticalDock	Die Symbolleiste kann weder rechts noch links am Bildschirm angedockt werden.
msoBarNoMove	Die Symbolleiste kann nicht auf dem Bildschirm frei bewegt werden.
msoBarNoResize	Die Symbolleiste kann in Ihrer Form nicht verändert werden.

Heben Sie den Schutz wieder auf, indem Sie das folgende Makro aus Listing 3.61 starten.

Listing 3.61: Symbolleistenschutz wieder aufheben

```
Sub SymbolleistenschutzAufheben()

 With Application.CommandBars("Database")

     .Protection = False
     .Visible = True

 End With

End Sub
```

Setzen Sie die Eigenschaft `Protection` auf den Wert `False`, um den Schutz der Symbolleiste wieder aufzuheben.

3.7.11 Symbolschaltflächen (de)aktivieren

Sie können in Access auch bestimmte Symbolschaltflächen deaktivieren und bei Bedarf wieder aktivieren. Dies empfiehlt sich u.a., wenn Sie auf bestimmte Anlässe in Access reagieren möchten. So können Sie z.B. eine Symbolschaltfläche standardmäßig deaktivieren und erst dann aktivieren, wenn Sie z.B. eine Kopieraktion durchführen. So sind Sie in der Lage, am Status eines Symbols abzulesen, ob Sie sich gerade im Kopiermodus befinden.

In der nächsten Aufgabe werden Sie zwei Symbole aus der Symbolleiste NEUE SYMBOLLEISTE deaktivieren. Es handelt sich um die Symbole SPEICHERN und NEU. Starten Sie für diese Aufgabe die Prozedur aus Listing 3.62.

Listing 3.62: Bestimmte Symbole deaktivieren

```
Sub DeaktivierenSymbole()
Dim cmd As CommandBar

 Set cmd = CommandBars("Neue Symbolleiste")

 cmd.Visible = True

 With cmd
   .Controls(1).Enabled = False
   .Controls(2).Enabled = False
 End With

End Sub
```

Die Deaktivierung einzelner Symbole bewirkt, dass diese abgeblendet dargestellt werden. Wenn Sie auf eines dieser Symbole klicken, erfolgt keine Reaktion. Damit Sie das richtige Symbol deaktivieren, arbeiten Sie am besten über die eindeutige ID. Geben Sie vorher an, in welcher Symbolleiste Sie das gewünschte Symbol deaktivieren möchten, und deaktivieren Sie es schließlich, indem Sie die Eigenschaft `Enabled` auf den Wert `False` setzen.

3.7.12 Neues Menü einfügen

In der nächsten Aufgabe soll ein zusätzliches Menü genau vor dem HILFE-Menü eingefügt werden, das ein paar nützliche Funktionen aufnehmen soll. Denken Sie daran, dass Sie vorher die Bibliothek MICROSOFT OFFICE 11 OBJECT LIBRARY in Ihrer Entwicklungsumgebung einbinden.

Den dazu notwendigen Code können Sie aus Listing 3.63 entnehmen.

Listing 3.63: Ein neues Menü wird eingefügt.

```
Sub NeuesMenüEinfügen()
Dim intz As Integer
Dim intPosHilfe As Integer
Dim cmdctrl As CommandBarControl

On Error GoTo fehler
 intz = Application.CommandBars("Menu Bar").Controls.Count
 intPosHilfe = Application.CommandBars _
("Menu Bar").Controls(intz).Index

 Set cmdctrl = Application.CommandBars("Menu Bar"). _
 Controls.Add(Type:=msoControlPopup, Before:=intPosHilfe, _
 Temporary:=True)
 cmdctrl.Caption = "&Eigene Funktionen"

 Set cmdctrl = Nothing
 Exit Sub
```

```
fehler:
  MsgBox Err.Number & " " & Err.Description

End Sub
```

Definieren Sie im ersten Schritt zwei Integer-Variablen, die zum einen die Anzahl der Menüs ermitteln, die momentan in der Menüleiste eingebunden sind, und zum anderen die Position des Hilfemenüs ermitteln. Eine weitere Objektvariable vom Typ `CommandBarControl` wird gebraucht, um den neuen Menüpunkt einzufügen. Über die Methode `Count` zählen Sie die Anzahl der Menüs in der Menüleiste und speichern Sie in der Variablen `intz`. Im nächsten Schritt ermitteln Sie die Position des HILFE-Menüs, das standardmäßig ganz rechts in der Arbeitsblatt-Menüleiste steht. Die Menüleiste können Sie über das Objekt `CommandBars("Menu Bar")` ansprechen. Über die Eigenschaft `Controls` bekommen Sie alle Steuerelemente der angegebenen Menüleiste angezeigt.

Mithilfe der Methode `Add` fügen Sie ein neues Menü ein. Die Methode `Add` hat die Syntax:

```
Add(Typ, Id, Vor, Temporär)
```

Beim Argument `Typ` geben Sie an, um welche Art von Steuerelement es sich dabei handeln soll. Zur Auswahl stehen die Konstanten aus der folgenden Tabelle.

Tabelle 3.26: Alle möglichen Konstanten für Steuerelemente in Menüleisten

Konstante	Beschreibung
msoControlButton	Fügt ein Schaltflächenelement ein.
msoControlEdit	Fügt ein Eingabefeld ein.
msoControlDropdown	Fügt ein Drop-down-Feld ein.
msoControlComboBox	Fügt ebenso ein Drop-down-Feld ein.
msoControlPopup	Fügt ein Drop-down-Menü ein.

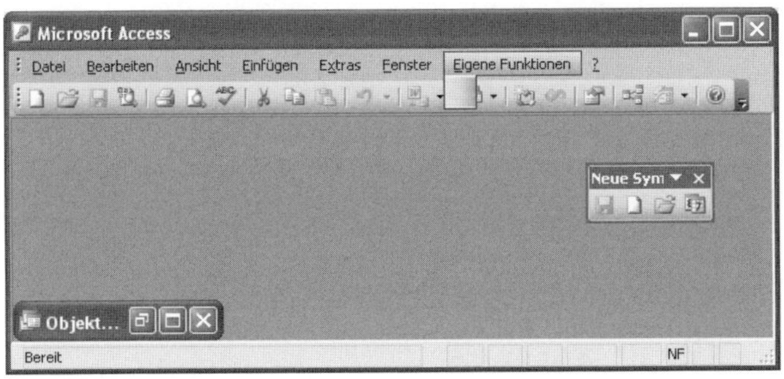

Abb. 3.23: Ein neues Menü wurde eingefügt.

Beim Argument ID können Sie sich entscheiden, ob Sie zusätzlich zum Menütext auch noch ein Symbol anzeigen möchten. Dieses Argument funktioniert jedoch nur innerhalb eines Menüs, also für einen Menübefehl. Mit dem Argument Vor legen Sie die genaue Position des Menüs fest. Übergeben Sie dem Argument die vorher ermittelte Position des Hilfe-Menüs. Setzen Sie das letzte Argument Temporär auf den Wert True, wenn das neue Steuerelement temporär sein soll. Temporäre Steuerelemente werden automatisch gelöscht, wenn die Containeranwendung geschlossen wird.

3.7.13 Menüleiste zurücksetzen

Haben Sie ein wenig mit Ihrer Menüleiste herumexperimentiert und möchten Sie diese ganz schnell wieder auf ihren ursprünglichen Zustand zurücksetzen, dann starten Sie die Prozedur aus Listing 3.64.

Listing 3.64: Eine Menüleiste zurücksetzen

```
Sub MenüLeisteZurücksetzen()

On Error Resume Next
 Application.CommandBars("Menu Bar").Reset

End Sub
```

Die Methode Reset setzt die angegebene, integrierte Befehlsleiste auf die Standardkonfiguration der Steuerelemente zurück.

3.7.14 Menü löschen

Wenn Sie noch weitere zusätzliche Menüs in Ihrer Menüleiste haben, dann macht es keinen Sinn, die komplette Menüleiste zurückzusetzen. Manche Hersteller von Access-Tools integrieren ebenso weitere Menüs bzw. Menüunterpunkte in die Menüleiste von Access. Für den Fall, dass Sie nun die Methode Reset einsetzen, sind auch diese erwünschten Einträge weg. In diesem Fall müssen Sie ganz gezielt Ihr eigenes Menü herauslöschen. Sehen Sie sich dazu die Prozedur aus Listing 3.65 an.

Listing 3.65: Menü löschen

```
Sub MenüLöschen()

On Error Resume Next
 Application.CommandBars("Menu Bar").Controls _
("Eigene Funktionen").Delete

End Sub
```

Wenden Sie die Methode Delete an, um das neu eingefügte Menü wieder zu löschen.

3.7.15 Menübefehle einfügen

Das gerade eingefügte Menü enthält noch keine Menübefehle. Diese fügen Sie jetzt ein. Erweitern Sie die vorher bereits erfasste Prozedur aus Listing 3.63 wie folgt:

Listing 3.66: Ein Menü mit Befehlen bestücken

```
Sub NeuesMenüEinfügen()
Dim intz As Integer
Dim intPosHilfe As Integer
Dim cmdctrl As CommandBarControl
Dim cmdctrl2 As CommandBarControl

On Error GoTo fehler
 intz = Application.CommandBars("Menu Bar").Controls.Count
 intPosHilfe = Application.CommandBars _
("Menu Bar").Controls(intz).Index

 Set cmdctrl = Application.CommandBars("Menu Bar"). _
 Controls.Add(Type:=msoControlPopup, Before:=intPosHilfe,
Temporary:=True)
 cmdctrl.Caption = "&Eigene Funktionen"

 Set cmdctrl2 = cmdctrl.Controls.Add(Type:=msoControlButton)

    With cmdctrl2
        .Caption = "Speicherort der Datei anzeigen"
        .Style = msoButtonIconAndCaption
        .OnAction = "Verzeichniszurückgeben"
        .FaceId = 23
    End With

     Set cmdctrl2 = cmdctrl.Controls.Add(Type:=msoControlButton)

    With cmdctrl2
        .Caption = "Wo&chentag, Datum und Uhrzeit anzeigen"
        .Style = msoButtonCaption
        .OnAction = "DatumUndUhrzeit"
        .BeginGroup = True
    End With

 Set cmdctrl2 = Nothing
 Set cmdctrl = Nothing
 Exit Sub

fehler:
  MsgBox Err.Number & " " & Err.Description
End Sub
```

Für die Menübefehle im Menü EIGENE FUNKTIONEN benötigen Sie eine weitere Objektvariable vom Typ `CommandBarControl`. Wenden Sie die Methode `Add` auf das neu eingefügte Menü an, um nun die einzelnen Menübefehle hinzuzufügen. Mit der Anweisung `With` legen Sie übersichtlich weitere Eigenschaften der neuen Menübefehle fest.

Mit der Eigenschaft `Caption` bestimmen Sie die Beschriftung des Menübefehls. Verwenden Sie das kaufmännische Zeichen &, um den Shortcut für diesen Befehl festzulegen. Ist das Menü einmal aktiviert, können Sie durch die Eingabe des unterstrichenen Buchstabens innerhalb des Menübefehls die dahinter liegende Funktion bzw. die Prozedur starten.

Abb. 3.24: Das neue Menü wurde mit Befehlen bestückt.

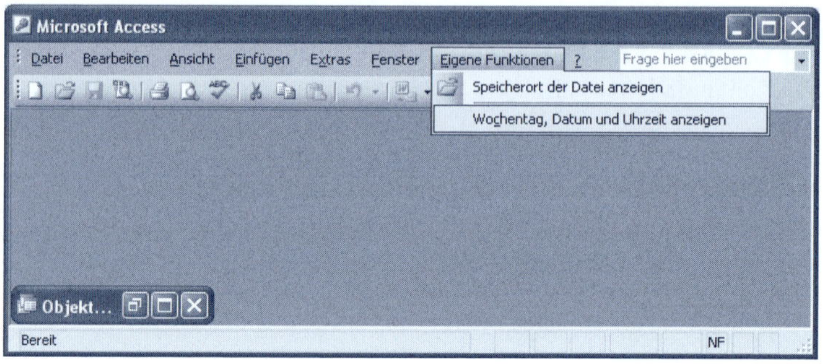

HINWEIS: Über die Eigenschaft `FaceId` können Sie dem Menübefehl auch noch ein Symbol hinzufügen. Allerdings muss dabei dann die Eigenschaft `Styles` mit der Konstante `msoButtonIconAndCaption` angegeben werden.

Standardfunktionen einsetzen

In diesem Kapitel lernen Sie typische VBA-Funktionen kennen, die Sie nicht nur in Access, sondern auch in allen anderen Office-Anwendungen von Microsoft einsetzen können.

4.1 Die wichtigsten Textfunktionen

Zu Beginn des Kapitels werden einige Textfunktionen vorgestellt, die dann wichtig sind, wenn Sie Texte verarbeiten müssen. Dabei reicht die Palette von einfachen Konvertierungen, über Zeichenfolgenvergleiche bis hin zum komplexen Umformatieren von Texten.

4.1.1 Zahlen in Buchstaben wandeln

Über die Funktion `Chr` können Sie unter anderem Zahlen in Buchstaben umwandeln. Ansonsten kann man über diese Funktion die Zeichen ermitteln, die hinter dem jeweiligen ASCII-Code stecken.

```
Chr(Zeichencode)
```

Das erforderliche Argument `Zeichencode` ist ein Wert vom Typ `Long`, der ein Zeichen festlegt.

Im folgenden Beispiel aus Listing 4.1 werden mithilfe der Funktion `Chr` aus Zahlen Buchstaben gewonnen und in den Direktbereich geschrieben.

Listing 4.1: Aus Zahlen Buchstaben gewinnen

```
Sub AusZahlenBuchstabenErzeugen()
Dim intz As Integer

For intz = 65 To 90

   Debug.Print Chr(intz)

Next intz

End Sub
```

Übergeben Sie an die Funktion `Chr` einen Zahlenwert zwischen 65 und 90, um die einzelnen Buchstaben des Alphabets auszugeben.

Abb. 4.1: Aus Zahlenwerten Buchstaben erzeugen

4.1.2 Position eines Zeichens ermitteln (von links)

Über die Funktion `InStr` können Sie einen Wert vom Typ `Variant` (`Long`) zurückgeben, der die Position des ersten Auftretens einer Zeichenfolge innerhalb einer anderen Zeichenfolge angibt.

```
InStr([Start, ]Zeichenfolge1, Zeichenfolge2[, Vergleich])
```

Die Syntax der `InStr`-Funktion verwendet die folgenden Argumente:

Tabelle 4.1: Die Argumente der Funktion InStr

Teil	Beschreibung
`Start`	Optional. Numerischer Ausdruck, der die Startposition für die Suche festlegt. Wird `Start` nicht angegeben, so beginnt die Suche mit dem ersten Zeichen in der Zeichenfolge. Wenn Start den Wert Null enthält, tritt ein Fehler auf. Bei Angabe von Vergleich muss auch das Argument `Start` angegeben werden.

Teil	Beschreibung
`Zeichenfolge1`	Erforderlich. Durchsuchter Zeichenfolgenausdruck.
`Zeichenfolge2`	Erforderlich. Gesuchter Zeichenfolgenausdruck.
`Vergleich`	Optional. Legt die Art des Zeichenfolgenvergleichs fest. Der Wert Null für `Vergleich` führt zu einem Fehler.

Tabelle 4.1: Die Argumente der Funktion InStr (Forts.)

Im folgenden Beispiel aus Listing 4.2 wird geprüft, ob es sich um eine gültige E-Mail-Adresse handelt.

Listing 4.2: Das Zeichen @ aufspüren

```
Sub EMailTest()
Dim strAdresse As String

    strAdresse = "Held-Office@t-online.de"

    If InStr(strAdresse, "@") > 0 Then

          MsgBox "Gültige Mail! " & InStr(strAdresse, "@")

    Else

          MsgBox "Falsch!"

    End If

End Sub
```

Wird die Zeichenfolge @ in der Variablen `strAdresse` gefunden, dann meldet die Funktion einen Rückgabewert größer 0 zurück. Dabei wird die genaue Position des gesuchten Zeichens zurückgegeben. Fängt die E-Mail-Adresse mit der Zeichenfolge @ an, so handelt es sich um eine nicht gültige E-Mail-Adresse.

4.1.3 Position eines Zeichens ermitteln (von rechts)

Die Funktion `InStrRev` gibt die Position eines Vorkommnisses einer Zeichenfolge in einer anderen Zeichenfolge vom Ende der Zeichenfolge gesehen an. Diese Funktion ist ab Access 2000 einsetzbar.

```
InstrRev(Zeichenfolge, Suchbegriff [, Beginn[, Vergleich]])
```

Die Syntax der `InstrRev`-Funktion besteht aus folgenden benannten Argumenten:

Teil	Beschreibung
`Zeichenfolge`	Erforderlich. Der zu durchsuchende Zeichenfolgenausdruck.
`Suchbegriff`	Erforderlich. Zeichenfolgenausdruck, nach dem gesucht wird.

Tabelle 4.2: Die Argumente der Funktion InStrRev

Tabelle 4.2: Die Argumente der Funktion InStrRev (Forts.)

Teil	Beschreibung
`Beginn`	Optional. Numerischer Ausdruck, der die Anfangsposition für jede Suche festlegt. Wird er ausgelassen, wird –1 verwendet, d.h., die Suche beginnt an der letzten Zeichenposition.
`Vergleich`	Optional. Numerischer Wert, der die Art des Vergleichs angibt, der beim Beurteilen von untergeordneten Zeichenfolgen verwendet werden soll. Wird er ausgelassen, wird ein binärer Vergleich ausgeführt.

Im folgenden Beispiel aus Listing 4.3 wird der komplette Pfad, der Pfad sowie der Dateiname der aktiven Datenbank ermittelt.

Listing 4.3: Den Namen der Datenbank auslesen

```
Sub PositionVonRechts()
Dim intPos As Integer
Dim strPfad As String
Dim strName As String

    intPos = InStrRev(Application.CurrentDb.Name, "\")

    strPfad = Left(Application.CurrentDb.Name, intPos)
    strName = _
    Mid(Application.CurrentDb.Name, intPos + 1)
    MsgBox "Komplett: " & Application.CurrentDb.Name & _
     vbLf & "Pfad: " & strPfad & vbLf & "Datei: " & strName

End Sub
```

Aus der Eigenschaft `Name`, in der der Name der Datei sowie der komplette Speicherpfad verzeichnet ist, werden die einzelnen Informationen herausgezogen.

Abb. 4.2: Ein paar Informationen zur aktuellen Datenbank

4.1.4 Textteile übertragen (von links)

Die Funktion `Left` gibt einen Wert vom Typ `Variant` (`String`) zurück, der eine bestimmte Anzahl von Zeichen ab dem ersten (linken) Zeichen einer Zeichenfolge enthält.

```
Left(Text, Länge)
```

Die `Left`-Funktion verwendet die folgenden benannten Argumente:

Tabelle 4.3: Die Argumente der Funktion Left

Teil	Beschreibung
`Text`	Erforderlich. Zeichenfolgenausdruck, aus dem die ersten (linken) Zeichen zurückgegeben werden. Wenn `Text` den Wert Null enthält, wird Null zurückgegeben.
`Länge`	Erforderlich; Wert vom Typ `Variant` (`Long`). Numerischer Ausdruck, der die Anzahl der zurückzugebenden Zeichen angibt. Der Wert 0 führt zur Rückgabe einer Null-Zeichenfolge (""). Ist `Länge` größer oder gleich der Zeichenanzahl in `Text`, so wird die gesamte Zeichenfolge zurückgegeben.

Im folgenden Beispiel aus Listing 4.4 wird eine Versionsprüfung in Access durchgeführt. Manchmal bereiten gerade ältere Access-Versionen bei der Programmierung Kummer.

Listing 4.4: Die erste Ziffer der Versionsnummer auswerten

```
Sub AlteVersionenChecken()

    Select Case Left(Application.Version, 1)

      Case "5"
        MsgBox "Sie haben Access 5 im Einsatz"

      Case "7"
        MsgBox "Sie haben Access 95 im Einsatz"

      Case "8"
        MsgBox "Sie haben Access 97 im Einsatz"

      Case Else
        'Keine Probleme

    End Select

End Sub
```

Werten Sie das erste Zeichen vom linken Rand der Versionsnummer mithilfe der `Select Case`-Anweisung aus. Übergeben Sie zu diesem Zweck der Funktion `Left` die Zahl 1, d.h., es wird nur das erste Zeichen vom linken Rand der Versionsnummer extrahiert.

4.1.5 Textteile extrahieren

Über die Funktion `Mid` können Sie eine bestimmte Anzahl von Zeichen aus einer Zeichenfolge extrahieren.

```
Mid(Text, Beginn[, Länge])
```

Die Syntax der `Mid`-Funktion verwendet die folgenden Argumente:

Tabelle 4.4: Die Argumente der Funktion Mid

Teil	Beschreibung
`Text`	Erforderlich. Zeichenfolgenausdruck, aus dem Zeichen zurückgegeben werden. Wenn `Text` den Wert Null enthält, wird Null zurückgegeben.
`Beginn`	Erforderlich; Wert vom Typ `Long`. Position in `Text`, an der die zurückzugebende Zeichenfolge beginnt. Ist `Beginn` größer als die Anzahl der Zeichen in Text, so gibt `Mid` eine leere Zeichenfolge ("") zurück.
`Länge`	Optional; Wert vom Typ `Variant` (`Long`). Anzahl der zurückzugebenden Zeichen. Wird `Länge` nicht angegeben oder befinden sich weniger Zeichen im Text (das Zeichen an der Stelle `start` eingeschlossen), als durch `Länge` angegeben, so werden alle Zeichen ab `start` bis zum Ende der Zeichenfolge zurückgegeben.

Im folgenden Beispiel aus Listing 4.5 wird eine Zeichenfolge auseinandergenommen.

Listing 4.5: Eine Zeichenfolge drehen

```
Sub NamenUndVornamenTrennen()
Dim strName As String
Dim strVor As String
Dim strNach As String

    strName = "Bernd Held"

    strVor = Left(strName, InStr(strName, " ") - 1)
    strNach = Mid(strName, InStr(strName, " ") + 1)
    MsgBox strVor & vbTab & strNach

End Sub
```

Mithilfe der Funktion `Instr` können Sie die Position des Leerzeichens in der Textfolge aus der Variablen `strName` ermitteln. Übertragen Sie über die Funktion `Left` genauso viele Zeichen, bis Sie auf die Position des Leerzeichens stoßen. Genauer gesagt ist das die Position ein Zeichen vor der ermittelten Position des Leerzeichens.

Da der Nachname eine Position nach dem Leerzeichen beginnt, addieren Sie zur ermittelten Position des Leerzeichens den Wert 1, um beim ersten Buchstaben des Nachnamens anzusetzen. Immer wenn Sie in der Mitte einer Zeichenfolge ansetzen müssen, dann wenden Sie die Funktion `Mid` an.

Über die Konstante `vbTab` packen Sie bei der Ausgabe der beiden Variablen `strVor` und `strNach` einen Tabulatorschritt dazwischen.

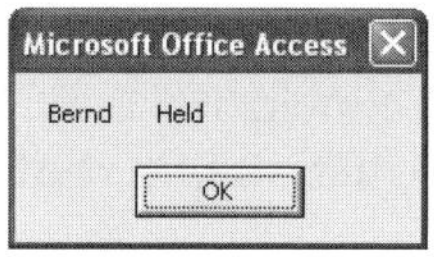

Abb. 4.3: Der Name wurde separiert.

4.1.6 Textteile übertragen (von rechts)

Mithilfe der Funktion `Right` können Sie eine bestimmte Anzahl von Zeichen von der rechten Seite (dem Ende) einer Zeichenfolge übertragen.

`Right(Text, Länge)`

Die Syntax der `Right`-Funktion verwendet die folgenden Argumente:

Tabelle 4.5: Die Argumente der Funktion Right

Teil	Beschreibung
`Text`	Erforderlich. Zeichenfolgenausdruck, von dem die letzten (rechtsstehenden) Zeichen zurückgegeben werden. Wenn `Text` den Wert Null enthält, wird Null zurückgegeben.
`Länge`	Erforderlich; Wert vom Typ `Variant` (`Long`). Numerischer Ausdruck, der die Anzahl der zurückzugebenden Zeichen angibt. Der Wert 0 führt zur Rückgabe einer Null-Zeichenfolge (""). Ist `Länge` größer oder gleich der Zeichenanzahl in `Text`, so wird die gesamte Zeichenfolge zurückgegeben.

Im folgenden Beispiel aus Listing 4.6 soll ein Dateiname in eine Inputbox eingegeben werden. Danach wird geprüft, ob es sich um einen Access-Dateinamen handelt. Diese Information können Sie an der Dateierweiterung MDB sehen.

Listing 4.6: Das Dateikürzel wird überprüft.

```
Sub DateiendungAuslesen()
Dim strDatei As String

    strDatei = InputBox("Bitte Dateiname eingeben", "Dateiname:")

    If Len(strDatei) <> 0 Then
```

```
      If UCase(Right(strDatei, 3)) = "MDB" Then
         MsgBox "Es handelt sich um eine Access-Datei!"
      Else
         MsgBox "Keine Access-Datenbank!"
     End If

   End If

End Sub
```

Schneiden Sie am Dateinamen die letzten drei Zeichen über die Funktion `Right` ab und werten Sie diese Information dann aus.

4.1.7 Umlaute austauschen

Über die Funktion `Replace` können Sie eine bestimmte Zeichenfolge durch eine andere ersetzen.

```
Replace(Ersatz, Suchbegriff, Ersetzen[, Beginn[, Zählen
[, Vergleichen]]])
```

Die Syntax der `Replace`-Funktion besteht aus folgenden Teilen:

Tabelle 4.6: Die Argumente der Funktion Replace

Teil	Beschreibung
`Ersatz`	Erforderlich. Zeichenfolgenausdruck, der die zu ersetzende, untergeordnete Zeichenfolge enthält.
`Suchbegriff`	Erforderlich. Die untergeordnete Zeichenfolge, nach der gesucht wird.
`Ersetzen`	Erforderlich. Die untergeordnete Ersatzzeichenfolge.
`Beginn`	Optional. Position in `Ersatz`, an der die Suche nach der untergeordneten Zeichenfolge beginnt. Wird diese Angabe ausgelassen, wird bei 1 begonnen.
`Zählen`	Optional. Anzahl der durchzuführenden Ersetzungen der untergeordneten Zeichenfolge. Wird diese Angabe ausgelassen, ist die Standardeinstellung –1, d.h., alle möglichen Zeichenfolgen werden ersetzt.
`Vergleichen`	Optional. Numerischer Wert, der die Art des Vergleichs angibt, der beim Beurteilen von untergeordneten Zeichenketten verwendet werden soll.

Im folgenden Beispiel aus Listing 4.7 werden alle Umlaute ersetzt.

Listing 4.7: Umlaute ersetzen

```
Sub UmlauteErsetzen()
Dim strText As String

    strText = "Sie können sich ärgern oder nicht!"

    strText = Replace(strText, "ü", "ue")
    strText = Replace(strText, "ä", "ae")
    strText = Replace(strText, "ö", "oe")

    MsgBox strText

End Sub
```

Übergeben Sie der Funktion `Replace` die komplette Zeichenfolge, in der Sie einzelne Zeichen austauschen möchten. Im zweiten Argument geben Sie die Zeichenfolge an, nach der gesucht werden soll. Im dritten Argument übergeben Sie das Ersatzzeichen.

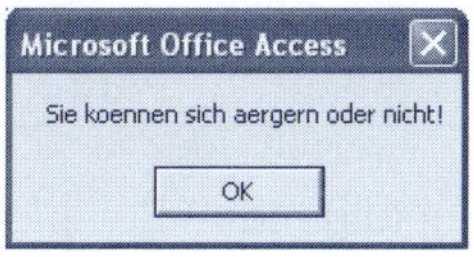

Abb. 4.4: Die Umlaute wurden entfernt.

4.1.8 Texte konvertieren

Über die Funktion `LCase` können Sie Großbuchstaben in Kleinbuchstaben umwandeln.

```
LCase(Zeichenfolge)
```

Das erforderliche Argument `Zeichenfolge` ist ein beliebiger gültiger Zeichenfolgenausdruck.

Im folgenden Beispiel aus Listing 4.8 wird ein Text in Kleinbuchstaben konvertiert.

Listing 4.8: Einen Text in Kleinbuchstaben wandeln

```
Sub TextKonvertieren()
Dim strText As String

    strText = "TEST"
    MsgBox LCase(strText)

End Sub
```

Übergeben Sie der Funktion `LCase` den Text, den Sie in Kleinbuchstaben umwandeln möchten.

Die Funktion `UCase` wandelt Kleinbuchstaben in Großbuchstaben um.

4.1.9 Zeichenfolgen wiederholen

Die Funktion `String` gibt eine Zeichenfolge vom Typ `Variant` (`String`) zurück, die ein sich wiederholendes Zeichen der angegebenen Länge enthält.

?! SYNTAX

```
String(Länge, Zeichen)
```

Die Syntax der `String`-Funktion besteht aus folgenden benannten Argumenten:

Tabelle 4.7: Die Argumente der Funktion String

Teil	Beschreibung
`Länge`	Erforderlich. Wert vom Typ `Long`. Länge der zurückgegebenen Zeichenfolge. Wenn `Länge` den Wert Null enthält, wird Null zurückgegeben.
`Zeichen`	Erforderlich. Wert vom Typ `Variant`. Ein Zeichencode, der ein Zeichen oder einen Zeichenfolgenausdruck, angibt, dessen erstes Zeichen verwendet wird, um die zurückzugebende Zeichenfolge zu erstellen. Wenn `Zeichen` den Wert Null enthält, wird Null zurückgegeben.

Im folgenden Beispiel aus Listing 4.9 wird die Länge eines Textes überprüft. Hat der Text eine Länge kleiner 10, dann werden die restlichen Zeichen durch einen Stern vervollständigt.

Listing 4.9: Restliche Zeichen mit Sternen auffüllen

```
Sub MitSternAuffuellen()
Dim strText As String

    'Mindestfülllänge =10
    strText = "Gesamt"

    If Len(strText) < 10 Then
       strText = String(10 - Len(strText), "*") & strText
    End If

    MsgBox strText

End Sub
```

4.1.10 Leerzeichen entfernen

Die Funktion `Trim` gibt einen Wert vom Typ `Variant` (`String`) zurück, der eine Kopie einer bestimmten Zeichenfolge enthält, die keine führenden Leerzeichen (`LTrim`), keine nachgestellten Leerzeichen (`RTrim`) sowie keine Kombination aus führenden und nachgestellten Leerzeichen (`Trim`) enthält.

```
LTrim(Zeichenfolge)

RTrim(Zeichenfolge)

Trim(Zeichenfolge)
```

Das erforderliche Argument `Zeichenfolge` ist ein beliebiger gültiger Zeichenfolgenausdruck. Wenn Zeichenfolge den Wert Null enthält, wird Null zurückgegeben.

Im folgenden Beispiel aus Listing 4.10 werden aus einem Text alle führende sowie nachfolgenden und in der Mitte befindlichen Leerzeichen entfernt.

Listing 4.10: Alle Leerzeichen entfernen

```
Sub LeerzeichenWeg()
Dim strText As String
Dim intz As Integer
Dim strErg As String

strText = "   Das ist ein Test    "

'Leerzeichen am linken Rand wegnehmen
Debug.Print "Leerzeichen:" & LTrim(strText) & "Test"

'Leerzeichen am rechten Rand
Debug.Print "Leerzeichen:" & RTrim(strText) & "TEST"

'Leerzeichen beider Ränder wegnehmen
Debug.Print "Leerzeichen:" & Trim(strText) & "TEST"

For intz = 1 To Len(strText)

 If Mid(strText, intz, 1) <> " " Then
    strErg = strErg & Mid(strText, intz, 1)
 End If

Next intz
Debug.Print "Alle Leerzeichen wegnehmen:" & strErg

End Sub
```

Übergeben Sie den Funktionen `LTrim`, `RTrim` und `Trim` die Zeichenfolge, aus der Sie die leeren Zeichen entfernen möchten. Damit Sie kontrollieren können, dass die Leerzeichen tatsächlich weggenommen wurden, wird die Zeichenfolge `TEST` noch angehängt.

Um alle Leerzeichen aus einer Zeichenfolge zu entfernen, setzen Sie eine Schleife auf, die Zeichen für Zeichen abarbeitet. Übergeben Sie hierbei *nicht* die Leerzeichen an die Variable `strErg`.

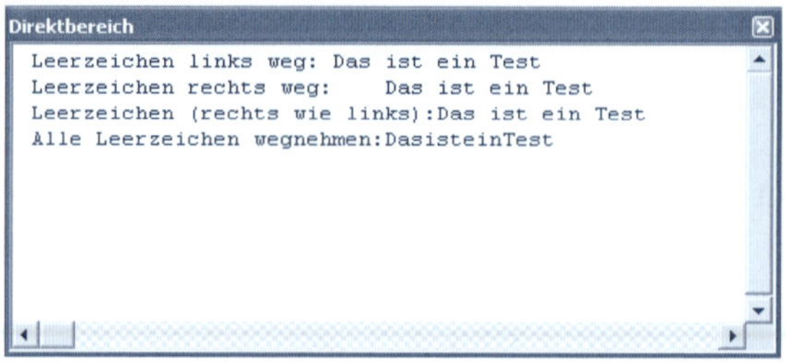

Abb. 4.5: Leerzeichen auf verschiedene Methoden entfernen

4.1.11 Zeichenfolgen vergleichen

Mit der Funktion `StrComp` können Sie Zeichenfolgen miteinander vergleichen.

```
StrComp(Zeichenfolge1, Zeichenfolge2[, Vergleich])
```

Tabelle 4.8: Die Argumente der Funktion StrComp

Teil	Beschreibung
`Zeichenfolge1`	Erforderlich. Ein beliebiger gültiger Zeichenfolgenausdruck.
`Zeichenfolge2`	Erforderlich. Ein beliebiger gültiger Zeichenfolgenausdruck.
`Vergleich`	Optional. Legt die Art des Zeichenfolgenvergleichs fest. Der Wert Null für `compare` führt zu einem Fehler.

Im folgenden Beispiel aus Listing 4.11 werden zwei Zeichenfolgen miteinander verglichen und überprüft, welche der beiden Zeichenfolgen im Alphabet weiter vorne angeordnet ist.

Listing 4.11: Die beiden Zeichenfolgen werden miteinander verglichen.

```
Sub ZeichenfolgenVergleichen()
Dim Text1 As String
Dim Text2 As String

    Text1 = "RTS"
    Text2 = "STS"

    If StrComp(Text1, Text2, 1) = -1 Then
       MsgBox "Text1 liegt vor Text2!"
    Else
       MsgBox "Text2 liegt vor Text1"
    End If

End Sub
```

4.1.12 Zeichenfolgen drehen

Die Funktion `StrReverse` (ab Access 2000) gibt eine Zeichenfolge zurück, in der die Reihenfolge der Zeichen einer bestimmten Zeichenfolge umgekehrt wurde.

```
StrReverse(Zeichenfolge)
```

Das Argument `Zeichenfolge` ist die Zeichenfolge, deren Zeichen umgekehrt werden sollen. Wenn es sich bei `expression` um eine Zeichenfolge der Länge Null ("") handelt, wird eine Zeichenfolge der Länge Null zurückgegeben. Wenn das Argument `Zeichenfolge` Null ist, kommt es zu einem Fehler.

Im folgenden Beispiel aus Listing 4.12 wird ein Text gespiegelt.

Listing 4.12: Eine Zeichenfolge drehen

```
Sub ZeichenfolgeSpiegeln()
Dim strText1 As String

    strText1 = "Esel"

    Debug.Print "Vorher: " & strText1
    Debug.Print "Nachher: " & StrReverse(strText1)

End Sub
```

Übergeben Sie der Funktion `StrReverse` den Text, den Sie drehen möchten.

Abb. 4.6: Die Zeichenfolge wurde gespiegelt.

4.2 Datums- und Zeitfunktionen

Lernen Sie auf den nächsten Seiten die wichtigsten Funktionen zu Datum und Zeit anhand praktischer Aufgabenstellungen kennen.

4.2.1 Zeichenfolge in gültiges Datum konvertieren

Mithilfe der Funktion `CDate` können Zeichenfolgen in einen gültigen Datumswert konvertiert werden.

```
CDate(Ausdruck)
```

Im Argument `Ausdruck` wird eine Zeichenfolge angegeben. Der Rückgabewert der Funktion stellt einen gültigen Datumswert dar.

Im folgenden Beispiel aus Listing 4.13 wird eine Zeichenfolge in ein Datumsformat umgewandelt.

Listing 4.13: Aus einem Text wird ein Datum gemacht.

```
Sub TextInDatumKonvertieren()
Dim strDatum As String

 strDatum = "27. Mai 2007"
 strDatum = CDate(strDatum)
 Debug.Print strDatum

End Sub
```

Übergeben Sie der Umwandlungsfunktion `CDate` den Text, der ein Datum in »Textform« enthält. Die Funktion stellt daraus dann ein Access konformes Datum her.

4.2.2 Liefertermin errechnen

Die Funktion `DateAdd` liefert einen Wert vom Typ `Variant` (`Date`) zurück, der ein Datum enthält, zu dem ein bestimmtes Zeitintervall addiert wurde.

```
DateAdd(Intervall, Länge, Datum)
```

Die Syntax für die `DateAdd`-Funktion besteht aus den folgenden benannten Argumenten:

Tabelle 4.9: Die Argumente der Funktion DateAdd

Teil	Beschreibung
`Intervall`	Zeichenfolgenausdruck, der das zu addierende Zeitintervall ergibt.
`Länge`	Numerischer Ausdruck, der die Anzahl der zu addierenden Intervalle ergibt. Er kann positiv (für ein zukünftiges Datum) oder negativ (für ein vergangenes Datum) sein.
`Datum`	Ein Wert vom Typ `Variant` oder ein als Literal dargestelltes Datum, zu dem das Intervall hinzuaddiert wird.

In der Prozedur aus Listing 4.14 wird ausgehend von einem Bestelldatum der Liefertermin errechnet und im Direktfenster der Entwicklungsumgebung ausgegeben.

Listing 4.14: Der Liefertermin ist drei Monate später.

```
Sub LieferterminErrechnen()
Dim Datum1 As Date
Dim sIntervall As String
Dim Zahl As Integer

    Debug.Print "Bestelldatum: " & Date
```

```
    sIntervall = "m"
    Datum1 = "05.07.2007"
    Zahl = 3

    Debug.Print "Lieferdatum: " & _
    DateAdd(sIntervall, Zahl, Datum1)

End Sub
```

Geben Sie bei der Funktion DateAdd als Intervall den kleinen Buchstaben »m« an. Damit weiß die Funktion, dass eine Monatsdifferenzberechnung durchgeführt werden muss. Im zweiten Argument geben Sie die Anzahl der Monate an, um die eine Verschiebung durchgeführt werden soll. Übrigens können Sie hierbei auch einen negativen Wert angeben, wenn Sie eine Zeitberechnung in die Vergangenheit durchführen möchten. Im letzten Argument geben Sie das Ausgangsdatum an.

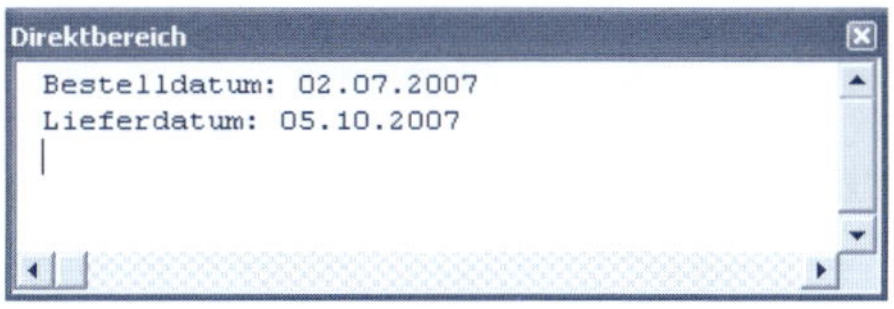

Abb. 4.7: Datumsdifferenzen errechnen

4.2.3 Monat extrahieren

Über die Funktion Datepart können Sie einen bestimmten Teil des Datum extrahieren, indem Sie auf die Konstanten dieser Funktion zurückgreifen.

```
DatePart(Intervall,Datum[,ErsterTagWoche[, ErsteWocheJahr]])
```

Im Argument Intervall müssen Sie genau angeben, welchen Teil des Datums Sie extrahieren möchten. Die einzelnen Möglichkeiten sehen Sie in Tabelle 4.10.

Tabelle 4.10: Die Intervallkonstanten der Funktion DatePart

Einstellung	Beschreibung
yyyy	Jahr
q	Quartal
m	Monat
y	Tag des Jahres
d	Tag
w	Wochentag
ww	Woche

Tabelle 4.10: Die Intervallkonstanten der Funktion DatePart (Forts.)

Einstellung	Beschreibung
h	Stunde
n	Minute
s	Sekunde

Im Argument `Datum` geben Sie den Wert an, den Sie berechnen möchten.

Im Argument `ErsterTagWoche` müssen Sie den ersten Tag der Woche angeben. Denken Sie beispielsweise daran, dass der jüdische Kalender mit dem Sonntag als erstem Tag der Woche beginnt. Für unseren europäischen Bereich müssen Sie daher den Wert 2 bzw. die Konstante `vbMonday` einsetzen. Wenn Sie die ganze Sache etwas variabler halten möchten, dann setzen Sie die Konstante `vbUseSystem` ein. Damit wird die Einstellung des ersten Tags der Woche direkt aus den Einstellungen Ihrer Windows-Systemsteuerung herausgelesen. Sehen Sie die einzelnen Belegungen der Konstanten in Tabelle 4.11.

Tabelle 4.11: Die ErsterTagWoche-Konstanten der Funktion DatePart

Konstante	Wert	Beschreibung
`VbUseSystem`	0	Die NLS API-Einstellung wird verwendet.
`VbSunday`	1	Sonntag (Voreinstellung)
`VbMonday`	2	Montag
`vbTuesday`	3	Dienstag
`vbWednesday`	4	Mittwoch
`vbThursday`	5	Donnerstag
`vbFriday`	6	Freitag
`vbSaturday`	7	Samstag

Im letzten Argument `ErsteWocheJahr` legen Sie die erste Woche eines Jahres fest. Danach richtet sich auch jeweils die Nummerierung der Kalenderwoche. Dabei können Sie folgende Einstellungen treffen:

Tabelle 4.12: Die ErsteWocheJahr-Konstanten der Funktion DatePart

Konstante	Wert	Beschreibung
`VbUseSystem`	0	Die NLS API-Einstellung aus der Systemsteuerung von Windows wird verwendet.
`vbFirstJan1`	1	Anfang in der Woche mit dem 1. Januar (Voreinstellung)
`vbFirstFourDays`	2	Anfang in der ersten Woche, die mindestens vier Tage im neuen Jahr enthält
`VbFirstFullWeek`	3	Anfang in der ersten vollen Woche des Jahres

Im nächsten Beispiel aus Listing 4.15 soll anhand des aktuellen Tagesdatums der dazugehörige Monat ermittelt werden.

Listing 4.15: Aus einem Datum wird der Monat extrahiert.

```
Sub AktuellenMonatErmitteln()

    Debug.Print "Heute ist der " & Date
    Debug.Print "Wir befinden uns im Monat " & _
    DatePart("m", Date)

End Sub
```

Übergeben Sie der Funktion `Datepart` das Intervall `m`, um den Monat eines Datums zu ermitteln.

Auch über die Anweisung `Month(Date)` kann der Monat aus einem Datum extrahiert werden.

4.2.4 Datumsdifferenzen bilden

Mithilfe der Funktion `DateDiff` können Sie die Anzahl der Zeitintervalle, die zwischen zwei bestimmten Terminen liegen, angeben.

```
DateDiff(Intervall, Datum1, Datum2[, ErsterTagWoche
[, ErsteWocheJahr]])
```

Da die Argumente der Funktion `DateDiff` fast gleich sind wie bei der Funktion `DatePart`, lesen Sie weiter oben im Kapitel nach.

Im folgenden Beispiel aus Listing 4.16 soll die Differenz in Tagen vom aktuellen Tag bis zum Jahresende errechnet werden.

Listing 4.16: Die restlichen Tage im laufenden Jahr zählen

```
Sub TageBisZumJahreswechel()
Dim StartDatum As Date
Dim EndDatum As Date

    StartDatum = Date
    EndDatum = "31.12.2007"

    Debug.Print "Anzahl Tage von heute " & _
    StartDatum & vbLf & " bis zum Jahresende: " & _
    DateDiff("d", StartDatum, EndDatum)

End Sub
```

Übergeben Sie der Funktion `DateDiff` das Intervall `d`, um die Differenz der beiden Datumsangaben in Tagen auszugeben.

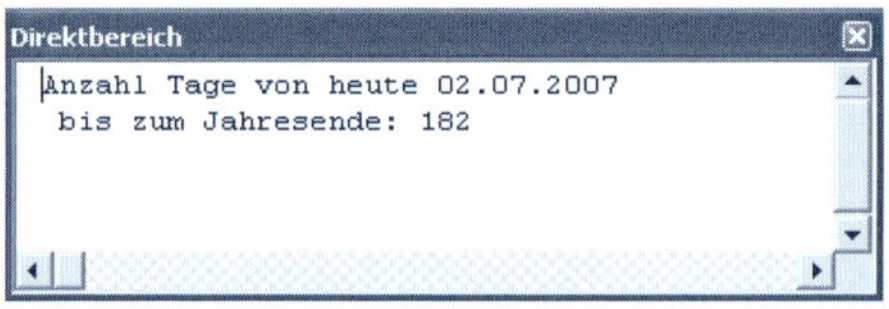

Abb. 4.8: Es sind noch 218 Tage bis zum Jahreswechsel.

4.2.5 Letzten Tag im Monat ermitteln

Die Funktion `DateSerial` liefert einen Wert zurück, der die angegebene Jahres-, Monats- und Tageszahl enthält.

```
DateSerial(Jahr, Monat, Tag)
```

Tabelle 4.13: Die Argumente der Funktion DateSerial

Teil	Beschreibung
`Jahr`	Wert vom Typ Integer. Zahl im Bereich von 100 bis 9999 (einschließlich) oder ein numerischer Ausdruck.
`Monat`	Wert vom Typ Integer. Beliebiger numerischer Ausdruck.
`Tag`	Wert vom Typ Integer. Beliebiger numerischer Ausdruck.

Mit der folgenden Funktion aus Listing 4.17 können Sie anhand eines vorgegebenen Datums den letzten Tag des Monats ermitteln.

Listing 4.17: Den letzten Tag im Monat ermitteln

```
Function LetzterTag(Datum As Date) As Date

    LetzterTag = DateSerial(Year(Datum), Month(Datum) + 1, 0)

End Function


Sub LetzterTagImMonat()

    MsgBox LetzterTag("21.02.2007")

End Sub
```

Übergeben Sie an die Funktion `LetzterTag` ein Datum, zu dem Sie den letzten Tag des Monats ermitteln möchten. In der Funktion selbst wird die Funktion `DateSerial` eingesetzt, der Sie die beiden Argumente für das Jahr sowie für den Monat übergeben. Addieren Sie zur Monatsangabe den Wert 1 und geben Sie bei der Tagesangabe den Wert 0 an, um das gewünschte Ergebnis zu erhalten.

4.2.6 Monatsnamen in Textform ausgeben

Die Funktion `MonthName` gibt eine Zeichenfolge zurück, die den festgelegten Monat angibt.

```
MonthName(Monat[, abkürzen])
```

Die Syntax der `MonthName`-Funktion besteht aus folgenden Teilen:

Tabelle 4.14: Die Argumente der Funktion MonthName

Teil	Beschreibung
`Monat`	Die numerische Bezeichnung des Monats, z.B. 1 für Januar, 2 für Februar usw.
`Abkürzen`	Optionales Argument. Boolescher Wert, der angibt, ob der Monatsname abgekürzt wird. Wird er ausgelassen, ist die Standardeinstellung `False`, d.h., der Monatsname wird nicht abgekürzt.

Im folgenden Beispiel aus Listing 4.18 wird der Monatsname aus dem aktuellen Tagesdatum ermittelt und im Direktbereich der Entwicklungsumgebung ausgegeben.

Listing 4.18: Den aktuellen Monatsnamen zurückgeben

```
Sub MonatsnamenAusgeschrieben()

    Debug.Print MonthName(Month(Date), False)

End Sub
```

Übergeben Sie der Funktion `MonthName` das Ergebnis aus dem Befehl `Month(Date)`. Dieses Ergebnis liegt zwischen 1 und 12.

4.2.7 Wochentag ermitteln

Die Funktion `Weekday` gibt den Wochentag aus einem Datumswert zurück (1–7).

```
Weekday(Datum, [ErsterTagWoche])
```

Die Syntax für die `Weekday`-Funktion besteht aus folgenden benannten Argumenten:

Tabelle 4.15: Die Argumente der Funktion Weekday

Teil	Beschreibung
`Datum`	Erforderlich. Wert vom Typ `Variant`, numerischer Ausdruck, Zeichenfolgenausdruck oder eine beliebige Kombination, die ein Datum darstellen kann. Wenn Date den Wert Null enthält, wird Null zurückgegeben.

Tabelle 4.15: Die Argumente der Funktion Weekday (Forts.)

Teil	Beschreibung
`ErsterTagWoche`	Optional. Eine Konstante, die den ersten Wochentag angibt. Wird die Konstante nicht angegeben, so wird `vbSunday` angenommen.

Das Argument `ErsterTagWoche` hat folgende Einstellungen:

Tabelle 4.16: Die Argumente von ErsterTagWoche

Konstante	Wert	Beschreibung
`vbUseSystem`	0	NLS API-Einstellung wird verwendet.
`VbSunday`	1	Sonntag (Voreinstellung)
`vbMonday`	2	Montag
`vbTuesday`	3	Dienstag
`vbWednesday`	4	Mittwoch
`vbThursday`	5	Donnerstag
`vbFriday`	6	Freitag
`vbSaturday`	7	Samstag

Im folgenden Listing 4.19 werden ausgehend von einem vorgegebenen Datum der dazugehörige Wochentag sowie das Quartal ermittelt.

Listing 4.19: Wochentag und Quartal ermitteln

```
Function Quartal(DatAngabe)

    Quartal = DatePart("q", DatAngabe)

End Function

Function Wochentag(DatAngabe)

    Wochentag = WeekdayName _
    (Weekday(DatAngabe, vbUseSystemDayOfWeek), False)

End Function

Sub WochentagUndQuartal()

    Debug.Print " Dieses Datum liegt im " & _
    Quartal("20.05.2007") & " .Quartal!"
    Debug.Print " Der Wochentag ist ein " & _
    Wochentag("20.05.2007")

End Sub
```

Über die Funktion DatePart können Sie das Quartal eines vorgegebenen Datums abfragen. Die Funktion Weekday liefert Ihnen einen Wert zwischen 1 und 7, wobei die Woche beim Sonntag beginnt (=1). Diesen Wert übergeben Sie an die Funktion WeekDayName, die ab Access 2000 eingesetzt werden kann. Dadurch wird der ermittelte Tagesname in ausgeschriebener Weise ausgegeben.

4.3 Dateifunktionen

Neben den bisher genannten Funktionen gibt es die sogenannten Dateifunktionen, über die Sie Datei- und Ordneroperationen durchführen können.

4.3.1 Verzeichniswechsel durchführen

Mithilfe der Anweisung ChDir können Sie in das angegebene Verzeichnis wechseln.

```
ChDir Pfad
```

Das erforderliche Argument Pfad ist ein Zeichenfolgenausdruck, der angibt, welches Verzeichnis zum neuen Standardverzeichnis wird.

Im folgenden Beispiel aus Listing 4.20 wird das Standardverzeichnis neu gesetzt.

Listing 4.20: Ein Verzeichnis einstellen

```
Sub VerzeichnisEinstellen()

On Error GoTo Fehler
    ChDir "C:\Temp\"
    Exit Sub


Fehler:
    MsgBox Err.Description

End Sub
```

4.3.2 Laufwerkswechsel durchführen

Mithilfe der Anweisung ChDrive stellen Sie das aktuelle Laufwerk ein.

```
ChDrive Laufwerk
```

Das erforderliche Argument Laufwerk ist ein Zeichenfolgenausdruck, der ein existierendes Laufwerk angibt.

Listing 4.21: Ein anderes Laufwerk voreinstellen

```
Sub Laufwerkswechsel()
On Error GoTo Fehler
 ChDrive "d:"
 Exit Sub


Fehler:
  MsgBox Err.Description

End Sub
```

4.3.3 Aktuelles Verzeichnis ermitteln

Über die Anweisung `CurDir` können Sie das aktuell eingestellte Verzeichnis ermitteln.

`CurDir[(Laufwerk)]`

Das optionale Argument `Laufwerk` ist ein Zeichenfolgenausdruck, der ein existierendes Laufwerk angibt. Ist kein Laufwerk angegeben oder enthält das Laufwerk eine Null-Zeichenfolge (""), so gibt die `CurDir`-Funktion den Pfad des aktuellen Laufwerks zurück.

Im folgenden Beispiel aus Listing 4.22 wird das momentan eingestellte Verzeichnis am Bildschirm ausgegeben.

Listing 4.22: Das aktuell eingestellte Verzeichnis ermitteln

```
Sub AktuellesVerzeichnisAusgeben()

  MsgBox "Das aktuell eingestellte Verzeichnis lautet: " & _
  CurDir("C")

End Sub
```

4.3.4 Dateien auflisten

Die Funktion `Dir` gibt eine Zeichenfolge (`String`) zurück, die den Namen einer Datei, eines Verzeichnisses oder eines Ordners darstellt, der mit einem bestimmten Suchmuster, einem Dateiattribut oder mit der angegebenen Datenträger- bzw. Laufwerksbezeichnung übereinstimmt.

`Dir[(Pfadname[, Attribute])]`

Die Syntax der `Dir`-Funktion besteht aus folgenden Teilen:

Teil	Beschreibung
`Pfadname`	Optional. Zeichenfolgenausdruck, der einen Dateinamen angibt. Der Dateiname kann ein Verzeichnis oder einen Ordner sowie ein Laufwerk enthalten. Eine Null-Zeichenfolge ("") wird zurückgegeben, wenn der Pfad aus `Pfadname` nicht gefunden werden kann.
`Attribute`	Optional. Eine Konstante oder ein numerischer Ausdruck, deren Summe die Dateiattribute angibt. Wenn das Argument nicht angegeben wird, werden alle Dateien, die dem Argument `Pfadnamen` entsprechen, zurückgegeben.

Tabelle 4.17: Die Argumente der Funktion Dir

Das Argument `Attribute` hat die folgenden Einstellungen:

Konstante	Wert	Beschreibung
`vbNormal`	0	(Voreinstellung) Dateien ohne Attribute
`vbReadOnly`	1	Schreibgeschützte Dateien, zusätzlich zu Dateien ohne Attribute
`vbHidden`	2	Versteckte Dateien, zusätzlich zu Dateien ohne Attribute
`VbSystem`	4	Systemdatei, zusätzlich zu Dateien ohne Attribute. Beim Macintosh nicht verfügbar.
`vbVolume`	8	Datenträgerbezeichnung. Falls andere Attribute angegeben wurden, wird `vbVolume` ignoriert. Beim Macintosh nicht verfügbar.
`vbDirectory`	16	Verzeichnis oder Ordner, zusätzlich zu Dateien ohne Attribute

Tabelle 4.18: Die möglichen Einstellungen beim Argument Attribute

Im folgenden Beispiel aus Listing 4.23 werden aus einem Verzeichnis alle Dateien ausgelesen und das Datum der Erstellung einer jeden Datei protokolliert.

Listing 4.23: Dateien sowie Attribute auflisten

```
Sub DateienListen()
Dim strAttr As String
Dim strPfad As String
Dim strName As String
Dim intz As Integer

    strAttr = vbNormal + vbReadOnly + vbHidden
    strPfad = "c:\Temp\"
    strName = Dir(strPfad, strAttr)
    On Error Resume Next
```

```
    Do While strName <> ""
     If strName <> "." And strName <> ".." Then

        Debug.Print strName; vbTab & FileDateTime(strPfad & strName)
        intz = intz + 1

      End If

      strName = Dir

    Loop

End Sub
```

Übergeben Sie der Funktion `Dir` den Pfad sowie die Dateiattribute, die dokumentiert werden sollen. In einer anschließenden Schleife wird Datei für Datei abgearbeitet und im Direktbereich ausgegeben.

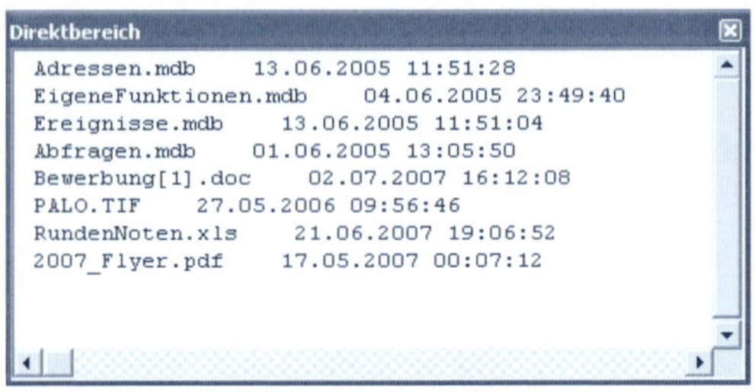

Abb. 4.9: Alle Dateien aus dem Verzeichnis C:\Temp werden aufgelistet.

4.3.5 Umgebungsvariablen auslesen

Die Anweisung `Environ` gibt die mit einer Betriebssystemumgebungsvariablen verbundene Zeichenfolge (`String`) zurück.

```
Environ({Name | Nummer})
```

Die Syntax der `Environ`-Funktion verwendet die folgenden benannten Argumente:

Tabelle 4.19: Die Argumente der Anweisung Environ

Teil	Beschreibung
`Name`	Optional. Ein Zeichenfolgenausdruck, der den Namen einer Umgebungsvariablen enthält.
`Nummer`	Optional. Ein numerischer Ausdruck entsprechend der numerischen Reihenfolge der Umgebungszeichenfolge in der Tabelle für Umgebungszeichenfolgen. Das Argument `number` kann ein beliebiger numerischer Ausdruck sein, der aber vor der Auswertung auf eine ganze Zahl gerundet wird.

Im folgenden Beispiel aus Listing 4.24 werden alle Umgebungsvariablen des Systems im Direktfenster der Entwicklungsumgebung ausgegeben.

Listing 4.24: Die Umgebungsvariablen von Windows auslesen

```
Sub UmgebungsvariablenAusgeben()
Dim intz As Integer
Dim strText As String

    intz = 1

    Do Until Environ(intz) = ""

        Debug.Print "Nr:" & intz & " " & Environ(intz)
        intz = intz + 1

    Loop

End Sub
```

Jede einzelne Umgebungsvariable wird über eine Schleife abgearbeitet. Selbstverständlich können Sie bestimmte Umgebungsvariablen auch über den Namen ansprechen. Sehen Sie sich dazu das Makro aus Listing 4.25 an.

Listing 4.25: Den gemeinsamen Ordner ermitteln

```
Sub OrdnerGemeinsameDateienAusgeben()

    MsgBox Environ("CommonProgramFiles")

End Sub
```

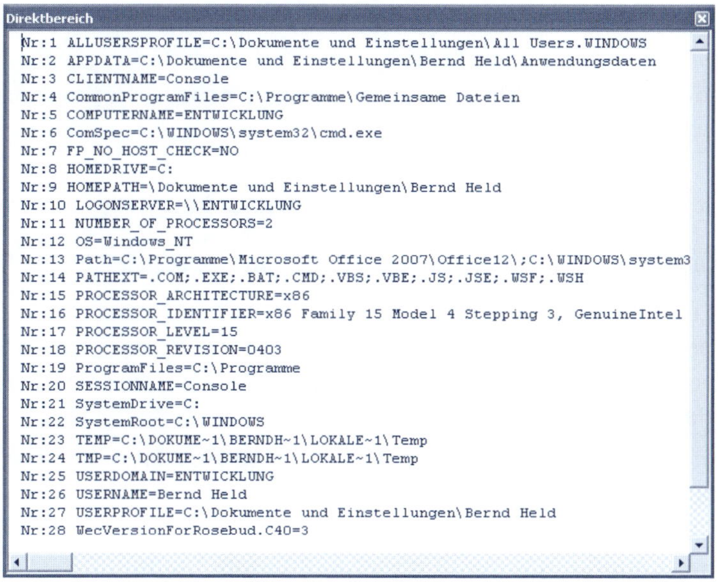

Abb. 4.10: Alle Umgebungsvariablen wurden ausgegeben.

4.3.6 Dateiexistenz prüfen

Die Funktion `FileLen` gibt einen Wert vom Typ `Long` zurück, der die Länge einer Datei in Byte angibt.

```
FileLen(Pfadname)
```

Das erforderliche Argument `Pfadname` ist ein Zeichenfolgenausdruck, der eine Datei angibt. `Pfadname` kann ein Verzeichnis oder ein Laufwerk enthalten.

Im folgenden Beispiel aus Listing 4.26 wird die Funktion `FileLen` eingesetzt, um zu prüfen, ob eine bestimmte Datei überhaupt existiert.

Listing 4.26: Existenz einer Datei prüfen

```
Sub DateiExistenz()
Dim intz As Integer

    On Error GoTo Fehler
    intz = FileLen("C:\Artikel.txt")

    If intz > 0 Then
     'Weitere Aktionen
     Debug.Print "Datei existiert!"
    End If
    Exit Sub


Fehler:
    MsgBox "Diese Datei existiert nicht!"

End Sub
```

Wenn die angegebene Datei nicht existiert, dann meldet die Funktion `FileLen` den Wert 0 zurück.

4.3.7 Dateien ohne Rückfrage löschen

Die Anweisung `Kill` löscht eine Datei ohne Rückfrage von der Festplatte.

```
Kill Pfadname
```

Das erforderliche Argument `Pfadname` ist ein Zeichenfolgenausdruck, der eine oder mehrere zu löschende Dateien angibt. `Pfadname` kann ein Verzeichnis sowie ein Laufwerk enthalten.

Im folgenden Beispiel aus Listing 4.27 wird eine Datei aus einem bestimmten Verzeichnis entfernt.

Listing 4.27: Eine Datei wird gelöscht.

```
Sub DateiEntfernen()

    On Error Resume Next
    Kill "C:\Eigene Dateien\Artikel.txt"

End Sub
```

Über die Anweisung `Kill` wird die angegebene Datei ohne Rückfrage gelöscht. Die gelöschte Datei befindet sich danach *nicht* im Papierkorb!

4.3.8 Verzeichnis erstellen

Mithilfe der Anwesung `MkDir` können Sie ein neues Verzeichnis erstellen.

```
MkDir Pfad
```

Das erforderliche Argument `Pfad` ist ein Zeichenfolgenausdruck, der das zu erstellende Verzeichnis angibt. `Pfad` kann das Laufwerk enthalten. Wenn kein Laufwerk angegeben ist, erstellt die `MkDir`-Anweisung ein neues Verzeichnis oder einen neuen Ordner auf Basis des aktuellen Laufwerks.

Im folgenden Beispiel aus Listing 4.28 wird ein neues Verzeichnis angelegt. Für den Fall, dass dieses Verzeichnis bereits existiert, übergehen Sie den Fehler über die `On Error`-Klausel.

Listing 4.28: Ein neues Verzeichnis erstellen

```
Sub VerzeichnisErstellen()

    On Error Resume Next
    MkDir "C:\Versuch"

End Sub
```

4.3.9 Verzeichnis entfernen

Über die Anweisung `RmDir` können Sie ein Verzeichnis löschen.

```
RmDir Pfad
```

Das erforderliche Argument `Pfad` ist ein Zeichenfolgenausdruck, der das zu löschende Verzeichnis oder den zu löschenden Ordner angibt. `Pfad` kann das Laufwerk beinhalten. Wenn kein Laufwerk angegeben ist, löscht `RmDir` das Verzeichnis oder den Ordner auf dem aktuellen Laufwerk.

Die Anweisung `RmDir` führt zu einem Fehler, wenn Sie die Anweisung für ein Verzeichnis ausführen, in dem Dateien enthalten sind. Löschen Sie zuerst alle Dateien mit der `Kill`-Anweisung, bevor Sie ein Verzeichnis oder einen Ordner entfernen.

Im folgenden Beispiel aus Listing 4.29 wird ein Verzeichnis entfernt.

Listing 4.29: Ein Verzeichnis entfernen

```
Sub VerzeichnisEntfernen()

    On Error Resume Next
    RmDir "C:\Versuch"

End Sub
```

4.3.10 Externe Programme starten

Mithilfe der Funktion `Shell` können Sie ein externes Programm aus Access heraus aufrufen.

`Shell(Pfadname[,FensterStil])`

Die Syntax der `Shell`-Funktion verwendet die folgenden benannten Argumente:

Tabelle 4.20: Die Argumente der Funktion Shell

Teil	Beschreibung
`Pfadname`	Erforderlich. Wert vom Typ `Variant` (`String`). Name des auszuführenden Programms sowie alle erforderlichen Argumente oder Befehlszeilenoptionen. Auch Verzeichnis- oder Laufwerksangaben können enthalten sein.
`Fensterstil`	Optional. Wert vom Typ `Variant` (`Integer`), der dem Stil des Fensters entspricht, in dem das Programm ausgeführt werden soll. Wenn `Fensterstil` nicht angegeben wird, erhält das Programm den Fokus und wird im minimierten Zustand gestartet.

Die Werte des benannten Arguments `Fensterstil` lauten:

Tabelle 4.21: Die Einstellungen für das Argument Fensterstil

Konstante	Wert	Beschreibung
`vbHide`	0	Das Fenster ist ausgeblendet, und das ausgeblendete Fenster erhält den Fokus
`vbNormalFocus`	1	Das Fenster hat den Fokus, und die ursprüngliche Größe und Position wird wiederhergestellt.
`VbMinimizedFocus`	2	Das Fenster wird als Symbol mit Fokus angezeigt.
`vbMaximizedFocus`	3	Das Fenster wird maximiert mit Fokus angezeigt.
`vbNormalNoFocus`	4	Die zuletzt verwendete Größe und Position des Fensters werden wiederhergestellt. Das momentan aktive Fenster bleibt aktiv.

Tabelle 4.21: Die Einstellungen für das Argument Fensterstil (Forts.)

Konstante	**Wert**	**Beschreibung**
`vbMinimizedNoFocus`	6	Das Fenster wird als Symbol angezeigt. Das momentan aktive Fenster bleibt aktiv.

Im folgenden Beispiel aus Listing 4.30 wird das Programm NotePad gestartet. Danach wird versucht, eine bestimmte Datei zu laden.

Listing 4.30: Das Programm NotePad starten und Datei öffnen

```
Sub ExternesProgrammAufrufen()

 Shell "c:\windows\notepad.exe c:\Ausgabe.txt", vbMaximizedFocus

End Sub
```

Übergeben Sie der Funktion `Shell` den Pfad sowie den Dateinamen der Anwendung, die Sie starten möchten.

Im folgenden Beispiel wird der Windows-Explorer aufgerufen und ein bestimmtes Verzeichnis voreingestellt.

Listing 4.31: Den Windows-Explorer mit voreingestelltem Verzeichnis starten

```
Sub DateiExlorer()

 Shell "Explorer.exe c:\eigene Dateien", vbMaximizedFocus

End Sub
```

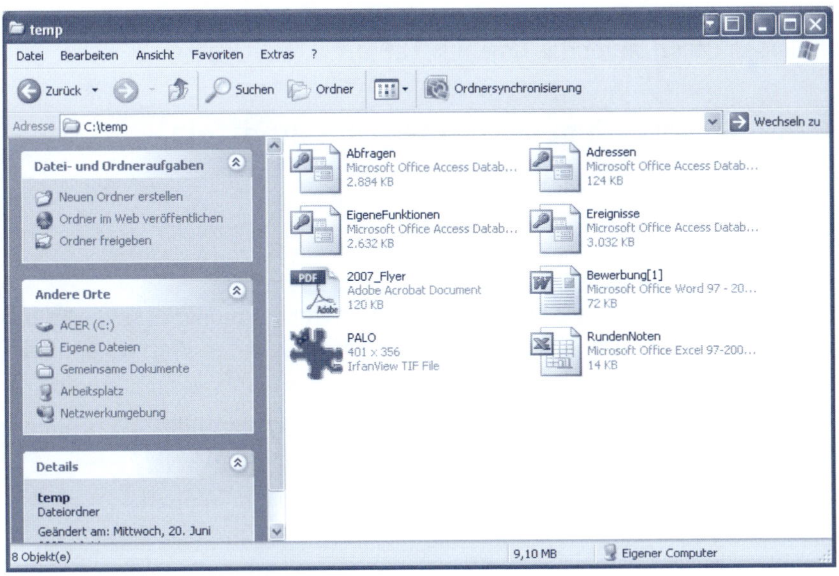

Abb. 4.11: Der Windows-Explorer wurde aufgerufen.

4.4 Mathematische Funktionen

Den Abschluss dieses Kapitels bilden die mathematischen Funktionen. Lernen Sie auf den folgenden Seiten die wichtigsten Funktionen anhand einiger Beispiele näher kennen.

4.4.1 Absolutwert einer Zahl ermitteln

Die Funktion `ABS` gibt den Absolutwert einer Zahl zurück. Das Vorzeichen wird dabei ignoriert.

```
Abs(Zahl)
```

Das erforderliche Argument `Zahl` kann ein beliebiger zulässiger numerischer Ausdruck sein. Wenn `Zahl` den Wert Null enthält, wird Null zurückgegeben. Wenn die Variable nicht initialisiert ist, wird der Wert Null zurückgegeben.

Im folgenden Beispiel aus Listing 4.32 wird der Absolutwert einiger Zahlen im Direktfenster der Entwicklungsumgebung ausgegeben.

Listing 4.32: Den Absolutwert einer Zahl ausgeben

```
Sub Absolutwert()

 Debug.Print Abs(11.98)
 Debug.Print Abs(-11.98)

End Sub
```

In beiden Fällen lautet das Ergebnis 11,98.

4.4.2 Vorkommawert einer Zahl ermitteln (abschneiden)

Die Funktion `Fix` gibt den Vorkommawert einer Zahl zurück.

```
Fix(Zahl)
```

Das erforderliche Argument `Zahl` ist ein Wert vom Typ `Double` oder ein beliebiger zulässiger numerischer Ausdruck. Wenn Zahl den Wert Null enthält, wird Null zurückgegeben.

Im folgenden Beispiel aus Listing 4.33 wird der ganzzahlige Wert einiger Zahlen ermittelt.

```
Sub VorkomaWerte()

  Debug.Print Fix(10.1)
  Debug.Print Fix(-10.7)
  Debug.Print Fix(-10.3)

End Sub
```

Listing 4.33: Die Vorkommawerte sollen ermittelt werden.

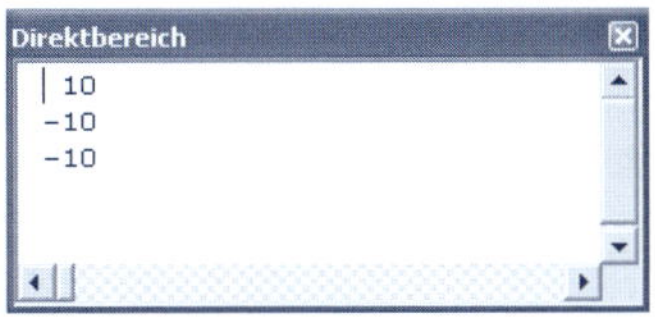

Abb. 4.12: Die Zahlen werden vor dem Komma abgeschnitten.

4.4.3 Vorkommawert einer Zahl ermitteln (»auf die nächstkleinere Zahl runden«)

Die Funktion `Int` gibt den Vorkommawert einer Zahl zurück.

`Int(Zahl)`

Das erforderliche Argument `Zahl` ist ein Wert vom Typ `Double` oder ein beliebiger zulässiger numerischer Ausdruck. Wenn `Zahl` den Wert Null enthält, wird Null zurückgegeben.

Im folgenden Beispiel aus Listing 4.34 wird der ganzzahlige Wert einiger Zahlen ermittelt.

```
Sub VorkommaVar2()

  Debug.Print Int(10.1)
  Debug.Print Int(-10.7)
  Debug.Print Int(-10.3)

End Sub
```

Listing 4.34: Die Vorkommazahlen sollen extrahiert werden.

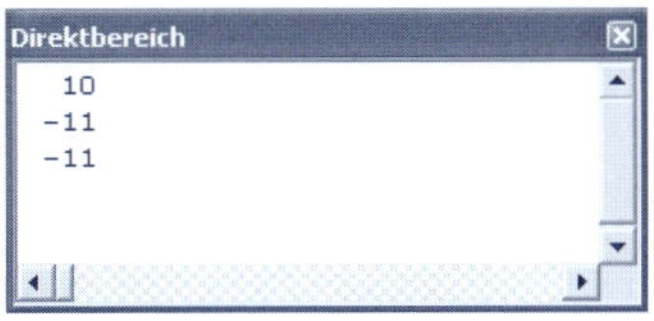

Abb. 4.13: Die Vorkommazahlen werden »gerundet«.

Der Unterschied zwischen `Int` und `Fix` besteht darin, dass bei einem negativen Wert von `Zahl` `Int` die erste negative ganze Zahl zurückgibt, die kleiner oder gleich `Zahl` ist, während `Fix` die erste negative ganze Zahl zurückgibt, die größer oder gleich `Zahl` ist.

4.4.4 Zahlenwerte runden

Mithilfe der Funktion Round runden Sie einen Zahlenwert auf Basis einer angegebenen Dezimalstelle.

`Round(Ausdruck [,AnzahlAnDezimalpunktn])`

Die Syntax der Round-Funktion besteht aus folgenden Teilen:

Tabelle 4.22: Die Argumente der Funktion Round

Teil	Beschreibung
`Ausdruck`	Erforderlich. Numerischer Ausdruck, der gerundet wird.
`AnzahlAnDezimalpunkten`	Optional. Zahl, die angibt, wie viele Stellen rechts vom Dezimalpunkt beim Runden berücksichtigt werden. Wird dieser Wert ausgelassen, gibt die Round-Funktion Ganzzahlen zurück.

Im folgenden Beispiel aus Listing 4.35 werden einige Zahlen auf verschiedene Art und Weise gerundet.

Listing 4.35: Zahlen runden

```
Sub Runden()

  Debug.Print Round(12.456, 0)
  Debug.Print Round(12.456, 1)
  Debug.Print Round(12.456, 2)
  Debug.Print Round(12.456, 3)

End Sub
```

Das zweite Argument der Funktion Round legt die gewünschte Rundung fest.

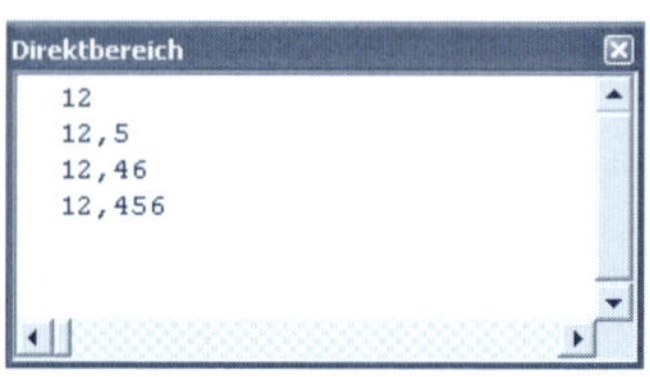

Abb. 4.14: Runden auf unterschiedliche Stellen

4.4.5 Zufallszahlen bilden

Die Funktion Rnd liefert eine Zufallszahl mit Dezimalstellen zwischen 0 und 1.

```
Rnd[(Zahl)]
```

Das optionale Argument Zahl ist ein Wert vom Typ Single oder ein beliebiger zulässiger numerischer Ausdruck.

Im folgenden Beispiel aus Listing 4.36 werden mithilfe der Funktion Rnd Zufallszahlen im Bereich von 1 bis 100 gebildet.

Listing 4.36: Zufallszahlen erzeugen

```
Sub ZufallsZahlenErzeugen()
Dim intz As Integer

    Randomize

    For intz = 1 To 10

         Debug.Print Int((100 * Rnd) + 1)

    Next intz

End Sub
```

Die Anweisung Randomize initialisiert den Zufallsgenerator. Danach rufen Sie die Funktion Rnd auf, die eine Zahl zwischen 1 und 0 zurückgibt. Diesen Wert multiplizieren Sie mit 100 und geben den ganzzahligen Wert (int) im Direktfenster aus.

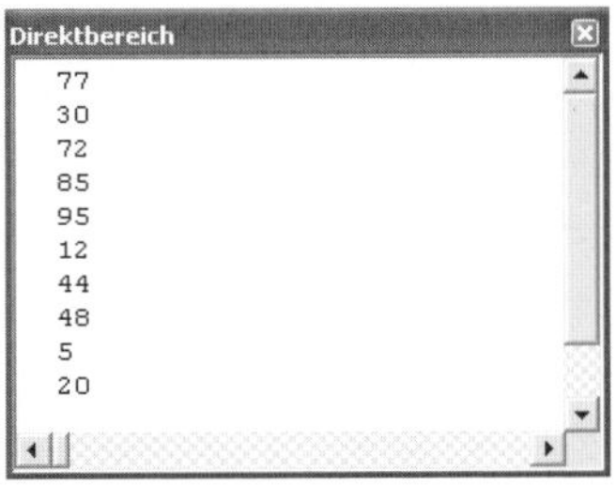

Abb. 4.15: Zufallszahlen im Bereich von 1 bis 100 wurden erzeugt.

Im folgenden Beispiel aus Listing 4.37 werden mithilfe der Funktion Rnd Zufallsbuchstaben gebildet.

Listing 4.37: Zufallsbuchstaben erzeugen

```
Sub ZufallsbuchstabenErzeugen()
Dim intz As Integer

    Randomize

    For intz = 1 To 10
        Debug.Print (Chr(Int((122 - 97 + 1) * Rnd + 97)))
    Next intz

End Sub
```

Mithilfe der Funktion `Chr` können Sie Zeichen ausgeben, die dem ASCII-Code zugeordnet sind. Somit können Sie auch aus Zahlen Buchstaben erzeugen. Dabei ist die Reihenfolge so zu verstehen, dass zuerst die Zufallszahlen gebildet und danach die entsprechenden Buchstaben gebildet werden.

Abb. 4.16: Es wurden Zufallsbuchstaben gebildet.

Kapitel 5

jetzt lerne ich

Eigene Funktionen schreiben sowie API-Funktionen einsetzen

Lernen Sie in diesem Kapitel, wie Sie Access bereichern können, indem Sie weitere eigene Funktionen programmieren.

Des Weiteren können Sie auch auf bereits fertige API-Funktionen zurückgreifen, die Ihnen von Windows zur Verfügung gestellt werden. Diese binden Sie in Ihre Projekte gewinnbringend ein.

5.1 Eigene Funktionen schreiben

Standardmäßig bieten Ihnen Access sowie VBA einige hundert Funktionen an, die Sie für Ihre tägliche Arbeit nutzen können. Dabei muss man zwischen den Funktionen unterscheiden:

- Es gibt spezielle VBA-Standardfunktionen (wie in Kapitel 4 beschrieben), die Sie in Ihre Prozeduren einsetzen können, um bestimmte Aufgaben zu erledigen. Ein Beispiel für eine solche Funktion stellt die Funktion `Len` dar, über die Sie die Länge beispielsweise eines Textes feststellen können. Diese und weitere Funktionen können Sie in der Online-Hilfe auf der Registerkarte INHALT unter der Rubrik FUNKTIONEN nachschlagen. In den meisten Fällen wird zu diesen Funktionen auch ein kleines Beispiel angeboten, welches Sie kopieren und in Ihre eigenen Projekte mit einbauen können. Im vorherigen Kapitel haben Sie die wichtigsten Funktionen bereits kennengelernt.

- Des Weiteren gibt es Funktionen, die Sie selbst schreiben, um sich Schreibarbeit zu sparen und Redundanz von Quellcode zu vermeiden. Ein Beispiel für diese Art wäre eine Funktion, die überprüft, ob eine bestimmte Tabelle oder Abfrage in einer Datenbank vorhanden ist. Da Sie so eine Aufgabe in der Programmierung bestimmt sehr oft durchführen werden, empfiehlt es sich, eine solche Aufgabe in eine allgemeine Funktion zu packen und diese dann aus den verschiedenen Prozeduren aufzurufen. Der Vorteil liegt auf der Hand: Wenn Sie die Funktion ändern möchten, dann müssen Sie dies nicht an zig Stellen im Quellcode machen, sondern eben nur in dieser einen Funktion.

Jede Funktion beginnt mit dem Schlüsselwort `Function`, gefolgt vom Namen der Funktion, der nahezu beliebig gewählt werden kann. Nach dem Namen folgen in Klammern die Argumente, die der Funktion übergeben werden sollen.

Es folgen nun einige ausgewählte Beispiele für Funktionen.

5.1.1 Buchstaben aus Zeichenfolgen entfernen

Im ersten Beispiel schreiben Sie eine Funktion, die aus einer Zeichenfolge alle Buchstaben entfernt.

Listing 5.1: Funktion, die alle Buchstaben aus einer Zeichenfolge entfernt

```
Function BuchstabenRaus(s As String) As String
Dim intz As Integer

For intz = 1 To Len(s)

  Select Case Mid(s, intz, 1)
     Case 0 To 9
      BuchstabenRaus = BuchstabenRaus & Mid(s, intz, 1)

     Case Else

  End Select

Next intz

End Function


Sub TextBereinigen()
Dim swert As String

swert = "KU8976TZ4"

  MsgBox "Aus " & swert & vbLf & " wird " & vbLf & _
         BuchstabenRaus(swert)

End Sub
```

In der Prozedur `TextBereinigen` wird die Funktion `BuchstabenRaus` aufgerufen. Dieser Funktion übergeben Sie den Text aus der Variablen `swert`. In der Funktion angekommen, arbeiten Sie über eine Schleife Zeichen für Zeichen ab. Entspricht das jeweilige Zeichen einer gültigen Zahl zwischen 0 und 9, dann heben Sie dieses Zeichen auf. Übergeben Sie am Ende die bereinigte Zeichenfolge an die aufrufende Prozedur und geben Sie diese am Bildschirm aus.

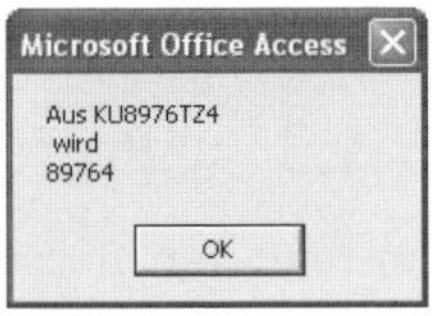

Abb. 5.1: Aus der Zeichenfolge wurden die Buchstaben entfernt.

5.1.2 Zahlen aus Zeichenfolgen entfernen

Das gerade umgekehrte Beispiel sehen Sie in der Prozedur aus Listing 5.2. Dabei werden aus einer Zeichenfolge alle numerischen Teile entfernt.

Listing 5.2: Aus einer Zeichenfolge alle Zahlen entfernen

```
Function ZahlenRaus(s As String) As String
Dim intz As Integer

For intz = 1 To Len(s)

 Select Case Mid(s, intz, 1)

  Case "a" To "Z"
   ZahlenRaus = ZahlenRaus & Mid(s, intz, 1)

  Case Else

 End Select

Next intz

End Function


Sub ZeichenfolgeBereinigen()
Dim swert As String

swert = "KU8976TZ4"

MsgBox "Aus " & swert & vbLf & " wird " & vbLf & _
ZahlenRaus(swert)

End Sub
```

In der Prozedur `ZeichenfolgeBereinigen` wird die Funktion `ZahlenRaus` aufgerufen. Dieser Funktion übergeben Sie den Text aus der Variablen `swert`. In der Funktion angekommen, arbeiten Sie über eine Schleife Zeichen für Zeichen ab. Entspricht das jeweilige Zeichen einem gültigen Buchstaben zwischen a und Z, dann heben Sie dieses Zeichen auf. Übergeben Sie am Ende die bereinigte Zeichenfolge an die aufrufende Prozedur und geben Sie diese am Bildschirm aus.

Abb. 5.2: Alle numerischen Zeichen wurden entfernt.

5.1.3 Prüfung auf Existenz eines Verzeichnisses

Im nächsten Beispiel möchten Sie eine Datei in einem bestimmten Verzeichnis speichern. Zu diesem Zweck müssen Sie sicherstellen, dass das Zielverzeichnis auch existiert. Wenn nicht, dann soll die Prozedur das nicht vorhandene Verzeichnis selbstständig anlegen. Erfassen Sie zu diesem Zweck in einem neuen Modul die folgende Funktion aus Listing 5.3.

Listing 5.3: Tabelle transferieren nach erfolgter Prüfung des Speicherordners

```
Function VerzDa(s As String) As Boolean
On Error GoTo fehler
 ChDir (s)
 VerzDa = True
 Exit Function

fehler:
 VerzDa = False
End Function

Sub TabelleTransferieren()
Dim b As Boolean
Const Ordner = "C:\Eigene Dateien\"

b = VerzDa(Ordner)
If b = False Then
'Neuanlage des Verzeichnisses
 MkDir Ordner
Else
End If
 ChDir Ordner
 DoCmd.OutputTo acOutputTable, "Artikel", acFormatRTF, _
                               "Artikel.rtf", True

End Sub
```

Die Funktion `VerzDa` erwartet als Empfangsargument einen String. In diesem String übergeben Sie das Verzeichnis, dessen Existenz Sie überprüfen möchten. Über die Anweisung `ChDir` versuchen Sie innerhalb der Funktion einfach mal, dieses Verzeichnis einzustellen. Schlägt dieser Vorgang fehl, dann wird ein Fehler erzeugt, den Sie über die `On Error`-Klausel abfangen können. In diesem Fall verzweigen Sie ans Ende der Funktion und geben als Rückgabeargument den Wert `False` zurück. Ergab die Prüfung des Verzeichnisses ein positives Ergebnis geben Sie als Rückgabeargument den Wert `True` zurück und springen Sie danach über die Anweisung `Exit Function` direkt aus der Funktion.

Deklarieren Sie in der aufrufenden Prozedur im ersten Schritt eine Variable vom Typ `Boolean`. Diese Variable meldet Ihnen das Ergebnis der Funktion `VerzDa` in Form eines Wahrheitswerts mit `True` (Verzeichnis existiert) bzw. `False` (Verzeichnis existiert nicht). Den Ordner, dessen Existenz Sie überprüfen möchten, können Sie entweder direkt beim Funktionsaufruf angeben oder in einer Konstanten, gleich zu Beginn der Prozedur. Rufen Sie die Funktion `VerzDa` nun auf und warten Sie auf den Rückgabewert der Funktion, welchen Sie über eine `If`-Abfrage auswerten. Für den Fall, dass das Verzeichnis noch nicht verfügbar ist, legen Sie das gewünschte Verzeichnis über die Anweisung `MkDir` an. Wechseln Sie danach über die Anweisung `ChDir` in das Zielverzeichnis und wenden Sie die Methode `OutPutTo` an, um die Tabelle zu transferieren und im angegebenen Verzeichnis zu speichern.

5.1.4 Prüfung auf Existenz einer Datei

Die Existenz einer Datei sollte auf jeden Fall gewährleistet sein, wenn Sie versuchen, eine Datei zu öffnen bzw. eine Arbeitsmappe zu löschen. Beim Versuch, eine Datei zu öffnen, die nicht vorhanden ist, wird der Laufzeitfehler 1004 ausgelöst. Beim Versuch, eine nicht existente Datei von der Festplatte zu entfernen, wird der Laufzeitfehler 53 (Datei nicht gefunden) angezeigt. Beide Fehlermeldungen können Sie unterdrücken, indem Sie die folgende Lösung aus Listing 5.4 anwenden:

Listing 5.4: Eine Datei nach Prüfung auf Existenz löschen

```
Function DatDa(s As String) As Boolean

 DatDa = False
 If Len(s) > 0 Then DatDa = (Dir(s) <> "")

End Function

Sub DateiLöschen()
Dim b As Boolean
Const Datei = "C:\Eigene Dateien\Artikel.txt"

 b = DatDa(Datei)

 If b = True Then
   Kill Datei
 Else
   MsgBox "Die angegebene Datei konnte nicht gefunden werden!", _
          vbCritical
 End If

End Sub
```

Die Funktion DatDa erwartet einen String, in dem Sie den Namen sowie den kompletten Pfad der Datei übergeben, die Sie öffnen bzw. löschen möchten. Über die Funktion Len können Sie überprüfen, ob überhaupt ein gültiger Dateiname an die Funktion übergeben wurde. Wenn ja, dann liefert diese Funktion einen Wert größer null. In diesem Fall wenden Sie die Funktion Dir an, um zu testen, ob die gewünschte Datei überhaupt vorhanden ist. Wird die so angesteuerte Datei gefunden, dann meldet die Funktion Dir einen Wert ungleich leer zurück. Im diesem Fall gibt die Funktion DatDa als Rückgabeargument den Wert True zurück. Im anderen Fall wird als Rückgabeargument der Wert False übergeben, den Sie ja standardmäßig zu Beginn der Funktion gesetzt haben.

In der Prozedur DateiLöschen erfolgt vor dem Zugriff auf die Datei eine Existenzprüfung. Verläuft diese Prüfung erfolgreich, entfernen Sie mithilfe der Anweisung Kill die angegebene Datei von Ihrer Festplatte.

5.1.5 Prüfen auf Existenz einer Tabelle

Zu einem Absturz einer Prozedur kommt es in jedem Fall, wenn Sie versuchen, auf eine Tabelle zuzugreifen, die es in Ihrer Datenbank nicht gibt. Es kommt auch dann zum Fehlerfall, wenn Sie den Namen der Tabelle nicht genau angeben.

Im folgenden Beispiel aus Listing 5.5 wird versucht, auf die Tabelle PERSONAL der aktiven Datenbank zuzugreifen. Überprüfen Sie vor diesem Zugriff auf die Tabelle über eine Funktion, ob diese Tabelle überhaupt in dieser Datenbank existiert.

Listing 5.5: Prüfung, ob Tabelle in Datenbank existiert

```
Function TabelleDa(strTab As String) As Boolean

Dim accObj As AccessObject

TabelleDa = False

For Each accObj In Application.CurrentData.AllTables

 If strTab = accObj.Name Then
    TabelleDa = True
    Exit Function
    End If

Next accObj

End Function
```

```
Sub Prüfung()

 If TabelleDa("Personal") = True Then
    MsgBox "Tabelle da!"
 Else
 End If

End Sub
```

Durchlaufen Sie in einer Schleife alle vorhandenen Tabellen der Datenbank. Diese Tabellen sind automatisch in der Auflistung `AllTables` verzeichnet. Kann die an die Funktion übergebene Tabelle in dieser Auflistung gefunden werden, dann geben Sie als Rückgabewert an die aufrufende Prozedur den Wert `True` zurück und beenden danach über die Anweisung `Exit Function` die Funktion.

5.1.6 Objektstatus ermitteln

Beim nächsten Beispiel aus Listing 5.6 soll der Status eines Objekts erkannt werden. So wird beispielsweise geprüft, ob die Tabelle `Personal` momentan geöffnet oder geschlossen ist.

Listing 5.6: Der Status eines Objekts wird ermittelt.

```
Function Objektstatus _
(objTyp As Integer, strName As String) As Boolean

  Objektstatus = SysCmd(acSysCmdGetObjectState, objTyp, strName)

End Function


Sub ObjektTest()
Dim B As Boolean

 B = Objektstatus(0, "Personal")

 If B = True Then
    MsgBox "Objekt geöffnet"
 Else
    MsgBox "Objekt geschlossen"
 End If

End Sub
```

Mithilfe der Methode `SysCmd` können Sie unter anderem den Objektstatus prüfen. Dabei übergeben Sie dieser Methode im zweiten Argument den Wert 1, sofern Sie den Status einer Tabelle prüfen möchten. Im dritten Argument geben Sie den Namen des Objekts an, dessen Status Sie prüfen möchten. Gibt die Methode den Wert True zurück, dann ist das Objekt momentan geöffnet. Übergeben Sie diesen Wahrheitswert an die aufrufende Prozedur und werten Sie die Rückgabe entsprechend aus.

5.1.7 Dokumenteigenschaften abfragen

Über das FileSystemobject haben Sie Zugriff auf alle Dokumenteigenschaften der Datenbank. Diese können Sie elegant nacheinander abfragen, indem Sie eine Funktion schreiben, der Sie den Namen der Datenbank sowie eine Nummer übergeben. Über die Nummer unterscheiden Sie dann in der Funktion, welche Dokumenteigenschaft Sie auswerten.

Listing 5.7: Datenbankeigenschaften abfragen

```
Function ZeigeDatei(Dateiname As String, nr As Integer) As String
Dim fso As Object

Set fso = CreateObject("Scripting.Filesystemobject")

With fso.getFile(Dateiname)
 Select Case nr
   Case 0
    ZeigeDatei = .Path

   Case 1
    ZeigeDatei = .Name

   Case 5
    ZeigeDatei = .DateCreated

 End Select

End With

End Function


Sub DokuEig()

  Debug.Print ZeigeDatei(CurrentDb.Name, 5)

End Sub
```

Über den Befehl GetFile haben Sie Zugriff auf alle benötigten Informationen der Datenbank. So können Sie über die Eigenschaft Path den kompletten Speicherpfad der Datenbank ermitteln. Die Eigenschaft Name liefert Ihnen den Namen der Datenbank. Über die Eigenschaft DateCreated können Sie das Erstellungsdatum der Datenbank abfragen. Übergeben Sie alle diese

Informationen an das aufrufende Makro. Dieses gibt die Infos über die Anweisung Debug.Print im Direktfenster der Entwicklungsumgebung aus.

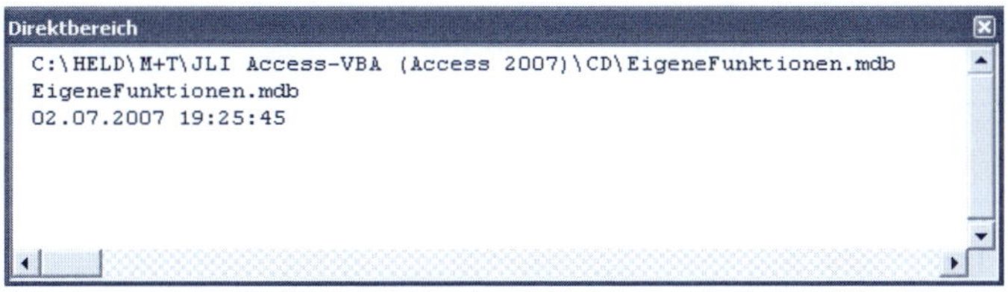

Abb. 5.3: Einige Datenbankeigenschaften wurden abgefragt.

5.1.8 Zahlen als Text ausgeben

Im folgenden Beispiel wird eine Zahl als Text ausgegeben. So wird aus der Zahl 325 der Text dreihundertfünfundzwanzig .

Listing 5.8: Aus Zahlen werden Texte gemacht.

```
Function ZIT(Zahl)
Dim Tausender As Single
Dim Hunderter As Single
Dim Zehner As Single
Dim Einstellig As Variant
Dim Zweistellig As Variant
Dim zVar As Single
Dim ZahlinText As String

Einstellig = Array("", "Ein", "zwei", "drei", "vier", "fünf", _
"sechs", "sieben", "acht", "neun", "zehn", "elf", _
"zwölf", "dreizehn", "vierzehn", "fünfzehn", "sechzehn", _
"siebzehn", "achtzehn", "neuzehn")
Zweistellig = Array("", "zehn", "zwanzig", "dreißig", "vierzig", _
"fünfzig", "sechzig", "siebzig", "achtzig", "neunzig")

ZIT = ""

If Zahl = 0 Then
  ZahlinText = "Null"
End If

Tausender = Zahl \ 1000
If Tausender > 0 Then
   ZIT = Einstellig(Tausender) & "tausend"
End If

Zahl = Zahl - Tausender * 1000
Hunderter = Zahl \ 100
```

```
If Hunderter > 0 Then
   ZIT = ZIT & Einstellig(Hunderter) & "hundert"
End If

Zahl = Zahl - Hunderter * 100

If Zahl < 20 Then
  Zehner = Zahl
  ZIT = ZIT & Einstellig(Zehner) & " "
Else
  Zehner = Zahl \ 10
  zVar = Zahl - Zehner * 10
  ZIT = ZIT & Einstellig(zVar) & "und"
  ZIT = ZIT & Zweistellig(Zehner) & " "
End If

End Function


Sub ZahlAlsTextAusgeben()

  Debug.Print ZIT(325)
  Debug.Print ZIT(485)
  Debug.Print ZIT(1899)

End Sub
```

In der Funktion `Zit` prüfen Sie zunächst, ob eine Tausenderzahl vorliegt. Danach arbeiten Sie sich zu den Hundertern und Zehnern durch, greifen dabei immer wieder auf die beiden Datenfelder einstellig bzw. zweistellig zu und holen die entsprechenden »Zahlentexte«.

Abb. 5.4: Aus Zahlen wurden Texte gemacht.

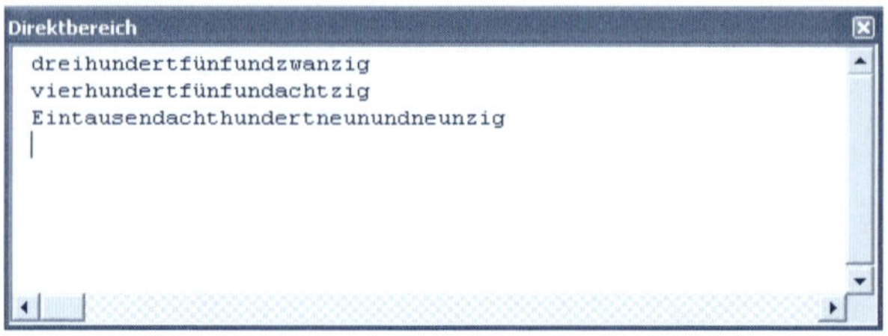

5.1.9 Initialen bilden

Im nächsten Beispiel bilden Sie mithilfe einer benutzerdefinierten Funktion aus Vor- und Nachnamen Initialen. So werden aus Michael Müller die Initialen MM.

Listing 5.9: Initialen aus Namen bilden

```
Function Initiale(str As String) As String
Dim intz As Integer

 str = " " & Trim(str)

For intz = 2 To Len(str)

If Mid(str, intz - 1, 1) = " " Then
   Initiale = Initiale & Mid(str, intz, 1)
End If

Next intz

End Function


Sub InitialenBilden()

  Debug.Print Initiale("Michael Müller")
  Debug.Print Initiale("Sven Oliver Meier")
  Debug.Print Initiale("Saskia Fuchs")

End Sub
```

Bei der Funktion aus Listing 5.9 wird jeweils das Zeichen vor dem Leerzeichen aufgehoben. Dafür sorgt das zweite Argument bei der Funktion `Mid`, das die Position des zu übertragenden Zeichens angibt. Übergeben Sie am Ende die so ermittelten Anfangszeichen an die aufrufende Prozedur.

Abb. 5.5: Aus Namen wurden Initialen gebildet.

5.2 API-Funktionen einsetzen

Nicht alle Aufgaben in Access müssen unbedingt durch den Einsatz von VBA gelöst werden. Viele Lösungen stecken auch schon direkt in Windows. Ihr Betriebssystem stellt Ihnen eine ganze Reihe Dynamic Link Libraries (DLLs) zur Verfügung, die Sie bei der Programmierung von Access einsetzen können. Diese DLLs enthalten Funktionen, die u.a. für die Speicher- und Ressourcenverwaltung, die Bereitstellung von Dialog- und Steuerelementen, den Einsatz von Zeichenfunktionen, die Behandlung von Menü- und Symbolleisten, die Verwendung von Multimediafunktionen oder auch die Verwaltung von E-Mails verantwortlich sind.

Wie Sie sehen, decken API-Funktionen nahezu alle Aufgaben in Windows und somit auch in Access ab. Der Vorteil von API-Aufrufen ist beispielsweise auch deren universelle Einsetzbarkeit. Ob Sie in Access, Excel, Word oder einer anderen beliebigen Windows-Anwendung mit Programmierschnittstelle arbeiten, ist dabei gleichgültig. Sie können API-Funktionen aus nahezu jeder Anwendung aufrufen und für Ihre Aufgaben nutzen.

Die bekannteste API ist die Windows-API, zu der auch die DLLs gehören, aus denen das Windows-Betriebssystem besteht. Jede Windows-Anwendung kommuniziert direkt oder indirekt mit der Windows-API. Durch die Windows-API wird sichergestellt, dass das Verhalten aller unter Windows laufenden Anwendungen konsistent bleibt.

Ein Nachteil von API-Funktionen ist, dass Sie diese in der Online-Hilfe leider nicht nachschlagen können bzw. dass die Syntax von API-Funktionen recht kompliziert ist. Ein weiterer Punkt ist der, dass API-Funktionen sehr sensibel reagieren, wenn Sie irgendein Argument bzw. die Syntax der API-Funktion nicht genau einhalten. Access reagiert dann nicht selten mit einem Programmabsturz.

Wenn Sie im Besitz des Office-Developer-Pakets sind, können Sie mithilfe des API-Viewer gezielt nach bestimmten API-Funktionen suchen. Im anderen Fall empfiehlt sich für dieses Thema weiterführende Literatur.

Da es sich in unserem Buch vorrangig um die VBA-Programmierung handeln soll, werden auf den nächsten Seiten gezielt einige Aufgaben vorgestellt, deren Einsatz in der Programmierung erstens viel Zeit spart und die zweitens in der Praxis gut verwendbar sind. Aber auch interessante Möglichkeiten durch die Verwendung von API-Funktionen sollen nicht zu kurz kommen.

5.2.1 CD-ROM-Laufwerk ermitteln

In der ersten Aufgabe aus Listing 5.10 werden Sie über den Einsatz einer API-Funktion herausfinden, welcher Laufwerksbuchstabe Ihrem CD-ROM-Laufwerk zugeordnet ist.

Listing 5.10: Das CD-ROM-Laufwerk ermitteln

```
Declare Function GetDriveType Lib "kernel32" Alias _
   "GetDriveTypeA" (ByVal nDrive As String) As Long

Declare Function GetLogicalDriveStrings Lib _
 "kernel32" Alias "GetLogicalDriveStringsA" _
 (ByVal nBufferLength As Long, _
  ByVal lpBuffer As String) As Long

Public Const DRIVE_CDROM As Long = 5

Function CdRomLWBuchstabe() As String
Dim lLWTyp As Long
Dim sLW As String
Dim l As Long
Dim l1 As Long
Dim sBuffer As String

   sBuffer = Space(200)
   l = GetLogicalDriveStrings(200, sBuffer)

   If l = 0 Then
      CdRomLWBuchstabe = vbNullString
      Exit Function
   End If
      l1 = 1
   sLW = Mid(sBuffer, l1, 3)

   Do While (Mid(sBuffer, l1, 1) <> vbNullChar)
      lLWTyp = GetDriveType(sLW)
      If lLWTyp = 5 Then
       CdRomLWBuchstabe = sLW
       Exit Function
      End If
      l1 = l1 + 4
      sLW = Mid(sBuffer, l1, 3)
   Loop

End Function
```

Bevor von VBA aus eine Funktion in einer DLL aufgerufen werden kann, müssen Sie VBA mitteilen, wo sich die Funktion befindet und wie sie aufgerufen wird. Dazu verwenden Sie eine `Declare`-Anweisung in einem Modul. Sobald der Verweis festgelegt ist, kann die DLL-Funktion so aufgerufen werden, als sei sie Teil des Projekts. Durch das Schlüsselwort `Lib` wird bestimmt, welche DLL die Funktion enthält. Folgende DLLs sind die am meisten verwendeten Bibliotheken in Windows:

- KERNEL32.DLL: Hier finden Sie Betriebssystemfunktionen z.B. für die Speicherverwaltung und die Ressourcenbehandlung.
- USER32.DLL: Diese DLL übernimmt die Fensterverwaltungsfunktionen wie z.B. Meldungen, Menüs, Symbolleisten und Kommunikation.
- GDI32.DLL: Damit ist die GDI-Bibliothek (GDI = Graphics Device Interface) gemeint. Sie enthält die Funktionen für die Geräteausgabe, z.B. Zeichnen, Anzeigen von Kontext und Schriftartenverwaltung.

Im zweiten Schritt schreiben Sie eine Funktion und definieren einen Puffer vom Typ `String`, in dem Sie alle logischen Laufwerksbezeichnungen Ihres Systems einlesen. Danach rufen Sie die API-Funktion `GetLogicalDriveStrings` auf, die Ihnen alle verwendeten Laufwerksbuchstaben in den Puffer schreibt. Prüfen Sie nach dem Füllen des Puffers gleich einmal die Länge des Puffers. Sind im Puffer `0` Zeichen enthalten, konnte die API-Funktion keine Laufwerksbuchstaben ermitteln. In diesem Fall übergeben Sie der Funktion als Rückgabewert die Konstante `vbNullString`, welche eine Zeichenfolge mit dem Wert `0` darstellt. Für den Fall, dass der Puffer gefüllt ist, setzen Sie die Verarbeitung fort.

Im nächsten Schritt müssen Sie die einzelnen Laufwerke auslesen. Dazu legen Sie die Startposition fest, bei der im Puffer begonnen werden soll, und speichern den Startwert 1 in der Variablen `l`. Zerlegen Sie danach den Puffer, indem Sie die Funktion `Mid` einsetzen. Die Funktion `Mid` überträgt eine bestimmte Anzahl von Zeichen (genau drei, z.B. `a:\`), beginnend bei der Startposition 1, in die String-Variable `s`. Setzen Sie nun eine Schleife auf, die den Puffer Stück für Stück zerlegt. Innerhalb der Schleife wenden Sie die API-Funktion `GetDriveType` an. Diese API-Funktion liefert den Index für das Laufwerk in der Variablen `sLW` zurück. Jeder Laufwerkstyp weist einen eindeutigen Laufwerksindex auf. Diese Indizes können Sie der Tabelle 5.1 entnehmen.

Tabelle 5.1: Die Laufwerksindizes für die API-Funktion `GetDriveType`

Index	Beschreibung
2	Disketten- oder auch ZIP-Laufwerk
3	Lokale Festplatte
4	Netzlaufwerk
5	CD-ROM-Laufwerk
6	RAM-Laufwerk

Rufen Sie nun die API-Funktion über das Makro aus Listing 5.11 auf.

```
Sub CDRomLW()
Dim strLW As String

   strLW = CdRomLWBuchstabe()
   MsgBox "Das CD-ROM-Laufwerk hat den Buchstaben " & strLW

End Sub
```

Listing 5.11: Das CD-ROM-Laufwerk wird ermittelt.

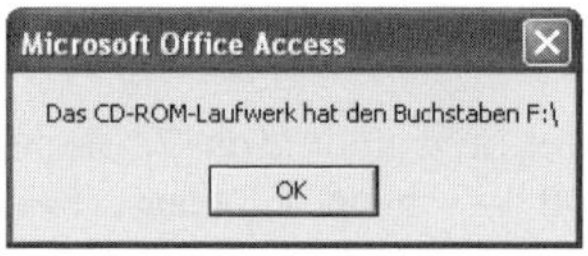

Abb. 5.6: Das CD-ROM Laufwerk wird ausgelesen.

5.2.2 Bedienung des CD-ROM-Laufwerks

Haben Sie sich schon einmal überlegt, dass Sie Ihr CD-ROM-Laufwerk auch gut als Tassenhalter verwenden können? Dazu müssen Sie Ihr CD-ROM-Laufwerk nur öffnen und schon haben Sie eine clevere Ablagemöglichkeit mehr. Diese nicht ganz ernst gemeinte Anwendung können Sie automatisieren, indem Sie Ihr CD-ROM-Laufwerk auf Kommando öffnen bzw. schließen. Die API-Funktion für diese Aufgabe heißt `mciSendString`.

Öffnen bzw. schließen Sie mithilfe der folgenden API-Funktion aus Listing 5.12 das CD-ROM-Laufwerk.

```
Public Declare Function mciSendString _
 Lib "winmm.dll" Alias "mciSendStringA" _
 (ByVal lpstrCommand As String, _
 ByVal lpstrReturnString As String, _
 ByVal uReturnLength As Long, _
 ByVal hwndCallback As Long) As Long

Sub ÖffnenCDROMLaufwerk()

   mciSendString "Set CDAudio Door Open", 0&, 0, 0

End Sub


Sub SchließenCDROMLaufwerk()

   mciSendString "Set CDAudio Door Closed", 0&, 0, 0

End Sub
```

Listing 5.12: Das CD-ROM-Laufwerk öffnen und schließen

5.2.3 Bildschirmauflösung ermitteln

Möchten Sie prüfen, mit welcher Bildschirmauflösung ein Anwender arbeitet, dann setzen Sie die API-Funktion aus Listing 5.13 ein.

Listing 5.13: Die Bildschirmauflösung wird ermittelt.

```
Declare Function GetDeviceCaps Lib "gdi32" _
(ByVal hdc As Long, ByVal nIndex As Long) As Long

Declare Function GetDC Lib "user32" _
 (ByVal hwnd As Long) As Long

Declare Function ReleaseDC Lib "user32" _
(ByVal hwnd As Long, ByVal hdc As Long) As Long

Const HORZRES = 8
Const VERTRES = 10

Sub BildschirmAuflösungErmitteln()

 MsgBox "Ihre Bildschirmauflösung lautet:" & _
 vblf & BilschirmAuflösung()

End Sub


Function BilschirmAuflösung()
 Dim lRval As Long
 Dim lDc As Long
 Dim lHSize As Long
 Dim lVSize As Long

 lDc = GetDC(0&)
 lHSize = GetDeviceCaps(lDc, HORZRES)
 lVSize = GetDeviceCaps(lDc, VERTRES)
 lRval = ReleaseDC(0, lDc)
 BilschirmAuflösung = lHSize & "x" & lVSize

End Function
```

Abb. 5.7: Die aktuell eingestellte Bildschirmauflösung wird ausgegeben.

5.2.4 Windows-Verzeichnis ermitteln

Da es mehrere Windows-Versionen gibt und diese sich namentlich auch unterscheiden können, ist es wichtig zu wissen, wie der exakte Name des Windows-Verzeichnisses lautet. Für diese Aufgabe können Sie folgende API-Funktion aus Listing 5.14 einsetzen.

Listing 5.14: Das Windows-Installationsverzeichnis ermitteln

```
Declare Function GetWindowsDirectory Lib _
"kernel32" Alias "GetWindowsDirectoryA" _
(ByVal lpBuffer As String, ByVal nSize As Long) As Long

Function GetWinDir() As String
Dim lpBuffer As String * 255
Dim length As Long

length = _
 GetWindowsDirectory(lpBuffer, Len(lpBuffer))
 GetWinDir = Left(lpBuffer, length)

End Function


Sub WindowsVerzeichnis()
Dim strV As String

 strV = GetWinDir
 MsgBox "Ihr Windows-Verzeichnis heißt: " & strV

End Sub
```

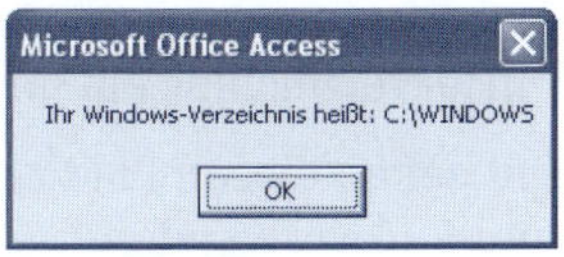

Abb. 5.8: Das Windows-Verzeichnis wird ausgegeben.

5.2.5 Das temporäre Verzeichnis ermitteln

Windows benötigt ein Verzeichnis, in dem es temporäre Dateien ablegt, die bei Bedarf geladen bzw. wieder geschlossen werden. Um dieses temporäre Verzeichnis aufzuspüren, setzen Sie die API-Funktion `GetTempPath` aus Listing 5.15 ein.

Listing 5.15: Das temporäre Verzeichnis von Windows ermitteln

```
Declare Function GetTempPath Lib _
"kernel32" Alias "GetTempPathA" _
(ByVal nSize As Long, ByVal lpBuffer As String) As Long
```

```
Function GetTempDir() As String
Dim lpBuffer As String * 255
Dim length As Long

length = GetTempPath(Len(lpBuffer), lpBuffer)
GetTempDir = Left(lpBuffer, length)

End Function


Sub TemporäresVerzeichnis()
Dim strV As String

 strV = GetTempDir
 MsgBox "Ihr temporäres Verzeichnis heißt: " & strV

End Sub
```

Abb. 5.9: Das temporäre Verzeichnis auslesen

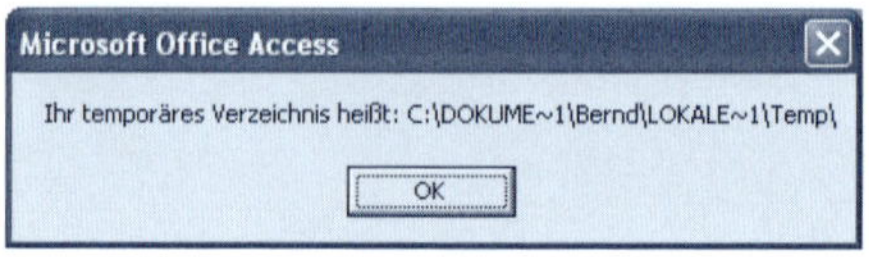

5.2.6 Access-Verzeichnis ermitteln

Sie können Access auch starten, indem Sie auf Ihrem Windows-Desktop die Schaltfläche START anklicken und dann den Befehl AUSFÜHREN wählen. Im Dialogfeld AUSFÜHREN klicken Sie auf die Schaltfläche DURCHSUCHEN, stellen Ihr Office-Verzeichnis ein und markieren die Datei MSACCESS.EXE.

Um genau diesen Pfad zur ermitteln, können Sie die API-Funktion aus Listing 5.16 verwenden.

Listing 5.16: Das Access-Verzeichnis ermitteln

```
Declare Function GetCommandLine Lib "Kernel32" _
  Alias "GetCommandLineA" () As String

Sub VerzeichnisAccessAnsteuern()

 MsgBox "Access befindet sich unter: " & _
       GetCommandLine()

End Sub
```

Die API-Funktion besteht lediglich aus einem Kommando, welches Sie durch ein Makro aufrufen und über die Funktion `MsgBox` auf dem Bildschirm ausgeben.

5.2.7 Dateityp und Anwendung ermitteln

Im nächsten Beispiel soll ausgehend von einer bestimmten Datei die dazugehörige Anwendung ermittelt werden. Den Code für diese Aufgabe finden Sie in Listing 5.17.

Listing 5.17: Die zum Dateityp gehörende Anwendung ermitteln

```
Private Declare Function FindExecutable _
Lib "shell32.dll" _
Alias "FindExecutableA" (ByVal lpFile As String, _
ByVal lpDirectory As String, _
ByVal lpResult As String) As Long

Public Function AppFile(Datei As String) As String
Dim strT As String

strT = Space(256)
FindExecutable Datei, vbNullString, strT
AppFile = Left$(strT, InStr(strT, vbNullChar) - 1)

End Function


Sub Datei()
Dim strT As String

strT = AppFile(Application.CurrentDb.Name)

If strT <> "" Then
  MsgBox "Die dazugehörige Anwendung lautet: " & vbLf & strT
Else
  MsgBox "Anwendung konnte nicht ermittelt werden!", vbCritical
End If

End Sub
```

Wenn Sie eine Datei mitsamt dem Pfad angeben, liefert `FindExecutable` den kompletten Pfad zur verknüpften Anwendung zurück, der in einem String über den Parameter `lpResult` übergeben wird. Existiert die angegebene Datei nicht, so wird ein Leerstring zurückgegeben.

Abb. 5.10: Die dazugehörige Anwendung wurde aufgespürt.

Kapitel 6

jetzt lerne ich

Tabellen programmieren

Einfachere Aufgaben rund um das Thema Tabellen können Sie mithilfe des Objekts DoCmd erledigen. Wenn es etwas mehr sein soll, dann greifen Sie auf die Datenzugriffsmethode ADO (ACTIVEX DATA OBJECTS) zurück. Diese Methode zeichnet sich durch eine hohe Verarbeitungsgeschwindigkeit, eine benutzerfreundliche Bedienung sowie wenig Verbrauch an Arbeitsspeicher und Festplattenspeicher aus.

In diesem Kapitel können Sie neben ausgewählten Aufgaben mit dem Objekt DoCmd auch Objekte, Methoden und Eigenschaften von ADO nachschlagen und anhand praktischer Beispiele deren Einsatz nachvollziehen.

6.1 Einfache Aufgaben mit DoCmd

Auf den folgenden Seiten lernen Sie einige typische Aufgabenstellung kennen, die Sie über den Einsatz von DoCmd lösen können.

6.1.1 Tabelle öffnen

Als erste Aufgabe öffnen Sie in der Prozedur aus Listing 6.1 über die Methode OpenTable die Tabelle KUNDEN.

Listing 6.1: Tabelle öffnen

```
Sub TabelleÖffnen()

On Error GoTo fehler
 DoCmd.OpenTable "Kunden", acViewNormal
Exit Sub

fehler:
  MsgBox Err.Number & " " & Err.Description
End Sub
```

Mithilfe der Methode `OpenTable` öffnen Sie eine Tabelle in Access. Diese Methode hat folgende Syntax:

```
OpenTable(Tabellenname, Ansicht, Datenmodus)
```

Im Argument `Tabellename` geben Sie den Namen der Tabelle an, die Sie öffnen möchten.

Beim Argument `Ansicht` können Sie entscheiden, wie Sie Ihre Tabelle anzeigen möchten. Es stehen Ihnen dabei folgende Konstanten zur Verfügung:

- `acViewDesign`: Öffnet die Tabelle in der Entwurfsansicht.
- `acViewNormal`: Öffnet die Tabelle in gewohnter Weise in der Datenblattansicht (Standardeinstellung).
- `acViewPivotChart`: Stellt die Tabelle für ein Pivot-Diagramm zur Verfügung.
- `acViewPivotTable`: Hiermit können Sie die Felder der Tabelle für eine Pivot-Tabelle verwenden.
- `acViewPreview`: Zeigt die Tabelle in der Seitenansicht an.

Beim letzten Argument `Datenmodus` legen Sie fest, ob Änderungen an der Tabelle durchgeführt werden dürfen oder nicht. Dabei können Sie folgende Konstanten festlegen:

- `acAdd`: Der Anwender kann neue Datensätze hinzufügen, jedoch keine bestehenden Datensätze bearbeiten.
- `acEdit`: Der Anwender kann bestehende Datensätze bearbeiten und neue Datensätze hinzufügen.
- `acReadOnly`: Der Anwender kann die Datensätze nur ansehen.

6.1.2 Tabelle öffnen und Datensatz finden

Über die Methode `FindRecord` haben Sie die Möglichkeit, schon beim Aufruf der Tabelle einen bestimmten Datensatz anzeigen zu lassen. In der Prozedur aus Beispiel Listing 6.2 wird die Tabelle KUNDEN geöffnet und ein bestimmter Datensatz gefunden.

Listing 6.2: Tabelle öffnen und Datensatz finden

```
Sub TabelleOeffnenUndSatzFinden()

 DoCmd.OpenTable "Kunden", acViewNormal
 DoCmd.FindRecord "Ernst Handel", acEntire, True, acSearchAll, , _
                  acAll

End Sub
```

Die Methode `FindRecord` hat folgende Syntax:

`FindRecord(SuchenNach, Vergleichen, GroßKlein, Suchen, WieFormatiert, NurAktuellesFeld, AmAnfangBeginnen)`

Im Argument `SuchenNach` geben Sie an, nach welchem Text Sie in der Tabelle suchen möchten.

Das Argument `Vergleichen` gibt an, wo sich die Daten im Feld befinden. Sie können eine Suche nach Daten in einem beliebigen Teil des Felds (Teil des Feldinhalts = `acAnywhere`), Daten, die das gesamte Feld ausfüllen (gesamter Feldinhalt = `acEntire`), oder Daten, die sich am Anfang des Felds befinden (Anfang des Feldinhalts = `acStart`), angeben. Als Standardeinstellung ist immer der gesamte Feldinhalt, also die Konstante `acEntire`, vorgesehen.

Im Argument `GroßKlein` geben Sie an, ob Access bei der Suche zwischen Groß- und Kleinschreibung unterscheiden soll. Wenn ja, dann setzen Sie dieses Argument auf den Wert `True`.

Das Argument `Suchen` legt die Suchreihenfolge fest. Sie können dabei die folgenden Konstanten einsetzen:

- `acDown`: Suche vom aktuellen Datensatz bis zum Ende der Tabelle
- `acUp`: Suche vom aktuellen Datensatz bis zum Anfang der Tabelle
- `acSearchAll`: Suche bis zum Ende der Datensätze und dann vom Anfang der Datensätze bis zum aktuellen Datensatz. Somit werden alle Datensätze durchsucht. Bei dieser Einstellung handelt es sich um die Standardeinstellung.

Mithilfe des Arguments `WieFormatiert` können Sie bestimmen, ob die Suche auch formatierte Daten umfasst. Setzen Sie dieses Argument auf den Wert `True`, um nach Daten zu suchen sowie nach Informationen, wie diese formatiert sind und im Feld angezeigt werden. Setzen Sie dieses Argument hingegen auf den Wert `False`, so sucht Access nach Daten, die in der Datenbank gespeichert sind. Die Standardeinstellung lautet `False`.

Beim Argument `NurAktuellesFeld` können Sie bestimmen, ob Access seine Suche nur auf die momentan aktive Spalte beziehen soll. In diesem Fall geben Sie die Konstante `acCurrent` an. Möchten Sie den angegebenen Suchbegriff in allen Zellen der Tabelle suchen, dann setzen Sie die Konstante `acAll` ein.

Das letzte Argument `AmAnfangBeginnen` bestimmt, ob die Suche beim ersten Satz oder beim aktuellen Datensatz beginnen soll. Geben Sie diesem Argument den Wert `True`, um die Suche beim ersten Datensatz zu beginnen. Verwenden Sie den Wert `False`, um die Suche im Datensatz zu beginnen, der auf den aktuellen Datensatz folgt. Wenn Sie dieses Argument nicht angeben, wird der Standardwert (`True`) verwendet.

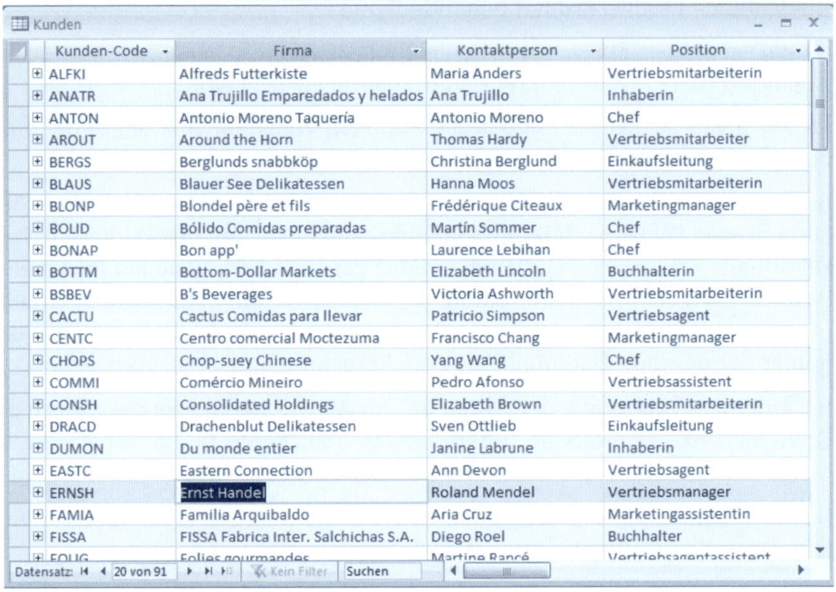

Kunden-Code	Firma	Kontaktperson	Position
ALFKI	Alfreds Futterkiste	Maria Anders	Vertriebsmitarbeiterin
ANATR	Ana Trujillo Emparedados y helados	Ana Trujillo	Inhaberin
ANTON	Antonio Moreno Taquería	Antonio Moreno	Chef
AROUT	Around the Horn	Thomas Hardy	Vertriebsmitarbeiter
BERGS	Berglunds snabbköp	Christina Berglund	Einkaufsleitung
BLAUS	Blauer See Delikatessen	Hanna Moos	Vertriebsmitarbeiterin
BLONP	Blondel père et fils	Frédérique Citeaux	Marketingmanager
BOLID	Bólido Comidas preparadas	Martín Sommer	Chef
BONAP	Bon app'	Laurence Lebihan	Chef
BOTTM	Bottom-Dollar Markets	Elizabeth Lincoln	Buchhalterin
BSBEV	B's Beverages	Victoria Ashworth	Vertriebsmitarbeiterin
CACTU	Cactus Comidas para llevar	Patricio Simpson	Vertriebsagent
CENTC	Centro comercial Moctezuma	Francisco Chang	Marketingmanager
CHOPS	Chop-suey Chinese	Yang Wang	Chef
COMMI	Comércio Mineiro	Pedro Afonso	Vertriebsassistent
CONSH	Consolidated Holdings	Elizabeth Brown	Vertriebsmitarbeiterin
DRACD	Drachenblut Delikatessen	Sven Ottlieb	Einkaufsleitung
DUMON	Du monde entier	Janine Labrune	Inhaberin
EASTC	Eastern Connection	Ann Devon	Vertriebsagent
ERNSH	Ernst Handel	Roland Mendel	Vertriebsmanager
FAMIA	Familia Arquibaldo	Aria Cruz	Marketingassistentin
FISSA	FISSA Fabrica Inter. Salchichas S.A.	Diego Roel	Buchhalter
FOLIG	Folies gourmandes	Martine Rancé	Vertriebsagentassistent

Abb. 6.1: Eine Tabelle wird mit einem bestimmten Satz voreingestellt geöffnet.

6.1.3 Tabellen im HTML/XML-Format speichern

Access bietet einige Möglichkeiten an, wie Sie Ihre Tabelle in Internetformate überführen können. Dabei können Sie Ihre Tabellen sowohl in das HTML-Format wie auch in das XML-Format transportieren.

Im folgenden Beispiel aus Listing 6.3 wird die Tabelle Artikel ins XML-Format gespeichert.

Listing 6.3: Eine Tabelle im XLM-Format speichern

```
Sub TabelleInXMLKonvertieren()

  Application.ExportXML acExportTable, "Artikel", "Artikel.xml", _
  "Artikel.xsd"

End Sub
```

Mithilfe der Methode `ExportXML` können Sie Access-Objekte in das XML-Format umwandeln. Diese Methode hat eine ganze Reihe optionaler Argumente, die Sie in der Online-Hilfe von Access-VBA nachlesen können.

6.2 Komplexere Aufgaben mit ADO & SQL

Um Aufgaben durchzuführen, die über das Öffnen, Filtern und Schließen von Tabellen hinausgehen, arbeiten Sie über die Zugriffsmethode ADO und den Einsatz von SQL-Statements, die Sie im Zusammenspiel gerade für Access-Tabellen gewinnbringend einsetzen können.

Auf den folgenden Seiten können Sie spezielle Lösungen nachschlagen, die Sie mehr oder weniger 1:1 für Ihre eigenen Anwendungen übernehmen können.

6.2.1 Verbindung zu einer Datenbank herstellen

Zu Beginn der »Lösungs-Staffel« sehen Sie in der Prozedur aus Listing 6.4 zunächst einmal, wie eine Verbindung zu einer Datenbank über ADO-Methoden hergestellt wird.

Listing 6.4: Eine Datenbank öffnen und wieder schließen

```
Sub DBUndTabelleStarten()
Dim Conn As ADODB.Connection

On Error GoTo fehler
 Set Conn = New ADODB.Connection
 Conn.Provider = "Microsoft.Jet.OLEDB.4.0"
 Conn.ConnectionString = _
"Provider=Microsoft.Jet.OLEDB.4.0;" & _
"Data Source=C:\Eigene Dateien\Nordwind.mdb;"
 Conn.Open

 'Weitere Aktionen

 Conn.Close
 Set Conn = Nothing
Exit Sub

fehler:
  MsgBox Err.Number & " " & Err.Description

End Sub
```

Das Objekt `Connection` stellt die Verbindung zur Datenbank bzw. zum Daten-Provider her. Die Eigenschaft `Provider` gibt den Namen des Providers für die Verbindung bekannt. Über die Eigenschaft `ConnectionString` können Sie die Datenquelle der Verbindung zuweisen. Über den Einsatz der Methode `Open` stellen Sie die Verbindung des Providers zur Datenquelle her. Mithilfe der Methode `Close` beenden Sie die Verbindung zum Provider.

6.2.2 Tabelle öffnen und Dump ziehen

Im folgenden Beispiel aus Listing 6.5 wird die Tabelle ARTIKEL geöffnet und der komplette Inhalt als »Dump« im Direktfenster der Entwicklungsumgebung ausgegeben. Unter einem Dump versteht man eine Ausgabe, die entweder komplett oder teilweise Daten aus einer Datenquelle mehr oder weniger unformatiert zur Verfügung stellt.

Listing 6.5: Komplette Tabelle auslesen

```
Sub TabelleÖffnenUndDumpErstellen()
Dim rstDBS As New ADODB.Recordset

On Error GoTo fehler
 rst.Open "Artikel", CurrentProject.Connection
 Debug.Print rst.GetString
 rst.Close
 Set rst = Nothing
Exit Sub

fehler:
  MsgBox Err.Number & " " & Err.Description

End Sub
```

Über den Einsatz der Methode `Open` können Sie eine Tabelle öffnen. Die Syntax dieser Methode lautet:

```
Recordset.Open Quelle, AktiveVerbindung, CursorTyp,
Sperrverfahren, Optionen
```

Tabelle 6.1: Die Argumente der Methode Open

Argument	Beschreibung
`Quelle`	Optional. Gibt den Namen der Tabelle an, die Sie öffnen möchten. Auch der Einsatz einer SQL-Anweisung ist hier möglich.
`AktiveVerbindung`	Optional. Gibt die Verbindung an.
`CursorTyp`	Optional. Bestimmt die Art des Cursors. Unter anderem wird dadurch der Zugriff auf Ihre Daten festgelegt. Dabei stehen Ihnen folgende Konstanten zur Verfügung: `adOpenForwardOnly`: (Voreinstellung) Öffnet einen Vorwärtscursor. Mithilfe dieses Cursors können Sie nur nach vorne blättern. `adOpenKeyset`: Öffnet einen Cursor vom Typ »Schlüsselgruppen«. Dieser Cursor ist vergleichbar mit dem dynamischen Cursor. Jedoch werden bei diesem Cursor Änderungen in der Tabelle, die von anderen Anwendern durchgeführt werden, nicht angezeigt.

Tabelle 6.1: Die Argumente der Methode Open (Forts.)

Argument	Beschreibung
`CursorTyp` (Forts.)	`adOpenDynamic`: Öffnet einen dynamischen Cursor. Damit haben Sie die Möglichkeit, Tabelleneinträge anzuzeigen, zu ändern und zu löschen. Alle Änderungen werden regelmäßig aktualisiert und angezeigt. `adOpenStatic`: Öffnet einen statischen Cursor. Bei diesem Cursor können die Daten nur angezeigt, jedoch nicht geändert werden. Die Datenansicht ist als Momentaufnahme des Zustands zu verstehen, der zum Zeitpunkt des Öffnens der Tabelle vorgelegen hat.
`Sperrverfahren`	Optional. Bestimmt, welches Sperrverfahren der Provider beim Öffnen der Tabelle einsetzen soll. Dabei stehen Ihnen folgende Konstanten zur Verfügung: `adLockReadOnly`: Bei dieser Standardeinstellung können Sie die Daten in der Tabelle nicht ändern. `adLockPessimistic`: Der Datensatz wird vollständig gesperrt. Dabei wird das erfolgreiche Bearbeiten der Datensätze sichergestellt, indem der Provider Datensätze in der Datenquelle sofort beim Bearbeiten sperrt. `adLockOptimistic`: Diese Einstellung sorgt dafür, dass die Tabelle teilweise gesperrt wird, d.h., ein Datensatz wird nur dann gesperrt, wenn Sie die Update-Methode aufrufen. `adLockBatchOptimistic`: Diese Einstellung lässt eine teilweise Stapelaktualisierung zu.
`Optionen`	Optional. Legt fest, wie der Provider die Daten auswerten soll.

Über die Methode `GetString` können Sie alle Daten aus der Tabelle abrufen, sofern Sie keine weiteren Argumente angeben. Über die Methode `Close` schließen Sie die Tabelle.

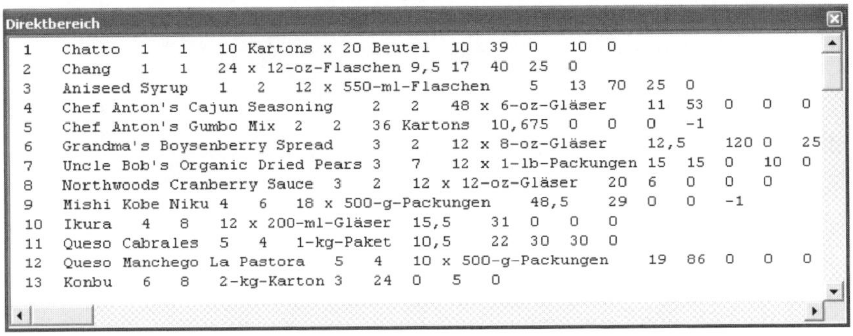

Abb. 6.2: Die komplette Tabelle auslesen

6.2.3 Eine bestimmte Anzahl von Sätzen extrahieren

Sollen beispielsweise nur die ersten zehn Datensätze der Tabelle als »Dump« in das Direktfenster der Entwicklungsumgebung geschrieben werden, dann starten Sie die Prozedur aus Listing 6.6.

Listing 6.6: Die ersten zehn Datensätze aus einer Tabelle ziehen

```
Sub TabelleÖffnenUndDumpErstellen2()
Dim rst As New ADODB.Recordset

On Error GoTo fehler
 rst.Open "Artikel", CurrentProject.Connection
 Debug.Print rst.GetString(NumRows:=10, ColumnDelimeter:=";")
 rst.Close
 Set rst = Nothing
 Exit Sub

fehler:
  MsgBox Err.Number & " " & Err.Description

End Sub
```

Über das Argument `NumRows` der Methode `GetString` können Sie festlegen, wie viele Datensätze Sie ausgeben möchten. Wenn dieses Argument nicht angegeben wird oder mehr Datensätze angegeben werden, als die Tabelle überhaupt enthält, dann werden standardmäßig alle Datensätze der Tabelle ausgegeben.

Im Argument `ColumnDelimeter` können Sie das Trennzeichen zwischen den einzelnen Feldern angeben. Wird dieses Argument nicht angegeben, dann wird standardmäßig ein Tabulatorschritt zwischen den einzelnen Feldern eingefügt.

Abb. 6.3: Nur die ersten zehn Sätze werden ausgelesen.

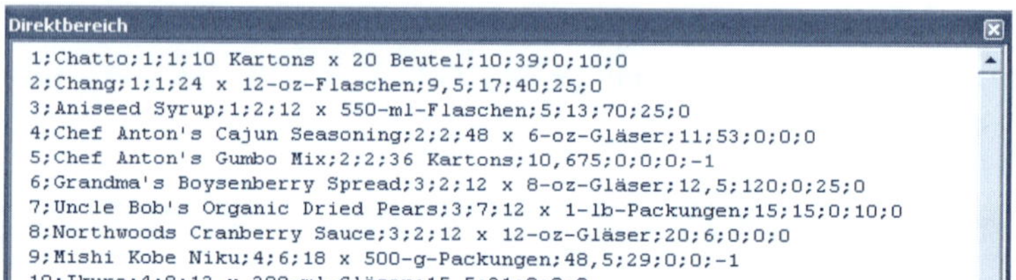

6.2.4 Nur bestimmte Felder einer Tabelle ausgeben

Die Abfrage aus Listing 6.6 kann noch weiter eingeschränkt werden, indem Sie mithilfe der SQL-Anweisung `SELECT` nur bestimmte Felder ausgeben.

Im Beispiel aus Listing 6.7 werden im Direktfenster der Entwicklungsumgebung nur die Datenfelder LAND, FIRMA und KONTAKTPERSON ausgegeben.

Listing 6.7: Nur bestimmte Datensätze und Datenfelder extrahieren – Variante 1

```
Sub NurBestimmteDatenExtrahieren()
Dim rst As New ADODB.Recordset

Set rst = New ADODB.Recordset
On Error GoTo fehler
 rst.Open "SELECT Land, Firma, Kontaktperson " & _
 " FROM Kunden ORDER BY Land", CurrentProject.Connection
 Debug.Print rst.GetString
 rst.Close
 Set rst = Nothing
 Exit Sub

fehler:
  MsgBox Err.Number & " " & Err.Description
End Sub
```

Geben Sie bei der SQL-Anweisung die gewünschten Informationen, jeweils getrennt durch ein Komma, an. Über die SQL-Klausel `ORDER BY` können Sie eine Sortierreihenfolge festlegen. Durch diese Vorauswahl greift die Methode `GetSting` nur noch die so angegebenen Felder ab.

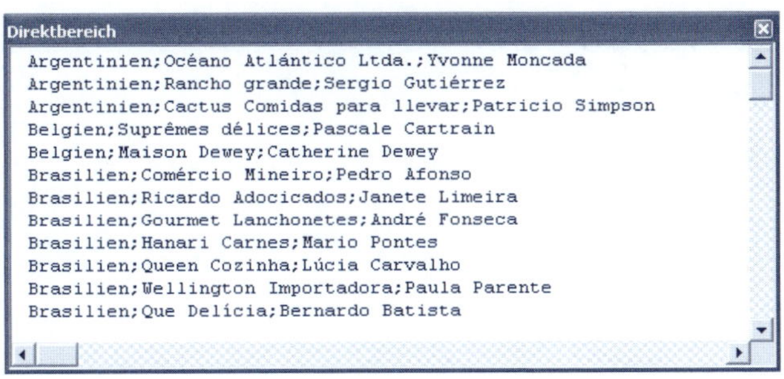

Abb. 6.4: Bestimmte Feldinhalte aus einer Tabelle holen – Variante 1

Eine weitere Variante, wie Sie nur bestimmte Datensätze sowie Feldinhalte aus einer Tabelle extrahieren können, sehen Sie in der Prozedur aus Listing 6.8.

Listing 6.8: Nur bestimmte Datensätze und Datenfelder extrahieren – Variante 2

```
Sub BestimmteSaetzeZiehenVar2()
Dim rst As ADODB.Recordset

Set rst = CurrentProject.Connection.Execute( _
"SELECT * FROM Kunden WHERE Land = 'Deutschland'")

Do Until rst.EOF

 Debug.Print rst.Fields("Firma")
 Debug.Print rst.Fields("Kontaktperson") & vbLf
 rst.MoveNext

Loop

rst.close
Set rst = Nothing

End Sub
```

Nutzen Sie die Methode `Execute`, um den SQL-Befehl schon beim Öffnen der Tabelle abzusetzen. Nach diesem Befehl stehen alle gefundenen Datensätze im Objekt `rst`. Dieses Objekt lesen Sie nun Satz für Satz über einer `Do Until`-Schleife aus. Die Bedingung `EOF` wird erfüllt, wenn der letzte Datensatz im Objekt `rst` erreicht wird. Vergessen Sie hier bitte nicht die Methode `MoveNext`, die jeweils den nächsten Datensatz im Objekt `rst` einstellt.

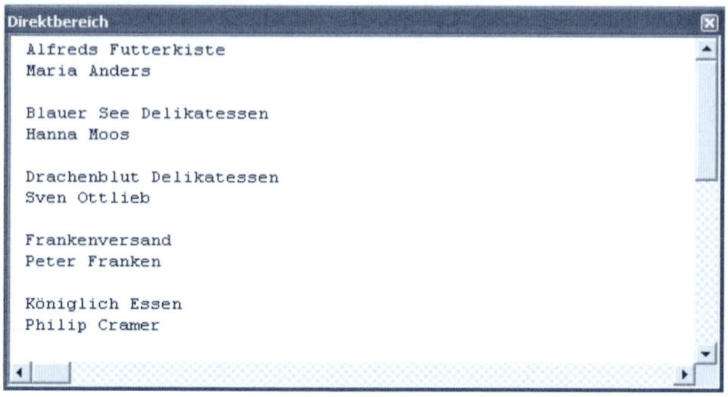

Abb. 6.5: Bestimmte Feldinhalte aus einer Tabelle holen – Variante 2

6.2.5 Unikatsliste erstellen

Um eine Unikatsliste aus einer Tabelle zu erstellen, bei der jeder Eintrag nur einmal vorkommt, setzen Sie den SQL-Befehl SELECT DISTINCT ein.

Im folgenden Beispiel aus Listing 6.9 wird die Tabelle KUNDEN ausgewertet. Ziel ist es, eine Liste zu erstellen, in der alle Länder der Tabelle nur einmal vorkommen.

Listing 6.9: Eine Unikatsliste erstellen

```
Sub Unikatsliste()
Dim rst As ADODB.Recordset

Set rst = CurrentProject.Connection.Execute _
("SELECT DISTINCT Land FROM KUNDEN ORDER BY Land DESC", , adCmdText)

Do Until rst.EOF
 Debug.Print rst!Land
 ' oder Debug.Print st.Fields("Land")
 rst.MoveNext
Loop

rst.Close

End Sub
```

Über das Schlüsselwort DISTINCT, welches Sie hinter der SELECT-Anweisung angeben, wird sichergestellt, dass im Ergebnis jeder Satz nur einmal auftaucht.

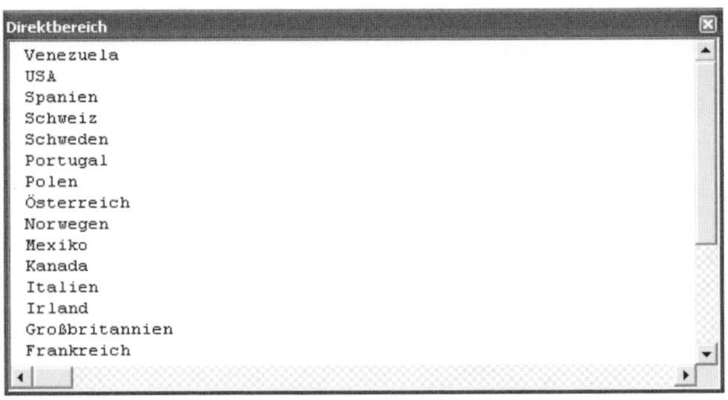

Abb. 6.6: Jedes Land taucht nur einmal auf.

In der Prozedur aus Listing 6.9 wurde sichergestellt, dass jedes Land aus der Tabelle KUNDEN nur einmal im Direktfenster ausgegeben wird. Diese Prozedur kann insofern erweitert werden, dass die Einmaligkeit für das Land sowie die Stadt gelten soll.

In der Prozedur aus Listing 6.10 wird also jede Kombination aus Stadt und Land nur einmal ausgegeben.

Listing 6.10: Keine doppelten Länder und Städte

```
Sub KombinierteEindeutigeDatensaetze()
Dim rst As ADODB.Recordset

Set rst = CurrentProject.Connection.Execute _
("SELECT DISTINCT LAND, ORT FROM KUNDEN" , , adCmdText)

 Do Until rst.EOF
  Debug.Print rst!Land & vbTab & rst!Ort
  rst.MoveNext
 Loop

 rst.Close
 Set rst = Nothing

End Sub
```

Die Anweisung DISTINCT kann auf mehrere Felder ausgeweitet werden, indem alle folgenden Felder, getrennt durch ein Komma, aufgeführt werden.

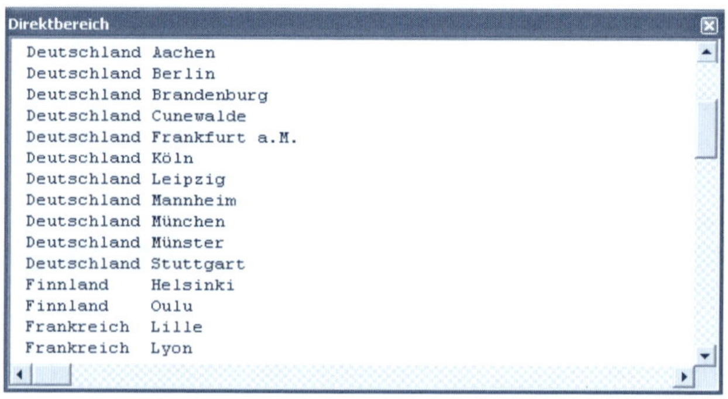

Abb. 6.7: Die Unikatsliste wurde um Land und Stadt erweitert.

6.2.6 Datensätze sortieren

Um Datensätze sortiert auszugeben, setzen Sie die SQL-Klausel ORDER BY ein. Über das Schlüsselwort ASC (aufsteigend) bzw. DESC (absteigend) können Sie die Sortierreihenfolge festlegen. Wenn Sie aufsteigend sortieren möchten, dann können Sie dieses Schlüsselwort auch weglassen.

Im Beispiel aus Listing 6.11 wird die Tabelle ARTIKEL geöffnet und alle Datensätze ermittelt, die einen Einzelpreis von mehr als 20 Euro aufweisen. Die Ausgabe der Datensätze erfolgt aufsteigend nach dem Einzelpreis.

Listing 6.11: Datensätze sortieren und ausgeben – Variante 1

```
Sub DatensätzeSortieren()
Dim rst As ADODB.Recordset

Set rst = CurrentProject.Connection.Execute _
("SELECT * FROM Artikel WHERE Einzelpreis > 20 ORDER BY " _
    & "Einzelpreis ASC" , , adCmdText)

Do Until rst.EOF

  Debug.Print rst!Artikelname & vbLf & _
              rst!Einzelpreis & vbLf & _
              rst!Lagerbestand & vbLf
  rst.MoveNext

Loop

rst.Close
Set rst = Nothing

End Sub
```

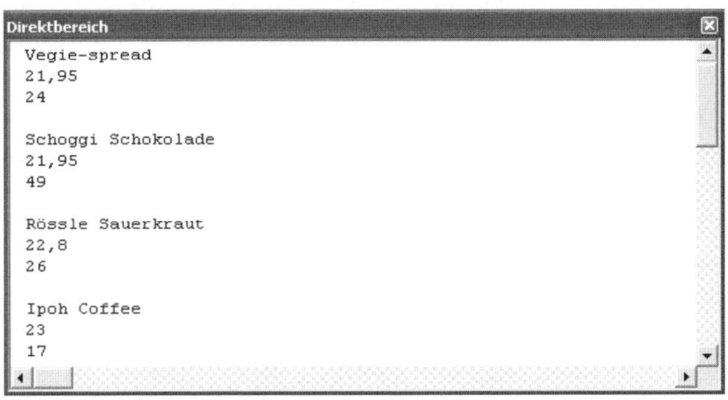

Abb. 6.8: Der billigste Artikel steht ganz oben.

Im folgenden Beispiel aus Listing 6.12 wird die Tabelle ARTIKEL geöffnet und die Datensätze nach dem Artikelnamen sortiert.

Listing 6.12: Datensätze sortieren und ausgeben – Variante 2

```
Sub DatensätzeSortieren()
Dim Conn As ADODB.Connection
Dim rst As ADODB.Recordset

On Error GoTo fehler
   Set Conn = CurrentProject.Connection
   Set rst = New ADODB.Recordset

   With rst
    .CursorLocation = adUseClient
    .Open "Artikel", Conn, adOpenKeyset, adLockOptimistic
    .Sort = "Artikelname ASC"
```

```
      Do While Not .EOF
         Debug.Print .Fields("Artikel-Nr.").Value & _
                " " & .Fields("Artikelname").Value
         .MoveNext
      Loop

      .Close
    End With

    Conn.Close
    rst.Close
    Set rst = Nothing
    Set Conn = Nothing
    Exit Sub

fehler:
  MsgBox Err.Number & " " & Err.Description
End Sub
```

Ganz wichtig ist beim Sortiervorgang, dass Sie die Eigenschaft `CursorLocation` und die Konstante `adUseClient` angeben. Damit wird der clientbasierte Cursor verwendet, der unter anderem den Sortiervorgang von Datensätzen unterstützt. Wenden Sie danach die Eigenschaft `Sort` an und geben Sie vor, nach welchen Kriterien sortiert werden soll. Haben Sie mehrere Sortierkriterien zur Auswahl, dann geben Sie diese entsprechend der Sortierreihenfolge getrennt durch Kommata ein. Bei der Sortierreihenfolge selbst können Sie entweder `ASC` für aufsteigende Sortierung oder `DESC` für absteigende Sortierung angeben. Dabei erfassen Sie nach dem Feldnamen ein Leerzeichen und hängen die gewünschte Sortierkonstante an. Wenn Sie diese Konstante nicht angeben, wird standardmäßig absteigend sortiert.

6.2.7 Tabellen zusammenfassen

Mit der SQL-Anweisung `UNION` können Sie mehrere Tabellen zusammenfassen.

Die nachfolgende Prozedur aus Listing 6.13 liest aus den beiden Tabellen KUNDEN und LIEFERANTEN die Informationen ORT, FIRMA und KONTAKTPERSON heraus.

Listing 6.13: Mehrere Tabellen zusammenfahren

```
Sub MehrereTabellenAbfragen()
Dim rst As New ADODB.Recordset

Set rst = New ADODB.Recordset
On Error GoTo fehler
```

```
 With rst
  .Open "SELECT Ort, Firma, Kontaktperson " & _
  "FROM Kunden UNION SELECT Ort, Firma, " & _
  "Kontaktperson FROM " & "Lieferanten ORDER BY Ort, Firma", _
   CurrentProject.Connection

 Do Until .EOF
    Debug.Print "Ort: " & .Fields("Ort").Value & _
      "  Firma: " & .Fields("Firma").Value & _
      " Kontaktperson: " & .Fields("Kontaktperson")
    .MoveNext
 Loop

  .Close
 End With

 Set rst = Nothing
 Exit Sub

fehler:
  MsgBox Err.Number & " " & Err.Description

End Sub
```

Über das Schlüsselwort `UNION` verbinden Sie die zwei Tabellen KUNDEN und LIEFERANTEN. Übergeben Sie in diesem Beispiel den kompletten SQL-Befehl bereits beim Herstellen der Verbindung. Danach stehen die Ergebnisse im Objekt `rst` zur Verfügung. Setzen Sie anschließend eine Schleife auf, die Satz für Satz abarbeitet. Geben Sie die Feldinhalte über die Auflistung `Fields` im Direktfenster aus.

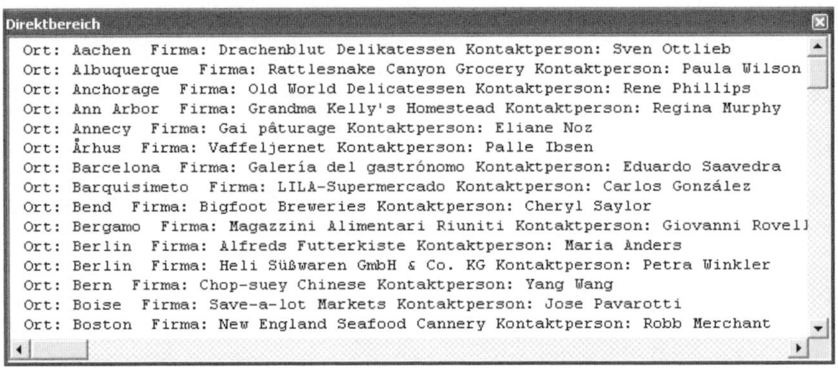

Abb. 6.9: Zwei Tabellen konsolidieren

6.2.8 Minimal- und Maximalwerte ermitteln (Variante 1)

Mit dem Schlüsselwort TOP können Sie die Anzahl der durch eine Datensatzgruppe zurückgegebenen Datensätze einschränken. Es werden dann die ersten n Datensätze ausgegeben – welche das sind, hängt von der Sortierung der Daten ab.

Im folgenden Beispiel aus Listing 6.14 werden die fünf billigsten Artikel aus dem Sortiment der Tabelle ARTIKEL ermittelt und angezeigt.

Listing 6.14: Die fünf billigsten Artikel ermitteln

```
Sub BilligsteArtikel()
Dim rst As New ADODB.Recordset
Dim strSQL As String

strSQL = "SELECT TOP 5 Einzelpreis, Artikelname, " & _
       "Lagerbestand FROM Artikel ORDER BY Einzelpreis"

Set rst = New ADODB.Recordset

With rst

 .Open strSQL, CurrentProject.Connection

Do Until .EOF
 Debug.Print .Fields("Artikelname") & vbLf & _
             .Fields("Lagerbestand") & vbLf & _
             .Fields("Einzelpreis") & vbLf
 .MoveNext
Loop

.Close

End With
Set rst = Nothing

End Sub
```

Über die SQL-Anweisung SELECT TOP 5 erhalten Sie die fünf billigsten Artikel im Sortiment, wenn die Sortierreihenfolge aufsteigend eingestellt ist. Geben Sie diese SQL-Anqweisung beim Öffnen der Tabelle an. Die fünf Sätze stehen danach im Objekt rst, das Sie anschließend über eine Schleife auslesen. Innerhalb der Schleife greifen Sie über die Auflistung Fields auf die einzelnen Datenfelder zu und geben diese über die Anweisung Debug.Print im Direktfenster der Entwicklungsumgebung aus.

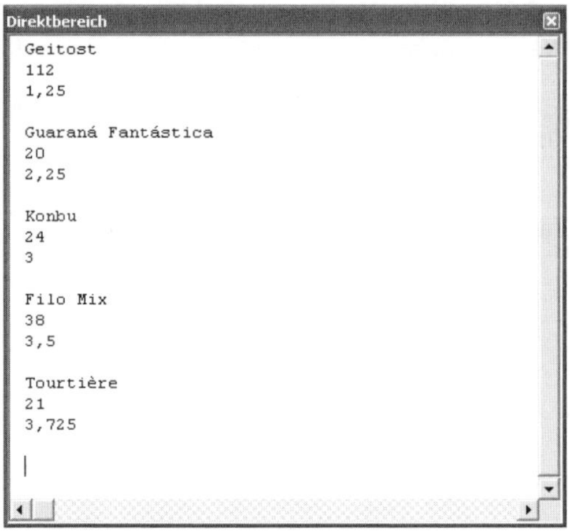

Abb. 6.10: Die fünf billigsten Artikel mit Bezeichnung, Lagerbestand und Einzelpreis

Im nächsten Beispiel aus Listing 6.15 wird der billigste Artikel der Tabelle Artikel ermittelt.

Listing 6.15: Den billigsten Artikel finden

```
Sub MinWertFinden()
Dim rst As ADODB.Recordset
Dim strSQL As String

strSQL = "SELECT Min(Einzelpreis) FROM Artikel"

Set rst = New ADODB.Recordset
On Error GoTo fehler

With rst
.Open strSQL, CurrentProject.Connection
 .MoveFirst
  MsgBox "Der niedigste Preis ist " & .Fields(0).Value
 .Close
 End With

 Set rst = Nothing
 Exit Sub

fehler:
  MsgBox Err.Number & " " & Err.Description

End Sub
```

Fügen Sie die Funktion `Min` gleich nach der Anweisung `SELECT` ein und setzen Sie das Feld in Klammern, aus welchem Sie den niedrigsten Wert ermitteln möchten. Nach der Suche wenden Sie die Methode `MoveFirst` an, um diesen Wert anzusteuern. Über die Fields-Auflistung können Sie diesen Wert ausgeben.

Neben den Aggregatfunktionen Min und Max gibt es in Tabelle 6.3 weitere Funktionen, die Sie einsetzen können.

Tabelle 6.2: Die verfügbaren Aggregatfunktionen

Funktion	Kurzbeschreibung
Avg	Mittelwertsberechnung
Count	Datensatzanzahl wird ermittelt
First	Meldet den ersten gefundenen Datensatz
Last	Meldet den letzten gefundenen Datensatz
Max	Ermittelt den größten Datensatz
Min	Ermittelt den kleinsten Datensatz
StDev	Errechnet die Standardabweichung
Sum	Bildet die Summe

Im folgenden Beispiel aus Listing 6.16 werden der durchschnittliche Lagerbestand und der durchschnittliche Preis aller Artikel errechnet und im Direktfenster ausgegeben.

Listing 6.16: Eine Durchschnittsberechnung durchführen

```
Sub AVGWerteFinden()
Dim rst As ADODB.Recordset
Dim strSQL As String

strSQL = "SELECT AVG(Lagerbestand), AVG(Einzelpreis) FROM Artikel"

Set rst = New ADODB.Recordset
On Error GoTo fehler

With rst
  .Open strSQL, CurrentProject.Connection
   Debug.Print .GetString
  .Close
 End With

 Set rst = Nothing
 Exit Sub

fehler:
  MsgBox Err.Number & " " & Err.Description

End Sub
```

Formulieren Sie zuerst einmal die SQL-Anweisung und legen Sie sie in einer String-Variablen ab. Geben Sie hierbei der SQL-Anweisung `SELECT` die einzelnen Berechnungen, getrennt durch jeweils ein Komma, bekannt und definieren Sie über die Anweisung `FROM`, auf welche Tabelle zugegriffen werden soll. Übergeben Sie die soeben gefüllte Variable der Methode `Open`. Geben Sie den Inhalt des errechneten Werts über die Methode `GetString` aus und beenden Sie die Verbindung, indem Sie die Methode `Close` einsetzen.

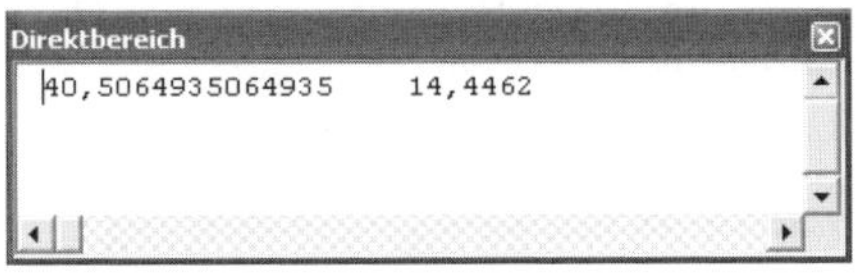

Abb. 6.11: Den durchschnittlichen Lagerbestand und den durchschnittlichen Preis aller Artikel errechnen

6.2.9 Minimal- und Maximalwerte ermitteln (Variante 2)

Eine weitere Möglichkeit, Extremwerte zu ermitteln, ist der Einsatz der Domänen-Funktionen, die Sie in Tabelle 6.4 einsehen können.

Tabelle 6.3: Die D-Funktionen im Überblick

Funktion	**Kurzbeschreibung**
`DAvg`	Mittelwertsberechnung
`DCount`	Datensatzanzahl wird ermittelt
`DLookUp`	Zeigt einen Wert eines Felds an, das sich nicht in der Datenquelle Ihres Formulars oder Berichts befindet.
`DFirst`	Meldet den ersten gefundenen Datensatz
`DLast`	Meldet den letzten gefundenen Datensatz
`DMin`	Ermittelt den kleinsten Datensatz
`DMax`	Ermittelt den größten Datensatz
`DstDev`	Errechnet die Standardabweichung (Stichprobe)
`DStDevP`	Errechnet die Standardabweichung (Population)
`DSum`	Bildet die Summe
`DVar`	Errechnet die Varianz (Stichprobe)
`DVarP`	Errechnet die Varianz (Population)

Im folgenden Beispiel aus Listing 6.17 wird das Geburtsdatum des ältesten Mitarbeiters in der Tabelle PERSONAL ermittelt.

Listing 6.17: Den ältesten Mitarbeiter finden

```
Sub MinWertFindenVar2()

  MsgBox "Der älteste Mitarbeiter ist am : " & _
  DMin("Geburtsdatum", "Personal") & _
  " geboren!", vbInformation

End Sub
```

Bei dieser Variante ist es nicht erforderlich, die Tabelle PERSONAL zu öffnen. Die Funktion `DMin` greift direkt auf die Tabelle zu und sucht sich den ältesten Mitarbeiter heraus.

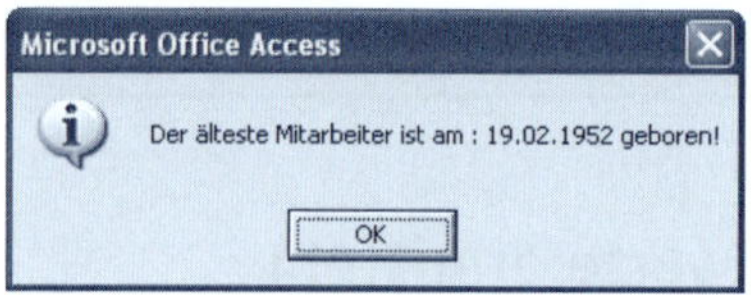

Abb. 6.12: Der schnelle Zugriff über DMin

6.2.10 Datensätze in einer Tabelle finden

Die Methode `Find` sucht in der Tabelle nach dem Datensatz, der den angegebenen Kriterien entspricht. Ist das Kriterium erfüllt, wird der gefundene Datensatz zum aktuellen Datensatz der Tabelle. Andernfalls wird der Zeiger auf das Ende der Tabelle festgelegt. Die Syntax dieser Methode lautet:

```
Find (Kriterium, Versatz, Suchrichtung, Beginn)
```

Tabelle 6.4: Die Argumente der Methode Find

Argument	Beschreibung
`Kriterium`	Mit diesem Argument geben Sie an, was Sie konkret in der Tabelle suchen möchten.
`Versatz`	Über dieses Argument können Sie den Abstand vom aktuellen Datensatz oder vom Argument `Beginn` angeben.
`Suchrichtung`	Dieses Argument gibt an, wie in der Tabelle gesucht werden soll. Dazu stehen Ihnen folgende Varianten zur Verfügung. `adSearchForward`: Führt die Suche vorwärts durch. Die Suche hört am Ende der Tabelle auf, sofern kein entsprechender Datensatz gefunden wurde. `adSearchBackward`: Führt die Suche rückwärts durch. Die Suche hört am Anfang der Tabelle auf, sofern kein entsprechender Datensatz gefunden wurde.
`Beginn`	Bei diesem Argument können Sie einen numerischen Wert angeben, der angibt, bei welchem Datensatz die Suche in der Tabelle beginnen soll.

Im folgenden Beispiel aus Listing 6.18 wird eine Artikelbezeichnung über eine Inputbox erfasst. Danach öffnen Sie die Tabelle ARTIKEL und durchsuchen diese Tabelle. Wird der gesuchte Artikel gefunden, dann wird der entsprechende Artikel im Direktfenster ausgegeben.

Listing 6.18: Datensätze suchen

```
Sub DatensatzFinden()
Dim rst As ADODB.Recordset
Dim strEingabe As String

strEingabe = InputBox("Geben Sie den Artikel ein!")
If strEingabe = "" Then Exit Sub
strEingabe = "Artikelname='" & strEingabe & "'"

On Error GoTo fehler
Set rst = New ADODB.Recordset

With rst
   .Open Source:="Artikel", _
    ActiveConnection:=CurrentProject.Connection, _
    CursorType:=adOpenKeyset, LockType:=adLockOptimistic

  .Find Criteria:=strEingabe, SearchDirection:=adSearchForward

 If Not .EOF Then
    Do While Not .EOF
       Debug.Print "Artikelname:" & .Fields("Artikelname").Value
       Debug.Print "Einzelpreis :" & .Fields("Einzelpreis").Value
       Debug.Print "Lagerbestand: " & .Fields("Lagerbestand").Value
       .Find Criteria:=strEingabe, SkipRecords:=1
    Loop
 Else
    MsgBox "Datensatz nicht gefunden"
 End If
 .Close
End With

Set rst = Nothing
Exit Sub

fehler:
  MsgBox Err.Number & " " & Err.Description
End Sub
```

Im ersten Schritt fragen Sie über eine Eingabemaske die Artikelbezeichnung ab, nach der in der Tabelle ARTIKEL gesucht werden soll. Bilden Sie den Suchbegriff im Anschluss daran. Achten Sie darauf, dass der Suchbegriff sowohl aus dem eigentlichen Suchbegriff als auch dem Feldnamen der Tabelle gebildet werden muss.

Öffnen Sie die Access-Datenbank mithilfe des Objekts `Connection`. Zum Öffnen einer Access-Datenbank brauchen Sie die Jet-Datenbank-Engine.

Im Argument `ConnectionString` geben Sie den Namen der Datenbank an, die Sie öffnen möchten.

Setzen Sie jetzt die Methode `Find` ein. Diese Methode sucht in der Tabelle nach dem Datensatz, der den angegebenen Kriterien entspricht. Ist das Kriterium erfüllt, wird der gefundene Datensatz zum aktuellen Datensatz der Tabelle. Andernfalls wird der Zeiger auf das Ende der Tabelle festgelegt.

In der ersten Verzweigung fragen Sie direkt nach, ob der gesuchte Satz gefunden wurde. Ist dies nicht der Fall, wird die Bedingung `EOF` (End Of File) erreicht. Wurde der gesuchte Datensatz gefunden, stehen alle Informationen hierüber in der Objektvariablen `rst`.

Da der gesuchte Artikel mehrfach in der Tabelle vorkommen kann, setzen Sie eine Schleife auf, die so lange durchlaufen wird, bis das Ende der Tabelle erreicht wird. Danach können Sie die einzelnen Werte über das Auflistungsobjekt `Fields` abrufen. In diesem Objekt stehen alle Feldinhalte, die Sie mithilfe der Eigenschaft `Value` ausgeben können. Achten Sie bei der Ausgabe darauf, dass Sie den Feldnamen, den Sie im Entwurfsmodus der Tabelle ansehen können, mit angeben.

Die soeben vorgestellte Lösung funktioniert einwandfrei, wenn der korrekte Suchbegriff eingegeben wird. Möchten Sie eine Suche mit sogenannten Wildcards durchführen, dann erweitern Sie das Listing 6.18 wie folgt:

Listing 6.19: Eine Wildcard-suche programmieren

```
Sub DatenSatzFindenMitJoker)
Dim rst As ADODB.Recordset
Dim strEingabe As String

'Das Stern - Symbol ist bei ADO ein PRozent %
strEingabe = InputBox("Bitte Artikelnamen eingeben!")
If strEingabe = "" Then Exit Sub

strEingabe = "Artikelname like '" & strEingabe & "%'"
Set rst = New ADODB.Recordset

rst.Open "SELECT * FROM Artikel WHERE " & strEingabe, _
CurrentProject.Connection, adOpenKeyset, adLockOptimistic

With rst

Do While Not .EOF
  Debug.Print .Fields("Artikelname") & vbTab & _
              .Fields("Einzelpreis") & vbLf
  .MoveNext
Loop
```

```
.Close
End With
Set rst = Nothing

End Sub
```

Etwas verwirrend ist, dass nicht das standardmäßig eingesetzte Zeichen »*« sondern eben »%« verwendet werden muss, um eine Wildcardsuche durchzuführen. So werden bei einer Suche bei ADO nach dem Buchstaben »C« Artikel wie Camembert, Chocolate und Chatto gefunden.

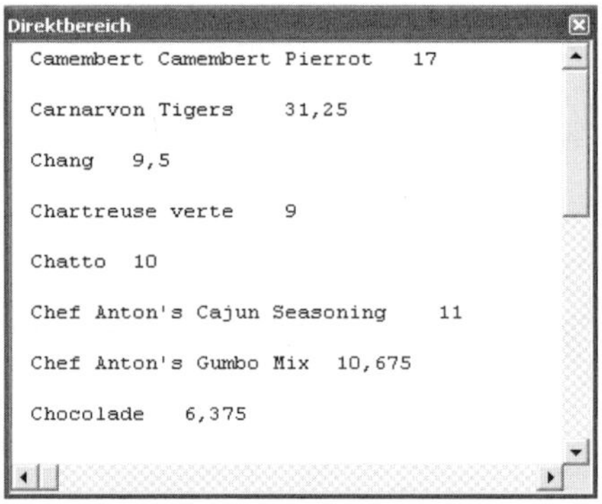

Abb. 6.13: ... liefert diese Artikel

6.2.11 Datensätze verändern

Mithilfe der Methode Update können Sie eine Änderung an einem Datensatz speichern.

Im folgenden Beispiel aus Listing 6.20 werden in der Tabelle Artikel2 die Preise um 10% erhöht.

Listing 6.20: Eine Preiserhöhung durchführen

```
Sub PreiseErhoehen()
Dim rst As ADODB.Recordset

Set rst = New ADODB.Recordset

rst.Open "Artikel2", CurrentProject.Connection, _
          adOpenKeyset, adLockOptimistic

With rst

 Do Until .EOF
   .Fields("Einzelpreis") = .Fields("Einzelpreis") * 1.1
   .Update
   .MoveNext
 Loop
```

```
.Close

End With

Set rst = Nothing

End Sub
```

Die Preiserhöhung führen Sie durch, indem Sie das Feld EINZELPREIS mit dem Faktor 1.1 multiplizieren. Gleich danach wenden Sie die Methode `Update` an, um diese Änderung wirksam werden zu lassen. Mit der Methode `MoveNext` gehen Sie zum nächsten Datensatz der Tabelle. Diese Vorgehensweise führen Sie so lange durch, bis Sie am letzten Satz der Tabelle angelangt sind. Dann tritt die Schleifenbedingung `EOF` ein und die Schleife wird verlassen. Vergessen Sie dann nicht, die Tabelle über die Methode `Close` zu schließen.

6.2.12 Datensätze filtern

Um Daten aus einer Tabelle zu filtern, setzen Sie die Eigenschaft `Filter` ein. Als Argumente können Sie dabei problemlos auch mehrere Bedingungen angeben, die Sie dann über die Operatoren `And` oder `Or` miteinander verbinden.

In der Prozedur aus Listing 6.21 werden aus der Tabelle KUNDEN alle Kunden gefiltert, die aus den USA oder KANADA kommen. Beachten Sie dabei die Schreibweise des Filterkriteriums.

Listing 6.21: Datensätze filtern

```
Sub DatensätzeFiltern()
Dim Conn As ADODB.Connection
Dim rst As ADODB.Recordset

On Error GoTo fehler
   Set Conn = CurrentProject.Connection
   Set rst = New ADODB.Recordset

   With rst
    .Open "Kunden", Conn, adOpenKeyset, adLockOptimistic
    .Filter = "Land = 'USA' OR Land = 'Kanada'"

     Do While Not .EOF
        Debug.Print .Fields("Kontaktperson").Value
        Debug.Print .Fields("Ort").Value & vbLf
       .MoveNext
     Loop

     .Close
   End With
```

```
   Conn.Close
   Set rst = Nothing
   Set Conn = Nothing
   Exit Sub

fehler:
  MsgBox Err.Number & " " & Err.Description

End Sub
```

Übergeben Sie der Eigenschaft `Filter` das Filterkriterium. Dabei arbeiten Sie bei numerischen Feldern mit den Zeichen =, < und >. Bei alphanumerischen Feldern müssen Sie darauf achten, dass Sie die Filterkriterien in Apostrophe setzen. In einer `Do While`-Schleife geben Sie danach die gefundenen Kunden im Direktfenster der Entwicklungsumgebung aus.

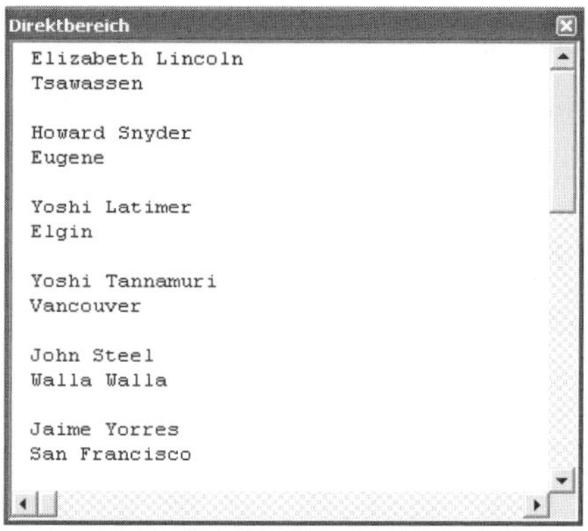

Abb. 6.14: Alle Kunden aus den USA und aus Kanada werden aufgelistet.

6.2.13 Datensätze zählen

Möchten Sie ermitteln, wie viele Sätze sich in Ihrer Tabelle befinden, dann gibt es hierfür mehrere Varianten.

Variante 1

Setzen Sie die Eigenschaft `RecordCount` ein. Diese Eigenschaft gibt die Anzahl der Datensätze einer angegebenen Tabelle aus.

Listing 6.22: Datensätze zählen – Variante 1

```
Sub DatensaetzeZählen()
Dim Conn As ADODB.Connection
Dim rst As ADODB.Recordset

On Error GoTo fehler
   Set Conn = CurrentProject.Connection
   Set rst = New ADODB.Recordset
```

```
    With rst
     .Open "Kunden", Conn, adOpenKeyset, adLockOptimistic
      MsgBox "In der Tabelle befinden sich " & _
             .RecordCount & " Datensätze"
     .Close
    End With

    Conn.Close

    Set rst = Nothing
    Set Conn = Nothing
    Exit Sub


fehler:
  MsgBox Err.Number & " " & Err.Description

End Sub
```

Deklarieren Sie zu Beginn der Prozedur eine Objektvariable vom Typ ADODB.Recordset. Öffnen Sie mithilfe der Methode Open die Tabelle KUNDEN und wenden Sie die Eigenschaft RecordCount an, um die Anzahl der Datensätze zu ermitteln.

Variante 2 Formulieren Sie eine SQL-Anweisung wie in Listing 6.23 angezeigt.

Listing 6.23: Datensätze über eine SQL-Anweisung zählen

```
Sub DatensaetzeZaehlen2()
Dim rst As ADODB.Recordset
Dim strSQL As String

strSQL = "SELECT COUNT(Kontaktperson) FROM Kunden"

Set rst = New ADODB.Recordset

 rst.Open strSQL, CurrentProject.Connection
 MsgBox "In der Tabelle befinden sich " & _
 rst.Fields(0) & " Datensätze!"
 rst.Close

End Sub
```

Wenden Sie die Anweisung COUNT an und geben Sie bekannt, welches Feld in welcher Tabelle gezählt werden soll. Danach erstellen Sie ein Recordset-Objekt, öffnen die Tabelle und übergeben die SQL-Anweisung. Indem Sie der Auflistung Fields die 0 übergeben, können Sie auf die ermittelte Gesamtzahl der gefundenen Kunden zugreifen.

Variante 3

Die kürzeste Variante, um Datensätze einer Tabelle zu zählen, erreichen Sie über die Funktion DCount. Dazu braucht die Tabelle nicht einmal geöffnet zu werden.

Listing 6.24: Datensätze über die Funktion DCount zählen

```
Sub DatensaetzeZaehlen3()

  MsgBox "In der Tabelle befinden sich " & _
  DCount("Kontaktperson", "Kunden") & " Datensätze!"

End Sub
```

Übergeben Sie der Funktion DCount als erstes Argument das Feld, das Sie zählen möchten. Im zweiten Argument geben Sie den Namen der Tabelle an, in der das zu zählende Feld enthalten ist.

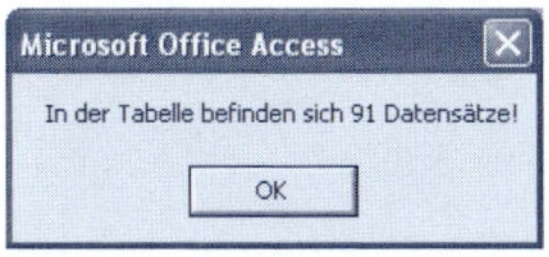

Abb. 6.15: Das Ergebnis aller drei Varianten

6.2.14 Datensätze löschen

Über den Einsatz der Methode Delete können Sie Datensätze aus einer Tabelle löschen. Die Syntax dieser Methode lautet:

```
Datensatz.Delete BetroffeneSätze
```

Tabelle 6.5: Die Argumente der Methode Delete

Argument	**Beschreibung**
Datensatz	Gibt ein Recordset-Objekt zurück.
BetroffeneSätze	Optional. Hier können die zu löschenden Sätze gezählt werden.

Im folgenden Beispiel aus Listing 6.25 werden alle Datensätze aus der Tabelle ARTIKEL2 entfernt, die einen Lagerbestand von 0 aufweisen.

Listing 6.25: Bestimmte Datensätze entfernen

```
Sub DatensätzeLöschen()
Dim Conn As ADODB.Connection
Dim rst As ADODB.Recordset

On Error GoTo fehler
 Set Conn = CurrentProject.Connection
 Set rst = New ADODB.Recordset
```

```
rst.Open _
"Select * FROM Artikel2 where (Lagerbestand = 0)", _
      Conn, adOpenKeyset, adLockOptimistic

 Do Until rst.EOF
    rst.Delete
    rst.MoveNext
 Loop

 rst.Close
 Set rst = Nothing
 Set Conn = Nothing
 Exit Sub

fehler:
  MsgBox Err.Number & " " & Err.Description

End Sub
```

Beim Löschen von Datensätzen über die Methode `Delete` aus einer Tabelle müssen Sie darauf achten, dass Sie mithilfe der Methode `MoveNext` jeweils zum nächsten Datensatz springen.

6.2.15 Datensätze hinzufügen

Durch den Einsatz der Methode `AddNew` können Sie einer Tabelle einen neuen Datensatz hinzufügen. Alles, was Sie dazu wissen müssen, sind die genauen Feldbezeichnungen, die Sie in der Entwurfsansicht der Tabelle einsehen können.

Im folgenden Beispiel aus Listing 6.26 wird ein neuer Satz in die Tabelle PERSONAL eingefügt.

Listing 6.26: Einen neuen Datensatz hinzufügen

```
Sub DatensatzHinzufügen()
Dim Conn As ADODB.Connection
Dim rst As ADODB.Recordset

On Error GoTo fehler
Set Conn = CurrentProject.Connection
Set rst = New ADODB.Recordset

With rst

.Open "Personal", Conn, adOpenKeyset, adLockOptimistic
.AddNew
.Fields("Nachname") = "Held"
.Fields("Vorname") = "Bernd"
```

```
.Fields("Position") = "Externer Berater"
.Fields("Anrede") = "Herr"
.Fields("Geburtsdatum") = "02.04.1969"
.Fields("Einstellung") = "17.01.2002"
.Fields("Straße") = "Maybachstr. 35"
.Fields("Ort") = "Stuttgart"
.Fields("Region") = "BW"
.Fields("PLZ") = "70469"
.Fields("Land") = "Deutschland"
.Update
.Close

End With

Set rst = Nothing
Set Conn = Nothing
Exit Sub

fehler:
 MsgBox Err.Number & " " & Err.Description

End Sub
```

Das erste Feld, die Personal-Nr brauchen Sie übrigens nicht zu füllen. Dieses Feld weist den Felddatentyp AUTOWERT auf, was bedeutet, dass Access selbst einen gültigen Wert vergibt. Über die Methode AddNew wird ein neuer, noch leerer Datensatz in die Tabelle geschrieben. Danach werden die Felder über die einzelnen Elemente der Auflistung Fields gefüllt. Über den Einsatz der Methode Update wird der Datensatz gesichert. Die Methode Close schließt die Tabelle wieder.

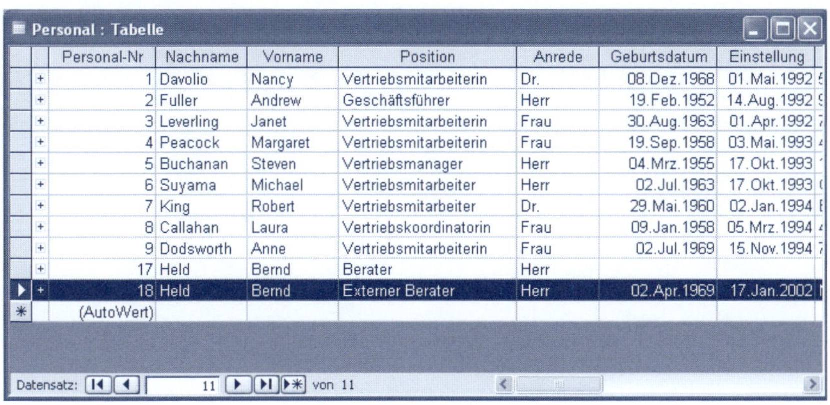
Personal : Tabelle

Personal-Nr	Nachname	Vorname	Position	Anrede	Geburtsdatum	Einstellung
1	Davolio	Nancy	Vertriebsmitarbeiterin	Dr.	08.Dez.1968	01.Mai.1992
2	Fuller	Andrew	Geschäftsführer	Herr	19.Feb.1952	14.Aug.1992
3	Leverling	Janet	Vertriebsmitarbeiterin	Frau	30.Aug.1963	01.Apr.1992
4	Peacock	Margaret	Vertriebsmitarbeiterin	Frau	19.Sep.1958	03.Mai.1993
5	Buchanan	Steven	Vertriebsmanager	Herr	04.Mrz.1955	17.Okt.1993
6	Suyama	Michael	Vertriebsmitarbeiter	Herr	02.Jul.1963	17.Okt.1993
7	King	Robert	Vertriebsmitarbeiter	Dr.	29.Mai.1960	02.Jan.1994
8	Callahan	Laura	Vertriebskoordinatorin	Frau	09.Jan.1958	05.Mrz.1994
9	Dodsworth	Anne	Vertriebsmitarbeiterin	Frau	02.Jul.1969	15.Nov.1994
17	Held	Bernd	Berater	Herr		
18	Held	Bernd	Externer Berater	Herr	02.Apr.1969	17.Jan.2002
(AutoWert)						

Datensatz: 11 von 11

Abb. 6.16: Der neue Satz wurde am Ende der Tabelle eingefügt.

KAPITEL 7

Abfragen programmieren

Im vorherigen Kapitel haben Sie komplexere Auswertungen von Tabellen vorgenommen und die Ergebnisse im Direktfenster der Entwicklungsumgebung ausgegeben. Wenn Sie Abfragen programmieren oder auch manuell erstellen, dann können Sie die Ergebnisse in sogenannten »Views« oder Abfragetabellen zur Verfügung stellen. Wie Sie Abfragen per VBA erstellen, erfahren Sie in diesem Kapitel.

Bei der Programmierung von Abfragen steht Ihnen das Objekt `DoCmd` mit den Methoden `OpenQuery` und `RunSQL` zur Verfügung oder die Methode `Execute` des ADO-Objekts `Command`.

7.1 Die Abfragetypen von Access

Access bietet eine ganze Reihe von verschiedenen Abfragen an, die Sie manuell erstellen oder auch programmieren können. Sie verwenden Abfragen, um Daten auf mehrere Arten anzuzeigen, zu ändern und zu analysieren. Sie können sie auch als Datenquellen für Formulare, Berichte und Datenzugriffsseiten sowie für Steuerelemente wie das Listen- oder Kombinationsfeld verwenden.

In Access unterscheidet man zwischen folgenden Abfragetypen:

1. Auswahlabfragen: Mithilfe einer Auswahlabfrage rufen Sie Daten aus einer oder mehreren Tabellen ab und zeigen die Ergebnisse in einem Datenblatt an. Dort können Sie die Datensätze aktualisieren. Mit einer Auswahlabfrage können Sie auch Datensätze gruppieren und Summen, Anzahl, Durchschnittswerte und andere Werte berechnen.
2. Parameterabfragen: Eine Parameterabfrage zeigt beim Ausführen ein Dialogfeld zur Eingabe von Informationen an. Dies können Kriterien zum Abrufen von Datensätzen oder auch Werte sein, die in ein Feld eingefügt werden sollen. Sie können die Abfrage auch so entwerfen, dass nach mehreren Informationen gefragt wird.
3. Kreuztabellenabfragen: Sie verwenden Kreuztabellenabfragen, um Daten zur Vereinfachung von Analysen zu berechnen und neu zu strukturieren. Kreuztabellenabfragen berechnen eine Summe, einen Durchschnitt, eine Anzahl oder eine andere Funktion für Daten, die nach zwei Informationstypen gruppiert sind: entlang der linken Seite des Datenblatts und entlang der oberen Seite.
4. Aktionsabfragen: Diese Abfragen führen in nur einer Operation Änderungen an einer Vielzahl von Datensätzen durch. Unter den Aktionsabfragen unterscheidet man zwischen folgenden Typen:
   1. Löschabfragen: Mithilfe einer Löschabfrage löschen Sie eine Gruppe von Datensätzen aus einer oder mehreren Tabellen. Löschabfragen löschen immer vollständige Datensätze, nicht die in Datensätzen markierten Felder.
   2. Aktualisierungsabfragen: Eine Aktualisierungsabfrage führt globale Änderungen an Gruppen von Datensätzen in einer oder mehreren Tabellen durch. Mit einer Aktualisierungsabfrage können Sie Daten in vorhandenen Tabellen ändern.
   3. Anfügeabfragen: Eine Anfügeabfrage fügt eine Gruppe von Datensätzen aus einer oder mehreren Tabellen am Ende einer anderen Tabelle oder mehrerer Tabellen an.
   4. Tabellenerstellungsabfragen: Eine Tabellenerstellungsabfrage erstellt eine Tabelle aus allen oder einem Teil der Daten in einer oder mehreren Tabellen.

7.2 Abfragen mithilfe von DoCmd

Über das Objekt `DoCmd` können Sie unter anderem auch Abfragen durchführen. Die Methode zum Starten einer Abfrage lautet: `OpenQuery`.

7.2.1 Abfragen starten mit OpenQuery

Über die Methode `OpenQuery` können Sie eine Auswahl- oder Kreuztabellenabfrage in der Datenblattansicht, Entwurfsansicht oder Seitenansicht öffnen. Diese muss natürlich schon in der Datenbank angelegt sein. Die Syntax dieser Funktion lautet:

```
OpenQuery(Abfragename, Ansicht, Datenmodus)
```

Tabelle 7.1: Die Argumente der Methode OpenQuery

Argument	Beschreibung
`Abfragename`	Erforderlich. Legt den Namen der Abfrage fest, die Sie durchführen möchten.
`Ansicht`	Optional. Legt die Ansicht der Abfrage fest. Es stehen Ihnen dabei folgende Konstanten zur Verfügung: `acViewDesign`: Öffnet die Abfrage in der Entwurfsansicht. `acViewNormal`: Öffnet die Abfrage in gewohnter Weise in der Tabellenansicht (Standardeinstellung). `acViewPivotChart`: Stellt die Abfrage für ein Pivot-Diagramm zur Verfügung. `acViewPivotTable`: Hiermit können Sie die Felder der Abfrage für eine Pivot-Tabelle verwenden. `acViewPreview`: Zeigt die Abfrage in der Seitenansicht an.
`Datenmodus`	Optional. Legt fest, ob Änderungen an der Abfrage durchgeführt werden dürfen oder nicht. Dabei können Sie folgende Konstanten festlegen: `acAdd`: Der Anwender kann neue Datensätze hinzufügen, jedoch keine bestehenden Datensätze bearbeiten. `acEdit`: Der Anwender kann bestehende Datensätze bearbeiten und neue Datensätze hinzufügen (Standardeinstellung). `acReadOnly`: Der Anwender kann die Datensätze nur ansehen.

Im folgenden Beispiel aus Listing 7.1 wird die Abfrage mit dem Namen ARTIKEL NACH KATEGORIE ausgeführt.

Listing 7.1: Eine Abfrage starten

```
Sub AbfrageStarten()

On Error GoTo fehler
 DoCmd.OpenQuery "Artikel nach Kategorie", acViewNormal, acReadOnly
 Exit Sub

fehler:
  MsgBox Err.Number & " " & Err.Description

End Sub
```

Die Methode `OpenQuery` greift auf die hinterlegten Tabellen ARTIKEL und KATEGORIE zurück und liefert das Ergebnis der Abfrage in einer Tabelle, die unter der Rubrik ABFRAGEN hinterlegt ist.

Artikel nach Kategorie

Kategorienam	Artikelname	Liefereinheit	Lagerbestan	Auslaufartil
Fleischprodukte	Pâté chinois	24 Kartons x 2 Pasteten	115	☐
Fleischprodukte	Tourtière	16 Pasteten	21	☐
Getränke	Chang	24 x 12-oz-Flaschen	17	☐
Getränke	Chartreuse verte	750-ml-Flasche	69	☐
Getränke	Chatto	10 Kartons x 20 Beutel	39	☐
Getränke	Côte de Blaye	12 x 75-cl-Flaschen	17	☐
Getränke	Ipoh Coffee	16 x 500-g-Dosen	17	☐
Getränke	Lakkalikööri	500-ml-Flasche	57	☐
Getränke	Laughing Lumberjack Lager	24 x 12-oz-Flaschen	52	☐
Getränke	Outback Lager	24 x 355-ml-Flaschen	15	☐
Getränke	Rhönbräu Klosterbier	24 x 0,5-l-Flaschen	125	☐
Getränke	Sasquatch Ale	24 x 12-oz-Flaschen	111	☐

Datensatz: 1 von 69 Kein Filter Suchen

Abb. 7.1: Die Abfrage Artikel nach Kategorie wurde gestartet.

7.2.2 Abfragen ausführen mit RunSQL

Eine weitere Möglichkeit, eine Abfrage in VBA zu erstellen und zu starten, ist die Methode `RunSQL`. Mit dieser Methode können Sie eine Aktionsabfrage ausführen, indem Sie die entsprechende SQL-Anweisung verwenden. Die Syntax dieser Methode lautet:

```
RunSQL(SQLAnweisung, TransaktionVerwenden)
```

Argument	Beschreibung
SQLAnweisung	Erforderlich. Legt die SQL-Anweisung fest. Speichern Sie diese SQL-Anweisung vorher am besten in einer String-Variablen und übergeben Sie diese dann der Methode RunSQL.
TransaktionVerwenden	Optional. Soll die Abfrage in eine Transaktion aufgenommen werden? Unter einer Transaktion versteht man eine Reihe von Änderungen, die an den Daten und am Schema einer Datenbank vorgenommen werden. Wenn ja, setzen Sie dieses Argument auf den Wert True.

Tabelle 7.2: Die Argumente der Methode RunSQL

In Verbindung mit der Methode RunSQL kommen einige SQL-Anweisungen zum Einsatz, die auf den folgenden Seiten anhand von praktischen Beispielen beschrieben werden.

7.2.3 UPDATE (Aktualisierungsabfrage)

Mit der Anweisung UPDATE geben Sie bekannt, dass Sie eine Tabelle aktualisieren möchten. Die Syntax dieser Anweisung lautet:

```
UPDATE Tabellenname " & "SET FeldName = 'NeuerFeldInhalt' " &
"WHERE FeldName = 'AlterFeldInhalt'"
```

Geben Sie über SET bekannt, wie der neue Inhalt des Datenfelds lauten soll. Über WHERE bestimmen Sie, nach welchen Sätzen in der Tabelle gesucht werden soll.

Im Beispiel aus Listing 7.2 werden in der Tabelle ARTIKEL2 alle Bestände auf den Wert 0 gesetzt. Dabei wird die Meldung, wie viele Datensätze aktualisiert werden sollen, deaktiviert.

Listing 7.2: Eine Aktualisierungsabfrage ausführen

```
Sub AktualisierungsAbfrage()

On Error GoTo fehler
 DoCmd.SetWarnings False
 DoCmd.RunSQL "UPDATE Artikel2 SET Artikel2.Lagerbestand = 0;"
 DoCmd.SetWarnings True
 Exit Sub

fehler:
  MsgBox Err.Number & " " & Err.Description

End Sub
```

Über die Methode SetWarnings, die auf den Wert False gesetzt wird, können Standardmeldungen, wie z.B. die Aktualisierungsmeldung, unterdrückt werden. Übergeben Sie danach die SQL-Anweisung der Methode RunSql.

Im nächsten Beispiel aus Listing 7.3 wird ein Lieferantenwechsel vorgenommen. Dabei soll der Lieferant NEW ORLEANS CAJUN DELIGHTS (Lieferanten-Nr = 2) in Zukunft stärker eingesetzt werden und die Lieferanten GRANDMA KELLY'S HOMESTEAD (Lieferanten-Nr = 3) und TOKYO TRADERS (Lieferanten-Nr = 4) ablösen.

Listing 7.3: Einen Lieferantenwechsel durchführen

```
Sub LieferantenWechsel()
Dim strSQL As String

strSQL = "UPDATE Artikel2 " & _
 "SET Artikel2.Lieferanten_Nr = 2 " & _
 "WHERE Artikel2.Lieferanten_Nr = 3 OR Artikel2.Lieferanten_Nr = 4"

On Error GoTo fehler
 DoCmd.SetWarnings False
 DoCmd.RunSQL strSQL
 DoCmd.SetWarnings True
 Exit Sub

fehler:
  MsgBox Err.Number & " " & Err.Description

End Sub
```

Geben Sie in der SQL-Anweisung ruhig auch mehrere Bedingungen an und übergeben Sie diese an die Methode RunSQL.

7.2.4 INSERT INTO (Anfügeabfrage)

Über die SQL-Anweisung INSERT INTO geben Sie bekannt, dass Sie in einer Tabelle einen neuen Datensatz anfügen möchten. Die Syntax lautet:

```
INSERT INTO ZielTabelle IN 'NameZielDatenbank' SELECT Tabellenfeld(er) FROM QuellTabelle ;"
```

Über die SQL-Anweisung IN geben Sie den Namen der Zieldatenbank bekannt. Geben Sie danach die Datenfelder der Tabelle über die Anweisung SELECT an, die Sie anfügen möchten. Achten Sie dabei darauf, dass die Feldnamen der Tabelle mit Ihren Angaben übereinstimmen. Geben Sie nach FROM den Namen der Tabelle an, aus der die Daten herausgeholt werden sollen.

```
INSERT INTO ZielTabelle IN 'NameZielDatenbank' SELECT Tabellenfeld(er) VALUES ,'Inhalte der Felder'"
```

Erfassen Sie nach VALUES die tatsächlichen Werte in Textform. Betten Sie jede Information in einfache Anführungszeichen ein. Trennen Sie jede Information durch Kommata voneinander ab.

Im Beispiel aus Listing 7.4 wird der Tabelle PERSONAL ein neuer Mitarbeiter hinzugefügt.

Listing 7.4: Ein neuer Mitarbeiter wurde eingefügt.

```
Sub AnfügeAbfrage()
Dim strSQL As String

 On Error GoTo fehler
 strSQL = "INSERT INTO Personal(Nachname, Vorname, " & _
 "Position, Anrede, Geburtsdatum) VALUES " & _
 "('Held', 'Bernd', 'Externer Berater', 'Herr', '02.04.1969')"

 DoCmd.SetWarnings False
 DoCmd.RunSQL strSQL
 DoCmd.SetWarnings True
 Exit Sub

fehler:
  MsgBox Err.Number & " " & Err.Description

End Sub
```

Personal-N	Nachnam	Vorname	Position	Anrede	Geburtsdatu
1	Davolio	Nancy	Vertriebsmitarbeiterin	Dr.	08.Dez.1968
2	Fuller	Andrew	Geschäftsführer	Herr	19.Feb.1952
3	Leverling	Janet	Vertriebsmitarbeiterin	Frau	30.Aug.1963
4	Peacock	Margaret	Vertriebsmitarbeiterin	Frau	19.Sep.1958
5	Buchanan	Steven	Vertriebsmanager	Herr	04.Mrz.1955
6	Suyama	Michael	Vertriebsmitarbeiter	Herr	02.Jul.1963
7	King	Robert	Vertriebsmitarbeiter	Dr.	29.Mai.1960
8	Callahan	Laura	Vertriebskoordinatorin	Frau	09.Jan.1958
9	Dodsworth	Anne	Vertriebsmitarbeiterin	Frau	02.Jul.1969
18	Held	Bernd	Externer Berater	Herr	02.Apr.1969
(Neu)					

Abb. 7.2: Ein neuer Mitarbeiter wurde hinzugefügt.

7.2.5 DELETE (Löschabfrage)

Mithilfe der SQL-Anweisung `DELETE` können Sie Datensätze aus einer Tabelle entfernen. Die Syntax dieser Anweisung lautet:

```
DELETE * FROM Tabellename WHERE Datenfeld='xxx'
```

Setzen Sie die SQL-Anweisung `DELETE` ein, um eine Löschabfrage zu starten. Geben Sie dabei an, welche Felder Sie aus welcher Tabelle löschen möchten. Geben Sie unter `WHERE` das Löschkriterium bekannt.

Im folgenden Beispiel aus Listing 7.5 werden aus der Tabelle LIEFERANTEN alle Lieferanten entfernt, die aus Japan kommen.

Listing 7.5: Bestimmte Datensätze löschen

```
Sub DatensätzeLöschen()
Dim strSQL As String

On Error GoTo fehler
 strSQL = "DELETE * FROM Lieferanten WHERE Land='Japan'"

 DoCmd.SetWarnings False
 DoCmd.RunSQL strSQL
 DoCmd.SetWarnings True
 Exit Sub

fehler:
  MsgBox Err.Number & " " & Err.Description

End Sub
```

Geben Sie bei der WHERE-Klausel das Kriterium in Apostrophen an, sofern es sich um alphanumerische Vergleichsfelder handelt. Die Apostrophe sind nicht nötig, wenn es sich um numerische Vergleichsfelder wie beispielsweise LAGERBESTAND, PREIS usw. handelt.

Über die LIKE-Klausel können Sie z.B. alle Datensätze löschen, die mit dem Buchstaben F beginnen, also Länder wie FRANKREICH und FINNLAND. Die Prozedur für diesen Zweck sehen Sie in Listing 7.6.

Listing 7.6: Datensätze über Wildcards löschen

```
Sub DatensätzeLöschen2()
Dim strSQL As String

On Error GoTo fehler
 strSQL = "DELETE * FROM Lieferanten WHERE Land LIKE 'F*'"

 DoCmd.SetWarnings False
 DoCmd.RunSQL strSQL
 DoCmd.SetWarnings True
 Exit Sub

fehler:
  MsgBox Err.Number & " " & Err.Description

End Sub
```

Über das Schlüsselwort LIKE führen Sie eine Löschung von Datensätzen über sogenannte »Wildcards« durch. Geben Sie das Sternsymbol als Wildcard an. Damit können Länder wie FRANKREICH und FINNLAND gefunden werden.

7.2.6 SELECT INTO (Tabellenerstellungsabfrage)

Mithilfe der SQL-Anweisung SELECT INTO können Sie eine neue Tabelle erstellen und dabei bestimmte Daten aus einer anderen Tabelle einfügen. Die Syntax dieser Anweisung lautet:

```
SELECT Datenfelder INTO [NeueTabelle] FROM QuellTabelle
WHERE (Datenfeld = 'xxx')
```

Über die SQL-Anweisung SELECT wählen Sie die Felder aus, die Sie in der neuen Tabelle speichern möchten. Bei der Vergabe der Feldnamen können Sie bis zu 64 Zeichen für einen Namen verwenden. Über INTO geben Sie den Namen der Tabelle an, die angelegt werden soll. Danach legen Sie mit der SQL-Anweisung FROM fest, woher die Daten stammen. Mit der WHERE-Anweisung können Sie die zu übertragenden Datensätze einschränken.

Im folgenden Beispiel aus Listing 7.7 werden aus der Tabelle KUNDEN alle Kunden ermittelt, die aus Deutschland stammen, und in die Tabelle KUNDENDEUTSCHLAND geschrieben.

Listing 7.7: Es wird eine neue Tabelle erstellt.

```
Sub TabelleErstellungsabfrage()
Dim strSQL As String

On Error GoTo fehler
strSQL = "SELECT Firma, Kontaktperson, Position, Straße, Ort " & _
"INTO [KundenDeutschland] FROM Kunden WHERE (Land = 'Deutschland')"

 DoCmd.SetWarnings False
 DoCmd.RunSQL strSQL
 DoCmd.SetWarnings True
 Exit Sub

fehler:
  MsgBox Err.Number & " " & Err.Description

End Sub
```

Geben Sie gleich hinter der Anweisung SELECT die Felder an, die Sie in der neuen Tabelle haben möchten. Danach geben Sie hinter der Klausel INTO den Namen für die neue Tabelle an. Die Klausel FROM sagt aus, aus welcher Tabelle die Daten gezogen werden sollen. Über die WHERE-Klausel wird eine Einschränkung vorgenommen, indem nur alle Kunden aus Deutschland übernommen werden sollen.

KundenDeutschland

Firma	Kontaktpers	Position	Straße	Ort
Alfreds Futterkiste	Maria Anders	Vertriebsmitarbeite	Obere Str. 57	Berlin
Blauer See Delikatessen	Hanna Moos	Vertriebsmitarbeite	Forsterstr. 57	Mannheim
Drachenblut Delikatesse	Sven Ottlieb	Einkaufsleitung	Walserweg 21	Aachen
Frankenversand	Peter Franken	Marketingmanager	Berliner Platz 43	München
Königlich Essen	Philip Cramer	Vertriebsassistent	Maubelstr. 90	Brandenburg
Lehmanns Marktstand	Renate Messn	Vertriebsmitarbeite	Magazinweg 7	Frankfurt a.M.
Morgenstern Gesundkos	Alexander Feu	Marketingassistent	Heerstr. 22	Leipzig
Ottilies Käseladen	Henriette Pfal:	Inhaberin	Mehrheimerstr. 369	Köln
QUICK-Stop	Horst Kloss	Buchhalter	Taucherstraße 10	Cunewalde
Toms Spezialitäten	Karin Josephs	Marketingmanager	Luisenstr. 48	Münster
Die Wandernde Kuh	Rita Müller	Vertriebsmitarbeite	Adenauerallee 900	Stuttgart

Datensatz: 1 von 11 Kein Filter Suchen

Abb. 7.3: Alle Kunden aus Deutschland ermitteln

7.2.7 INNER JOIN (Vergleichsabfrage)

Über die SQL-Anweisung `INNER JOIN` können Sie Tabellen miteinander vergleichen und nur diejenigen Sätze weiterverarbeiten, die in den Tabellen bei den mit `ON` angegeben Feldern gleich sind. Die Syntax dieser Anweisung lautet:

```
SELECT Datenbankfelder INTO NameNeuerTabelle FROM Tabelle1 INNER
JOIN Tabelle2 ON Tabelle1.Feld1 = Tabelle2.Feld1
```

Nach der Anweisung `SELECT` geben Sie die Datenfelder an, die in der neuen Tabelle ausgegeben werden sollen. Nach der Anweisung `INTO` geben Sie den Namen der neuen Tabelle an, die angelegt werden soll. Direkt hinter der Anweisung `FROM` legen Sie den Namen der ersten Tabelle fest. Hinter der Anweisung `INNER JOIN` übergeben Sie den Namen der Vergleichstabelle, die mit der ersten Tabelle abgeglichen werden soll. Nach der Anweisung `ON` erfassen Sie das Vergleichskriterium.

Im folgenden Beispiel aus Listing 7.8 werden die Felder ARTIKELNAME und EINZELPREIS in die neue Tabelle GLEICHEARTIKEL übertragen. Es werden dabei nur Datensätze erfasst, die in den beiden Tabellen ARTIKEL sowie ARTIKELVGL vorhanden sind.

Artikel

Artikel-Nr	Artikelname	Lieferant	Kategorie	Liefereinheit
1	Chatto	Exotic Liquids	Getränke	10 Kartons x 20 Beutel
2	Chang	Exotic Liquids	Getränke	24 x 12-oz-Flaschen
3	Aniseed Syrup	Exotic Liquids	Gewürze	12 x 550-ml-Flaschen
4	Chef Anton's Cajun Seasoning	New Orleans Cajun Delights	Gewürze	48 x 6-oz-Gläser
5	Chef Anton's Gumbo Mix	New Orleans Cajun Delights	Gewürze	36 Kartons
6	Grandma's Boysenberry Spread	Grandma Kelly's Homestead	Gewürze	12 x 8-oz-Gläser
7	Uncle Bob's Organic Dried Pears	Grandma Kelly's Homestead	Naturprodukte	12 x 1-lb-Packungen
8	Northwoods Cranberry Sauce	Grandma Kelly's Homestead	Gewürze	12 x 12-oz-Gläser
9	Mishi Kobe Niku	Tokyo Traders	Fleischprodukte	18 x 500-g-Packungen
10	Ikura	Tokyo Traders	Meeresfrüchte	12 x 200-ml-Gläser
11	Queso Cabrales	Cooperativa de Quesos 'Las Cabras'	Milchprodukte	1-kg-Paket
12	Queso Manchego La Pastora	Cooperativa de Quesos 'Las Cabras'	Milchprodukte	10 x 500-g-Packungen
13	Konbu	Mayumi's	Meeresfrüchte	2-kg-Karton
14	Tofu	Mayumi's	Naturprodukte	40 x 100-g-Packungen

Datensatz: 1 von 77 Kein Filter Suchen

Abb. 7.4: Die Ausgangstabelle Artikel

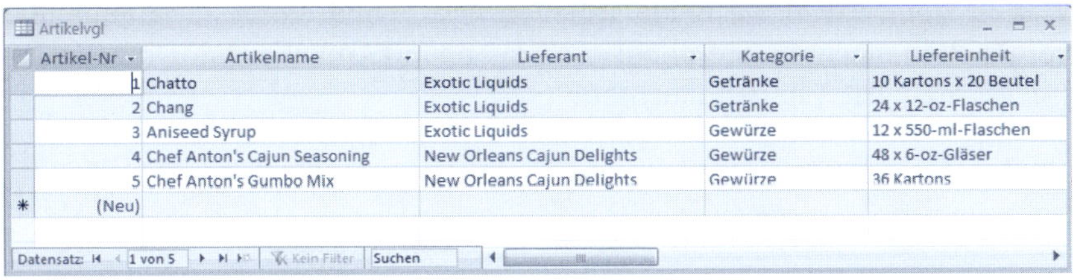

Artikel-Nr	Artikelname	Lieferant	Kategorie	Liefereinheit
1	Chatto	Exotic Liquids	Getränke	10 Kartons x 20 Beutel
2	Chang	Exotic Liquids	Getränke	24 x 12-oz-Flaschen
3	Aniseed Syrup	Exotic Liquids	Gewürze	12 x 550-ml-Flaschen
4	Chef Anton's Cajun Seasoning	New Orleans Cajun Delights	Gewürze	48 x 6-oz-Gläser
5	Chef Anton's Gumbo Mix	New Orleans Cajun Delights	Gewürze	36 Kartons
(Neu)				

Abb. 7.5: Die Vergleichstabelle Artikelvgl

Listing 7.8: Eine Vergleichsabfrage ausführen

```
Sub Vergleichsabfragen()
Dim strSQL As String

On Error GoTo fehler
strSQL = "SELECT Artikel.Artikelname," & _
" Artikel.Einzelpreis INTO GleicheArtikel " & _
"FROM Artikel INNER JOIN ArtikelVgl ON Artikel.Artikelname =
Artikelvgl.Artikelname "

 DoCmd.SetWarnings False
 DoCmd.RunSQL strSQL
 DoCmd.SetWarnings True
 Exit Sub

fehler:
  MsgBox Err.Number & " " & Err.Description

End Sub
```

Geben Sie hinter der Anweisung `SELECT` die Felder an, die Sie in der neuen Tabelle haben möchten. Bei der `INTO`-Klausel geben Sie den Namen der neuen Tabelle an. Die `FROM`-Klausel enthält den Namen der ersten Tabelle, also der Tabelle ARTIKEL. Hinter der Anweisung `INNER JOIN` geben Sie den Namen der Vergleichstabelle an, die mit der ersten Tabelle abgeglichen werden soll. Nach der Anweisung `ON` erfassen Sie das Vergleichskriterium, hier der Artikelname der Tabelle ARTIKEL sowie der Artikelname der Tabelle ARTIKELVGL.

Die SQL-Anweisung `INNER JOIN` unterscheidet nicht zwischen Groß- und Kleinschreibung.

Artikelname	Einzelpreis
Chatto	10,00 €
Chang	9,50 €
Aniseed Syrup	5,00 €
Chef Anton's Cajun Seasoning	11,00 €
Chef Anton's Gumbo Mix	10,68 €

Abb. 7.6: Diese fünf Artikel sind in beiden Tabellen identisch.

Was ist aber, wenn Sie beide Tabellen Artikel und Artikelvgl miteinander vergleichen möchten und dabei auch die neuen Artikel aus der Tabelle Artikelvgl aufgelistet haben möchten?

Abb. 7.7: In der Vergleichstabelle wurde ein neuer Satz hinzugefügt.

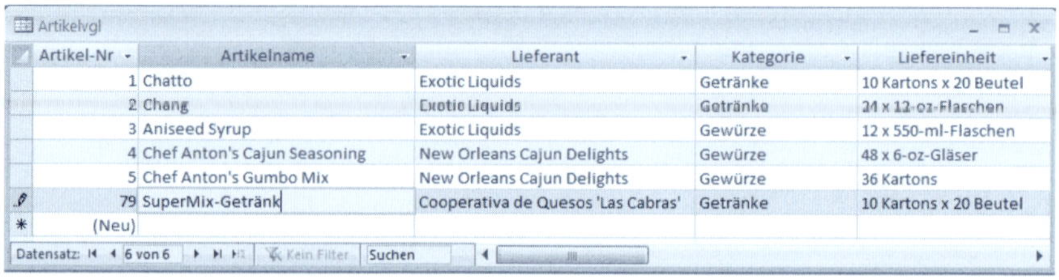

Artikel-Nr	Artikelname	Lieferant	Kategorie	Liefereinheit
1	Chatto	Exotic Liquids	Getränke	10 Kartons x 20 Beutel
2	Chang	Exotic Liquids	Getränke	24 x 12-oz-Flaschen
3	Aniseed Syrup	Exotic Liquids	Gewürze	12 x 550-ml-Flaschen
4	Chef Anton's Cajun Seasoning	New Orleans Cajun Delights	Gewürze	48 x 6-oz-Gläser
5	Chef Anton's Gumbo Mix	New Orleans Cajun Delights	Gewürze	36 Kartons
79	SuperMix-Getränk	Cooperativa de Quesos 'Las Cabras'	Getränke	10 Kartons x 20 Beutel
(Neu)				

Um diese Aufgabe zu lösen, starten Sie die Prozedur aus Listing 7.9.

Listing 7.9: Gleiche und neue Artikel aus der Vergleichstabelle ermitteln

```
Sub Vergleichsabfragen2()
Dim strSQL As String
'Nur gleiche oder neue in Artikelvgl

On Error GoTo fehler
strSQL = _
"SELECT Artikelvgl.Artikelname, Artikelvgl.Einzelpreis INTO " & _
"[GleicheUndNeue] FROM Artikel RIGHT JOIN Artikelvgl ON " & _
" Artikelvgl.Artikelname = Artikel.Artikelname"

DoCmd.SetWarnings False
DoCmd.RunSQL strSQL
DoCmd.SetWarnings True
Exit Sub

fehler:
  MsgBox Err.Number & " " & Err.Description

End Sub
```

Geben Sie hinter der Anweisung `SELECT` die Felder an, die Sie in der neuen Tabelle haben möchten. Bei der `INTO`-Klausel geben Sie den Namen der neuen Tabelle an. Die `FROM`-Klausel enthält den Namen der ersten Tabelle, also der Tabelle Artikel. Hinter der Anweisung `RIGHT JOIN` geben Sie den Namen der Vergleichstabelle an, die mit der ersten Tabelle abgeglichen werden soll. Nach der Anweisung `ON` erfassen Sie das Vergleichskriterium, hier der Artikelname der Tabelle Artikel sowie der Artikelname der Tabelle Artikelvgl. Über die Anweisung `RIGHT JOIN` werden auch neue Artikel, die in der Tabelle Artikelvgl (steht rechts von `Join`-Befehl) dazugekommen sind, in der Ergebnistabelle GleicheUndNeue ausgegeben.

Abb. 7.8: Gleiche und neue Artikel werden ausgegeben.

7.2.8 UNION (Auswahlabfrage)

Über den Einsatz der SQL-Anweisung `UNION` können Sie mehrere Tabellen zusammenführen, die denselben Datensatzaufbau haben. Die Syntax lautet:

```
SELECT * INTO Zieltabelle FROM (SELECT * FROM ARTIKEL UNION ALL
SELECT * FROM Artikelvgl
```

Mit der SQL-Anweisung `SELECT *` holen Sie alle Sätze aus den danach angegebenen Tabellen. Nach dem Argument `INTO` geben Sie den Namen der Zieltabelle an. Rechts und links neben der Anweisung `UNION` geben Sie die Namen der Tabellen an, die Sie vereinen möchten.

Im folgenden Beispiel aus Listing 7.10 werden die beiden Tabellen Artikel und ArtikelNEU zusammengeworfen und nach dem Artikelnamen sortiert.

Listing 7.10: Tabellen in eine Gesamttabelle vereinen

```
Sub TabellenZusammenwerfen()
Dim strSQL As String

On Error GoTo fehler
strSQL = "SELECT * INTO ErgebnisTab " & _
 "FROM(SELECT * FROM ARTIKEL " & _
 "UNION ALL SELECT * FROM Artikelvgl " & _
 "ORDER BY Artikelname)"

 DoCmd.SetWarnings False
 DoCmd.RunSQL strSQL
 DoCmd.SetWarnings True
 Exit Sub

fehler:
  MsgBox Err.Number & " " & Err.Description

End Sub
```

In der Prozedur aus Listing 7.10 wurden alle Datenfelder der beiden Tabellen Artikel und Artikelvgl in der Ergebnistabelle gespeichert.

Sollen jedoch nur bestimmte Felder übertragen werden, dann starten Sie die Prozedur aus Listing 7.11. In dieser Prozedur werden nur die Felder ARTIKELNAME und EINZELPREIS in die Tabelle ERGEBNISTAB übertragen.

Listing 7.11: Nur bestimmte Felder aus Tabellen in neue Tabelle übernehmen

```
Sub TabellenZusammenwerfenAuswahl()
Dim strSQL As String

On Error GoTo fehler
strSQL = _
"SELECT Artikelname, Einzelpreis INTO ErgebnisTab " & _
 "FROM(SELECT Artikelname, Einzelpreis FROM ARTIKEL " & _
 "UNION ALL SELECT Artikelname, Einzelpreis FROM Artikelvgl " & _
 "ORDER BY Artikelname);"

 DoCmd.SetWarnings False
 DoCmd.RunSQL strSQL
 DoCmd.SetWarnings True
 Exit Sub

fehler:
  MsgBox Err.Number & " " & Err.Description

End Sub
```

Nach der SQL-Anweisung `SELECT` geben Sie die Felder an, die Sie in der Ergebnistabelle haben möchten. Nach dem Argument `INTO` definieren Sie den Namen der Zieltabelle. Rechts und links neben der Anweisung `UNION` geben Sie die Namen der Tabellen an, die Sie vereinen möchten. Über die `ORDER`-Kausel sortieren Sie die Ergebnistabelle nach dem Artikelnamen.

Artikelname	Einzelpreis
Alice Mutton	19,50 €
Aniseed Syrup	5,00 €
Aniseed Syrup	5,00 €
Boston Crab Meat	9,20 €
Camembert Pierrot	17,00 €
Carnarvon Tigers	31,25 €
Chang	9,50 €
Chang	9,50 €
Chartreuse verte	9,00 €
Chatto	10,00 €
Chatto	10,00 €
Chef Anton's Cajun Seasoning	11,00 €
Chef Anton's Cajun Seasoning	11,00 €
Chef Anton's Gumbo Mix	10,68 €

Abb. 7.9: Nur zwei Felder wurden in die Zieltabelle übernommen.

7.2.9 Abfragen mit Berechnungen ausführen

Wie schon im vorherigen Kapitel angesprochen, können mathematische Funktionen wie Summe, Mittelwert und andere eingebaut werden.

Im folgenden Beispiel aus Listing 7.12 sollen die Bestellungen pro Hersteller aus der Tabelle Bestellungen gezählt und in einer Ergebnistabelle ausgegeben werden.

Listing 7.12: Frachtkosten pro Hersteller ermitteln

```
Sub DatensätzeZählenAbfrage()
Dim strSQL As String

On Error GoTo fehler
strSQL = _
 "SELECT COUNT(Frachtkosten) AS ERG, " & _
 "Bestellungen.[Kunden-Code] INTO Ergebnis " & _
 " FROM Bestellungen GROUP BY " & _
 " Bestellungen.[Kunden-Code]"

 DoCmd.SetWarnings False
 DoCmd.RunSQL strSQL
 DoCmd.SetWarnings True
 Exit Sub

fehler:
  MsgBox Err.Number & " " & Err.Description

End Sub
```

Über die Funktion COUNT werden alle Bestellungen pro Kunde ermittelt. Dabei werde die gezählten Bestellungen im Feld ERG der Tabelle Ergebnis ausgegeben.

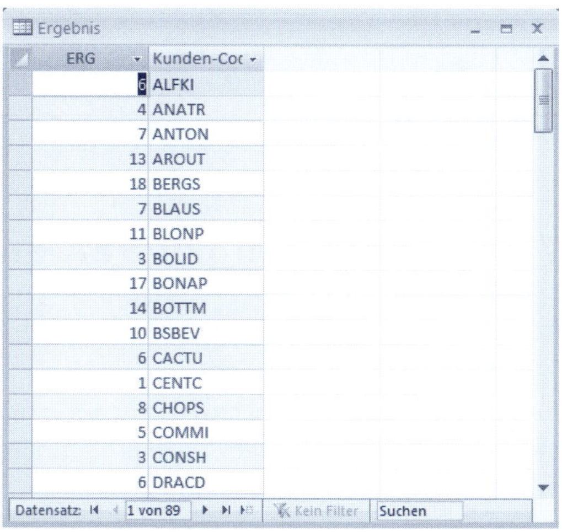

ERG	Kunden-Coc
6	ALFKI
4	ANATR
7	ANTON
13	AROUT
18	BERGS
7	BLAUS
11	BLONP
3	BOLID
17	BONAP
14	BOTTM
10	BSBEV
6	CACTU
1	CENTC
8	CHOPS
5	COMMI
3	CONSH
6	DRACD

Abb. 7.10: Die Bestellungen pro Hersteller zählen

Im nächsten Beispiel aus Listing 7.13 werden aus der Tabelle ARTIKEL die Lagermengen pro Lieferant summiert.

Listing 7.13: Die Lagermengen pro Lieferant summieren

```
Sub LagermengenSummieren()
Dim strSQL As String

On Error GoTo fehler
strSQL = _
"SELECT SUM(Artikel.Lagerbestand) " & _
"AS SUMBestand, Artikel.[Lieferanten-Nr] INTO ErgebnisLager " & _
" FROM Artikel GROUP BY Artikel.[Lieferanten-Nr]"

 DoCmd.SetWarnings False
 DoCmd.RunSQL strSQL
 DoCmd.SetWarnings True
 Exit Sub

fehler:
  MsgBox Err.Number & " " & Err.Description

End Sub
```

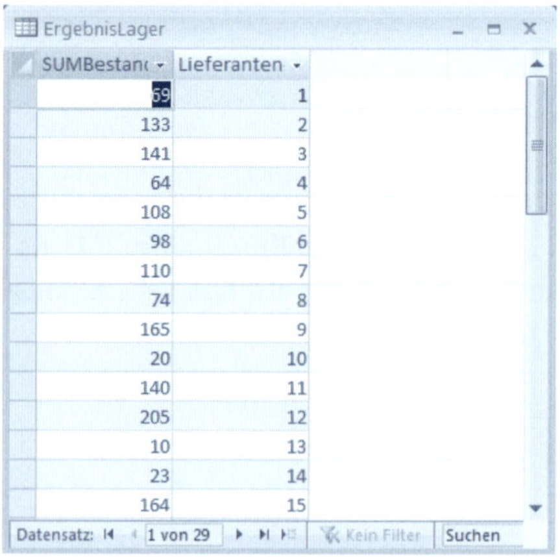

Abb. 7.11: Die Lagerbestände pro Lieferant summieren

7.3 Abfragen per VBA erzeugen

Auf den folgenden Seiten finden Sie Beispiele, wie Sie eigene Abfragen aufsetzen und speichern können.

Im folgenden Beispiel aus Listing 7.14 wird die Tabelle ARTIKEL ausgewertet, indem alle Artikel mit einem Einzelpreis größer 20 ermittelt und mit der Abfrage gespeichert werden.

Listing 7.14: Eine Abfrage erstellen und speichern

```
Sub AbfrageErstellen()
Dim rst As ADODB.Recordset

On Error GoTo fehler
Set rst = _
CurrentProject.Connection.Execute _
("CREATE VIEW ErsteV (Artikelname, Einzelpreis, Lagerbestand) "&_
" AS SELECT Artikelname, Einzelpreis, Lagerbestand FROM Artikel " _
& " Where Einzelpreis > 20", , adCmdText)

 Set rst = Nothing
 Exit Sub

fehler:
  MsgBox Err.Number & " " & Err.Description

End Sub
```

Über die SQL-Anweisung `CREATE VIEW` können Sie eine Abfrage anlegen und speichern. Geben Sie hinter dieser Anweisung den Namen der Abfrage an. Danach führen Sie die Datenfelder, getrennt durch Kommas, auf, die in der Abfrage angezeigt werden sollen. Nach der Anweisung `AS SELECT` wiederholen Sie die Felder und geben bei `FROM` an, aus welcher Tabelle Sie die Felder nehmen möchten. In der abschließenden `WHERE`-Klausel können Sie das Ergebnis noch weiter einschränken.

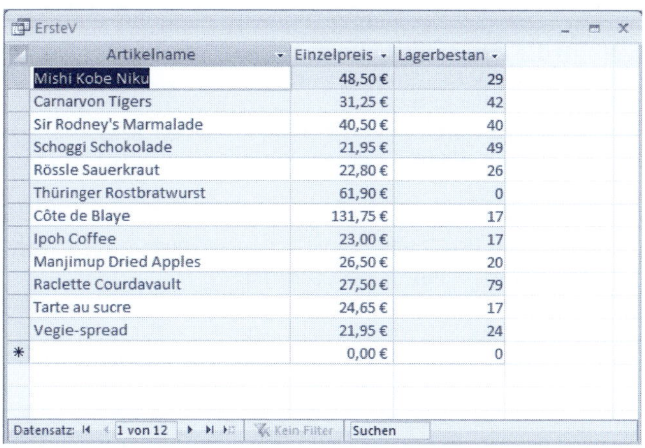

Abb. 7.12: Alle Artikel mit einem Preis über 20 Euro werden angezeigt.

7.4 Abfragen über das Katalog-Objekt realisieren

Möchten Sie eine Abfrage erstellen und diese dann auch als Abfrage in Access speichern, dann müssen Sie unter dem Menü EXTRAS und dem Befehl VERWEISE die Bibliothek MICROSOFT ADO EXT. 2.5 FOR DDL AND SECURITY (Access 2002) bzw. die Bibliothek MICROSOFT ADO EXT. 2.7 FOR DDL AND SECURITY (Access 2003) oder die Bibliothek MICROSOFT ADO EXT. 2.8 FOR DDL AND SECURITY (Access 2007) einbinden.

Über die Eigenschaft `CommandText` können Sie die SQL-Anweisung formulieren. Dafür steht folgende Syntax zur Verfügung:

- `SQLCmd.CommandText =" SQL-Anweisung"`

Im Argument `SQL-Anweisung` geben Sie die SQL-Anweisung an, die Sie ausführen möchten.

- `SQLCmd.CommandText ="PARAMETERS [Datenfeld] text"`

Über das Schlüsselwort `PARAMETERS` geben Sie an, dass es sich um eine Abfrage handeln soll, bei welcher der Anwender noch einen Wert eingeben muss. Setzen Sie einen Begriff in eckige Klammern. Dieser Begriff wird dann später in der Meldung angezeigt, sobald Sie die Abfrage durch einen Doppelklick starten möchten. Gleich danach legen Sie fest, um welche Art Dateneingabe es sich dabei handeln soll.

Bei der Prozedur aus Listing 7.15 wird zunächst eine recht einfache Abfrage erstellt, die alle Artikel aus der Tabelle ARTIKEL 1:1 übernimmt.

Listing 7.15: Eine Abfrage erstellen und speichern

```
Sub AbfrageAnlegen1()
Dim Katalog As New ADOX.Catalog
Dim SQLcmd As ADODB.Command

On Error GoTo fehler
   Katalog.ActiveConnection = CurrentProject.Connection
   Set SQLcmd = New ADODB.Command

   With SQLcmd
      .CommandText = "SELECT * FROM Artikel"
   End With

   Katalog.Procedures.Append "ArtikelAbfr1", SQLcmd

   Set SQLcmd = Nothing
   Set Katalog = Nothing
   Exit Sub
```

```
fehler:
  MsgBox Err.Number & " " & Err.Description

End Sub
```

Definieren Sie im ersten Schritt eine Objektvariable vom Typ ADOX. Zusätzlich dazu benötigen Sie noch ein ADODB-Objekt vom Typ Command. Darunter speichern Sie später mithilfe der Eigenschaft CommandText Ihre SQL-Anweisung. In der Eigenschaft ActiveConnection geben Sie auch hier wieder Ihre aktuelle Datenbank als Quelle an. Über das Objekt Procedures legen Sie eine gespeicherte Prozedur an. Setzen Sie die Methode Append ein, um diesem Objekt die Abfrage hinzuzufügen. Als weiteres Argument benötigt die Methode noch die Information, was die Abfrage konkret machen soll. Diese Information haben Sie bereits als SQL-Anweisung in der Variablen SQLcmd bekanntgegeben. Vergessen Sie nicht, die Objekte nach ihrem Gebrauch wieder freizugeben.

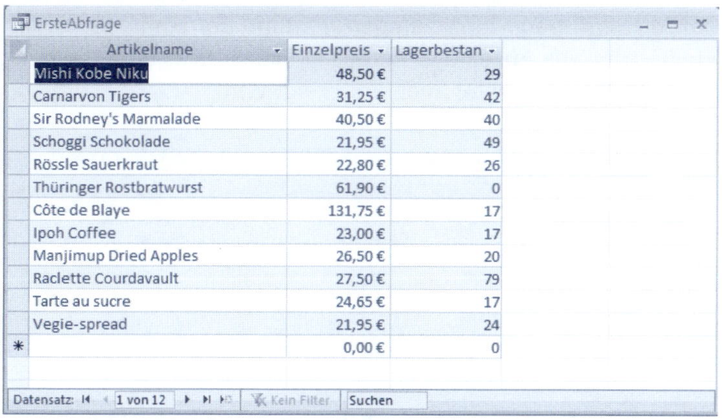

Artikelname	Einzelpreis	Lagerbestan
Mishi Kobe Niku	48,50 €	29
Carnarvon Tigers	31,25 €	42
Sir Rodney's Marmalade	40,50 €	40
Schoggi Schokolade	21,95 €	49
Rössle Sauerkraut	22,80 €	26
Thüringer Rostbratwurst	61,90 €	0
Côte de Blaye	131,75 €	17
Ipoh Coffee	23,00 €	17
Manjimup Dried Apples	26,50 €	20
Raclette Courdavault	27,50 €	79
Tarte au sucre	24,65 €	17
Vegie-spread	21,95 €	24
*	0,00 €	0

Abb. 7.13: Alle Artikel in einer Abfrage ausgeben

Bei der Prozedur aus Listing 7.16 wird die Tabelle Kunden ausgewertet. Dabei sollen alle Kunden aus Berlin und München ermittelt werden.

Listing 7.16: Eine Kundenabfrage nach Ort durchführen

```
Sub AbfrageAnlegen2()
Dim Katalog As New ADOX.Catalog
Dim SQLcmd As ADODB.Command

On Error GoTo fehler
 Katalog.ActiveConnection = CurrentProject.Connection
 Set SQLcmd = New ADODB.Command

   With SQLcmd
      .CommandText = "SELECT Firma, Kontaktperson, " & _
      "Straße,  Ort FROM Kunden " & _
      "WHERE (Ort = 'Berlin' OR Ort = 'München')"
   End With
```

```
    Katalog.Procedures.Append "KundenAbfr1", SQLcmd
    Application.RefreshDatabaseWindow

  Set SQLcmd = Nothing
  Set Katalog = Nothing
  Exit Sub

Fehler:
  MsgBox Err.Number & " " & Err.Description

End Sub
```

Definieren Sie im ersten Schritt eine Objektvariable vom Typ `ADOX`. Zusätzlich benötigen Sie noch ein `ADODB`-Objekt vom Typ `Command`. Darunter speichern Sie später mithilfe der Eigenschaft `CommandText` Ihre SQL-Anweisung. In der Eigenschaft `ActiveConnection` geben Sie auch hier wieder Ihre aktuelle Datenbank als Quelle an. Über das Objekt `Procedures` legen Sie eine gespeicherte Prozedur an. Setzen Sie die Methode `Append` ein, um diesem Objekt die Abfrage hinzuzufügen. Mithilfe der Methode `RefreshDatabaseWindow` wird die Anzeige in Access aktualisiert, so dass die neu erstelle Abfrage im Abfragefenster auch angezeigt wird.

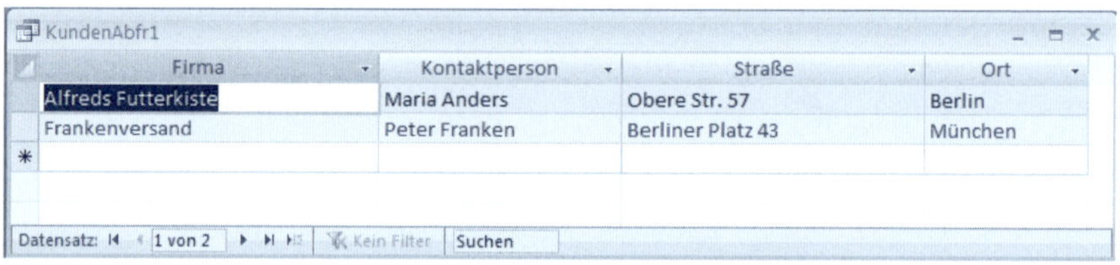

Abb. 7.14: Alle Kunden aus Berlin und München werden ausgegeben.

7.5 Parameterabfragen erstellen

Bei Parameterabfragen müssen Sie über ein Eingabefeld das Kriterium eingeben, nach dem die Abfrage arbeiten soll.

Im Beispiel aus Listing 7.17 wird die Tabelle ARTIKEL ausgewertet. Dabei werden alle Artikel, die über einer bestimmten Preisgrenze liegen, ermittelt und angezeigt. Im Ergebnis sollen alle Felder ausgegeben werden.

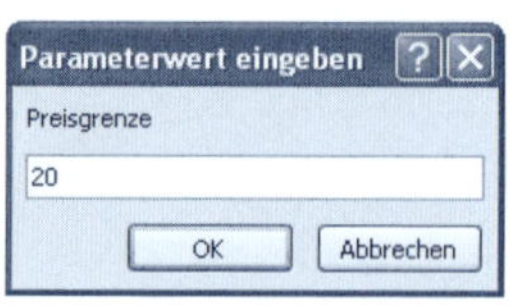

Abb. 7.15: Die Preisgrenze wird beim Starten der Abfrage eingegeben.

```
Sub ParameterAbfrageAnlegen()
Dim Katalog As New ADOX.Catalog
Dim SQLcmd As ADODB.Command

  Katalog.ActiveConnection = CurrentProject.Connection
  Set SQLcmd = New ADODB.Command

   With SQLcmd
     .CommandText = "PARAMETERS [Preisgrenze] MONEY; " & _
     "SELECT * FROM Artikel WHERE Einzelpreis > [Preisgrenze]"
   End With

   Katalog.Procedures.Append "ParameterAbfr1", SQLcmd
   Application.RefreshDatabaseWindow

   Set SQLcmd = Nothing
   Set Katalog = Nothing
   Exit Sub

fehler:
  MsgBox Err.Number & " " & Err.Description

End Sub
```

Listing 7.17: Eine Parameterabfrage programmieren

Über das Schlüsselwort `PARAMETERS` geben Sie an, dass es sich um eine Abfrage handeln soll, bei welcher der Anwender noch einen Wert eingeben muss. Setzen Sie einen Begriff in eckige Klammern. Dieser Begriff wird dann später in der Meldung angezeigt, sobald Sie die Abfrage durch einen Doppelklick starten möchten. Gleich danach legen Sie fest, um welche Art Dateneingabe es sich dabei handeln soll. Da es sich hier um einen Preis handelt, können Sie hier den Datentyp `Money` angeben.

Artikel-Nr	Artikelname	Lieferant	Kategorie	Liefereinheit	Einzelpreis	Lag
9	Mishi Kobe Niku	Tokyo Traders	Fleischprodukte	18 x 500-g-Packungen	48,50 €	
18	Carnarvon Tigers	Pavlova, Ltd.	Meeresfrüchte	16-kg-Paket	31,25 €	
20	Sir Rodney's Marmalade	Specialty Biscuits, Ltd.	Süßwaren	30 Geschenkkartons	40,50 €	
27	Schoggi Schokolade	Heli Süßwaren GmbH & Co. KG	Süßwaren	100 x 100-g-Stück	21,95 €	
28	Rössle Sauerkraut	Plutzer Lebensmittelgroßmärkte AG	Naturprodukte	25 x 825-g-Dosen	22,80 €	
29	Thüringer Rostbratwurst	Plutzer Lebensmittelgroßmärkte AG	Fleischprodukte	50 Beutel x 30 Würstchen	61,90 €	
38	Côte de Blaye	Aux joyeux ecclésiastiques	Getränke	12 x 75-cl-Flaschen	131,75 €	
43	Ipoh Coffee	Leka Trading	Getränke	16 x 500-g-Dosen	23,00 €	
51	Manjimup Dried Apples	G'day, Mate	Naturprodukte	50 x 300-g-Packungen	26,50 €	
59	Raclette Courdavault	Gai pâturage	Milchprodukte	5-kg-Packung	27,50 €	
62	Tarte au sucre	Forêts d'érables	Süßwaren	48 Törtchen	24,65 €	
63	Vegie-spread	Pavlova, Ltd.	Gewürze	15 x 625-g-Gläser	21,95 €	
(Neu)					0,00 €	

Abb. 7.16: Alle Artikel mit einem Preis größer 20 Euro werden angezeigt.

Kapitel 8

jetzt lerne ich

Formulare erstellen und programmieren

Möchten Sie mit Formularen in Access arbeiten, um sich beispielsweise die Eingabe von Daten zu erleichtern oder Suchfunktionen in Access einzusetzen, dann können Sie sich Ihre eigenen Formulare zusammenbasteln. Für diese Aufgabe können Sie den Formular-Assistenten von Access einsetzen und später das erzeugte Formular weiter verfeinern.

8.1 Formulare selbst erstellen

Selbstverständlich können Sie ein Formular auch ohne Verwendung des Formular-Assistenten entwerfen und von Grund auf neu erstellen. Anwender der Versionen vor Access 2007 wechseln dazu in das Datenbankfenster und klicken in der Objektliste auf den Eintrag Formular. Klicken Sie danach auf das Symbol Neu, wählen Sie im Dialogfeld Neues Formular im Listenfeld den Eintrag Entwurfsansicht, wählen Sie die Tabelle bzw. Abfrage aus, auf die sich das Formular beziehen soll, und bestätigen Sie über die Schaltfläche OK.

Bei Access 2007 wählen Sie einfach aus der Registerkarte Erstellen in der Gruppe Formulare das Element Formularentwurf.

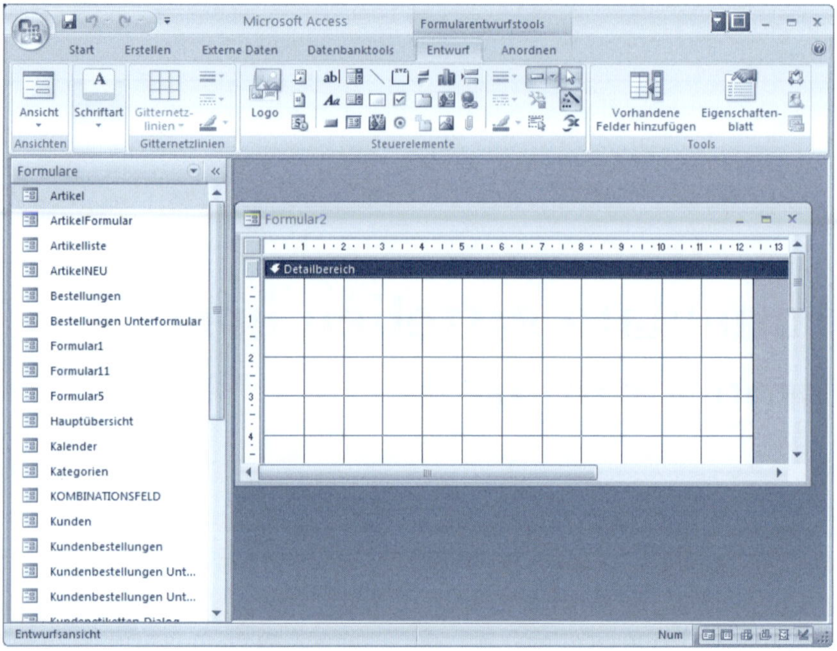

Abb. 8.1: Ein neues Formular erstellen

8.2 Die Steuerelemente aus der Toolbox

Sobald Sie in die Entwurfsansicht eines Formulars wechseln, wird die Symbolleiste TOOLBOX eingeblendet. Diese Toolbox enthält die Steuerelemente für Ihr Formular.

Entnehmen Sie der folgenden Tabelle die dabei zur Verfügung stehenden Steuerelemente.

Tabelle 8.1: Die Steuerelemente für Formulare

Element	Beschreibung
	Über das Symbol OBJEKTE MARKIEREN können Sie Formularfelder markieren.
	Das Symbol BEZEICHNUNG setzen Sie ein, um beschreibenden Text, z.B. Titel, Beschriftungen oder kurze Anweisungen, für andere Formularfelder anzuzeigen. Bezeichnungsfelder zeigen keine Werte aus Feldern oder Ausdrücken an. Sie sind stets ungebunden. Es handelt sich dabei standardmäßig um konstante Texte.

Tabelle 8.1: Die Steuerelemente für Formulare (Forts.)

Element	Beschreibung
	Das Symbol TEXTFELD verwenden Sie, um Daten aus einer Datenherkunft anzuzeigen. Dieser Textfeldtyp wird als gebundenes Textfeld bezeichnet, da es an Daten eines Felds (Daten aus einer Tabelle oder einer Abfrage) gebunden ist. Textfelder können jedoch auch ungebunden sein. Sie können beispielsweise ein ungebundenes Textfeld erstellen, um das Ergebnis einer Berechnung anzuzeigen oder Benutzereingaben aufzunehmen. Daten in einem ungebundenen Textfeld werden dann jedoch nicht in einer Tabelle gespeichert.
	Sie können eine OPTIONSGRUPPE in einem Formular dazu verwenden, eine begrenzte Anzahl an Auswahlmöglichkeiten anzuzeigen. Eine Optionsgruppe erleichtert das Auswählen eines Werts, da Sie nur auf den gewünschten Wert klicken müssen. In einer Optionsgruppe kann immer nur eine Option ausgewählt werden.
	Bei der UMSCHALTFLÄCHE handelt es sich um eine Schaltfläche, die einem Lichtschalter ähnelt. Es kann immer nur ein Zustand vorherrschen. Wenn Sie diese Schaltfläche anklicken, wird sie gedrückt dargestellt. Ein nochmaliger Klick darauf entrastet diese Schaltfläche wieder.
	Das OPTIONSFELD, auch bekannt als RADIOBUTTON, kann aktiviert oder nicht aktiviert sein. Bei aktiviertem Zustand ist das Optionsfeld mit einem schwarzen Punkt ausgefüllt. Sind Optionsfelder gruppiert, kann immer nur ein Optionsfeld aktiviert sein.
	Das KONTROLLKÄSTCHEN kann entweder aktiviert oder nicht aktiviert sein. Bei aktiviertem Zustand erscheint im Kästchen ein Häkchen. Wenn Sie Kontrollkästchen in einer Gruppe verwenden, können eines oder auch mehrere Kontrollkästchen aktiviert sein.
	Ein Kombinationsfeld besteht streng genommen aus einem Eingabefeld, welches mit einem Listenfeld gekoppelt ist. Kombinationsfelder erkennen Sie daran, dass sich rechts neben dem Eingabefeld ein kleiner Pfeil nach unten befindet. Mit einem Klick darauf werden Ihnen weitere Auswahlmöglichkeiten angeboten. In einem Kombinationsfeld kann immer nur ein Eintrag gewählt werden.
	Verwandt mit dem Kombinationsfeld ist auch das Listenfeld. Das Listenfeld benötigt jedoch mehr Platz, weil mehrere Einträge gleichzeitig angezeigt werden. Ein Listenfeld kann so eingestellt werden, dass mehrere Einträge ausgewählt werden können.
	Befehlsschaltflächen bieten Ihnen eine Möglichkeit, Aktionen auszuführen, indem Sie einfach auf die Schaltflächen klicken.

Tabelle 8.1: Die Steuerelemente für Formulare (Forts.)

Element	Beschreibung
	Das Symbol Bild setzen Sie dann ein, wenn Sie in Ihrem Formular ein Bild anzeigen möchten. Nach dem Einfügen dieses Symbols in Ihr Formular öffnet sich ein Dialogfeld, in dem Sie das gewünschte Bild von Ihrer Festplatte auswählen können. Dieses Bild wird dann unverknüpft eingefügt.
	Das Symbol Objektfeld kommt dann zum Einsatz, wenn Sie ein ungebundenes Bild Ihrem Formular hinzufügen und dabei die Verknüpfung zur Quelle erhalten möchten. Bei einem ungebundenen Objekt besteht keine Beziehung zu den Datenfeldern in der Tabelle bzw. der Abfrage.
	Das Symbol Gebundenes Objektfeld setzen Sie dann ein, wenn das eingefügte Objekt sich direkt auf ein Datenfeld in Ihrer Tabelle oder Abfrage bezieht.
	Mithilfe des Symbols Seitenumbruch legen Sie bei mehrseitigen Formularen den Seitenumbruch fest.
	Das Symbol Registersteuerelement kann dafür eingesetzt werden, um ein Formular mithilfe von mehreren Registerkarten übersichtlicher zu gestalten. Sie können somit Informationen sinngemäß trennen und in Gruppen aufsplitten.
	Über das Symbol Unterformular/-bericht können Sie ausgehend von Ihrem Formular ein weiteres Unterformular anzeigen.
	Mithilfe des Symbols Linie können Sie Ihr Formular optisch strukturieren. Diese Linie können Sie beispielsweise mit einem Spezialeffekt versehen und dabei einen räumlichen Trenneffekt erzeugen.
	Auch über das Symbol Rechteck können Sie schöne gestalterische Effekte in Ihrem Formular erzeugen. Fassen Sie beispielsweise mehrere zusammenhängende Informationen in einem Rahmenrechteck zusammen, um diese Infos als Gruppe darzustellen.
	Über das Symbol Weitere Steuerelemente haben Sie Zugriff auf weitere mögliche Elemente, die Sie für Ihr Formular einsetzen können.
	Über das Symbol Diagramm einfügen können Sie Daten in Form eines Diagramms darstellen. Erst ab Access 2007 verfügbar!

8.3 Steuerelemente einfügen

Mithilfe der Entwurfsansicht von Access können Sie Formulare entweder neu erstellen oder anpassen. Dabei bietet die Entwurfsansicht einige Arbeitserleichterungen an. Haben Sie beim Entwurf eine Tabelle oder Abfrage als Bezugsquelle angegeben, dann wird automatisch die dazugehörige Tabelle bzw. die Abfrage in einem kleinen Fenster eingeblendet. Dieses Fenster enthält alle Datenfelder der Tabelle bzw. der Abfrage. Sie legen nun die Felder im Formular an, indem Sie das Datenfeld mit der linken Maustaste anpacken und auf Ihr Formular ziehen. Dabei erkennt Access automatisch, welches Feld im Formular es dabei anlegen muss. Sehen Sie sich dazu einmal die nächste Abbildung an.

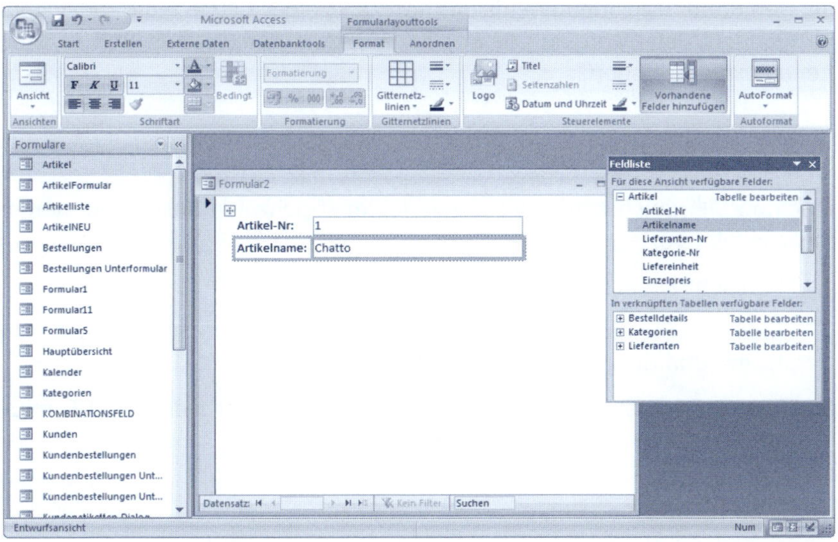

Abb. 8.2: Automatische Erkennung der benötigten Felder

Wenn Sie beispielsweise das Datenfeld Artikel-Nr in Ihr Formular einfügen, wird automatisch eine Bezeichnung sowie ein Textfeld eingefügt. Bei einem Datenfeld, das sich über einen Index die Information aus einer verknüpften Tabelle holt (z.B. Liefernaten-Nr), werden automatisch eine Bezeichnung sowie ein Drop-down-Feld eingefügt. Wenn Sie das Datenfeld Auslaufartikel einfügen, stellt Ihnen Access ein Kontrollkästchen samt Beschriftung zur Verfügung.

HINWEIS

Für die Bearbeitung des Formulars stehen Ihnen zusätzlich die Symbolleisten FORMATIERUNG (FORMULAR/BERICHT) und FORMULARENTWURF zur Verfügung. Mithilfe dieser beiden Symbolleisten können Sie Ihre Formularfelder formatieren (Schriftart, Schriftschnitt, Schriftfarbe, Füllfarbe usw.) sowie Standardaufgaben wie Speichern, Kopieren, Ausschneiden, Einfügen und Drucken ausführen.

8.3.1 Steuerelemente bearbeiten

Wenn Sie die Formularfelder eingefügt haben, werden Sie feststellen, dass Sie diese noch anpassen sollten. Oft ist es gar nicht mal so einfach, die einzelnen Felder bündig untereinander anzuordnen. Um beispielsweise ein Formularfeld zu verschieben, klicken Sie es mit der linken Maustaste an, so dass es mit Ziehpunkten umrandet ist. Bewegen Sie danach den Mauszeiger auf den Rand des Formularfelds, bis der Mauszeiger sich in ein Handsymbol verwandelt. Jetzt können Sie das Formularfeld verschieben und in eine neue Position bringen.

8.3.2 Steuerelemente ausrichten

Möchten Sie gleich mehrere Formularfelder gleichzeitig ausrichten, gehen Sie wie folgt vor:

1. Wechseln Sie in die Entwurfsansicht des Formulars.
2. Markieren Sie die Felder, indem Sie diese mit der linken Maustaste anklicken und dabei die Taste [⇧] gedrückt halten.
3. Klicken Sie mit der rechten Maustaste auf eines der markierten Formularfelder (Access 2000 bis Access 2003).

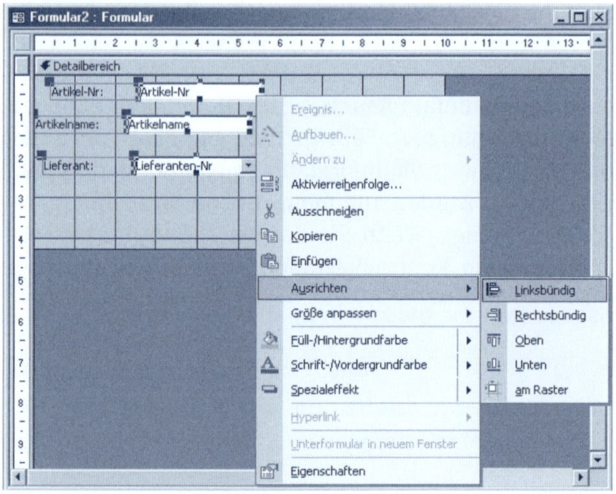

Abb. 8.3: Formularfelder ausrichten

4. Wählen Sie im Kontextmenü den Befehl AUSRICHTEN/LINKSBÜNDIG aus.

Die Formularfelder werden jetzt linksbündig ausgerichtet. Dabei orientiert sich die Ausrichtung an dem Formularfeld, das am weitesten links steht. Alle anderen Formularfelder werden nun auf diese Position eingestellt.

NEU

Anwender der Access-Version 2007 steht für die Formatierung der Steuerelemente ein eigenes Ribbon zur Verfügung.

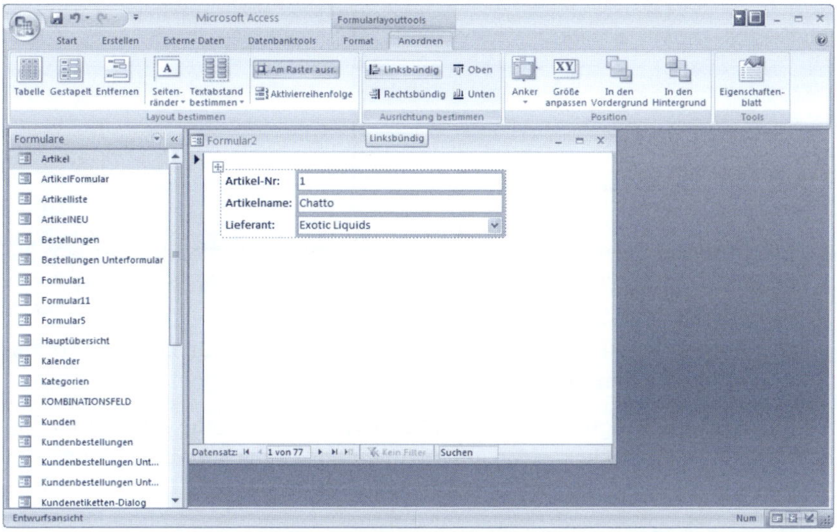

Abb. 8.4: Schnellere und elegantere Formatierungsmöglichkeiten ab Access 2007

8.3.3 Aktivierreihenfolge anpassen

Nachdem Sie alle Formularfelder in Ihr Formular integriert haben, können Sie die Aktivierreihenfolge festlegen. Damit ist die Reihenfolge der Formularfelder gemeint, wenn Sie das Formular öffnen und mit der Taste [Tab] von einem Formularfeld zum anderen springen. Möchten Sie rückwärts springen, drücken Sie die Tastenkombination [⇧]+[Tab]. Standardmäßig ist diese Reihenfolge schon vorgegeben. Die Aktivierfolge entspricht der Reihenfolge, in der Sie die einzelnen Formularfelder in Ihr Formular eingefügt haben.

Da diese natürliche Reihenfolge nicht unbedingt der gewünschten Reihenfolge entsprechen muss, ändern Sie diese wie folgt:

1. Wechseln Sie in die Entwurfsansicht des Formulars.
2. Klicken Sie mit der rechten Maustaste mitten ins Formular und wählen Sie aus dem Kontextmenü den Befehl AKTIVIERREIHENFOLGE.

Abb. 8.5: Die Aktivierreihenfolge anpassen

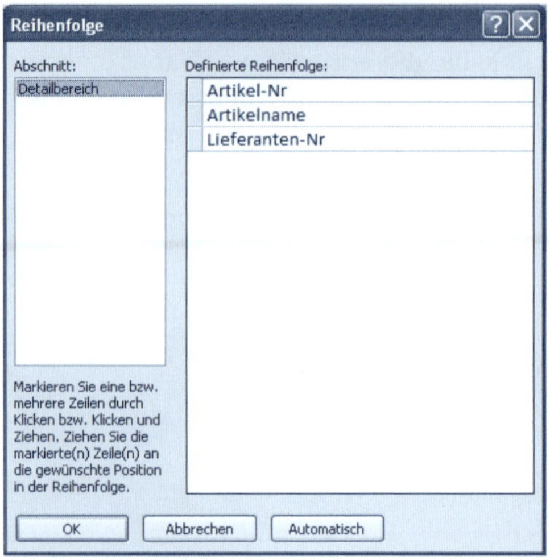

3. Möchten Sie die Reihenfolge von Access selbst bestimmen lassen, klicken Sie auf die Schaltfläche AUTOMATISCH. Damit legt Access die Aktivierreihenfolge der Steuerelemente von links nach rechts und von oben nach unten fest. Die Felder werden in der Datenblattansicht des Formulars entsprechend der neuen Aktivierreihenfolge angeordnet.
4. Möchten Sie hingegen eine andere Aktivierreihenfolge für Ihre Formularfelder haben, klicken Sie auf die jeweilige graue Schaltfläche und ziehen Sie diese an die gewünschte Stelle.
5. Bestätigen Sie Ihre Einstellung mit OK.

Um die Aktivierreihenfolge zu testen, drücken Sie in der Entwurfsansicht die Taste [F5]. Das Formular wird geöffnet und Sie können die Aktivierreihenfolge nun testen, indem Sie mit der Taste [Tab] die einzelnen Felder anspringen. Um wieder zum Formularentwurf zurückzugelangen, klicken Sie das Formular mit der rechten Maustaste an und wählen im Kontextmenü den Befehl FORMULARENTWURF aus.

8.3.4 Formularfelder formatieren

Standardmäßig werden Formularfelder ohne Formatierung ins Formular eingefügt. Möchten Sie Ihr Formular etwas farbenfreudiger formatieren, dann könnten Sie beispielsweise alle Formularfelder mit einer Hintergrundfarbe ausstatten.

Dazu befolgen Sie die nächsten Arbeitsschritte:

1. Wechseln Sie in die Entwurfsansicht des Formulars.
2. Markieren Sie alle Formularfelder, indem Sie die Tastenkombination [Strg]+[A] drücken.
3. Klicken Sie mit der rechten Maustaste auf die markierten Formularfelder und wählen Sie aus dem Kontextmenü den Befehl FÜLL-/HINTERGRUNDFARBE.
4. Wählen Sie in der Farbpalette eine gewünschte Hintergrundfarbe aus.

8.3.5 Formulareigenschaften einstellen

So, wie Sie gerade die Hintergrundfarbe für Formularfelder eingestellt haben, so können Sie auch weitere Eigenschaften für Ihr Formular und die darin enthaltenen Formularfelder ohne eine Zeile VBA fest einstellen.

Klicken Sie mit der rechten Maustaste auf eine freie Fläche in der Entwurfsansicht des Formulars und wählen Sie den Befehl EIGENSCHAFTEN. Im Eigenschaftenfenster wählen Sie aus dem Drop-down-Feld den Eintrag FORMULAR aus.

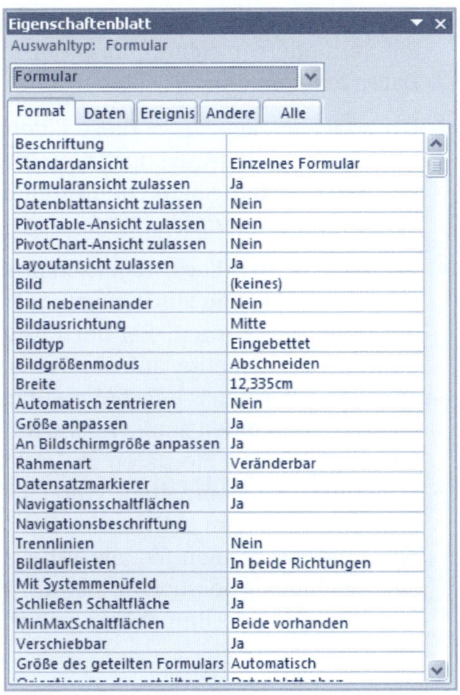

Abb. 8.6: Formulareigenschaften festlegen

Die möglichen Dateneigenschaften eines Formulars sind u.a.:

- DATENHERKUNFT: Über diese Eigenschaft legen Sie fest, auf welche Daten Ihr Formular zugreift.
- FILTER: Mit dieser Eigenschaft haben Sie die Möglichkeit, nach der Anzeige des Formulars einen gespeicherten Filter anzuzeigen.
- SORTIERT NACH: Bei dieser Eigenschaft können Sie angeben, nach welchen Kriterien die Datensätze im Formular angezeigt werden sollen.
- FILTER ZULASSEN: Setzen Sie diese Eigenschaft auf den Wert JA, wenn Sie zulassen möchten, dass der Anwender mit Filtern in Ihrem Formular arbeiten darf.
- BEARBEITUNGEN ZULASSEN: Hiermit können Sie festlegen, ob ein Anwender Ihre Daten über das Formular ändern darf. Die hier eingestellte Option gilt jedoch nicht für die verknüpfte Tabelle bzw. die gespeicherte Abfrage, die mit dem Formular verbunden ist.
- LÖSCHEN ZULASSEN: Wie der Name schon sagt, können Sie bei dieser Eigenschaft das Löschen von Datensätzen über Ihr Formular verhindern, indem Sie diese Eigenschaft auf den Wert NEIN setzen.
- ANFÜGEN ZULASSEN: Setzen Sie diese Eigenschaft auf den Wert NEIN, wenn Sie verhindern möchten, dass ein Anwender über das Formular neue Daten anlegen darf.
- DATEN EINGEBEN: Setzen Sie diese Eigenschaft auf den Wert JA, um zu verhindern, dass der Anwender bereits eingegebene Sätze anzeigen kann. Diese Eigenschaft kommt dann zum Einsatz, wenn der Anwender lediglich neue Daten erfassen darf.
- RECORDSETTYP: Bei dieser Eigenschaft stehen drei verschiedene Bearbeitungsmöglichkeiten zur Verfügung: DYNASET, DYNASET (INKONSISTENTE AKTUALISIERUNGEN) und SNAPSHOT. Bei der Einstellung DYNASET können Sie gebundene Steuerelemente auf der Basis einer einzigen Tabelle oder von Tabellen mit einer 1:1-Beziehung bearbeiten. Bei Steuerelementen, die an Felder gebunden sind, welche auf Tabellen mit einer 1:n-Beziehung basieren, können Sie Daten im Verknüpfungsfeld auf der »1-Seite« der Beziehung nur bearbeiten, wenn die Aktualisierungsweitergabe zwischen den Tabellen aktiviert ist. Bei der Einstellung DYNASET (INKONSISTENTE AKTUALISIERUNG) können Sie alle Tabellen und an ihre Felder gebundenen Steuerelemente bearbeiten. Bei der Einstellung SNAPSHOT können keine Tabellen oder an ihre Felder gebundenen Steuerelemente bearbeitet werden.
- DATENSÄTZE SPERREN: Um zu verhindern, dass Datensätze gesperrt werden, während Sie sie bearbeiten, stellen Sie die Einstellung KEINE SPERRUNGEN

ein. Wenn Sie alle Datensätze im Formular sperren möchten, während Sie sie bearbeiten, wählen Sie die Einstellung ALLE DATENSÄTZE. Wollen Sie ausschließlich den Datensatz sperren, den Sie bearbeiten, stellen Sie die Einstellung BEARBEITETER DATENSATZ ein.

8.3.6 Steuerelementeigenschaften einstellen

Welche einzelnen Eigenschaften dabei zur Verfügung gestellt werden, können Sie sehen, wenn Sie beispielsweise ein Formularfeld mit der rechten Maustaste anklicken und den Befehl EIGENSCHAFTEN aus dem Kontextmenü auswählen.

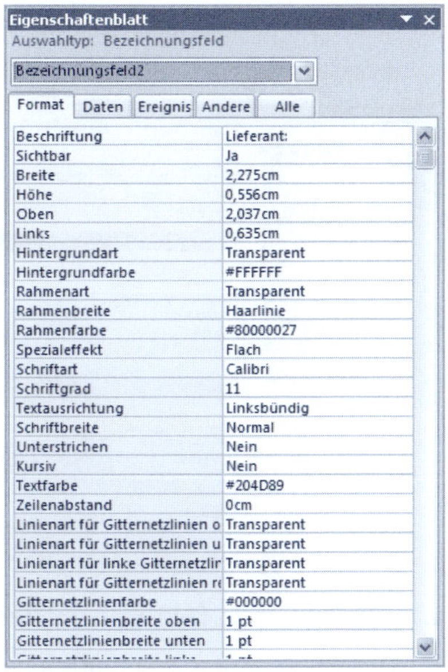

Abb. 8.7: Steuerelementseigenschaften einstellen

Je nachdem, auf welches Element Sie dabei klicken, wird das Eigenschaftenfenster jedes Mal anders aussehen. So gibt es für Textfelder andere Eigenschaften als beispielsweise für Schaltflächen.

Ist das Eigenschaftenfenster übrigens einmal geöffnet, dann können Sie im Hintergrund jederzeit ein anderes Steuerelement anklicken. Die Eigenschaften werden dann jedes Mal aktualisiert.

Das Eigenschaftenfenster wird in mehrere Kategorien aufgeteilt. Auf den Registerkarten FORMAT, DATEN, EREIGNIS und ANDERE können Sie die Eigenschaften gezielt einstellen. Auf der Registerkarte ALLE sind sämtliche Eigenschaften in ihrer Gesamtheit dargestellt.

8.3.7 Schaltflächen einfügen

Um die Programmierung Ihrer Schaltflächen brauchen Sie sich in Access keine Sorgen zu machen. Der Befehlsschaltflächen-Assistent hat eine Menge fertige Codes, die Sie für Ihre Formulare einsetzen können.

Um beispielsweise ein Makro für die Speicherung von Daten über ein Formular in eine Tabelle zu erstellen, verfahren Sie wie folgt:

1. Öffnen Sie das Formular Artikel der Datenbank Formulare.mdb in der Entwurfsansicht.
2. Klicken Sie in der Toolbox auf das Symbol Befehlsschaltfläche und ziehen Sie es auf Ihrem Formular auf.

Abb. 8.8: Eine Schaltfläche einfügen

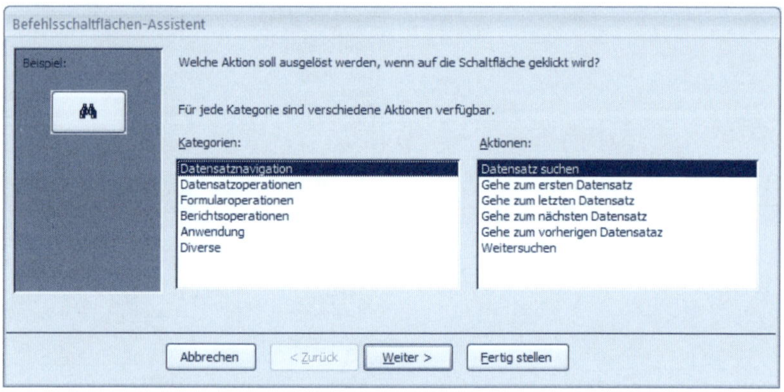

3. Datensatzoperationen.
4. Wählen Sie im Feld Aktionen den Eintrag Datensatz speichern.
5. Klicken Sie auf die Schaltfläche Weiter.

Abb. 8.9: Bild oder Beschriftung festlegen

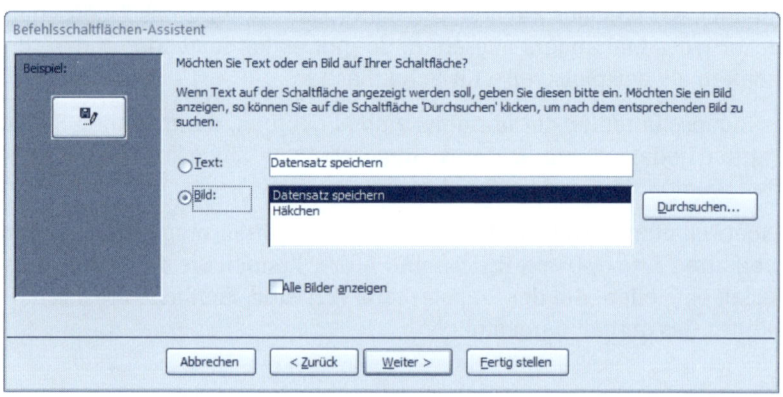

6. Entscheiden Sie sich für das Layout der Schaltfläche, indem Sie entweder nur Text anzeigen oder ein Symbol auf der Schaltfläche anzeigen lassen.
7. Klicken Sie auf WEITER.
8. Weisen Sie im nächsten Dialogfeld der Schaltfläche einen Namen zu und klicken Sie auf FERTIG STELLEN, um die Aufzeichnung des Makros zu beenden.

Die Schaltfläche wurde nun in Ihr Formular eingefügt. Wo aber ist jetzt der Code? Klicken Sie mit der rechten Maustaste auf die neu eingefügte Schaltfläche und wählen Sie aus dem Kontextmenü den Befehl EREIGNIS. Sie gelangen daraufhin automatisch in die Entwicklungsumgebung von Access und haben dann folgende Prozedur vor Augen.

Listing 8.1: Datensatz speichern

```
Private Sub Befehl43_Click()
On Error GoTo Err_Befehl43_Click

    DoCmd.DoMenuItem acFormBar, acRecordsMenu, acSaveRecord _
    , , acMenuVer70

Exit_Befehl43_Click:
    Exit Sub

Err_Befehl43_Click:
    MsgBox Err.Description
    Resume Exit_Befehl43_Click

End Sub
```

Dabei wird die Methode `DoMenuItem` eingesetzt. Diese Methode führt den angegebenen Menübefehl aus. Diese Methode hat folgende Syntax:

```
DoMenuItem(Menüleiste, Menüname, Befehl, Unterbefehl, Version)
```

Dem Argument `Menüleiste` weisen Sie die Konstante `acFormBar` zu. Damit sprechen Sie die komplette Menüleiste von Access an, die automatisch dann eingeblendet wird, wenn Sie ein Formular aufrufen.

Im Argument `Menüname` geben Sie an, um welches Menü in der Menüleiste es sich handeln soll. Dazu gibt Ihnen Access drei Konstanten vor:

- `acFile`: das Menü DATEI
- `acEditMenu`: das Menü BEARBEITEN
- `AcRecordsMenu`: das Menü DATENSÄTZE

Im Argument `Befehl` geben Sie den Befehl ein, der im Argument `Menüname` zu finden ist und den Sie ausführen möchten.

Tabelle 8.2: Die Befehlskonstanten der Methode `DoMenuItem`

Befehl	Menü	Befehl
acNew	EINFÜGEN	NEUER DATENSATZ
acSaveForm	DATEI	SPEICHERN
acSaveFormAs	DATEI	SPEICHERN UNTER
acSaveRecord	DATENSÄTZE	DATENSATZ SPEICHERN
acUndo	BEARBEITEN	RÜCKGÄNGIG
acCut	BEARBEITEN	AUSSCHNEIDEN
acCopy	BEARBEITEN	KOPIEREN
acPaste	BEARBEITEN	EINFÜGEN
acDelete	BEARBEITEN	DATENSATZ LÖSCHEN
acSelectRecord	BEARBEITEN	DATENSATZ AUSWÄHLEN
acSelectAllRecords	BEARBEITEN	ALLE DATENSÄTZE AUSWÄHLEN
acObject	EINFÜGEN	OBJEKT
acRefresh	DATENSÄTZE	AKTUALISIEREN

Das Argument `Unterbefehl` wird nur dann verwendet, wenn Sie den Befehl OBJEKT aus dem Menü EINFÜGEN einsetzen. Die dazu zur Verfügung stehenden Konstanten lauten `acObjectVerb` und `acObjectUpdate`.

Das Argument `Version` müssen Sie nur einsetzen, wenn Sie eine ältere Access-Version im Einsatz haben. Setzen Sie die Konstante `acMenuVer70` für Code ein, der für Microsoft Access 95-Datenbanken geschrieben wurde. Die eingebaute Konstante `acMenuVer20` kommt dann zur Anwendung, wenn Code für Microsoft Access-Datenbanken der Version 2.0 eingegeben wurde.

Die Methode `DoMenuItem` kommt zwar zum Einsatz, wenn Sie den Schaltflächen-Assistenten verwenden, um Schaltflächencode zu generieren. Diese Vorgehensweise können Sie auch beibehalten, um den Coderahmen in der Entwicklungsumgebung automatisch erzeugen zu lassen. Danach können Sie die Methode `DoMenuItem` aber durch die aktuellere und schnellere Methode `RunCommand` austauschen. Das sieht dann wie folgt aus:

Listing 8.2: Die schnellere Version des Speicherns

```
Private Sub Befehl43_Click()
On Error GoTo Err_Befehl43_Click
     DoCmd.RunCommand (acCmdSaveRecord)

Exit_Befehl43_Click:
    Exit Sub

Err_Befehl43_Click:
    MsgBox Err.Description
    Resume Exit_Befehl43_Click

End Sub
```

Die Methode `RunCommand` hat nur noch ein Argument, welches Sie in der Online-Hilfe zu Access-VBA nachlesen können. Für das Speichern eines Datensatzes ist das in diesem Beispiel die Konstante `acCmdSaveRecord`.

8.4 Identifizieren von Steuerelementen

Um auf einzelne Steuerelemente in Formularen zuzugreifen, müssen Sie erst einmal wissen, wie Sie diese ansprechen können. Dazu können Sie mit dem folgenden Makro aus Listing 8.3 alle verwendeten Steuerelemente des Formulars ARTIKEL aus der Datenbank FORMULAR.MDB auslesen und im Direktbereich von Access ausgeben. Fügen Sie ein neues Modul ein und erfassen Sie die folgende Prozedur:

Listing 8.3: Formularfelder identifizieren

```
Sub FormularFelderAusgeben()
Dim frm As Form
Dim obj As Object

Set frm = Form_Artikel

 For Each obj In frm.Controls
    Debug.Print obj.Name
 Next obj

End Sub
```

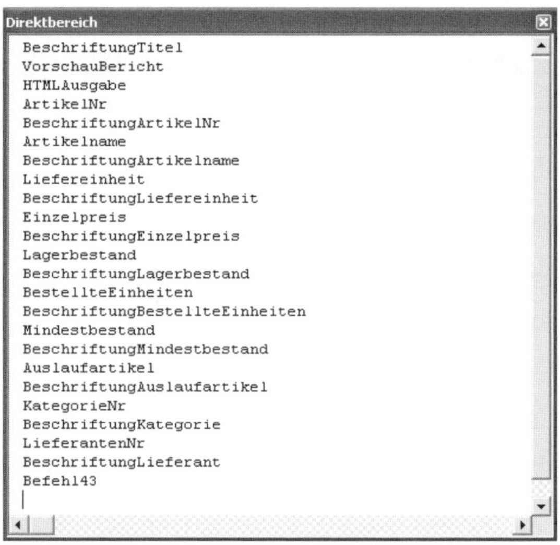

Abb. 8.10: Alle Felder im Formular Artikel ausgeben

Definieren Sie im ersten Schritt eine Variable vom Typ `Object`. Danach geben Sie über die Anweisung `Set` bekannt, um welches Formular es sich dabei handeln soll. Achten Sie darauf, dass es sich um den Namen des Formulars handeln muss, den Sie in der Entwicklungsumgebung im Projekt-Explorer unter der Rubrik MICROSOFT ACCESS KLASSENOBJEKTE auswählen. Bauen Sie danach eine Schleife auf, die jedes Objekt im Formular durchläuft und den Namen des Objekts mithilfe der Eigenschaft `Name` ermittelt.

Sie haben jetzt zwar die Namen der Steuerelemente, aber Sie wissen noch nicht, um welches Steuerelement es sich dabei handelt. Um diese Frage zu beantworten, setzen Sie die Eigenschaft `ControlType` ein, die Ihnen die Art des Steuerelements ausgibt. Sehen Sie dazu ein Beispiel in Listing 8.4.

Listing 8.4: Steuerelementstypen auslesen

```
Sub FormularSteuerelementTypen()
Dim frm As Form
Dim obj As Object

Set frm = Form_Artikel

For Each obj In frm.Controls
 Debug.Print "Typ: " & obj.ControlType & _
 " Name: " & obj.Name

Next obj

End Sub
```

Der Typ des Steuerelements kann über einen Indexwert ermittelt werden. So haben Textfelder den Index 109, Beschriftungsfelder den Wert 100, Schaltflächen den Wert 104 und Kontrollkästchen den Wert 106.

Abb. 8.11: Die Steuerelementtypen werden ermittelt.

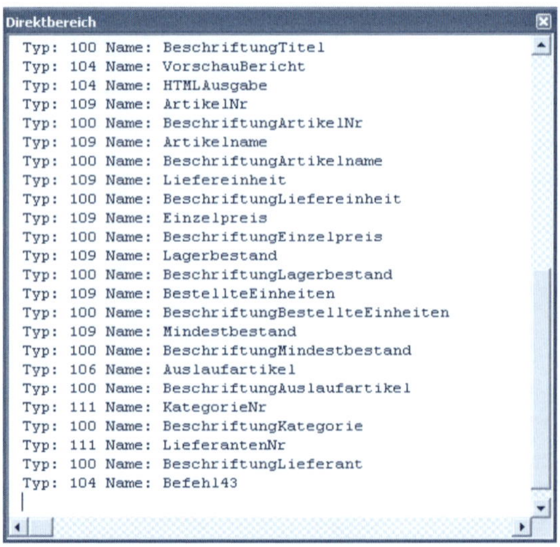

8.5 Formular aufrufen

Um ein Formular mit VBA aufzurufen, setzen Sie die Methode `OpenForm` ein. Diese Methode hat folgende Syntax:

```
OpenForm(Formularname, Ansicht, Filtername, Bedingung, Datenmodus,
Fenstermodus, Öffnungsargumente)
```

Im Argument `Formularname` geben Sie den Namen des Formulars an, das Sie öffnen möchten.

Beim Argument `Ansicht` können Sie die Art der Ansicht Ihres Formulars festlegen. Wählen Sie dort die Konstante `acDesign`, um das Formular in der Entwurfsansicht aufzurufen. Die Konstante `acNormal` ruft das Formular wie gewohnt auf. Sie können diese Konstante aber auch weglassen.

In den Argumenten `Filtername` und `Bedingung` können Sie einen Filter einstellen, um nur bestimmte Datensätze im Formular anzuzeigen. Dieser Filter muss dann wie folgt angegeben werden: "Einzelpreis > 20" oder "Artikelname = 'Donuts'".

Mit dem Argument `Datenmodus` legen Sie fest, welche Aufgaben der Anwender im Formular durchführen kann. Dabei stehen Ihnen folgende Konstanten zur Verfügung:

- `acFormAdd`: Der Anwender kann neue Datensätze im Formular hinzufügen, jedoch keine bestehenden Datensätze bearbeiten.
- `acFormEdit`: Der Anwender kann bestehende Datensätze im Formular bearbeiten und neue Datensätze hinzufügen.
- `AcFormPropertySettings`: Mit dieser Standardkonstante können Sie alle Aktionen im Formular durchführen.
- `acFormReadOnly`: Der Anwender kann die Datensätze im Formular nur ansehen.

Mit dem Argument `Fenstermodus` legen Sie fest, wie das Formular angezeigt werden soll.

- Wählen Sie die Konstante `acWindowNormal`, um das Formular in der Standardansicht anzuzeigen.
- Verwenden Sie die Konstante `acHidden`, wenn das Formular ausgeblendet geöffnet werden soll.
- Setzen Sie die Konstante `acIcon` ein, um das Formular unten am Bildschirm in Form eines kleinen Symbols in der Titelleiste anzuzeigen.
- Die Konstante `acDialog` können Sie einsetzen, wenn Sie das Formular als Dialogfeld anzeigen möchten. Dabei können Sie mit einer anderen Aufgabe erst wieder weiterarbeiten, wenn das Formular geschlossen wurde.

Im Argument `ÖffnenArgumente` können Sie dem Formular bereits beim Öffnen bestimmte Werte bzw. Einstellungen mitgeben.

Sehen Sie in Listing 8.5, wie Sie das Formular ARTIKEL aufrufen.

Listing 8.5: Ein Formular aufrufen

```
Sub FormularÖffnen()

DoCmd.OpenForm "Artikel", acNormal, _
  "Einzelpreis > 20", , acDialog

End Sub
```

Das Formular ARTIKEL wird aufgerufen und es werden nur ARTIKEL angezeigt, die einen Einzelpreis größer 20 Euro aufweisen.

Abb. 8.12: Ein Formular aufrufen

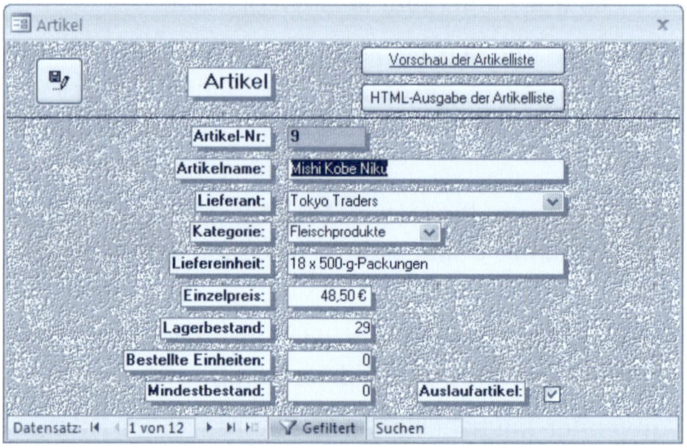

8.6 Formular schließen

Mithilfe der Methode `Close` schließen Sie ein Formular. Im folgenden Listing 8.6 wird das Formular ARTIKEL geschlossen.

Listing 8.6: Ein Formular schließen

```
Sub FormularSchließen()

    DoCmd.Close acForm, "Artikel", acSaveYes

End Sub
```

Die Methode `Close` hat folgende Syntax:

`Close(Objekttyp, Objektname, Speichern)`

Beim Argumenttyp `Objekttyp` müssen Sie angeben, dass es sich hier um ein Formular handeln soll. Geben Sie daher die Konstante `acForm` an.

Der `Objektname` enthält den Namen des Formulars.

Mithilfe des Arguments `Speichern` geben Sie bekannt, wie bzw. ob Änderungen vor dem Schließen des Formulars gespeichert werden sollen. Dazu stehen folgende Konstanten zur Verfügung:

- `AcSaveNo`: Bei dieser Konstante werden Änderungen nicht gespeichert.
- `AcSavePrompt`: Hier wird nachgefragt, ob Änderungen am Formular gespeichert werden sollen. Dies ist die Standardeinstellung.
- `AcSaveYes`: Bei dieser Konstante werden Änderungen beim Schließen des Formulars ohne Rückfrage gespeichert.

8.7 Beispiele zum Einsatz von Steuerelementen

Auf den folgenden Seiten lernen Sie anhand von praxisnahen Beispielen den Einsatz von Formularen und Steuerelemente kennen.

8.7.1 Textfelder aktivieren und sperren

Ein häufig eingesetztes Stilmittel bei Formularen ist, die Textfelder bei Bedarf zu deaktivieren bzw. zu sperren. So können Sie auf bestimmte Eingaben des Anwenders reagieren, wenn diese nicht wie erwartet vorgenommen werden. Für diesen Mechanismus setzen Sie die Eigenschaft `Enabled` ein, die Sie auf den Wert `True` setzen. Damit deaktivieren Sie ein Textfeld. Es wird dann abgeblendet im Formular angezeigt und kann nicht editiert werden.

Mithilfe der Eigenschaft `Locked`, die Sie auf den Wert `True` setzen, können Sie ein Textfeld vor Veränderungen schützen. Dieses können Sie zwar standardmäßig noch ansteuern, eine Bearbeitung ist aber nicht möglich.

> HINWEIS: In den meisten Fällen werden diese beiden Eigenschaften gemeinsam eingesetzt, denn es ist nicht immer sinnvoll, ein Textfeld aktiviert zu lassen, wenn der Anwender keine Änderungen daran ausführen darf. In diesem Fall ist es besser, beide Eigenschaften kombiniert einzusetzen.

Im nächsten Beispiel wenden Sie diesen Mechanismus einmal am Formular Artikelformular aus der Datenbank Formular.mdb an. Dabei soll das Kontrollkästchen Auslaufartikel überwacht werden. Immer wenn ein Anwender einen Artikel als Auslaufartikel kennzeichnet, sollen die Felder Mindestbestand, Einzelpreis, Lagerbestand und BestellteEinheiten deaktiviert und gesperrt werden.

Um diese Lösung umzusetzen, müssen Sie den Code hinter das Steuerelement AUSLAUFARTIKEL legen.

1. Klicken Sie das Kontrollkästchen in der Entwurfsansicht Ihres Formulars mit der rechten Maustaste an und wählen Sie den Befehl EIGENSCHAFTEN aus dem Kontextmenü.
2. Wechseln Sie auf die Registerkarte EREIGNIS, setzen den Mauszeiger in dieses Feld und klicken Sie im Feld BEIM KLICKEN auf das Symbol ganz rechts.
3. Erfassen Sie danach folgendes Ereignismakro:

Listing 8.7: Felder sperren

```
Private Sub Auslaufartikel_Click()
Dim intz As Integer

intz = Me!Auslaufartikel.Value
If intz = 0 Then
 Me!Mindestbestand.Enabled = True
 Me!Einzelpreis.Enabled = True
 Me!Lagerbestand.Enabled = True
 Me!BestellteEinheiten.Enabled = True
 Me!Mindestbestand.Locked = True
 Me!Einzelpreis.Locked = True
 Me!Lagerbestand.Locked = True
 Me!BestellteEinheiten.Locked = True
Else
 Me!Mindestbestand.Enabled = False
 Me!Einzelpreis.Enabled = False
 Me!Lagerbestand.Enabled = False
 Me!BestellteEinheiten.Enabled = False
 Me!Mindestbestand.Locked = False
 Me!Einzelpreis.Locked = False
 Me!Lagerbestand.Locked = False
 Me!BestellteEinheiten.Locked = False
End If

End Sub
```

Fangen Sie nun die Mausklicks des Anwenders auf das Kontrollkästchen ab. Aktiviert der Anwender das Kontrollkästchen AUSLAUFARTIKEL, wird der Wert 0 an Sie gemeldet. Diese Rückmeldung nützen Sie, um eine Abfrage aufzusetzen und die einzelnen Textfelder zu deaktivieren und zu sperren.

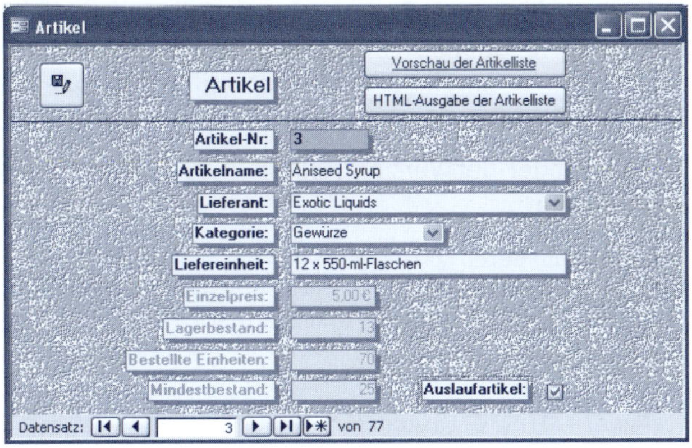

Abb. 8.13: Die letzten vier Felder wurden deaktiviert.

8.7.2 Listboxen füllen und auswerten

Im folgenden Beispiel wird ein neues Formular mit dem Namen LISTBOX eingefügt. Danach werden auf diesem Formular ein Listenfeld sowie zwei Schaltflächen integriert.

Legen Sie die Prozedur aus Listing 8.8 hinter die erste Schaltfläche, um das Listenfeld mit den Namen der im Windows-Verzeichnis enthaltenen Grafikdateien zu füllen. Dazu wechseln Sie in die Entwurfsansicht des Formulars und klicken die Schaltfläche mit der rechten Maustaste an. Aus dem Kontextmenü wählen Sie den Befehl EREIGNIS. Dabei gilt der folgende Code für die Versionen Access 2000 bis Access 2003.

Listing 8.8: Ein Listenfeld füllen

```
Private Sub Befehl2_Click()
'Listenfeld füllen
Dim varDatei As Variant

With Application.FileSearch
 .NewSearch
 .LookIn = "C:\Windows"
 .fileName = "*.bmp"
 .Execute

  For Each varDatei In .FoundFiles
   Liste0.AddItem varDatei
 Next varDatei

 Liste0.RowSource = Left(s, Len(s) - 1)

End With

End Sub
```

Über das Objekt `FileSearch` können Sie nach beliebigen Dateien suchen lassen. Nach erfolgter Suche stehen die Namen der Dateien im Objekt `FoundFiles`. Lesen Sie diese Namen mithilfe der Methode `AddItem` direkt in das Listenfeld LISTE0 ein.

Für Anwender der Version Access 2007 kann folgender Quellcode eingesetzt werden:

```
Private Sub Befehl2_Click()
'Listenfeld füllen
Dim strName As String
Dim intz As Integer

strName = Dir("C:\Windows\*.bmp")
    On Error Resume Next

    Do While strName <> ""
     If strName <> "." And strName <> ".." Then

         Liste0.AddItem "c:\Windows\" & strName
        intz = intz + 1

      End If

       strName = Dir

    Loop

End Sub
```

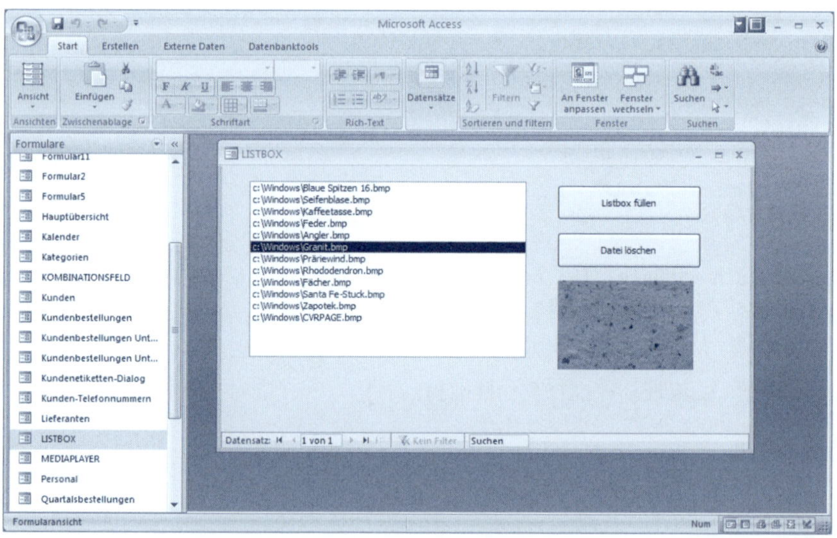

Abb. 8.14: Alle Grafikdateien wurden eingelesen.

Legen Sie nun die Prozedur aus Listing 8.9 direkt hinter die Schaltfläche DATEI LÖSCHEN.

Listing 8.9: Einen Eintrag aus einem Listenfeld löschen

```
Private Sub Befehl3_Click()
'Entrag löschen
Dim intz As Integer

intz = Me!Liste0.ListIndex

 Kill Me!Liste0.ItemData(intz)
 Me!Liste0.RemoveItem (intz)

End Sub
```

Mithilfe der Eigenschaft `ListIndex` können Sie herausfinden, welcher Eintrag in einem Listenfeld gerade markiert ist. Der markierte Eintrag im Listenfeld gibt die genaue Position im Listenfeld an. Diese Position übergeben Sie der Methode `RemoveItem`, die diesen Eintrag dann aus dem Listenfeld entfernt.

Über die Anweisung `Kill` können Sie die Grafikdatei von Ihrer Festplatte löschen.

8.7.3 Kombination aus Kombinationsfeld mit Listenfeld

Im folgenden Beispiel wird ein ungebundenes Formular angelegt und die beiden Steuerelemente LISTENFELD und KOMBINATIONSFELD werden eingefügt. Beim Aufrufen des Formulars KOMBINATIONSFELD sollen alle Lieferantennummern aus der Tabelle ARTIKEL in das Kombinationsfeld eingelesen werden. Je nach Auswahl der LIEFERANTEN-NR sollen danach im darunterliegenden Listenfeld immer nur die Artikel des jeweiligen Lieferanten eingespeist werden.

Stellen Sie zunächst das Ereignis `Open` ein, das automatisch beim Öffnen des Formulars eintritt. Klicken Sie hierzu in der Entwurfsansicht das Formular mit der rechten Maustaste an und wählen Sie den Befehl EIGENSCHAFTEN aus dem Kontextmenü. Im nun angezeigten Dialog stellen Sie im Kombinationsfeld den Eintrag FORMULAR ein und wechseln auf die Registerkarte EREIGNIS. Klicken Sie ins Feld BEIM ÖFFNEN. Führen Sie danach einen Klick auf das Symbol mit den drei Punkten durch und ergänzen Sie den jetzt eingestellten, noch leeren, Ereignisrahmen.

Listing 8.10: Das Kombinationsfeld mit den Lieferanten füllen

```
Private Sub Form_Open(Cancel As Integer)
Dim rst As ADODB.Recordset

Set rst = CurrentProject.Connection.Execute _
("SELECT DISTINCT [Lieferanten-Nr] FROM Artikel ORDER BY
[Lieferanten-Nr] ASC", , adCmdText)

Do Until rst.EOF
 Kombinationsfeld0.AddItem rst![Lieferanten-Nr]
 rst.MoveNext
Loop

rst.Close

End Sub
```

Wie schon in Kapitel 6 beschrieben können Sie mithilfe der SQL-Anweisung SELECT DISTINCT alle eindeutigen Lieferantennummern ermitteln und diese anschließend über eine Schleife und die Methode `AddItem` ins Kombinationsfeld einfügen.

Wird nun ein Eintrag aus dem Kombinationsfeld ausgewählt, dann tritt das Ereignis `Change` ein. In diesem Fall muss das darunterliegende Listenfeld mit den Artikeln des jeweiligen Lieferanten gefüllt werden. Klicken Sie hierzu in der Entwurfsansicht das Kombinationsfeld mit der rechten Maustaste an und wählen Sie den Befehl EIGENSCHAFTEN aus dem Kontextmenü. Im nun angezeigten Dialog wechseln Sie auf die Registerkarte EREIGNIS und klicken ins Feld VOR AKTUALISIERUNG. Führen Sie danach einen Klick auf das Symbol mit den drei Punkten durch und ergänzen Sie den jetzt eingestellten, noch leeren, Ereignisrahmen.

Listing 8.11: Das Listenfeld in Abhängigkeit der Auswahl im Kombinationsfeld füllen

```
Private Sub Kombinationsfeld0_Change()

 Me!Liste4.RowSource = _
 "SELECT Artikelname FROM Artikel WHERE [Lieferanten-Nr]= " _
 & Kombinationsfeld0

End Sub
```

Mithilfe der Eigenschaft `RowSource` weisen Sie dem Listenfeld eine SQL-Anweisung zu, die wiederum die gewünschten Daten aus der Tabelle ARTIKEL herauszieht.

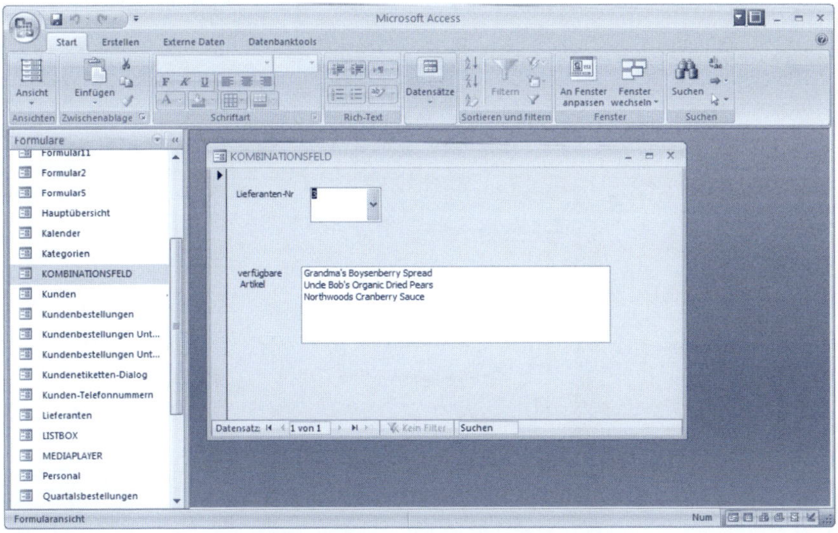

Abb. 8.15: Das Listenfeld dynamisch füllen

8.7.4 Kontrollkästchen programmieren

Setzen Sie Kontrollkästchen in Formularen ein, um mehrere Optionen zuzulassen. Ein Kontrollkästchen kann entweder aktiviert oder nicht aktiviert sein. Bei aktiviertem Zustand erscheint im Kästchen ein Häkchen. Wenn Sie Kontrollkästchen in einer Gruppe verwenden, können sowohl eines als auch mehrere Kontrollkästchen aktiviert sein.

Wenn Sie die Kontrollkästchen in einer Optionsgruppe positionieren, dann kann jeweils nur ein Kontrollkästchen aktiviert werden. Stehen diese außerhalb einer Optionsgruppe, dann können standardmäßig alle Kontrollkästchen aktiviert werden. Möchten Sie trotzdem nicht auf die optischen Vorteile einer Optionsgruppe verzichten, ziehen Sie über die Toolbox ein Rechteck auf und fügen die Kontrollkästchen danach ein. Jetzt können Sie alle Kontrollkästchen aktivieren und trotzdem kommt die Optik nicht zu kurz.

Im folgenden Beispiel sollen über ein Formular mehrere Abfragen angeboten werden. Der Anwender hat dann die Möglichkeit, mehrere Abfragen über Kontrollkästchen nacheinander anzukreuzen und zu starten. Schauen Sie sich dazu einmal die folgende Ausgangssituation aus Abbildung 8.16 an.

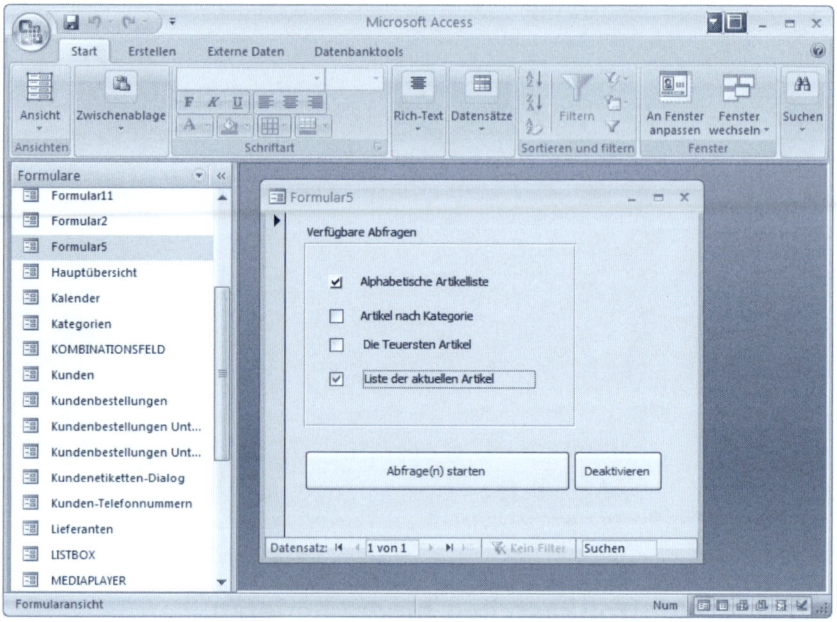

Abb. 8.16: Mehrere Abfragen aktivierbar

Fügen Sie die Ereignisprozedur aus Listing 8.12 hinter der Schaltfläche ein.

Listing 8.12: Kontrollkästchen abfragen

```
Private Sub Befehl17_Click()
Const Abfr01 = "Alphabetische Artikelliste"
Const Abfr02 = "Artikel nach Kategorie"
Const Abfr03 = "Die zehn teuersten Artikel"
Const Abfr04 = "Liste der aktuellen Artikel"

If Me!Kontrollkästchen1.Value = -1 Then DoCmd.OpenQuery Abfr01, _
acViewNormal
If Me!Kontrollkästchen2.Value = -1 Then DoCmd.OpenQuery Abfr02, _
acViewNormal
If Me!Kontrollkästchen3.Value = -1 Then DoCmd.OpenQuery Abfr03, _
acViewNormal
If Me!Kontrollkästchen4.Value = -1 Then DoCmd.OpenQuery Abfr04, _
acViewNormal

End Sub
```

Definieren Sie zu Beginn der Prozedur die Namen der Abfragen, die Sie starten möchten. Selbstverständlich hätten Sie auch den Text bei den Kontrollkästchen dazu benutzen können, um die einzelnen Abfragen danach zu starten. In diesem Fall müssten die Beschriftungen aber mit den Namen der Abfragen übereinstimmen.

Wenn Sie nicht sicher sind, welche Namen Ihre Kontrollkästchen beim Einfügen ins Formular bekommen haben bzw. wenn Sie andere Namen vergeben möchten, wechseln Sie in die Entwurfsansicht Ihres Formulars, klicken Sie das betreffende Kontrollkästchen an und sehen Sie auf der Registerkarte ANDERE im Feld NAME nach. Dort können Sie einen neuen Namen zuweisen und mit der Taste [⇆] bestätigen.

8.7.5 Fortschrittsbalken durch ein Steuerelement erzeugen

Eine Methode für die Erstellung eines Laufbalkens ist die Nutzung eines zusätzlichen Steuerelements, welches Sie in Windows bestimmt schon öfter gesehen haben, wenn Sie Programme installiert haben. Das Steuerelement MICROSOFT PROGRESSBAR CONTROL können Sie aktivieren, indem Sie das Symbol WEITERE STEUERELEMENTE in der Toolbox anklicken und das Steuerelement aus der Liste auswählen. Fügen Sie dieses Steuerelement und eine Schaltfläche in einem neuen Formular ein.

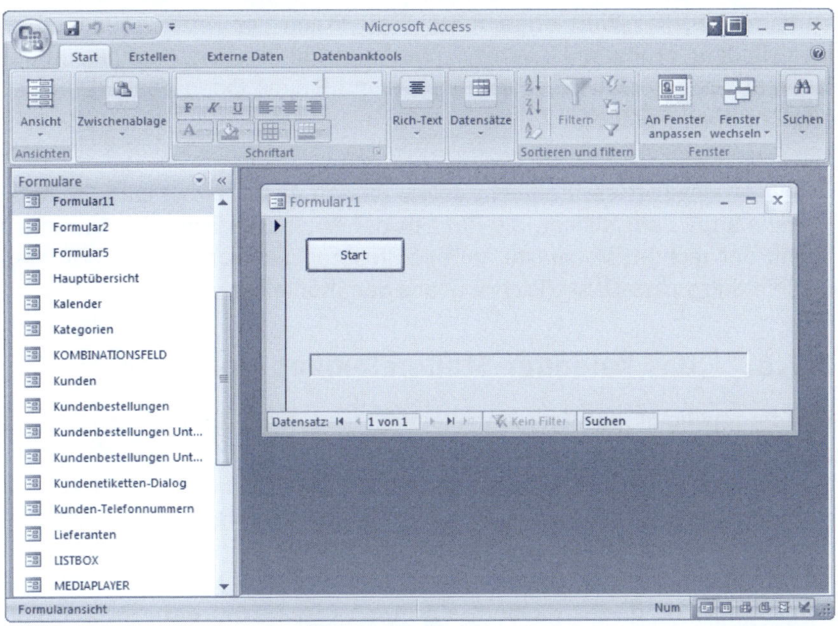

Abb. 8.17: Einen Fortschrittsbalken programmieren

Legen Sie jetzt hinter die Schaltfläche START folgenden Code:

Listing 8.13: Der Laufbalken wird »animiert«.

```
Private Sub Befehl0_Click()
Dim intz As Integer

Me!ProgressBar1.Min = 0
Me!ProgressBar1.Max = 10000

For intz = Me!ProgressBar1.Min To Me!ProgressBar1.Max

 Me!ProgressBar1.Value = intz
 intz = intz + 1
Next intz

 Me!ProgressBar1.Value = 0

End Sub
```

Mithilfe der Eigenschaften `Min` bzw. `Max` können Sie den Start- bzw. Endwert des Steuerelements bestimmen. Mit diesen beiden Informationen können Sie sich dann eine Schleife zusammenstellen, die so lange durchlaufen wird, bis der `Max`-Wert erreicht ist. Läuft Ihnen der Fortschrittbalken zu schnell, dann erhöhen Sie den `Max`-Wert einfach. Den Fortschrittbalken bekommen Sie automatisch zum Laufen, wenn Sie die Eigenschaft `Value` des Fortschrittbalkens füttern.

> Die Art des Fortschrittbalkens sowie dessen Aussehen können Sie übrigens anpassen. Klicken Sie dazu in der Entwurfsansicht des Formulars mit der rechten Maustaste auf das Steuerelement und wählen Sie den Befehl PROGCTRL-OBJEKT/PROPERTIES aus dem Kontextmenü.

8.7.6 Das Kalender-Steuerelement einbinden

Standardmäßig ist das Kalender-Steuerelement nicht direkt in der Toolbox aufgeführt. Sie können dieses Steuerelement aber trotzdem hinzufügen. Legen Sie dazu ein neues Formular an und klicken Sie in der Toolbox auf das Symbol WEITERE STEUERELEMENTE. Daraufhin klappt ein Menü auf, in dem Sie das Steuerelement KALENDER-STEUERELEMENT 10.0 für Access 2002 bzw. das Steuerelement KALENDER-STEUERELEMENT 11.0 für Access 2003 auswählen können. Ziehen Sie dieses Element auf Ihrem Formular in der gewünschten Größe auf. Fügen Sie zusätzlich noch ein Textfeld ein.

Diesen Kalender können Sie übrigens ganz individuell einstellen. Dabei können Sie die Darstellung sowie die verwendeten Farben und die Schriftart nach Ihren Wünschen anpassen. Klicken Sie dazu in der Entwurfsansicht des Formulars mit der rechten Maustaste auf das Kalender-Steuerelement und wählen Sie den Befehl KALENDER-OBJEKT/EIGENSCHAFTEN.

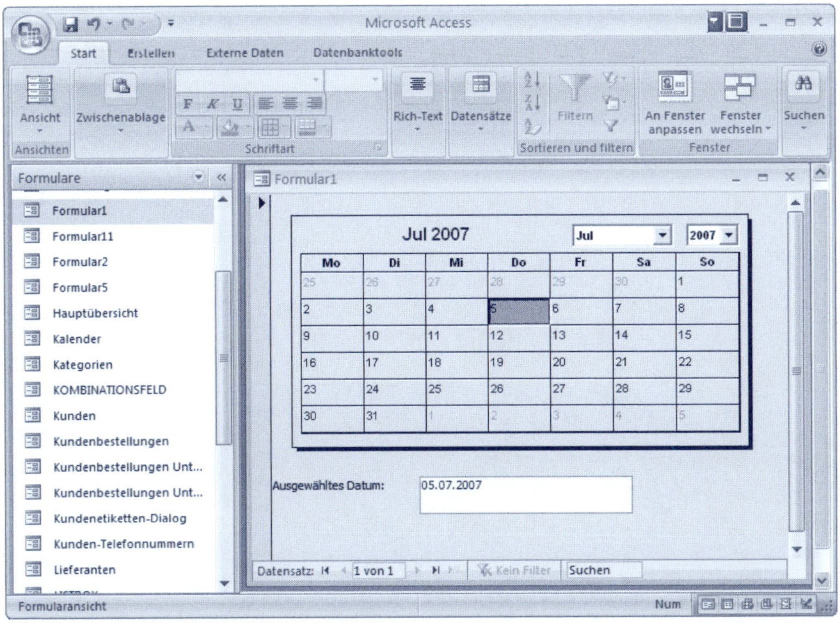

Abb. 8.18: Jeder Klick auf ein Datum im Kalender wird ausgewertet.

Die Aufgabe besteht nun darin, die Auswahl eines Datums im Kalendersteuerelement in das Textfeld zu übernehmen. Sehen Sie sich dazu die Ereignisprozedur aus Listing 8.14 an.

Listing 8.14: Den Kalender mit dem Textfeld synchronisieren

```
Private Sub Calendar0_Click()

 Text9.Value = Calendar0.Value

End Sub
```

Übertragen Sie den aktuell eingestellten Wert aus dem Kalender direkt in das Textfeld. Genau anders herum soll auch eine Eingabe im Textfeld die Umstellung im Kalender bewirken, und zwar dann, wenn das Textfeld nach einer Datumseingabe verlassen wird.

Listing 8.15: Datumseingaben im Textfeld werden an den Kalender übertragen.

```
Private Sub Text9_Exit(Cancel As Integer)

If IsDate(Text9) Then
   Calendar0.Value = Text9
End If

End Sub
```

Falls ein Datum im Textfeld erfasst wurde, stellen Sie den Kalender ein, indem Sie der Eigenschaft `Value` den Wert des Textfelds übergeben. Mithilfe der Methode `Refresh` aktualisieren Sie die Ansicht des Kalender-Steuerelements.

KAPITEL 9

jetzt lerne ich

Ereignisse programmieren

Unter einem Ereignis versteht man ganz allgemein einen Vorgang, der automatisch abläuft. So ist ein typisches Ereignis beispielsweise das Öffnen eines Formulars bzw. eines Berichts.

In Access gibt es jede Menge Ereignisse, die Sie für die Programmierung einsetzen können. Diesen Ereignissen können dann zusätzliche Befehle zugewiesen werden. So können Sie beispielsweise beim Starten eines Formulars weitere Aktionen wie die Vorbelegung bestimmter Felder vornehmen, die im Dialog angeboten werden sollen.

9.1 Die Ereignisse Form_Open bzw. Report_Open

Das Ereignis `Open` tritt ein, wenn Sie ein Formular oder einen Bericht aufrufen. Damit ist genau der Zeitpunkt gemeint, bevor der erste Datensatz angezeigt wird. Dieses Ereignis können Sie einsetzen, um Initialisierungsarbeiten im Formular/Bericht bzw. Vorbelegungen einiger Steuerelemente vorzunehmen.

9.1.1 Eine Zugangsverwaltung aufsetzen

Im folgenden Beispiel richten Sie über das Ereignis `Open` eine Art Zugangsschutz für ein Formular ein. Dabei können Sie beim Öffnen eines Formulars über eine API-Funktion den Namen des Anwenders abfragen und in Abhängigkeit davon entweder den Zugang zulassen oder das Formular wieder schließen.

Stellen Sie jetzt das Ereignis `Open` im Formular Personal ein, indem Sie folgende Arbeitsschritte befolgen:

1. Gehen Sie in die Entwurfsansicht des Formulars, in dem Sie das Ereignis einstellen möchten.
2. Klicken Sie mit der rechten Maustaste auf eine freie Stelle des Formulars und wählen Sie den Befehl Eigenschaften aus dem Kontextmenü.
3. Wechseln Sie auf die Registerkarte Ereignis.
4. Wählen Sie aus dem Drop-down-Menü den Befehl Formular.

Abb. 9.1: Ein Ereignis einstellen

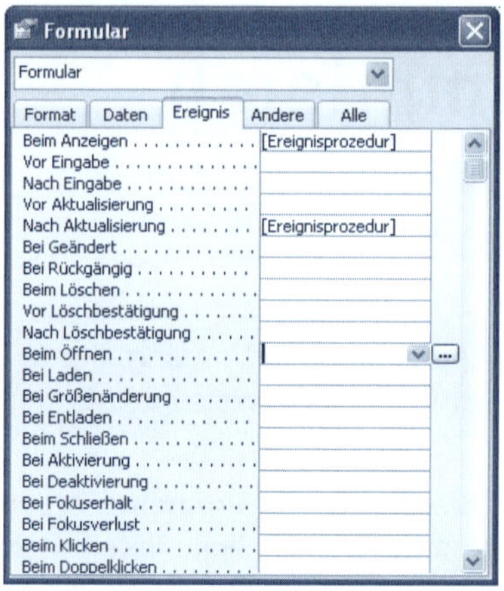

5. Setzen Sie den Mauszeiger in die Zeile Beim Öffnen und klicken Sie auf das Symbol mit den drei Punkten ganz rechts in der Zeile.
6. Im Dialogfeld Generator auswählen wählen Sie den Eintrag Code-Generator und bestätigen mit Ok.
7. Erfassen Sie dann die folgende Ereignisprozedur aus Listing 9.1.

Listing 9.1: Der Anwendername wird abgefragt.

```
Private Sub Form_Open(Cancel As Integer)

Select Case Environ("username")
Case "Held", "admin"
    Me.TabCtl0.Pages(1).Visible = True
 Case Else
   Me.TabCtl0.Pages(1).Visible = False
  End Select
End Sub
```

Über die Funktion `Environ` können Sie den angemeldeten Benutzer ermitteln. Stellen Sie fest, ob der berechtigte Anwender Held bzw. admin versucht, das Formular Personal zu öffnen. Wenn es sich dabei um einen anderen Anwender handelt, dann darf nur das erste Registerblatt des Formulars angezeigt werden. Das erste Registerblatt wird über die Nummer 0, das zweite durch die Nummer 1 repräsentiert. Blenden Sie daher das zweite Registerblatt aus, indem Sie die Eigenschaft `Visible` auf den Wert `False` setzen.

9.1.2 Bestimmtes Feld fokussieren

Im folgenden Beispiel setzen Sie das Ereignis `Open` ein, um nach dem Anzeigen eines Formulars den Fokus in ein bestimmtes Datenfeld zu setzen. So setzen Sie im Listing 9.2 den Fokus im Formular LIEFERANTEN nach dem Öffnen in das Feld TELEFON.

Listing 9.2: Den Fokus in ein bestimmtes Feld setzen

```
Private Sub Form_Open(Cancel As Integer)

  Me.Telefon.SetFocus

End Sub
```

Mithilfe des Schlüsselworts `Me` haben Sie Zugriff auf alle Steuerelemente des aktiven Formulars. So können Sie auch das Steuerelement TELEFON ansprechen und über die Methode `SetFocus` den Mauszeiger in das Feld hineinsetzen.

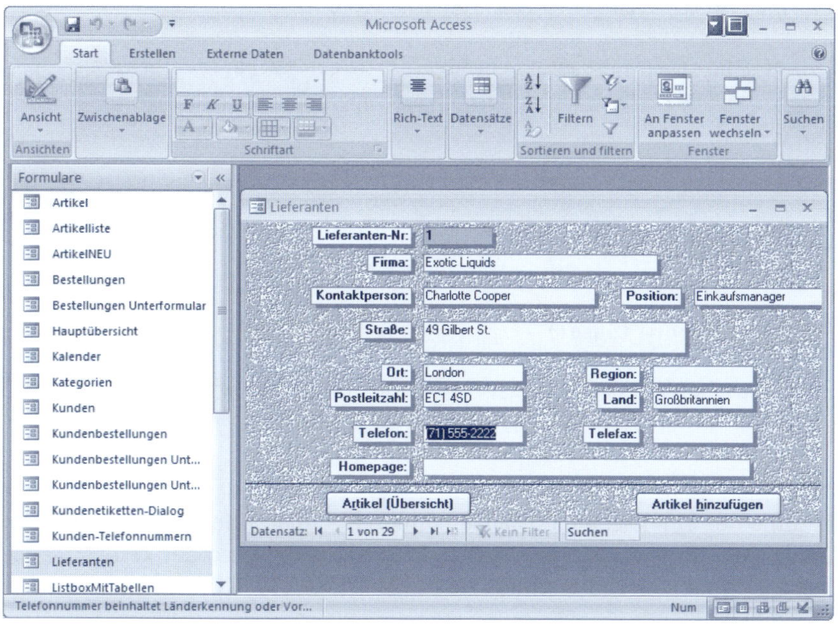

Abb. 9.2: Der Cursor blinkt im Textfeld Telefon.

9.2 Die Ereignisse Form_Close und Report_Close

Das Ereignis `Close` tritt ein, wenn ein Formular oder ein Bericht geschlossen wurde und nicht mehr angezeigt wird. Das Schließen eines Formulars/Berichts können Sie nicht über VBA verhindern.

9.2.1 Alle beteiligten Elemente schließen

Sicherheitshalber können Sie beim Schließen eines Formulars eventuell geöffnete Tabellen und Formulare automatisch schließen, indem Sie das Ereignis `Form_Close` einsetzen.

Das folgende Beispiel aus Listing 9.3 schließt nach dem Beenden des Formulars LIEFERANTEN die Formulare ARTIKEL und ARTIKELLISTE, sofern diese noch geöffnet sind.

Listing 9.3: Alle noch geöffnete Formulare schließen

```
Function IsLoaded(ByVal strFormName As String) As Boolean
Const conObjStateClosed = 0
Const conDesignView = 0

If SysCmd(acSysCmdGetObjectState, _
 acForm, strFormName) <> conObjStateClosed Then

    If Forms(strFormName).CurrentView <> conDesignView Then
        IsLoaded = True
    End If

End If

End Function


Private Sub Form_Close()

 If IsLoaded("Artikelliste") Then DoCmd.Close acForm, "Artikelliste"
 If IsLoaded("Artikel") Then DoCmd.Close acForm, "Artikel"

End Sub
```

Mithilfe der Eigenschaft `IsLoaded` können Sie überprüfen, ob ein bestimmtes Access-Objekt noch geöffnet ist. Wenn ja, dann wird der Wert `True` gemeldet. In diesem Fall wenden Sie die Methode `Close` an, um ein Formular zu schließen.

9.3 Das Ereignis Form_Load

Das Ereignis Load tritt ein, wenn ein Formular geöffnet und dessen Datensätze angezeigt werden. Dabei wird dieses Ereignis in der zeitlichen Reihenfolge vor dem Ereignis Open abgewickelt. Wenn Sie daher auf Werte bestimmter Datenfelder reagieren möchten, die nach dem Ereignis zur Verfügung stehen, dann ist dieses Ereignis das richtige.

9.3.1 Listenfeld beim Laden des Formulars füllen

Im folgenden Beispiel aus Listing 9.4 wird im Listenfeld aus dem Formular LISTBOXFUELLEN ein Listenfeld mit den in der Datenbank enthaltenen Tabellen gefüllt und der letzte Eintrag im Listenfeld markiert. Binden Sie vorher in der Entwicklungsumgebung unter EXTRAS/VERWEISE die Bibliothek MICROSOFT ADO EXT. 2.8 FOR DDL AND SECURITY ein.

Listing 9.4: Listenfeld beim Öffnen des Formulars füllen

```
Private Sub Form_Load()
Dim Katalog As ADOX.Catalog
Dim TabInfo As ADOX.Table
Dim intZ As Integer

 Set Katalog = New ADOX.Catalog
 Katalog.ActiveConnection = CurrentProject.Connection

   For Each TabInfo In Katalog.Tables

     With TabInfo

      If TabInfo.Type = "TABLE" Then
         Me!Liste0.AddItem .Name
      End If

      End With

   Next TabInfo

   intZ = Me.Liste0.ListCount
   Me.Liste0.Selected(intZ - 1) = True
   Set Katalog = Nothing

End Sub
```

Mithilfe der Eigenschaft ListCount ermitteln Sie die Anzahl der Einträge im Listenfeld LISTE0. Da die Zählung bei null anfängt, also der erste Eintrag im Listenfeld den Index 0 hat, müssen Sie vom letzten Eintrag des Listenfelds den Wert 1 subtrahieren. Über die Eigenschaft Selected markieren Sie einen Eintrag im Listenfeld.

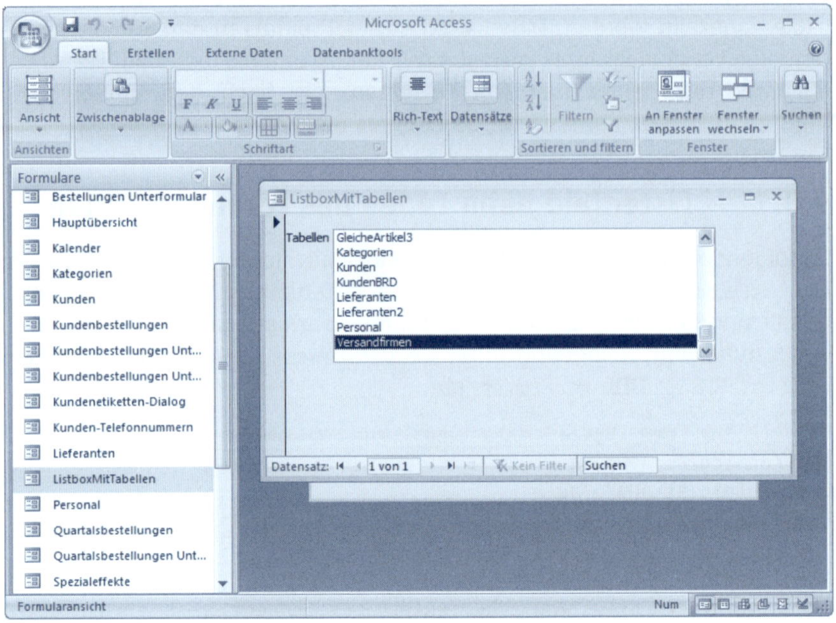

Abb. 9.3: Alle Tabellen der Datenbank werden angezeigt.

9.4 Das Ereignis Form_Unload

Über das Ereignis Form_Unload können Sie auf das Schließen eines Formulars reagieren.

9.4.1 Schließen verhindern

In der folgenden Lösung soll verhindert werden, dass ein Formular geschlossen werden kann. Genauer gesagt, es soll eine Rückfrage angezeigt werden, ob das Formular geschlossen werden soll oder nicht

Im Beispiel aus Listing 9.5 wird beim Schließen des Formulars PERSONAL nachgefragt, ob der Vorgang wirklich durchgeführt werden soll.

Listing 9.5: Der Schließen-Vorgang muss bestätigt werden.

```
Private Sub Form_Unload(Cancel As Integer)
Dim strRück As String

 strRück = MsgBox("Möchten Sie beenden?", vbYesNo + vbQuestion)
```

```
If strRÜck <> "" Then

  If strRück = 6 Then
   Cancel = False
    Else
   Cancel = True
  End If

End If
End Sub
```

Über die Konstante `vbYesNo` definieren Sie, dass das Meldungsfenster mit den beiden Schaltflächen JA und NEIN angezeigt wird. Die Konstante `vbQuestion` sorgt dafür, dass ein zusätzliches Fragezeichensymbol im Fenster angezeigt wird. Im Fall, dass die Schaltfläche JA geklickt wird, wird der Rückgabewert 6 geliefert. In diesem Fall setzen Sie das Argument `Cancel` auf den Wert `True`, wenn der Anwender die Schaltfläche NEIN anklickt. Das Formular bleibt dann geöffnet.

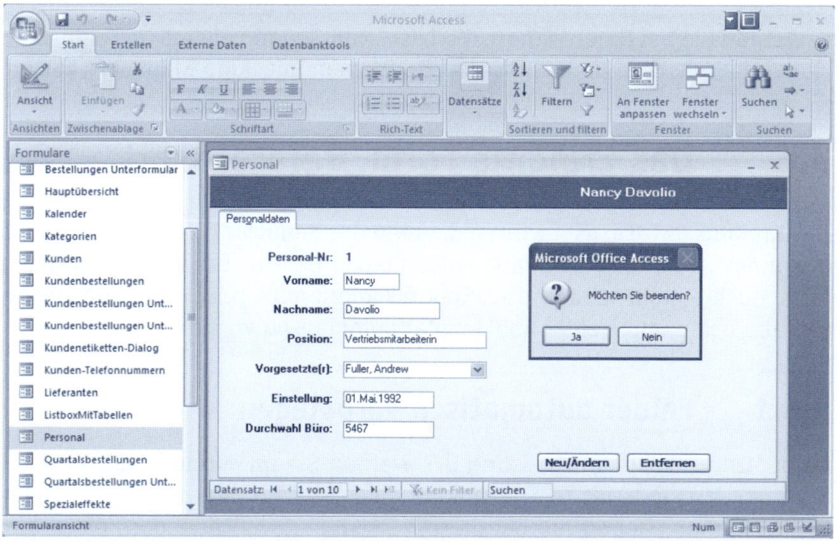

Abb. 9.4: Rückfrage beim Schließen einholen

9.5 Das Ereignis Form_Current

Das Ereignis `Current` tritt ein, wenn der Fokus auf einen Datensatz verschoben wird, der somit zum aktuellen Datensatz wird. Es tritt außerdem ein, wenn das Formular aktualisiert bzw. erneut abgefragt wird.

9.5.1 Dynamisches Ein- und Ausblenden von Feldern

In Abhängigkeit bestimmter Datenfelder im Formular können Sie andere Formularfelder ein- und ausblenden. Im folgenden Beispiel wird im Formular PERSONAL das Feld POSITION überwacht. Dabei soll die Telefonnummer dann ausgeblendet werden, wenn im Feld POSITION der Eintrag GESCHÄFTSFÜHRER steht. Die Lösung für diese Aufgabe sehen Sie in Listing 9.6.

Listing 9.6: Bestimmtes Feld ausblenden

```
Private Sub Form_Current()

If Me!Position = "Geschäftsführer" Then
   Me![Durchwahl Büro].Visible = False
Else
   Me![Durchwahl Büro].Visible = True
End If

End Sub
```

Mithilfe der Eigenschaft `Visible` können Sie ein Feld ausblenden, indem Sie dieser Eigenschaft den Wert `False` zuweisen.

> Achten Sie bei Datenfeldern, die Leer- und Sonderzeichen im Feldnamen beinhalten, darauf, dass Sie den Feldnamen in eckige Klammern setzen.

9.6 Das Ereignis Form_BeforeInsert

Das Ereignis `BeforeInsert` tritt auf, wenn der Benutzer das erste Zeichen in einen neuen Datensatz eingibt, jedoch bevor der entsprechende Datensatz tatsächlich erstellt wird. Dieses Ereignis können Sie beispielsweise einsetzen, um bestimmte Felder im Formular automatisch vorzubelegen.

9.6.1 Felder automatisch vorbelegen

Im nächsten Beispiel aus Listing 9.7 werden Sie im Formular KUNDEN während der Anlage eines neuen Kunden die Felder REGION, LAND und ORT automatisch füllen. Gehen Sie bei diesem Beispiel davon aus, dass diese drei Felder nahezu immer dem zuletzt angelegten Datensatz entsprechen, da Sie gewöhnlich immer alle Kunden aus einem Land, einem Ort bzw. einer Region nacheinander eingeben.

Listing 9.7: Automatische Eingabe vornehmen

```
Private Sub Form_BeforeInsert(Cancel As Integer)

With Me
    .Ort = DLast("Ort", "Kunden")
    .Region = DLast("Region", "Kunden")
    .Land = DLast("Land", "Kunden")
End With

End Sub
```

Mithilfe der Funktion `DLast` können Sie den zuletzt erfassten Datensatz in einer Tabelle ermitteln und beispielsweise in ein Formular übertragen.

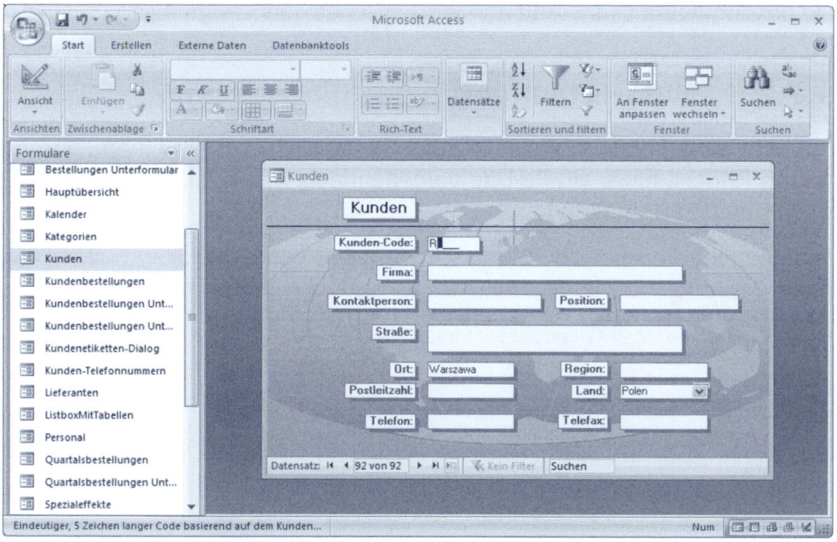

Abb. 9.5: Nach Eingabe eines Kundencodes werden die Felder Ort, Region und Land gefüllt (wenn im zuletzt erfassten Satz vorhanden).

9.7 Das Ereignis Form_BeforeUpdate

Das Ereignis `BeforeUpdate` tritt auf, bevor geänderte Daten in einem Datensatz aktualisiert werden.

9.7.1 Rückfrage vor dem Speichern einholen

Das Ereignis `BeforeUpdate` können Sie einsetzen, um vor dem Speichern eines neuen Datensatzes bzw. einer Änderung eines bereits angelegten Datensatzes eine Rückfrage einzuholen. In der Prozedur aus Listing 9.8 wurde beim Formular LIEFERANTEN diese Rückfrage eingebaut.

Listing 9.8: Vor dem Speichern eine Rückfrage einholen

```
Private Sub Form_BeforeUpdate(Cancel As Integer)

If MsgBox("Möchten Sie wirklich speichern?", vbYesNo + vbQuestion, _
          "Speichern bestätigen") <> vbYes Then
   Cancel = True
    Me.Undo
End If

End Sub
```

Fragen Sie über eine MsgBox ab, ob der veränderte Wert auch tatsächlich zurückgeschrieben werden soll. Ist dies nicht der Fall, dann wenden Sie die Methode Undo an, um den ursprünglichen Wert wieder einzustellen, und setzen Sie das Argument Cancel auf den Wert True, um das Ereignis abzubrechen.

9.7.2 Muss-Felder definieren

Auf eine ganz ähnliche Weise können Sie Muss-Felder definieren, d.h., in diesen Feldern muss ein Eintrag vorgenommen werden, damit der Datensatz gespeichert werden kann.

Im folgenden Beispiel aus Listing 9.9 werden die beiden Felder LAGERBESTAND sowie MINDESTBESTAND im Formular ARTIKEL als Muss-Felder definiert.

Listing 9.9: Eine Eingabe in bestimmte Felder wird erzwungen.

```
Private Sub Form_BeforeUpdate(Cancel As Integer)

  If IsNull(Me.Lagerbestand) Then
    MsgBox "Geben Sie eine Lagerbestandsmenge ein!"
    Me!Lagerbestand.SetFocus
    Cancel = True
    Exit Sub
  End If

  If IsNull(Me.Mindestbestand) Then
    MsgBox "Geben Sie einen Mindestbestand ein!"
    Cancel = True
    Me!Mindestbestand.SetFocus
    Exit Sub
  End If

End Sub
```

Mithilfe der Funktion IsNull können Sie überprüfen, ob in einem Feld eine Eingabe vorgenommen wurde. Wenn nicht, dann machen Sie den Anwender darauf mit einer Bildschirmmeldung aufmerksam.

9.8 Das Ereignis Form_Delete

Das Ereignis Form_Delete tritt ein, wenn der Anwender eine Aktion ausführt, z.B. das Drücken der Taste [Entf] zum Löschen eines Datensatzes, bevor der Datensatz tatsächlich gelöscht wird.

9.8.1 Löschen von Datensätzen verhindern

Wenn Sie einen Datensatz aus einem Formular löschen möchten, können Anwender der Versionen 2000 bis 2003 dies standardmäßig im Menü BEARBEITEN über den Befehl DATENSATZ LÖSCHEN durchführen.

Für Anwender der Version 2007 steht hierfür im Ribbon DATENSÄTZE das Symbol LÖSCHEN bereit.

Haben Sie wichtige Datensätze in Ihrem Datenbestand, die auf keinen Fall gelöscht werden dürfen, können Sie das Argument `Cancel` des Ereignisses `Form_Delete` einsetzen, um eine Löschung zu verhindern.

Im folgenden Beispiel aus Listing 9.10 wird im Formular ARTIKEL jegliche Löschung von Artikeln verhindert.

Listing 9.10: Die Löschung von Sätzen verhindern

```
Private Sub Form_Delete(Cancel As Integer)

   MsgBox "Es dürfen keine Datensätze gelöscht werden!", vbCritical
   Cancel = True

End Sub
```

Indem Sie das Argument `Cancel` auf den Wert `True` setzen, brechen Sie den Löschvorgang ab. Wenn Sie diese Lösung so einsetzen, dann sollten Sie den Anwender dabei aber auf diese Funktion mittels einer Bildschirmmeldung aufmerksam machen.

Um das Löschen von Datensätzen zu verhindern, können Sie aber auch einfach die Eigenschaft LÖSCHENZULASSEN des Formulars auf NEIN einstellen. Die Löschen-Schaltflächen werden dann automatisch deaktiviert.

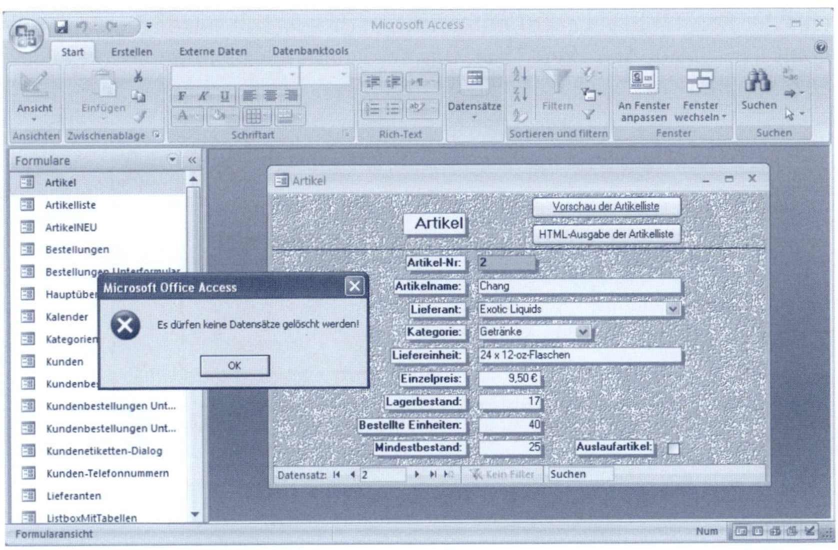

Abb. 9.6: Das Löschen von Datensätzen wird verhindert.

9.9 Das Ereignis Form_BeforeDelConfirm

Das Ereignis `BeforeDelConfirm` tritt auf, nachdem eine Anwender einen oder mehrere Datensätze gelöscht hat, bevor Microsoft Access das Dialogfeld zum Bestätigen anzeigt.

9.9.1 Eine eigene Löschabfrage einsetzen

Wenn Sie einen Datensatz aus einem Formular über das Menü BEARBEITEN und den Befehl DATENSATZ LÖSCHEN entfernen möchten, wird von Access ein Standarddialogfeld angezeigt, in dem Sie die Löschaktion bestätigen müssen. Dieses Standarddialogfeld kann man durch ein eigenes Dialogfeld im Formular `Bestellungen` wie in Listing 9.11 gezeigt ersetzen.

Listing 9.11: Eine Löschabfrage einholen

```
Private Sub Form_BeforeDelConfirm(Cancel As Integer, _
Response As Integer)

If MsgBox("Möchten Sie wirklich löschen?", _
           vbOKCancel + vbQuestion) = vbCancel Then
  Cancel = True
 End If

End Sub
```

Im Dialogfeld zeigen Sie die Schaltflächen OK und ABBRECHEN an. Wenn die Schaltfläche ABBRECHEN angeklickt wurde, wird der Wert 2 zurückgemeldet, was der Konstante `vbCancel` entspricht. In diesem Fall setzen Sie das Argument `Cancel` auf den Wert `True`, um die Standardlöschabfrage von Access abzubrechen.

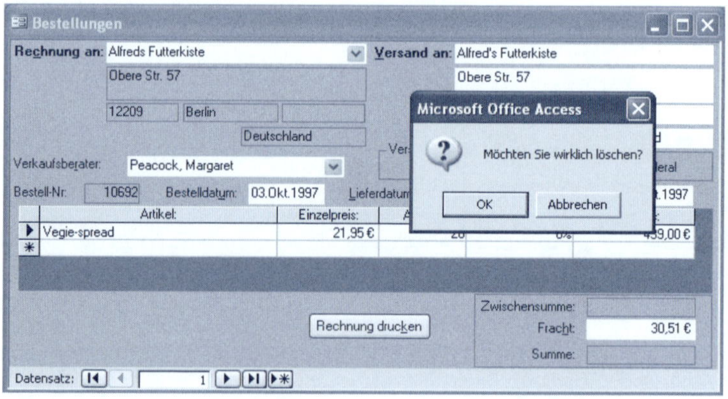

Abb. 9.7: Die Standardrückfrage wird durch eine eigene Rückfrage ersetzt.

9.10 Das Ereignis Form_Activate

Das Ereignis Activate tritt ein, wenn ein Formular den Fokus erhält und zum aktiven Fenster wird.

9.10.1 Den ersten Datensatz einstellen

Im Beispiel aus Listing 9.12 wird im Formular ARTIKELNEU standardmäßig der letzte Datensatz der damit verknüpften Tabelle ARTIKEL angezeigt.

Listing 9.12: Den ersten Satz im Formular anzeigen

```
Private Sub Form_Activate()

   DoCmd.GoToRecord , , acFirst

End Sub
```

Setzen Sie die Methode GoToRecord ein und übergeben Sie dieser Methode die Konstante acFirst, um das Formular mit dem ersten Datensatz der verknüpften Tabelle einzustellen.

9.11 Das Ereignis Form_Resize

Das Ereignis Form_Resize tritt ein, wenn ein Formular geöffnet wird und wenn die Größe eines Formulars angepasst wird.

9.11.1 Variable Feldanpassung vornehmen

Beim Eintreten des Resize-Ereignisses können Sie ein Steuerelement verschieben oder dessen Größe ändern, wenn sich die Größe des Formulars ändert, auf dem sich dieses Steuerelement befindet.

Im nächsten Beispiel aus Listing 9.13 werden Sie die Länge der beiden Textfelder FIRMA und STRASSE im Formular KUNDEN variabel gestalten.

Listing 9.13: Die Breite bestimmter Felder wird dynamisch eingestellt.

```
Private Sub Form_Resize()
Dim intBreite As Integer

  intBreite = Me.WindowWidth
  Me!Firma.Width = intBreite / 2
  Me!Straße.Width = intBreite / 2

End Sub
```

Über die Eigenschaft WindowWidth können Sie die aktuelle Breite eines Formulars ermitteln. Die so ermittelte Breite dividiert durch 2 weisen Sie den

Textfeldern Firma und Strasse als neue Breite zu. Sie erhalten somit einen Bewegungseffekt in Ihrem Formular.

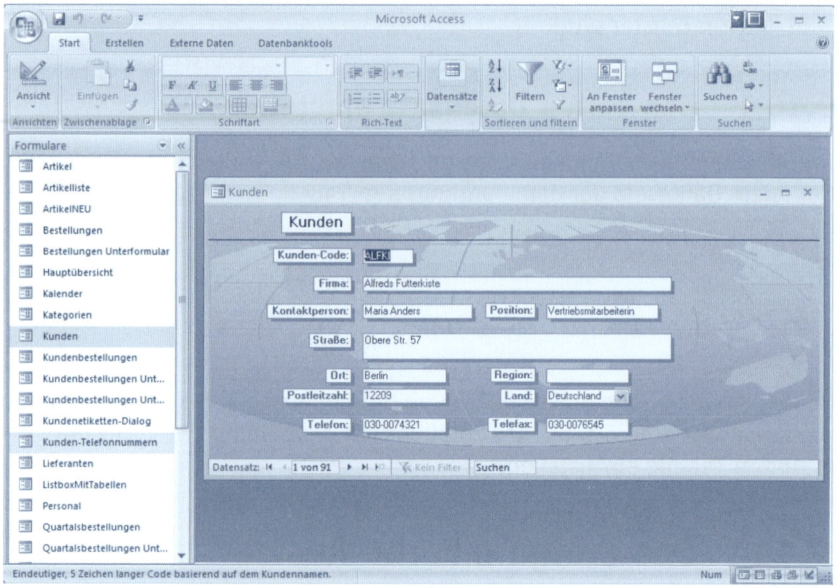

Abb. 9.8: Die beiden Felder Firma und Straße vergrößern sich automatisch, wenn das Formular vergrößert wird.

9.12 Das Ereignis Form_Click

Das Ereignis `Click` tritt auf, wenn der Benutzer die linke Maustaste klickt, während sich der Mauszeiger auf einem freien Bereich oder auf dem Datensatzmarkierer in der Datenblattansicht des Formulars befindet. Dieses Ereignis kann man selbstverständlich auf jedes andere Steuerelement im Formular anwenden.

9.12.1 Lagerbestand per Mausklick erhöhen

Eine kleine Erleichterung können Sie beispielsweise im Formular Artikel integrieren. Dabei soll durch einen Klick auf das Textfeld Lagerbestand derselbe jeweils um den Wert 1 erhöht werden. Stellen Sie dazu das `Click`-Ereignis für das Textfeld Lagerbestand wie in Listing 9.14 gezeigt ein.

Listing 9.14: Lagerbestand per Klick erhöhen

```
Private Sub Lagerbestand_Click()

  Lagerbestand.Value = Lagerbestand.Value + 1

End Sub
```

Immer wenn Sie einen Klick ins Feld LAGERBESTAND ausführen, wird der augenblickliche Inhalt um den Wert 1 erhöht.

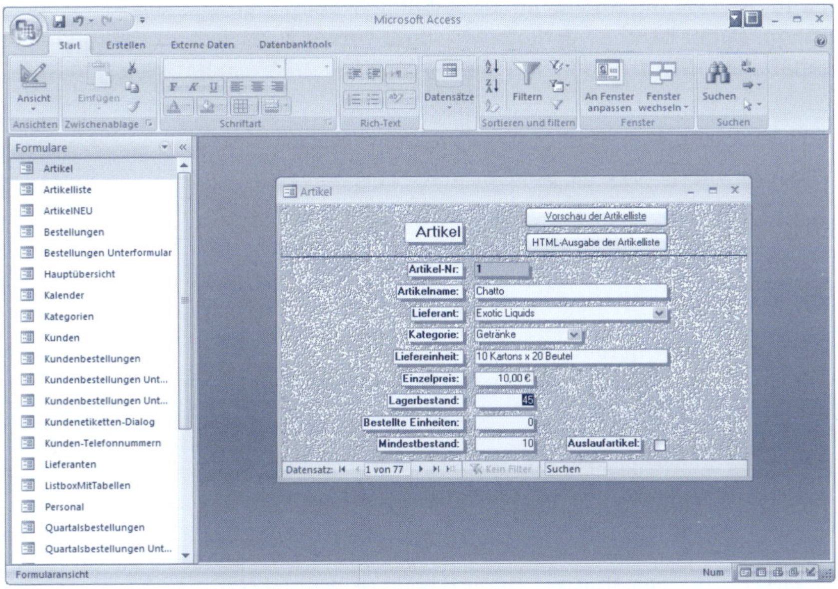

Abb. 9.9: Schnelle schrittweise Erhöhung des Bestands per Mausklick

9.13 Die Ereignisse Form_MouseDown und Form_MouseUp

Mit diesen beiden Ereignissen, die eigentlich dem `Click`-Ereignis ähnlich sind, können Sie unter anderem überprüfen, welche Taste der Anwender gedrückt hat. Das Ereignis `Form_MouseDown` tritt dann ein, wenn der Anwender eine Maustaste gedrückt hält. Das Ereignis `Form_MouseUp` tritt auf, wenn der Anwender die gedrückte Maustaste wieder loslässt.

Das Ereignis `Form_MouseDown` tritt vor dem Ereignis `Click` auf. Das Ereignis `Form_MouseUp` liegt in der zeitlichen Reihenfolge hinter dem `Click`-Ereignis. Das `Click`-Ereignis erkennt zudem, wenn eine Maustaste gedrückt und losgelassen wurde. Dabei ist dieser Vorgang eine einzige Aktion. Ein weiterer Unterschied zwischen den Mausereignissen und dem `Click`-Ereignis besteht darin, dass diese Mausereignisse es ermöglichen, zwischen der linken, rechten und mittleren Maustaste sowie der Taste ⇧, Strg und Alt zu unterscheiden.

9.13.1 Welche Taste wurde geklickt?

Zunächst einmal werden Sie in Listing 9.15 sehen, wie man feststellen kann, welche Maustaste im Detailbereich des Formulars KUNDEN geklickt wurde. Dabei kann es vorkommen, dass vorher zusätzlich zu den gedrückt gehaltenen Maustasten eine der Tasten [Alt], [⇧] oder [Strg] gedrückt wird.

Listing 9.15: Abfangen, welche Maustaste gedrückt wurde

```
Private Sub Detail_MouseDown(Button As Integer, _
Shift As Integer, X As Single, Y As Single)

If Button = acLeftButton Then
 MsgBox "Sie haben die linke Taste gedrückt."
End If

If Button = acRightButton Then
 MsgBox "Sie haben die rechte Taste gedrückt."
End If

If Button = acMiddleButton Then
 MsgBox "Sie haben die mittlere Taste gedrückt."
End If

If Shift = 1 Then MsgBox "Umschalt-Taste gedrückt"
If Shift = 2 Then MsgBox "Strg-Taste gedrückt"
If Shift = 4 Then MsgBox "Alt-Taste gedrückt"

End Sub
```

Das Argument `Button` hat drei Konstanten, über die Sie ermitteln können, welche Taste auf der Maus gedrückt wurde. Die dazugehörigen Konstanten bzw. Zahlenwerte sind:

- acLeftButton: 1
- acRightButton: 2
- acMiddleButton: 4

Mithilfe des Arguments `Shift` können Sie feststellen, welche Tasten zusätzlich zu den Maustasten gedrückt wurden.

Hinter den Argumenten `X` und `Y` steht eine Zahl, die die aktuelle Position des Mauszeigers anzeigt. Die Werte `X` und `Y` bilden dabei die linke obere Ecke des Objekts.

9.14 Das Ereignis MouseMove

Das Ereignis `MouseMove` tritt ein, wenn der Benutzer die Maus bewegt. Das Ereignis wird dabei ständig wiederholt ausgelöst, während sich der Mauszeiger über einem Objekt bewegt. Solange kein anderes Objekt ein Mausereignis auslöst, erkennt ein Objekt immer dann das Ereignis `MouseMove`, wenn der Mauszeiger innerhalb der Umrandung des Objekts positioniert wird.

9.14.1 Spezialeffekte einsetzen

Zu nahezu jedem Steuerelement stehen Ihnen Spezialeffekte zur Verfügung. Sie können beispielsweise Textfelder erhöht oder vertieft einstellen. Das folgende Beispiel geht vom Formular SPEZIALEFFEKTE aus und sieht wie in Abbildung 9.10 gezeigt aus.

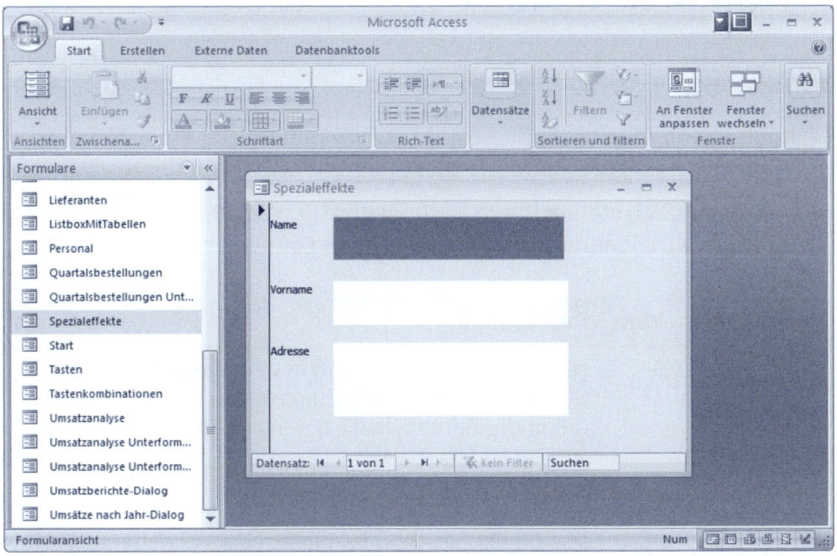

Abb. 9.10: Das zweite Textfeld wird erhöht.

Listing 9.16: Jede Mausbewegung wird ausgewertet.

```
Private Sub Text0_MouseMove(Button As Integer, _
Shift As Integer, X As Single, Y As Single)

    If Me!Text0.SpecialEffect = 0 Then
     Me!Text0.SpecialEffect = 3
    Else
     Me!Text0.SpecialEffect = 0
    End If

End Sub
```

```
Private Sub Text2_MouseMove(Button As Integer, _
Shift As Integer, X As Single, Y As Single)

    If Me!Text2.SpecialEffect = 0 Then
     Me!Text2.SpecialEffect = 4
    Else
     Me!Text2.SpecialEffect = 0
    End If

End Sub


Private Sub Text4_MouseMove(Button As Integer, _
Shift As Integer, X As Single, Y As Single)

    If Me!Text4.SpecialEffect = 0 Then
     Me!Text4.SpecialEffect = 2
    Else
     Me!Text4.SpecialEffect = 0
    End If

End Sub
```

Wenden Sie die Eigenschaft `SpecialEffect` an, um nach einer Mausbewegung über das entsprechende Textfeld ein erhöhtes Textfeld anzuzeigen.

Selbstverständlich stehen Ihnen noch weitere Spezialeffekte zur Verfügung, die Sie aus der folgenden Tabelle entnehmen können.

Tabelle 9.1: Die Spezialeffekte in Access

Einstellung	**Wert**	**Beschreibung**
Flach	0	Das Objekt wird flach und in den Standardfarben des Systems oder in benutzerdefinierten Farben angezeigt, die in der Entwurfsansicht eingestellt wurden.
Erhöht	1	Das Objekt ist oben und links hervorgehoben und hat unten und rechts einen Schatten.
Vertieft	2	Das Objekt hat oben und links einen Schatten und ist unten und rechts hervorgehoben.
Graviert	3	Das Objekt hat eine vertiefte Linie um das Steuerelement.
Schattiert	4	Das Objekt hat einen Schatten unterhalb und rechts des Steuerelements.
Unterstrichen	5	Das Objekt hat eine vertiefte Linie unterhalb des Steuerelements.

9.15 Die Ereignisse GotFocus und LostFocus

Das Ereignis GotFocus tritt auf, wenn ein Formular oder ein Steuerelement den Fokus erhält. Das Ereignis LostFocus tritt ein, wenn ein Formular oder ein Steuerelement den Fokus abgibt. Diese beiden Ereignisse werden in der Praxis häufig eingesetzt, um Steuerelemente zu formatieren.

9.15.1 Textfelder optisch hervorheben

Eine Standardanwendung für die beiden Ereignisse ist das Ein- und Entfärben von Textfeldern beim Fokuserhalt bzw. Fokusverlust.

Im folgenden Beispiel aus Listing 9.17 wird im Formular SPEZIALEFFEKTE diese Methode angewendet. Dabei wird bei Fokuserhalt des Textfelds die Hintergrundfarbe des Textfelds mit GELB formatiert. Beim Fokusverlust wird die Standardfarbe des jeweiligen Textfelds wiederhergestellt.

Listing 9.17: Bei Aktivierung der Textfelder werden diese hervorgehoben.

```
Private Sub Text0_GotFocus()

  Me.Text0.BackColor = QBColor(6)

End Sub


Private Sub Text0_LostFocus()

  Me.Text0.BackColor = QBColor(15)

End Sub


Private Sub Text2_GotFocus()

  Me.Text2.BackColor = QBColor(6)

End Sub


Private Sub Text2_LostFocus()

  Me.Text2.BackColor = QBColor(15)

End Sub
```

```
Private Sub Text4_GotFocus()

  Me.Text4.BackColor = QBColor(6)

End Sub


Private Sub Text4_LostFocus()

  Me.Text4.BackColor = QBColor(15)

End Sub
```

Über die Eigenschaft `BackColor` können Sie den Hintergrund eines Textfelds mit einer Farbe belegen. Die Farbe wird über die Funktion `QBColor` erzeugt. Dabei wird die Farbe GELB über die Nummer 6 und die leuchtend weiße Farbe über die Nummer 15 repräsentiert.

Weitere Farben können Sie aus Tabelle 9.2 entnehmen.

Tabelle 9.2: Die Farbbelegung der Funktion QBColor

0	Schwarz	6	Gelb	11	Hellcyan
1	Blau	7	Weiß	12	Hellrot
2	Grün	8	Grau	13	Hellmagenta
3	Cyan	9	Hellblau	14	Hellgelb
4	Rot	10	Hellgrün	15	Leuchtend weiß
5	Magenta				

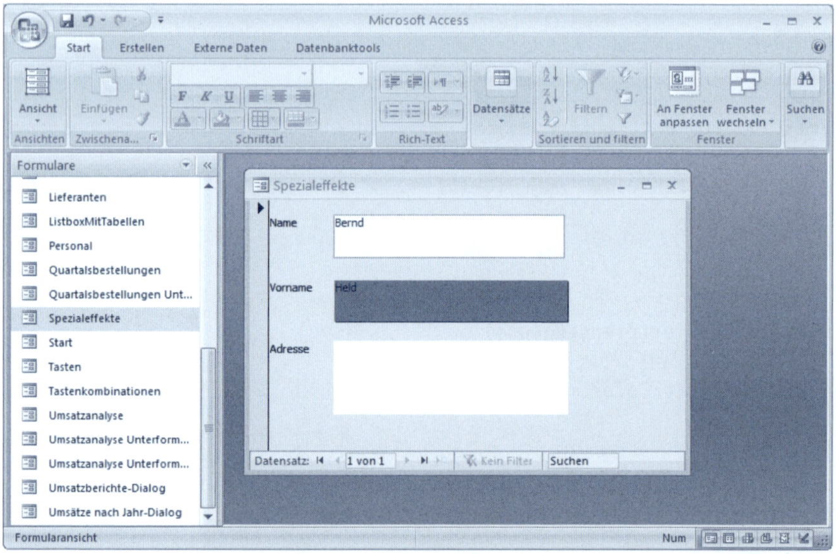

Abb. 9.11: Das aktive Feld wird jeweils eingefärbt.

Alternativ können Sie die bedingte Formatierung für diese Aufgabe einsetzen. Seit Access 2000 gibt es die bedingte Formatierung – dort kann man einstellen, dass bei Fokuserhalt bestimmte Formate angenommen werden.

9.16 Die Key-Ereignisse

In Access können Sie auf jeden einzelnen Tastenklick reagieren. Dazu stehen Ihnen die Ereignisse KeyDown und KeyUp zur Verfügung. Eine Taste wird gedrückt (KeyDown) und eine Taste wird losgelassen (KeyUp).

9.16.1 Tasten erkennen

Um überhaupt einmal zu erkennen, wie man Tasten abfangen kann, wurde ein neues Formular mit dem Namen TASTEN eingefügt, indem eine Schaltfläche integriert wurde. Nach dem Aufruf dieses Formulars können Sie die Tasten [Pos 1], [Ende], [Esc], [↵], [Entf], [←], [⇧] und die [Strg] drücken. All diese Tasten werden in der Prozedur aus Listing 9.18 erkannt.

Listing 9.18: Gedrückte Tasten erkennen

```
Private Sub Befehl0_KeyDown(KeyCode As Integer, Shift As Integer)

  Select Case KeyCode
   Case vbKeyHome
     MsgBox "Sie haben die POS1-Taste gedrückt!"

  Case vbKeyEnd
     MsgBox "Sie haben die Ende-Taste gedrückt!"

  Case vbKeyEscape
     MsgBox "Sie haben die ESC-Taste gedrückt!"

  Case vbKeyReturn
     MsgBox "Sie haben die Enter-Taste gedrückt!"

  Case vbKeyDelete
     MsgBox "Sie haben die Entf-Taste gedrückt!"

  Case vbKeyBack
     MsgBox "Sie haben die Rücktaste gedrückt!"

  Case vbKeyShift
     MsgBox "Sie haben die Umschalttaste gedrückt!"

  Case vbKeyControl
     MsgBox "Sie haben die Strg-Taste gedrückt!"

  End Select

End Sub
```

Jede Taste kann über eine sogenannte KeyCode-Konstante angesprochen werden.

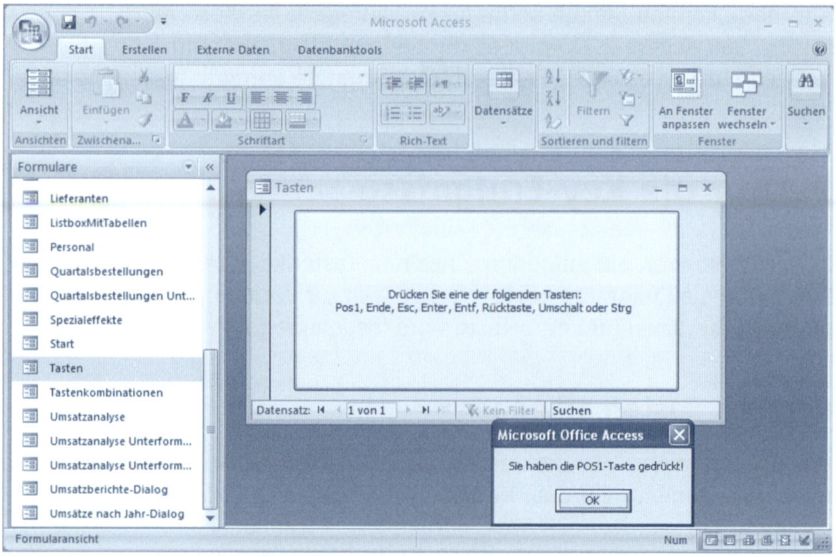

Abb. 9.12: Jede einzelne Taste kann abgefangen werden.

9.16.2 Tastenkombinationen einrichten

Im folgenden Beispiel wurde ein neues Formular mit drei Textfeldern angelegt und unter dem Namen TASTENKOMBINATIONEN gespeichert. Das Befüllen des Formulars kann entweder Feld für Feld über die Eingabe der Informationen Anwendername, Datum und Uhrzeit erfolgen oder eleganter und schneller über Tastenkombinationen erledigt werden. Für das Füllen der Felder wurden dabei folgende Tastenkombinationen definiert:

- Strg+U: Fügt den Namen des Anwenders ins Feld TEXT0 ein.
- Strg+D: Fügt das aktuelle Datum ins Feld TEXT2 ein.
- Strg+T: Fügt die aktuelle Uhrzeit ins Feld TEXT4 ein.

Die Tastenkombinationen werden über das Ereignis `KeyDown` der jeweiligen Textfelder wie in Listing 9.19 gezeigt eingestellt, d.h., die Tastenkombinationen sind nur dann gültig, wenn der Mauszeiger im jeweiligen Textfeld ist.

Listing 9.19: Tastenkombinationen einrichten

```
Private Sub Text0_KeyDown(KeyCode As Integer, Shift As Integer)

'Die Tastenkombination Strg + U wird abgefragt
   If (Shift = acCtrlMask) And (KeyCode = Asc("U")) Then
      Me.Text0 = Environ("username")
   End If

End Sub
```

```
Private Sub Text2_KeyDown(KeyCode As Integer, Shift As Integer)

'Die Tastenkombination Strg + D wird abgefragt
If (Shift = acCtrlMask) And (KeyCode = Asc("D")) Then
   Me.Text2 = Date
End If

End Sub


Private Sub Text4_KeyDown(KeyCode As Integer, Shift As Integer)

'Die Tastenkombination Strg + T wird abgefragt
If (Shift = acCtrlMask) And KeyCode = Asc("T") Then
   Me.Text4 = Time
End If

End Sub
```

Da das Argument KeyCode einen numerischen Wert erwartet, wenden Sie die Funktion ASC an und übergeben ihr den gewünschten Buchstaben, zu dem Sie den zugeordneten numerischen Wert erhalten möchten. Im Argument Shift können Sie die Taste [Strg] abfragen, indem Sie die Konstante acCtrlMask verwenden. Den Anwendernamen können Sie über die Funktion Environ und die Konstante Username abfragen. Das Datum fügen Sie über die Funktion Date, die Uhrzeit über die Funktion Time ein.

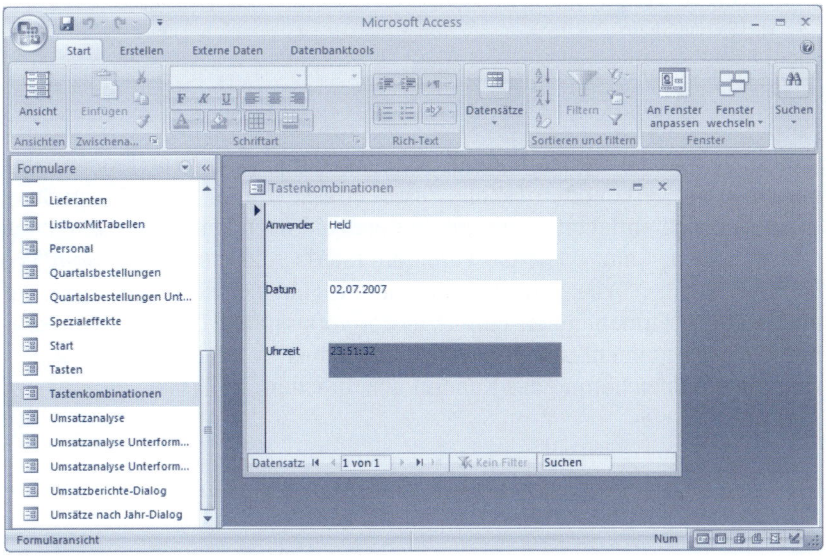

Abb. 9.13: Schnelleres Füllen von Feldern über Tastenkombinationen

9.17 Das Ereignis Steuerelement_BeforeUpdate

Das Ereignis BeforeUpdate tritt auf, bevor geänderte Daten in einem Steuerelement oder Datensatz aktualisiert werden. Dies ist ein guter Augenblick, um Gültigkeitsprüfungen durchzuführen, denn das Ereignis BeforeUpdate kann auch abgebrochen werden, wenn die Gültigkeitsprüfung ein ungültiges Ergebnis liefert.

9.17.1 Doppelte Eingaben verhindern

Bei der Erfassung von neuen Kunden im Formular KUNDEN haben Sie beschlossen, nur noch eindeutige Firmennamen einzugeben. Dabei soll Access Sie unterstützen und sofort eine Meldung auf dem Bildschirm erscheinen lassen, wenn Sie im Feld FIRMA einen KUNDEN eingeben, der bereits in der verknüpften Tabelle KUNDEN gespeichert ist.

Setzen Sie für diese Aufgabe das Ereignis BeforeUpdate des Felds FIRMA ein, welches Sie in Listing 9.20 sehen.

Listing 9.20: Prüfung, ob Firma bereits angelegt ist

```
Private Sub Firma_BeforeUpdate(Cancel As Integer)

If (Not IsNull(DLookup("[Firma]", "Kunden", "[Firma] ='" _
 & Me!Firma & "'"))) Then
    MsgBox "Diese Firma wurde in der Tabelle schon angelegt!"
    Cancel = True
    Me!Firma.Undo
End If

End Sub
```

Prüfen Sie mithilfe der Methode DLookup, ob der eingegebene Firmenname bereits in der verknüpften Tabelle KUNDEN erfasst wurde. Diese Überprüfung kann natürlich entfallen, wenn Sie in dem Feld noch keinen Firmennamen erfasst haben. Dafür sorgt die Funktion IsNull, die einen Wert vom Typ Boolean, nämlich True, zurückgibt, wenn das Feld leer ist. Befindet sich der eingegebene Firmennamen bereits in der verknüpften Tabelle, dann können Sie das Argument Cancel einsetzen, welches Sie auf den Wert True setzen, um die Speicherung des Kunden abzubrechen.

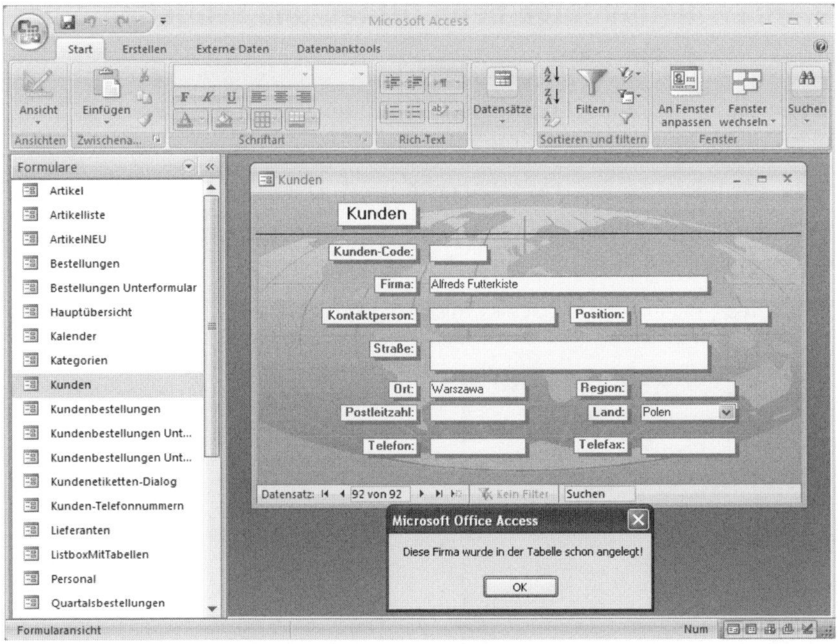

Abb. 9.14: Wurde die Firma schon angelegt, dann wird die Eingabe verworfen.

9.18 Die Reihenfolge der Ereignisse

Wie Sie im bisherigen Verlauf gesehen haben, reagieren viele Ereignisse ähnlich. Der einzige Unterschied zwischen einzelnen Ereignissen besteht darin, dass die Ereignisse in einer bestimmten Reihenfolge nacheinander ablaufen. Bei manchen Ereignissen haben Sie die Möglichkeit, Aktionen abzubrechen. Diese Ereignisse haben dann in Ihrer Kopfzeile immer das Argument `Cancel`, das Sie auf den Wert `False` setzen können, um das verbundene Ereignis abzubrechen.

9.18.1 Reihenfolge beim Öffnen und Schließen eines Formulars

Wenn Sie ein Formular zum ersten Mal öffnen, treten die folgenden Ereignisse in der angegebenen Reihenfolge ein:

`Open, Load, Resize, Activate, Current`

Möchten Sie die Ereignisse über das Eigenschaftsfenster einstellen, lauten die einzustellenden Ereignisse wie folgt:

BEIM ÖFFNEN, BEI LADEN, BEI GRÖSSENÄNDERUNG, BEI AKTIVIERUNG, BEIM ANZEIGEN.

Abb. 9.15: Formularereignisse über das Eigenschaftenfenster einstellen

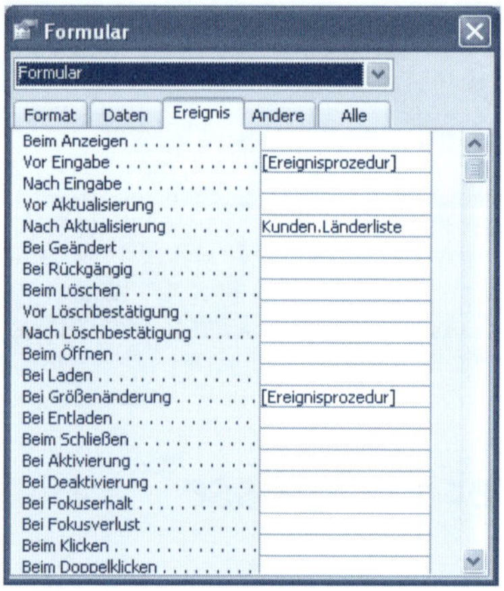

Wenn Sie ein Formular schließen, treten die folgenden Ereignisse in der angegebenen Reihenfolge ein:

`Unload, Deactivate, Close`

Um diese Ereignisse im Eigenschaftenfenster auf der Registerkarte EREIGNISSE einzusehen, klicken Sie folgende Ereignisse an:

BEI ENTLADEN, BEI DEAKTIVIERUNG, BEIM SCHLIESSEN

9.18.2 Aktivierreihenfolge bei Steuerelementen

Wenn Sie beispielsweise über die Taste ⇥ von einem Textfeld in ein anderes wechseln, werden folgende Ereignisse nacheinander ausgelöst:

`Enter`, `GotFocus`, `Exit`, `LostFocus`

Diese Ereignisse heißen im Eigenschaftenfenster auf der Registerkarte Ereignisse wie folgt:

Beim Hingehen, Bei Fokuserhalt, Beim Verlassen, Bei Fokusverlust

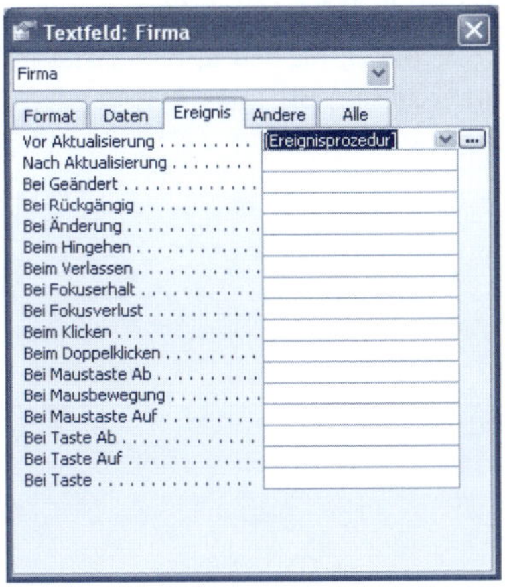

Abb. 9.16: Die Steuerelementereignisse

9.18.3 Reihenfolge der Aktualisierungsereignisse

Für die Aktualisierung von Ereignissen stehen zwei Ereignisse in unmittelbarer Reihenfolge untereinander: `BeforeUpdate` und `AfterUpdate`.

Diese Ereignisse heißen im Eigenschaftenfenster Vor Aktualisierung und Nach Aktualisierung.

Wenn Sie in ein Steuerelement eines Formulars neue oder geänderte Daten eingeben und dann zu einem anderen Datensatz wechseln oder den Datensatz mit dem Befehl Datensatz speichern aus dem Menü Datensätze speichern, tritt zunächst das `BeforeUpdate`-Ereignis des Steuerelements und unmittelbar danach das `BeforeUpdate`-Ereignis des Formulars ein.

9.18.4 Eine komplette Kette von Ereignissen

Stellen Sie sich jetzt einmal vor, Sie müssten ein Formular öffnen, dann ein Textfeld anspringen, dort einen Wert eingeben und mit der Taste [Tab] zum nächsten Formularfeld wechseln. Die komplette Reihenfolge der Ereignisse sieht so aus:

Open, Load, Enter, GotFocus, KeyDown, KeyPress, Change, KeyUp, BeforeUpdate, AfterUpdate, Exit, LostFocus

Möchten Sie die Ereignisse über das Eigenschaftenfenster einsehen, lauten die Ereignisse wie folgt:

Beim Öffnen, Bei Laden, Beim Hingehen, Bei Fokuserhalt, Bei Maustaste Ab, Bei Taste, Bei Geändert, Bei Taste Auf, Vor Aktualisierung, Nach Aktualisierung, Beim Verlassen, Bei Fokusverlust.

Kapitel 10

jetzt lerne ich

Access im Zusammenspiel mit anderen Anwendungen

In diesem Kapitel lernen Sie, wie Sie mit VBA über einen bloßen Einsatz in Access hinausgehen können. Eine Stärke der Programmiersprache VBA ist die universelle Verwendbarkeit im ganzen Office-Paket. So können Sie Daten zwischen den einzelnen Anwendungen problemlos importieren sowie exportieren und somit die Stärke einer jeder Office-Anwendung einsetzen.

10.1 Early- und Late-Binding

Um von Access aus andere Office-Anwendungen einsetzen zu können, gibt es zwei Vorgehensweisen: Early-Binding und Late-Binding. Bei den in diesem Kapitel vorgestellten Lösungen werden beide Methoden gleichermaßen eingesetzt.

10.1.1 Early-Binding

Beim Early-Binding werden bereits vor dem eigentlichen Prozedurstart die später gebrauchten Funktionen einer Bibliothek eingebunden. Dabei wird in der Entwicklungsumgebung aus dem Menü EXTRAS der Befehl VERWEISE ausgewählt und die gewünschte Bibliothek eingebunden. Danach stehen alle Objekte, Methoden und Eigenschaften aus dieser Bibliothek bereits vor dem Prozedurstart zur Verfügung.

Diese Methode ist die schnellere. Des Weiteren stehen Ihnen schon beim Editieren des Quellcodes die neuen Methoden und Eigenschaften sowie die Online-Hilfe zur eingebundenen Bibliothek zur Verfügung.

10.1.2 Late-Binding

Beim Late-Binding wird zur Laufzeit der Prozedur ein Verweis auf die Bibliothek durchgeführt. Dazu wird im ersten Schritt ganz allgemein eine Objektvariable vom Typ `Object` deklariert. Danach wird die Funktion `CreateObject` eingesetzt, die ein Objekt der gewünschten Anwendung erstellt. Auch danach sind alle Methoden und Eigenschaften zu diesem Objekt verfügbar.

Im Beispiel aus Listing 10.1 wird ein Word-Objekt erstellt und danach ein Dokument geöffnet.

Listing 10.1: Eine Word-Sitzung wird erstellt und wieder beendet.

```
Sub WordStartenDokOEffnenMitLateBinding()
Dim wordObj As Object

On Error GoTo fehler
Set wordObj = CreateObject("Word.Application")

wordObj.Documents.Open "C:\Dok1.doc"
'weitere Befehle


wordObj.ActiveDocument.Close
Set wordObj = Nothing
Exit Sub


fehler:
  MsgBox Err.Desription

End Sub
```

Erstellen Sie über die Funktion `CreateObject` eine Objektvariable mit einem Verweis auf eine neue Instanz von Word. Danach können Sie auf alle Befehle zugreifen, die Word-VBA zu bieten hat. Unter anderem können Sie über die Methode `Open` ein Dokument öffnen und bei Bedarf weitere Aktionen mit dem Dokument durchführen.

10.2 Access und Excel

Eine Stärke der Programmiersprache VBA (Visual Basic for Applications) ist die universelle Verwendbarkeit im ganzen Office-Paket. So kann man über die Objektmodelle die jeweilige Anwendung fernsteuern und beispielsweise auf bestehende Dokumente (Word-Dokumente, Excel-Tabellen) zugreifen oder neue erstellen und mit Inhalten füllen. Auf den folgenden Seiten erfolgen Zugriffc von Excel auf eine Access-Datenbank. Dabei werden Daten sowohl importiert als auch exportiert.

10.2.1 Die Voraussetzung

Um den Zugriff von Excel auf Access zu realisieren, wird eine zusätzliche Objektbibliothek benötigt, die in der Entwicklungsumgebung eingebunden werden muss. Dabei wechseln Sie in die Entwicklungsumgebung von Excel und wählen aus dem Menü EXTRAS den Befehl VERWEISE. Im Listenfeld VERFÜGBARE VERWEISE wird die Bibliothek Microsoft ACTIVEX DATA OBJECTS 2.5 bzw. 2.6 oder 2.7 je nach eingesetzter Access-Version, ausgewählt und mit OK bestätigt. Damit haben Sie Zugriff auf die Datenzugriffsmethode ADO (ACTIVEX DATA OBJECT).

10.2.2 Die Anforderungen

Das Ziel dieses Abschnitts ist es, mithilfe von Excel auf eine Access-Datentabelle, die Adressdaten enthält, zuzugreifen. Des Weiteren sollen bestimmte Datensätze wie beispielsweise die drei ältesten Personen sowie der »Junior« aus dieser Datenbank ermittelt werden.

Zu Beginn wird in Excel eine UserForm für die Datensuche erstellt, die in Abbildung 10.1 einsehbar ist.

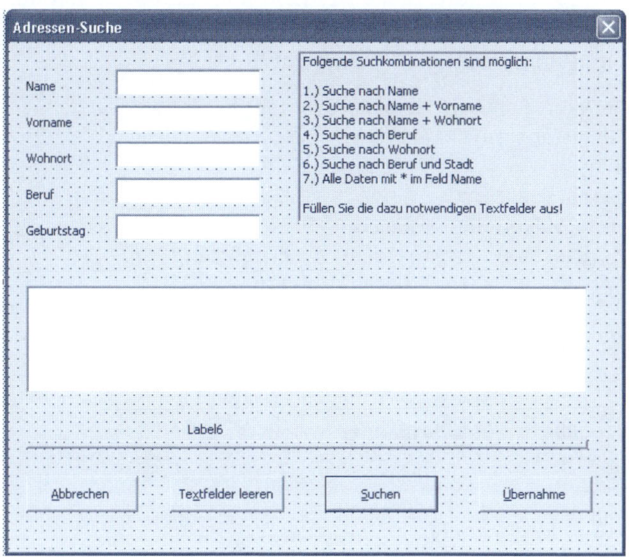

Abb. 10.1: Die Userform für die Datensuche

Diese Datenmaske enthält vier Texteingabefelder, mit denen diverse Suchen durchgeführt werden können. Möglich sind folgende Suchoptionen:

- Die Eingabe des Stern-Symbols im Feld NAME listet im Listenfeld alle Datensätze auf.
- Suche nach dem Namen. Dabei wird lediglich das Feld NAME ausgefüllt.
- Suche nach Name und Vorname. Beide Felder müssen hierzu ausgefüllt werden.
- Suche über Name und Wohnort. Hier erfolgt eine Eingabe von Suchbegriffen in den Feldern NAME und WOHNORT.
- Suche nach Beruf. Hier darf nur im Feld BERUF ein Suchbegriff eingegeben werden.
- Suche nach Beruf und Wohnort. Suchen Sie beispielsweise einen Metzger in Hamburg und füllen Sie dazu beide Felder aus.
- Suche nach Wohnort: Hier werden alle Personen aus einer Stadt gesucht.

10.2.3 Standardaufgaben beim Starten der Userform durchführen

Im Listenfeld werden alle gefundenen Personen aufgelistet. Dabei wird das Listenfeld von Beginn an mehrspaltig eingerichtet und die Spaltenbreiten werden definiert. Diese Aufgabe können Sie gleich beim Öffnen der Userform durchführen lassen. Dazu setzen Sie das Userform-Ereignis `Initialize` ein, wie in Listing 10.2 dargestellt.

Listing 10.2: Bestimmte Aufgaben beim Starten der Userform ausführen

```
Private Sub UserForm_Initialize()
'Userform initialisieren

 With UserForm1
  .ListBox1.ColumnCount = 5
  .ListBox1.ColumnWidths = "80;80;60;70;70"
  .CommandButton1.Default = True
  .TextBox1.SetFocus
  .Label6.Visible = False
  .Label6.Caption = ""
  .Label6.ForeColor = RGB(0, 0, 255)
  .Label6.Font.Bold = True
 End With

End Sub
```

Über die Eigenschaft `ColumnCount` wird angegeben, wie viele Spalten im Listenfeld angelegt werden sollen. Mithilfe der Eigenschaft `ColumnWidth` werden dann die Spaltenbreiten festgelegt. Damit die Schaltfläche SUCHEN beim Drücken der Taste [↵] automatisch gedrückt wird, setzen Sie die Eigenschaft `Default` dieser Schaltfläche auf den Wert `True`.

10.2.4 Bezeichnungsfeld definieren

Standardmäßig wir der Mauszeiger gleich beim Starten der Userform im ersten Textfeld (NAME) positioniert. Über ein Bezeichnungsfeld wird später dargestellt, wie viele Datensätze gefunden wurden. Indem der Eigenschaft `Visible` der Wert `False` zugewiesen wird, bleibt das Feld zu Beginn verborgen. Eine Beschriftung des Bezeichnungsfelds kann über die Eigenschaft `Caption` erfolgen. Die Farbe des Textes wird über die Eigenschaft `ForeColor` und die Funktion `RGB` definiert. Die Funktion `RGB` mischt sich die Farbe aus den drei Komponenten Rot, Grün, Blau zusammen. Mit der Eigenschaft `Bold` und dem Wert `True` wird die Schrift mit dem Schriftschnitt FETT dargestellt.

10.2.5 Access-Datenbank anlegen

Bevor die eigentliche Programmierung beginnt, sollte eine Access-Datenbank (ADRESSEN.MDB) angelegt werden. Gestalten Sie die Access-Datentabelle nach dem Vorbild aus Abbildung 10.2 und speichern Sie diese unter dem Namen ADRESSEN im gleichen Verzeichnis wie Ihre Excel-Arbeitsmappe.

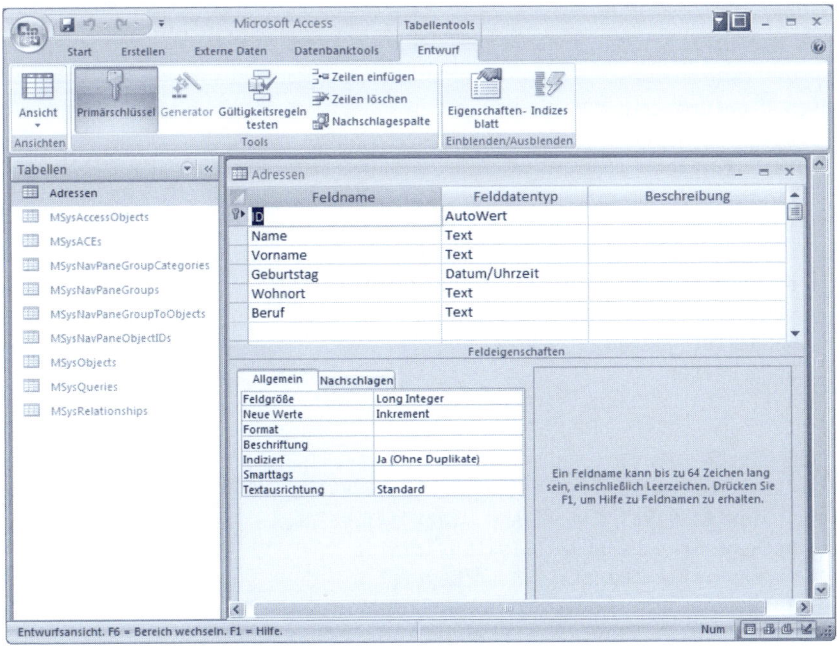

Abb. 10.2: Die Access-Tabelle zur Ablage der Daten

10.2.6 Die Suchfunktionen

Die diversen Suchfunktionen werden über die Schaltfläche SUCHEN ausgeführt. Alternativ kann auch die Tastenkombination [Alt]+[s] hierfür hinterlegt werden. Über die Eigenschaft `Accelerator` lässt sich der Buchstabe hinterlegen, der auch Bestandteil des Schaltflächentextes sein sollte. In diesem Fall wird dieser dann automatisch unterstrichen. Markieren Sie die Schaltfläche und hinterlegen Sie im Eigenschaftenfenster unter `Accelerator` den Buchstaben, über den in Verbindung mit der Taste [Alt] die Schaltfläche per Shortcut ausgeführt werden soll.

Übernehmen Sie nun den Code aus Listung 10.3 direkt hinter die Schaltfläche SUCHEN.

Listing 10.3: Die unterschiedlichen Suchfunktionen

```
Private Sub CommandButton1_Click()
'Daten in Access-Datenbank suchen und übergeben

Dim AccApp As Object
Dim conn As New ADODB.Connection
Dim rst As ADODB.Recordset
Dim strBegriff As String
Dim strBegriff2 As String
Dim intZ As Integer
Dim BSchalter As Boolean

 intZ = 0
 BSchalter = False

With UserForm1
'Listenfeld löschen
 .ListBox1.Clear

 'Alle Datensätze
 If .TextBox1.Value = "*" Then
   strBegriff = ""
   strBegriff = "Name='" & strBegriff & "'"
   BSchalter = True
   GoTo weiter
 End If

'Suche nach Beruf
 If .TextBox4.Value <> "" And .TextBox1.Value = "" _
 And .TextBox2.Value = "" And .TextBox3.Value = "" Then
   strBegriff = UserForm1.TextBox4.Value
   strBegriff = "Beruf='" & strBegriff & "'"
 End If
```

```
'Suche nach Beruf und Stadt
 If .TextBox4.Value <> "" And .TextBox1.Value = "" _
 And .TextBox2.Value = "" And .TextBox3.Value <> "" Then
   strBegriff = UserForm1.TextBox4.Value
   strBegriff2 = UserForm1.TextBox3.Value
   strBegriff = "Beruf='" & strBegriff & "' and Wohnort='" & _
   strBegriff2 & "'"
 End If

 'Suche nach Name
 If .TextBox1.Value <> "" And .TextBox2.Value = "" _
 And .TextBox3.Value = "" And .TextBox4.Value = "" Then
   strBegriff = UserForm1.TextBox1.Value
   strBegriff = "Name='" & strBegriff & "'"
 End If

'Suche nach Name und Vorname
 If .TextBox1.Value <> "" And .TextBox2.Value <> "" _
 And .TextBox3.Value = "" And .TextBox4.Value = "" Then
   strBegriff = UserForm1.TextBox1.Value
   strBegriff2 = UserForm1.TextBox2.Value
   strBegriff = "Name='" & strBegriff & _
      "' and Vorname='" & strBegriff2 & "'"
 End If

'Suche nach Stadt
 If .TextBox4.Value = "" And .TextBox1.Value = "" _
 And .TextBox2.Value = "" And .TextBox3.Value <> "" Then
   strBegriff = UserForm1.TextBox3.Value
   strBegriff = "Wohnort='" & strBegriff & "'"
 End If

'Suche nach Name und Wohnort
 If .TextBox1.Value <> "" And .TextBox2.Value = "" _
 And .TextBox3.Value <> "" And .TextBox4.Value = "" Then
   strBegriff = UserForm1.TextBox1.Value
   strBegriff2 = UserForm1.TextBox3.Value
   strBegriff = "Name='" & strBegriff & _
     "' and Wohnort='" & strBegriff2 & "'"
 End If

 'Felder nicht ausgefüllt
 If .TextBox1.Value = "" And .TextBox2.Value = "" _
 And .TextBox3.Value = "" And .TextBox4.Value = "" Then
  MsgBox "Sie müssen die Suchkriterien noch angeben!", _
          vbExclamation
  .TextBox1.SetFocus
  Exit Sub
 End If

End With
```

```
weiter:
Set AccApp = CreateObject("Access.Application")
'AccApp.Visible = True
Set rst = New ADODB.Recordset
conn.Open "Provider=Microsoft.Jet.OLEDB.4.0; " & _
"Data source=" & ThisWorkbook.Path & "\Adressen.mdb;"

'Tabelle öffnen und abfragen
If BSchalter = False Then
 rst.Open _
"Select * FROM Adressen where (" & strBegriff & ")", _
          conn, adOpenKeyset, adLockOptimistic
Else
 rst.Open _
"Select * FROM Adressen", conn, adOpenKeyset, _
        adLockOptimistic
End If

'Gefundene Sätze in mehrspaltiges Listenfeld einfügen
 With UserForm1
 Do Until rst.EOF
   .ListBox1.AddItem rst!Name
   .ListBox1.Column(1, intZ) = rst!Vorname
   .ListBox1.Column(2, intZ) = rst!Geburtstag
   .ListBox1.Column(3, intZ) = rst!Wohnort
   .ListBox1.Column(4, intZ) = rst!Beruf
   intZ = intZ + 1
  rst.MoveNext
 Loop

 If .ListBox1.ListCount = 0 Then
 .Label6.Caption = "Keine Datensätze gefunden!"
 Else
 .Label6.Caption = .ListBox1.ListCount &  _
         " Datensätze gefunden!"
 End If
 .Label6.Visible = True
 End With

rst.Close
AccApp.Quit
Set rst = Nothing
Set conn = Nothing

End Sub
```

Zu Beginn werden einige Variablen sowie die Objektvariablen für den Zugriff auf die Access-Datentabelle über ADO definiert. Vor jeder neuen Suche wird das Listenfeld über die Methode `Clear` gelöscht und die Zählvariable `intZ` auf den Wert `0` gesetzt. Mit dieser Zählvariable werden später die einzelnen Spalten des mehrspaltigen Listenfelds angesprochen. Die boolesche

Variable `BSchalter` wird standardmäßig auf den Wert `False` gesetzt. Der Wert `True` ergibt sich, wenn Sie einen Stern in das Feld Name eingeben und danach die Schaltfläche Suchen klicken. In diesem Fall findet keine Suche statt, sondern es werden alle Datensätze der Access-Datentabelle in das Listenfeld eingelesen.

In den nachfolgenden Zeilen wird ermittelt, welche Suche durch den Anwender auf Basis seiner Eingabe gewünscht ist. Je nachdem, welche Felder mit Suchkriterien ausgefüllt wurden, wird ein Suchbegriff aus einem bzw. aus zwei einzelnen Feldern zusammengesetzt und später dann an die SELECT-Anweisung übergeben. Innerhalb dieses zusammengesetzten Suchbegriffs muss der Feldnamen des jeweiligen Access-Datentabellenfelds mit angegeben werden.

Mithilfe der Funktion `CreateObject` wird ein neues Access-Objekt erstellt. Die Zeile `AccApp.Visible = True` ist im Listing als Kommentar hinterlegt worden. Wenn Sie diese Zeile aktivieren, erkennen Sie, dass ein Access-Objekt erstellt wird, d.h., Microsoft Access wird dabei geöffnet und ist sichtbar (`Visible=true`). Standardmäßig bleibt Microsoft Access aber im Hintergrund (`Visible=False`), damit der Anwender von dem Zugriff auf die Access-Datentabelle nichts mitbekommt.

Über die Methode `Open` öffnen Sie die Datenbank Adressen.mdb. Gleichzeitig wird eine SQL-Abfrage durchgeführt, die auf Basis des vorher zusammengesetzten Suchbegriffs stattfindet. Für den Fall, dass vorher im Feld Name ein Stern eingegeben wurde, genügt es, den SELECT-Befehl ohne weitere Argumente einzusetzen.

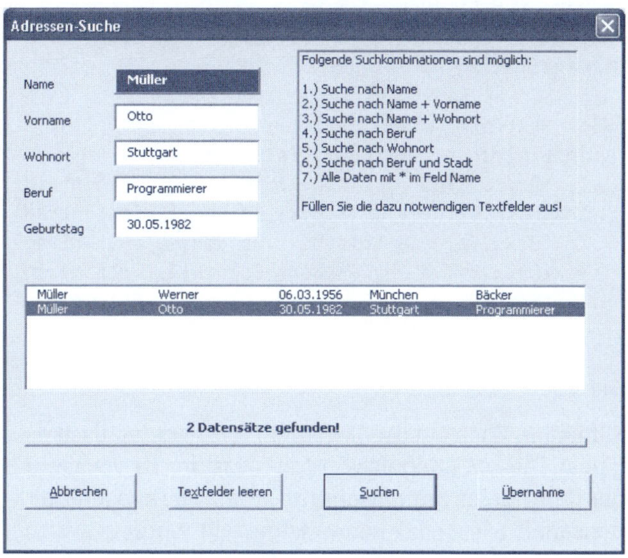

Abb. 10.3: Die gefundenen Personen werden im Listenfeld angezeigt.

Alle gefundenen Adressen werden nun im RecordSet-Objekt DBS zur Verfügung gestellt und können dort direkt abgefragt werden. Übertragen werden diese Informationen in das Listenfeld mithilfe der Methode AddItem. Über die Eigenschaft Column kann nun jede einzelne Spalte des mehrspaltigen Listenfelds gefüllt werden. Über die Methode MoveNext wird das jeweils nächste gefundene Element im RecordSet eingestellt. So werden alle Elemente nach und nach ins Listenfeld übertragen, bis die Bedingung EOF (End of File) zutrifft. Konnten keine Datensätze über die Suche ermittelt werden, dann bleibt das Listenfeld leer. Dabei liefert die Eigenschaft ListCount den Wert 0, was eine Beschriftung des Bezeichnungsfelds »Keine Datensätze gefunden« bewirkt. Ansonsten wird im Bezeichnungsfeld die Anzahl der gefundenen Datensätze angegeben. Über die Eigenschaft Visible=True wird das Bezeichnungsfeld eingeblendet.

Im Anschluss daran wird die Access-Datentabelle über die Methode Close geschlossen und die Access-Anwendung mit der Methode Quit beendet. Die Objektverweise werden über das Schlüsselwort Nothing aufgehoben, um reservierten Arbeitsspeicher wieder freizugeben.

10.2.7 Den Klick aufs Listenfeld auswerten

Wenn Sie auf einen der gefundenen Datensätze im Listenfeld klicken, dann sollen diese Daten automatisch in die oberen Textfelder übernommen werden (siehe Abbildung 10.3). Dazu können die Einträge direkt aus dem mehrspaltigen Listenfeld der Userform entnommen und in die Textfelder eingelesen werden.

Listing 10.4: Listbox-Einträge in Textfelder übertragen

```
Private Sub ListBox1_Click()
'Daten aus Listenfeld in Textfelder übertragen
Dim intEintrag As Integer

 With UserForm1
   intEintrag = .ListBox1.ListIndex
  .TextBox1.Value = .ListBox1.Column(0, intEintrag)
  .TextBox2.Value = .ListBox1.Column(1, intEintrag)
  .TextBox4.Value = .ListBox1.Column(4, intEintrag)
  .TextBox3.Value = .ListBox1.Column(3, intEintrag)
  .TextBox5.Value = .ListBox1.Column(2, intEintrag)
 End With

End Sub
```

Mit jedem Klick auf das Listenfeld wird automatisch das Ereignis Click ausgelöst. Diesem Ereignis wurden in Listing 10.4 weitere Befehle zugewiesen, die dann beim Ereigniseintritt zusätzlich ausgeführt werden. Über die Eigenschaft ListIndex kann festgestellt werden, welcher Eintrag im Listenfeld gerade angeklickt wurde. Dabei liefert der erste Eintrag im Listenfeld den Index 0! Mithilfe der Eigenschaft `Column` greifen Sie direkt auf die einzelnen Spalten zu und übertragen die Inhalte über die Eigenschaft `Value` in die dazugehörigen Textfelder.

10.2.8 Der besseren Übersichtlichkeit wegen

Beim Verlassen eines Textfelds bzw. beim Aktivieren eines Textfelds werden die beteiligten Textfelder dynamisch formatiert. So bekommt ein Textfeld beim Aktivieren eine rote Hintergrundfarbe, die Schriftfarbe wird auf Weiß gesetzt und das Feld somit optisch hervorgehoben. Dazu werden zwei Makros benötigt, die Sie aus Listing 10.5 entnehmen können.

Listing 10.5: Dynamisches Hervorheben von Textfeldern

```
Sub FeldAktiv()

 With UserForm1
  .ActiveControl.BackColor = RGB(255, 0, 0)
  .ActiveControl.ForeColor = RGB(255, 255, 255)
  .ActiveControl.Font.Bold = True
  .ActiveControl.SpecialEffect = fmSpecialEffectRaised
 End With
End Sub


Sub FeldDeaktiv()

With UserForm1
 .ActiveControl.BackColor = RGB(255, 255, 255)
 .ActiveControl.ForeColor = RGB(0, 0, 0)
 .ActiveControl.Font.Bold = False
 .ActiveControl.SpecialEffect = fmSpecialEffectSunken
End With

End Sub
```

Über die Eigenschaft `BackColor` lässt sich der Hintergrund eines Textfelds ansprechen. Mithilfe der Funktion `RGB` können Sie die gewünschte Farbe zusammenmischen. Die Farbe Rot hat dabei das Rot-Grün-Blau-Verhältnis `RGB(255, 0, 0)`. Da standardmäßig die schwarze Schriftfarbe verwendet wird und diese auf rotem Grund etwas schwer zu lesen ist, passen Sie die Schriftfarbe auf Weiß an per Farbenmischung `RGB(255, 255, 255)`. Zusätzlich soll der Text des Felds im Schriftschnitt FETT dargestellt werden, indem der Eigenschaft `Bold` den Wert `True` zugewiesen wird. Einen räumlichen Effekt kann man über Eigenschaft `SpecialEffect` erzielen, indem dieser die Konstante `fmSpecialEffectRaised` zugewiesen wird.

Beim Verlassen eines Textfelds müssen diese Einstellungen wieder zurückgesetzt werden (siehe Listing 10.5, Makro `FeldDeaktiv`).

Die beiden Makros aus Listing 10.5 müssen jetzt den Textfeldereignissen `Enter` (= beim Aktivieren) bzw. `Exit` (= beim Verlassen) zugewiesen werden. Exemplarisch sehen Sie diese Zuweisung in Listing 10.6.

Listing 10.6: Beim Betreten bzw. beim Verlassen von Feldern die entsprechenden Aktionen auslösen

```
Private Sub TextBox1_Enter()

  FeldAktiv

End Sub


Private Sub TextBox1_Exit _
(ByVal Cancel As MSForms.ReturnBoolean)

  FeldDeaktiv

End Sub
```

10.2.9 Textfelder leeren

Zusätzlich wird die Userform mit einer weiteren Funktion bestückt. Über eine Schaltfläche soll es möglich sein, alle Textfelder sowie das Listenfeld von Einträgen zu säubern. Den Code für diese Aufgabe sehen Sie in Listing 10.7.

Listing 10.7: Textfelder und Listenfeld initialisieren

```
Private Sub CommandButton4_Click()
'Textfelder + Listenfeld leeren
Dim tb As Control

With UserForm1

For Each tb In .Controls

 If TypeName(tb) = "TextBox" Then
    tb.Value = ""
 End If

Next tb

.ListBox1.Clear
.Label6.Caption = ""
.Label6.Visible = False

End With

End Sub
```

In einer Schleife werden alle einzelnen Steuerelemente der Userform nacheinander angesprochen. Innerhalb der Schleife wird überprüft, ob es sich bei dem jeweiligen Element um ein Textfeld handelt. Bei dieser Prüfung wird die Funktion TypeName verwendet, wobei Sie bei der Prüfung auf die korrekte Schreibweise von TextBox achten müssen. Diese Funktion unterscheidet zwischen Groß- und Kleinschreibung.

Um das Listenfeld zurückzusetzen, müssen nicht die einzelnen Einträge gelöscht werden, sondern über die Methode Clear wird der komplette Inhalt des Listenfelds gelöscht.

10.2.10 Übernahme der Daten in eine Excel-Tabelle

Wurden Daten aus Access gefunden und im Listenfeld eingelesen, dann können die Daten des markierten Datensatzes im Listenfeld in ein Tabellenblatt FORMULAR übertragen werden. Dazu starten Sie die Prozedur aus Listing 10.8.

Listing 10.8: Daten in Excel-Tabelle übernehmen

```
Private Sub CommandButton3_Click()
'Übernahme der Daten in das Formular
Dim intEintrag As Integer

With UserForm1

 If .ListBox1.ListIndex = -1 Then
  MsgBox "Bitte einen Eintrag im Listenfeld markieren!"
 Else
  intEintrag = .ListBox1.ListIndex
  Sheets("Formular").Range("C6").Value = _
  .ListBox1.Column(0, intEintrag)
  Sheets("Formular").Range("C8").Value = _
  .ListBox1.Column(1, intEintrag)
  Sheets("Formular").Range("C10").Value = _
  .ListBox1.Column(2, intEintrag)
  Sheets("Formular").Range("C12").Value = _
 .ListBox1.Column(3, intEintrag)
  Sheets("Formular").Range("C14").Value = _
 .ListBox1.Column(4, intEintrag)
 End If

End With

End Sub
```

Da die Daten in der Excel-Tabelle immer an derselben Position eingefügt werden, können Sie den markierten Listbox-Eintrag direkt in diese Zellen über eine Zuweisung »entleeren«.

Abb. 10.4: Übernahme der Daten in eine Excel-Tabelle

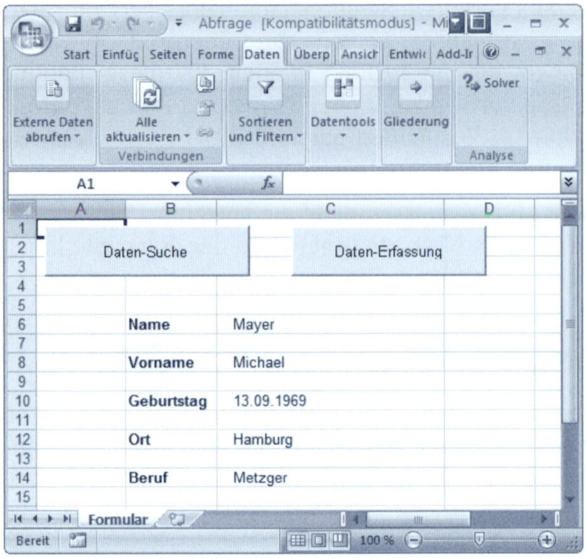

10.2.11 Der Datenexport aus Excel

Als nächste Aufgabe führen Sie einen Datenexport aus Excel bzw. einen Datenimport in die Access-Datentabelle durch. Hierfür werden neue Daten über die USERFORM2 eingegeben und per Klick direkt in die im Hintergrund liegende Access-Tabelle geschrieben. Dazu wird die Userform aus Abbildung 10.5 eingesetzt und die Prozedur aus Listing 10.9 ausgeführt.

Abb. 10.5: Datenerfassung in Excel – Speicherung in Access

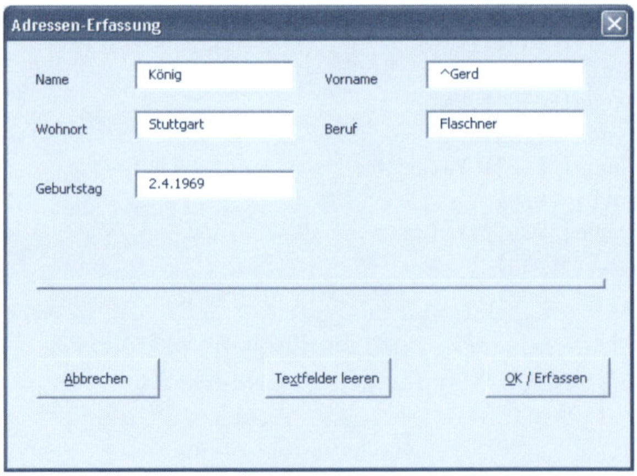

Listing 10.9: Daten aus Excel direkt in Access speichern

```
Private Sub CommandButton2_Click()
'Daten zurückschreiben
Dim AccApp As Object
Dim conn As New ADODB.Connection
Dim DBS As ADODB.Recordset

Set AccApp = CreateObject("Access.Application")
Set DBS = New ADODB.Recordset
conn.Open "Provider=Microsoft.Jet.OLEDB.4.0; " & _
"Data source=" & ThisWorkbook.Path & "\Adressen.mdb;"

DBS.Open "Adressen", conn, adOpenKeyset, adLockOptimistic

DBS.AddNew

With UserForm2

 DBS!Name = .TextBox1.Value
 DBS!Vorname = .TextBox2.Value
 DBS!Wohnort = .TextBox3.Value
 DBS!Beruf = .TextBox4.Value
 DBS!Geburtstag = .TextBox5.Value
 DBS.Update
 .Label5.Visible = True
 .Label5.Caption = "Satz erfasst!"
 DBS.Close

End With

AccApp.Quit
Set DBS = Nothing
Set conn = Nothing

End Sub
```

Auch in diesem Beispiel muss zuerst ein Access-Objekt über die Funktion `CreateObject` erstellt sowie die Datenbank und die Datentabelle über die Methode `Open` geöffnet werden. Mithilfe der Methode `AddNew` wird ein neuer, noch leerer Satz am Ende der Access-Datentabelle angehängt. Dieser Satz wird danach gefüllt. Dabei werden die Inhalte der Textfelder direkt in die Datenbankfelder geschrieben. Allerdings wird erst mit dem Einsatz der Methode `Update` der neue Satz endgültig angelegt. Zum Abschluss werden, wie bereits vorher beschrieben, die Datentabelle geschlossen, die Access-Applikation beendet sowie die Objektverweise aufgehoben.

10.2.12 Datenbankabfrage durchführen

Es bleiben noch zwei Aufgaben übrig:

- Wie können die drei ältesten Personen ermittelt werden?
- Wie kann der Name des »Juniors« abfragt werden?

Beide Fragen werden durch das Listing 10.10 beantwortet. Die Prozeduren werden direkt hinter die Befehlsschaltflächen gelegt, die vorher über die Symbolleiste STEUERELEMENT-TOOLBOX ausgewählt wurden.

Listing 10.10: Eine Datenbankabfrage starten

```
Sub CommandButton1_Click()
'Den Ältesten finden
Dim AccApp As Object
Dim conn As New ADODB.Connection
Dim rst As ADODB.Recordset
Dim intZ As Integer
Dim ArrPersonName(2) As Variant
Dim ArrPersonVorname(2) As Variant
Dim ArrDatum(2) As Variant

Set AccApp = CreateObject("Access.Application")
Set rst = New ADODB.Recordset
conn.Open "Provider=Microsoft.Jet.OLEDB.4.0; " & _
"Data source=" & ThisWorkbook.Path & "\Adressen.mdb;"

rst.CursorLocation = adUseClient
rst.Open "Adressen", conn, adOpenKeyset, adLockOptimistic
rst.Sort = "Geburtstag Asc"

 For intZ = 0 To 2

   ArrPersonName(intZ) = rst!Name
   ArrPersonVorname(intZ) = rst!Vorname
   ArrDatum(intZ) = rst!Geburtstag
   rst.MoveNext

 Next intZ

 MsgBox "Die älteste Person heißt " & ArrPersonVorname(0) _
 &  " " & ArrPersonName(0) & " und ist am " & _
 ArrDatum(0) & " geboren!" & vbLf & vbLf & _
 "Die zweit-älteste Person heißt " & ArrPersonVorname(1) _
 & " " & ArrPersonName(1) & " und ist am " & _
 ArrDatum(1) & " geboren!" & vbLf & vbLf & _
 "Die dritt-älteste Person heißt " & _
 ArrPersonVorname(2) & " " & ArrPersonName(2) & _
 " und ist am " & ArrDatum(2) & " geboren!", _
  vbInformation, "Alters-Check"
```

```
 rst.Close
 AccApp.Quit
 Set rst = Nothing
 Set conn = Nothing

End Sub


Private Sub CommandButton4_Click()
'Die jüngste Person finden
Dim AccApp As Object
Dim conn As New ADODB.Connection
Dim rst As ADODB.Recordset
Dim StrPersonName As String
Dim StrPersonVorname As String
Dim DatPerson As Date

Set AccApp = CreateObject("Access.Application")
Set rst New ADODB.Recordset
conn.Open "Provider=Microsoft.Jet.OLEDB.4.0; " & _
"Data source=" & ThisWorkbook.Path & "\Adressen.mdb;"

rst.CursorLocation = adUseClient
rst.Open "Adressen", conn, adOpenKeyset, adLockOptimistic
rst.Sort = "Geburtstag Desc"

StrPersonName = rst!Name
StrPersonVorname = rst!Vorname
DatPerson = rst!Geburtstag

MsgBox "Die jüngste Person heißt " & StrPersonVorname & _
" " & StrPersonName & " und ist am " & DatPerson & _
 " geboren!", vbInformation, "Junior-Check"

rst.Close
AccApp.Quit
Set rst = Nothing
Set conn = Nothing

End Sub
```

Beim jeweiligen Öffnen der Datentabelle wird eine Sortierung eingestellt und dabei werden im ersten Makro die ersten drei Datensätze, im zweiten Makro der erste Datensatz abgegriffen, in einem Datenfeld gespeichert und dann am Bildschirm dargestellt.

10.3 Access und Outlook

Access und das Internet haben einige Berührungspunkte, wie zum Beispiel das Verschicken von E-Mails direkt aus Access heraus. Dazu müssen Sie nicht extra Ihr E-Mail-Programm starten, eine Datenbank anhängen, die Empfänger festlegen und die E-Mail-Nachricht abschicken. Sämtliche Aufgaben können Sie auch direkt in Access erledigen.

10.3.1 Outlook bereits gestartet?

Im ersten Beispiel zum Zusammenspiel von Access mit Outlook schreiben Sie die Funktion aus Listing 10.11, über die Sie feststellen können, ob Outlook bereits gestartet ist.

Listing 10.11: Es wird geprüft, ob Outlook bereits geöffnet ist.

```
Function OutlookOffen() As Boolean
Dim OutApp As Object

On Error Resume Next
Set OutApp = GetObject(, "Outlook.Application")

 If Err.Number = 0 Then
    OutlookOffen = True
 Else
    OutlookOffen = False
 End If

End Function
```

Verwenden Sie die `GetObject`-Funktion für den Zugriff auf die Objektbibliothek von Outlook und weisen Sie das Objekt einer Objektvariablen zu. Verwenden Sie die `Set`-Anweisung, um das von `GetObject` zurückgegebene Objekt der Objektvariablen zuzuweisen. Ist dieser Vorgang erfolgreich, dann meldet das Objekt `Err` den Wert `0`. In diesem Fall ist Outlook bereits gestartet. Als Rückgabewert geben Sie daher den Wert `True` an die aufrufende Prozedur aus Listing 10.12 zurück.

Listing 10.12: Outlook starten oder nicht

```
Sub StartOutlook()
Dim OutApp As Object
Dim objOrdner As Object
Dim objNameSpace As Object

 If OutlookOffen = False Then
    Set OutApp = CreateObject("Outlook.Application")
    Set objNameSpace = OutApp.GetNamespace("MAPI")
    Set objOrdner = objNameSpace.GetDefaultFolder(olFolderInbox)
    objOrdner.Display
 End If

End Sub
```

In der Prozedur aus Listing 10.12 wurde das Late-Binding durchgeführt und einige Objektvariablen wurden deklariert. Meldet die Funktion `OutlookOffen` den Rückgabewert `False`, dann ist Outlook noch nicht geöffnet. In diesem Fall wenden Sie die Funktion `CreateObject` an, um ein Outlook-Objekt zu erstellen. Danach haben Sie Zugriff auf alle Methoden und Eigenschaften des Objekts. Geben Sie im Anschluss daran über die Methode `GetNameSpace` das Mapi-Protokoll an und definieren Sie über die Methode `GetDefaultFolder` den Ordner, den Sie anzeigen möchten.

Da in diesem Beispiel der Posteingangsordner angezeigt werden soll, geben Sie als Argument der Methode `GetDefaultFolder` die Konstante `olFolderInbox` an. Mithilfe der Eigenschaft `Display` können Sie danach den Posteingangsordner anzeigen.

Weitere Ordner können Sie aus der folgenden Tabelle 10.1 ablesen.

Tabelle 10.1: Die wichtigsten Ordner von Outlook

Konstante	**Ordner**
`olFolderCalendar`	Kalender
`olFolderContacts`	Kontakte
`olFolderDeletedItems`	Gelöschte Objekte
`olFolderDrafts`	Entwürfe
`olFolderInbox`	Posteingangsordner
`olFolderJournal`	Journal
`olFolderNotes`	Notizen
`olFolderOutbox`	Postausgangsordner
`olFolderSentMail`	Ordner Gesendete Objekte
`olFolderTasks`	Aufgaben
`olFolderJunk`	Junk-E-Mails

10.3.2 Mail-Adressen aus Outlook auslesen (Early-Binding)

Im nächsten Beispiel aus Listing 10.13 werden Sie alle Namen, Vornamen und E-Mail-Adressen aus Ihrem Kontaktordner von Outlook auslesen und im Direktfenster der Entwicklungsumgebung ausgeben.

Damit es beim Zugriff auf die Kontakte in Outlook zu keinen Problemen kommt, binden Sie in der Entwicklungsumgebung von Access die Bibliothek MICROSOFT OUTLOOK 10.0 OBJECT LIBRARY für Outlook 2002 bzw. MICROSOFT OUTLOOK 11.0 OBJECT LIBRARY für Outlook 2003 bzw. MICROSOFT OUTLOOK 12.0 OBJECT LIBRARY für Outlook 2007 im Menü EXTRAS über den Befehl VERWEISE ein.

Listing 10.13: E-Mail-Adressen auslesen

```
Sub MailAdressenAuslesen()
Dim outArbeitsVerz As Object
Dim OutlN As New Outlook.Application
Dim objKon As Object
Dim intz As Integer
Dim strName As String
Dim strVorname As String
Dim strMail As String

On Error GoTo fehler
 Set outArbeitsVerz = _
 OutlN.GetNamespace("MAPI").GetDefaultFolder(olFolderContacts)

For intz = 1 To outArbeitsVerz.Items.Count

   Set objKon = outArbeitsVerz.Items(intz)
   strName = objKon.LastName
   strVorname = objKon.FirstName
   strMail = objKon.Email1Address
   Debug.Print strVorname & ", " & strName & "; " & strMail

Next intz

Set objKon = Nothing
Set OutlN = Nothing
Exit Sub

fehler:
  MsgBox Err.Number & " " & Err.Description

End Sub
```

Über die Methode `GetDefaultFolder` können Sie auf den Kontaktordner von Outlook zugreifen. Danach ermitteln Sie über die Funktion `Count`, wie viele Kontakte in diesem Ordner erfasst sind. Mithilfe einer Schleife ermitteln Sie den Nachnamen, Vornamen sowie die E-Mail-Adresse der jeweiligen Kontaktperson und schreiben diese Informationen über die Anweisung `Debug.Print` in das Direktfenster der Entwicklungsumgebung.

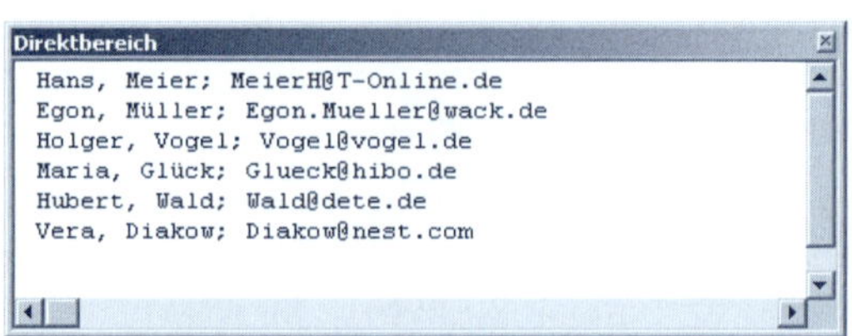

Abb. 10.6: Die E-Mail-Adresse wurde ausgelesen.

10.3.3 Kontaktdaten nach Outlook übertragen

Beim nächsten Beispiel liegen Kontaktdaten in einer Access-Tabelle vor. Diese Tabelle hat folgenden Aufbau.

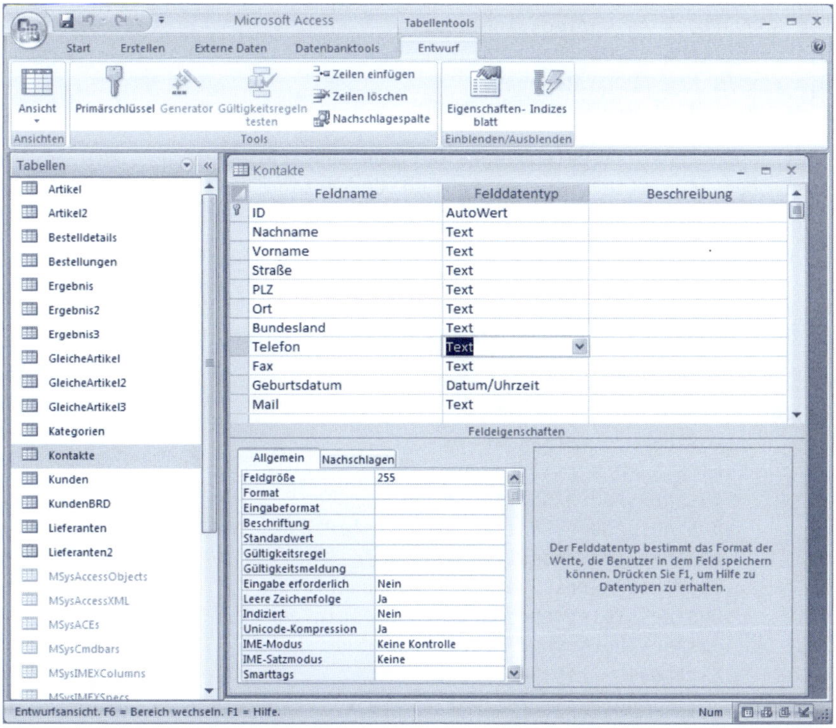

Abb. 10.7: Die Kontakttabelle in Access

Erfassen Sie jetzt einmal exemplarisch einen Datensatz in der Tabelle KONTAKTE.

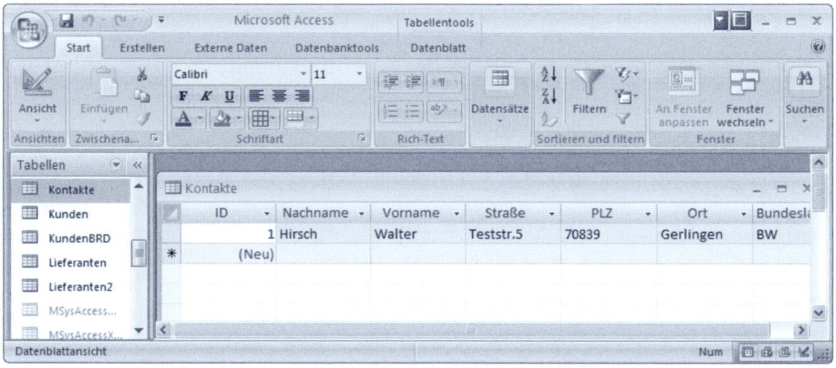

Abb. 10.8: Dieser Kontakt soll zunächst übertragen werden.

Die Aufgabe besteht nun darin, die in der Tabelle KONTAKTE enthaltenen Adressen in den Kontaktordner von Outlook zu transferieren. Binden Sie vor dem Start des Makros aus Listing 10.14 die Objektbibliothek Microsoft Outlook ein.

Listing 10.14: Kontaktdaten von Access nach Outlook übertragen

```
Sub KontakteVonAccessInOutlookÜbertragen()
Dim appOutLook As Outlook.Application
Dim conoutlook As Outlook.ContactItem
Dim rst As New ADODB.Recordset
Dim intz As Integer

 Set appOutLook = CreateObject("Outlook.Application.12")
 rst.Open "Kontakte", CurrentProject.Connection
 intz = 0

On Error GoTo fehler

Do While Not rst.EOF
   Set conoutlook = appOutLook.CreateItem(olContactItem)
   conoutlook.Display

    With conoutlook
        .LastName = rst!Nachname
        .FirstName = rst!Vorname
        .BusinessAddressStreet = rst!Straße
        .BusinessAddressPostalCode = rst!PLZ
        .BusinessAddressCity = rst!Ort
        .BusinessAddressState = rst!Bundesland
        .BusinessTelephoneNumber = rst!Telefon
        .BusinessFaxNumber = rst!Fax
        .Birthday = rst!Geburtsdatum
        .Email1Address = rst!Mail
        .Save
        intz = intz + 1
        rst.MoveNext

    End With

    Loop

    MsgBox "Es wurden " & intz & " Kontakte übertragen!"
    DBS.Close

    Set conoutlook = Nothing
    Set appOutLook = Nothing
    Exit Sub

fehler:
  MsgBox Err.Number & " " & Err.Description

 End Sub
```

Definieren Sie im ersten Schritt zwei Objektvariablen für Outlook. Die eine Variable `AppOutlook` gibt Ihnen die Möglichkeit, das Mailing-Programm direkt über VBA-Befehle anzusprechen. Die zweite Objektvariable `conoutlook` wählen Sie, um später auf den Kontaktordner von Outlook zugreifen zu können.

Setzen Sie danach die Funktion `CreateObject` ein, um einen Verweis auf die Outlook-Bibliothek zu setzen. Dabei bedeutet die Zahl 12, dass Outlook 2007 gemeint ist und 11, dass Outlook 2003 gemeint ist. Outlook 2002 weist die Zahl 10 auf. Möchten Sie mit Outlook 2000 arbeiten, tragen Sie hier die Zahl 9 ein. Haben Sie Outlook 97 noch im Einsatz, dann lassen Sie die Zahl weg.

Öffnen Sie im nächsten Schritt Ihre Access-Tabelle KONTAKTE über die Methode `Open`. Setzen Sie danach eine Schleife auf, die so lange durchlaufen wird, bis der letzte Datensatz in der Tabelle abgearbeitet wurde. Damit Satz für Satz verarbeitet werden kann, müssen Sie daran denken, am Ende der Schleife die Methode `MoveNext` einzusetzen.

Mithilfe der Methode `CreateItem` erstellen Sie ein neues Outlook-Objekt. Welches Outlook-Objekt Sie genau brauchen, können Sie über eine Konstante festlegen. Dabei stehen Ihnen folgende Konstanten zur Verfügung:

- `olAppointmentItem`: Mithilfe dieser Konstante fügen Sie einen neuen Termin in Ihrem Terminkalender ein.
- `olContactItem`: Über diese Konstante können Sie einen neuen Kontakt erstellen.
- `olDistributionListItem`: Erstellt einen Eintrag in der Verteilerliste von Outlook.
- `olJournalItem`: Dabei erstellen Sie einen neuen Journaleintrag.
- `olMailItem`: Hierbei können Sie einen neuen E-Mail-Eintrag erzeugen.
- `olNoteItem`: Über diese Konstante legen Sie eine neue Notiz an.
- `olPostItem`: Über diese Konstante können Sie eine E-Mail verschicken.
- `olTaskItem`: Über diese Konstante fügen Sie einen neuen Eintrag in Ihrer Aufgabenliste hinzu.

Für unser Beispiel erstellen Sie also einen Kontakteintrag und verwenden daher die Konstante `olContactItem`. Damit wird der Kontakt angelegt und wartet auf seine Befüllung. Übertragen Sie die einzelnen Datenfelder aus Ihrer Access-Tabelle, indem Sie folgende Eigenschaften verwenden:

Tabelle 10.2: Einige Angaben zur Kontaktperson

Eigenschaft	Bedeutung
`LastName`	Nachname der Kontaktperson
`Firstname`	Vorname der Kontaktperson
`BusinessAddressStreet`	Straße der Kontaktperson (Arbeitsplatz).
`BusinessAddressPostalCode`	Postleitzahl des Arbeitgebers
`BusinessAddressCity`	Geschäftssitz (Ort)
`BusinessAddressState`	Bundesland des Arbeitsgebers
`BusinessTelephoneNumber`	Geschäftliche Telefonnummer
`BusinessFaxNumber`	Faxnummer vom Arbeitsplatz
`Birthday`	Geburtstag der Kontaktperson
`Email1Address`	E-Mail-Adresse der Kontaktperson

Selbstverständlich gibt es noch weitere Infos, die Sie in Outlook im Kontaktordner speichern können. Diese finden Sie in der Online-Hilfe von Outlook.

Wenn Sie alle Informationen in den Outlook-Kontakt übertragen haben, verwenden Sie die Methode `Save`, um den Kontakt im Kontaktordner zu speichern. Um am Ende der Prozedur ausgeben zu können, wie viele Kontakte übertragen wurden, addieren Sie die Zählvariable `intz` nach jedem Schleifendurchlauf um den Wert 1. Wurden alle Datenbankfelder der Tabelle KONTAKTE abgearbeitet, wird die Schleife verlassen. Geben Sie am Ende der Prozedur in einer Bildschirmmeldung die Anzahl der übertragenen Adressen aus. Vergessen Sie nicht, die Verweise auf die Outlook-Objekte zu entfernen, um den reservierten Arbeitsspeicher wieder freizugeben.

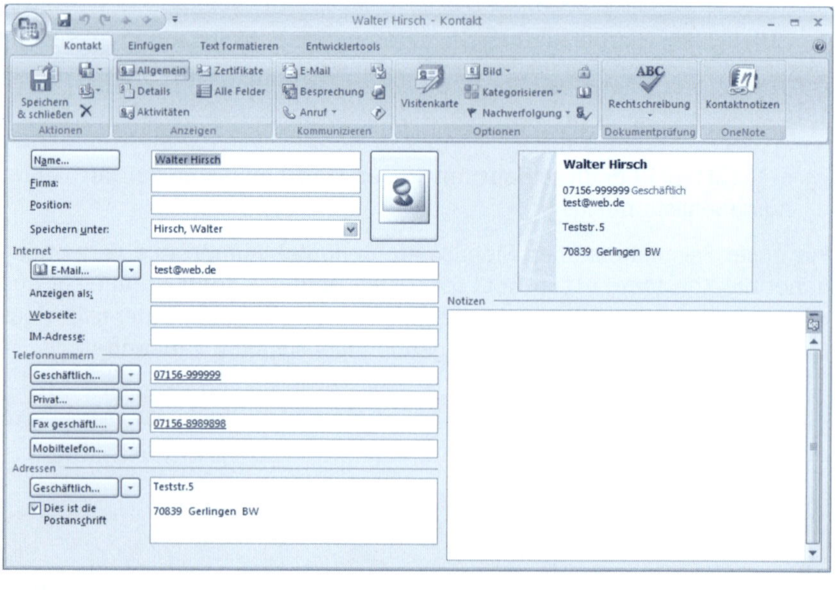

Abb. 10.9: Der Kontakt kam in Outlook richtig an.

10.3.4 Kontaktdaten von Outlook importieren

Das folgende Beispiel aus Listing 10.15 stellt den gerade umgekehrten Vorgang wie gerade beschrieben dar. Dabei werden alle Kontaktdaten aus Outlook in die Access-Tabelle KONTAKTE geschrieben. Als Ausgangs-Kontaktordner liegt der Ordner aus Abbildung 10.10 vor.

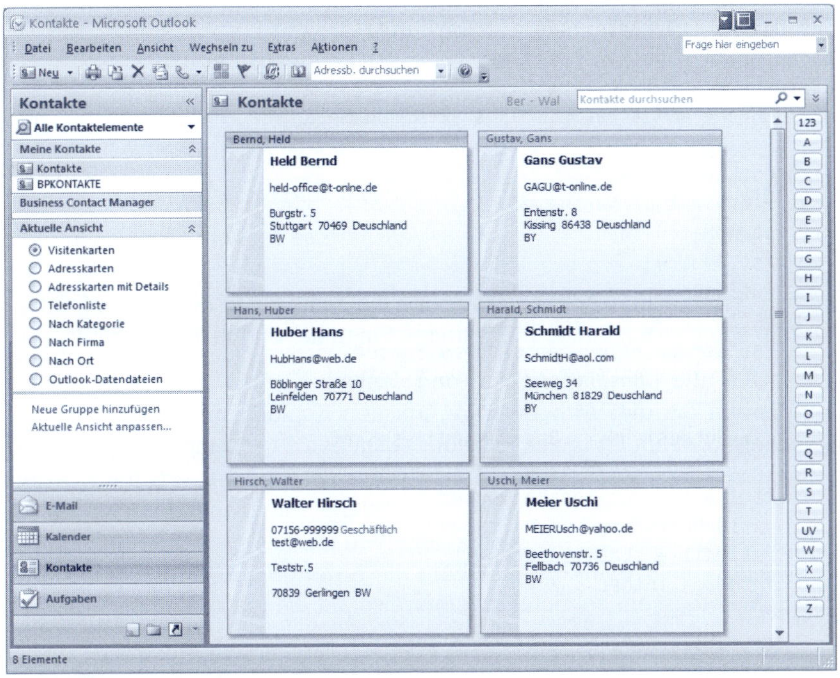

Abb. 10.10: Diese Kontakte sollen in eine Access-Tabelle übertragen werden.

Listing 10.15: Kontaktdaten aus Outlook nach Access transferieren

```
Sub KontakteAusOutlookÜbernehmen()
Dim OutlN As Object
Dim OutArbeitsverz As Object
Dim OutKon As Object
Dim rst As Recordset
Dim CONN As Database
Dim intz As Integer
Dim intNeu As Integer
Dim intUpd As Integer
Dim strNachname As String
Dim strVorname As String

intz = 0
intNeu = 0
intUpd = 0
```

```
Set CONN = CurrentDb
Set rst = CONN.OpenRecordset("Kontakte", dbOpenDynaset)

Set OutIN = CreateObject("Outlook.application.12")
Set OutArbeitsverz = _
OutIN.GetNamespace("MAPI").GetDefaultFolder(olFolderContacts)

For intz = 1 To OutArbeitsverz.Items.Count
Set OutKon = OutArbeitsverz.Items(intz)
strNachname = OutKon.LastName
strVorname = OutKon.FirstName
strNachname = "Nachname = '" & strNachname & "'"

With OutKon
 rst.FindFirst strNachname
 If rst.NoMatch Then
     rst.AddNew
     rst!Nachname = .LastName
     rst!Vorname = .FirstName
     rst!Straße = .BusinessAddressStreet
     rst!PLZ = .BusinessAddressPostalCode
     rst!Ort = .BusinessAddressCity
     rst!Bundesland = .BusinessAddressState
     rst!Telefon = .BusinessTelephoneNumber
     rst!Fax = .BusinessFaxNumber
     rst!Geburtsdatum = .Birthday
     rst!Mail = .Email1Address
     intNeu = intNeu + 1
  Else
     If rst!Vorname = strVorname Then
     rst.Edit
     rst!Straße = .BusinessAddressStreet
     rst!PLZ = .BusinessAddressPostalCode
     rst!Ort = .BusinessAddressCity
     rst!Bundesland = .BusinessAddressState
     rst!Telefon = .BusinessTelephoneNumber
     rst!Fax = .BusinessFaxNumber
     rst!Geburtsdatum = .Birthday
     rst!Mail = .Email1Address
     intUpd = intUpd + 1
     Else
     rst.AddNew
     rst!Nachname = .LastName
     rst!Vorname = .FirstName
     rst!Straße = .BusinessAddressStreet
     rst!PLZ = .BusinessAddressPostalCode
     rst!Ort = .BusinessAddressCity
     rst!Bundesland = .BusinessAddressState
```

```
      rst!Telefon = .BusinessTelephoneNumber
      rst!Fax = .BusinessFaxNumber
      rst!Geburtsdatum = .Birthday
      intNeu = intNeu + 1
      End If
   End If

End With

rst.Update

Next intz

MsgBox "Datentransfer erfolgreich beendet! " & vbLf & _
 "Es wurden " & intNeu & " Sätze angelegt, " & vbLf & _
 "Es wurden " & intUpd & " Sätze upgedatet!"
rst.Close

Set OutKon = Nothing
Set OutArbeitsverz = Nothing
Set OutlN = Nothing
Exit Sub

fehler:
  MsgBox Err.Number & " " & Err.Description

End Sub
```

Die Prozedur aus Listing 10.15 ermittelt zuerst, wie viele Kontakte im Outlook-Kontaktordner angelegt sind. In Abhängigkeit davon wird eine Schleife durchlaufen, die alle Kontakte aus der lokalen Outlook-Datei (OUTLOOK.PST) in die zentrale Access-Kontakttabelle überträgt. Dabei wird geprüft, ob der zu übertragende Satz sich bereits in der Access-Kontakttabelle befindet. Als Prüfkriterium wird der Name herangezogen, welcher in der Variablen `strNachname` zwischengespeichert wird. Mit der `FindFirst`-Methode wird der erste Datensatz in der Tabelle gesucht, welcher dem Kriterium entspricht. Wird kein zutreffender Satz gefunden, gibt die Eigenschaft `NoMatch` den Wert `True` zurück. In diesem Fall muss der komplette Kontakt aus Outlook in die Access-Kontakttabelle übernommen werden. Liefert die Eigenschaft `NoMatch` hingegen den Wert `False` zurück, entspricht das Suchkriterium NAME einem bereits angelegten Namen. Nun ist zu prüfen, ob der VORNAME aus Outlook mit dem Vornamen in der Kontakttabelle übereinstimmt. Wenn dem so ist, darf kein neuer Satz angelegt werden, sondern lediglich der bereits bestehende Satz ein Update erfahren. Als update-bare Informationen sind hier die Felder STRASSE, PLZ, ORT, BUNDESLAND, TELEFON und FAX vorgesehen. Das Update wird eingeleitet über die Methode `Edit`, welche den aktuellen Datensatz aus dem aktualisierbaren `Recordset`-Objekt in den

Kopierpuffer kopiert, damit er anschließend bearbeitet werden kann. Jetzt werden die einzelnen Informationen übertragen.

Stimmt hingegen der vorher in der Variablen `strVorname` gespeicherte Vorname nicht mit dem Outlook-VORNAMEN überein, muss der Satz in der Kontakttabelle neu angelegt werden. Dies geschieht über die Methode `AddNew`. Gleich danach werden alle Kontaktfelder aus Outlook in den Kopierpuffer hineinkopiert.

Egal, ob es sich um ein Update oder eine Neuanlage handelt – erst die Methode `Update` sorgt dafür, dass der Inhalt des Kopierpuffers letztendlich in den Datensatz geschrieben wird. Für den Update-Fall sowie für den Neuanlagefall werden zwei verschiedene Zähler verwendet, welche am Ende des Datenaustauschs am Bildschirm ausgegeben werden. Um den Speicher am Ende wieder freizugeben, verwenden Sie das Schlüsselwort `Nothing`. Damit heben Sie die Verbindung der Objektvariablen zu den zugehörigen Objekten wieder auf.

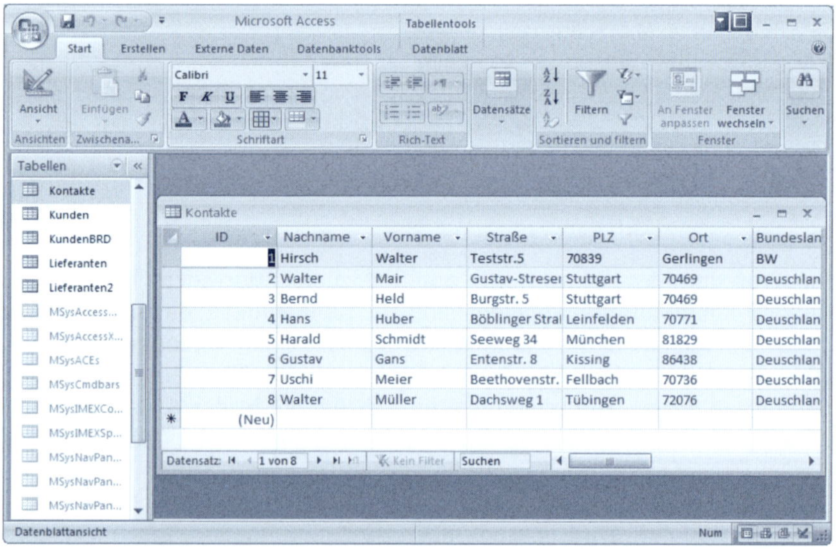

Abb. 10.11: Kontakte wurden erfolgreich übertragen.

10.4 Access und Word

Möchten Sie Daten von Access nach Word übertragen, können Sie im ersten Schritt die Methoden `CreateObject` und `GetObject` einsetzen. So rufen Sie Ihre Textverarbeitung Word auf. Dabei prüfen Sie mithilfe der Funktion `GetObject`, ob Word bereits gestartet ist (für Word 2007 müssen Sie die Versionsnummer 12, für Word 2003 die Versionsnummer 11 angeben, für

Word 2002 gilt die 10 und für Word 2000 die 9). Wenn nicht, bekommen Sie eine Fehlernummer 429 zurück, die besagt, dass die Objektkomponente nicht verfügbar ist. In diesem Fall erstellen Sie über die Funktion CreateObject einen Verweis auf Word.

10.4.1 Ist Word bereits gestartet?

Als erstes Beispiel für das Zusammenspiel von Access und Word schreiben Sie die Funktion Listing 10.16, die überprüft, ob Word bereits gestartet ist. Dabei muss die Word-Bibliothek unter EXTRAS/VERWEISE als Voraussetzung eingebunden sein.

Listing 10.16: Ist Microsoft Word bereits gestartet?

```
Function WordOffen() As Boolean
Dim WordApp As Word.Application

On Error Resume Next
Set WordApp = GetObject(, "Word.Application")

 If Err.Number = 0 Then
   WordOffen = True
 Else
   WordOffen = False
 End If

End Function
```

Verwenden Sie die GetObject-Funktion für den Zugriff auf die Objektbibliothek von Word und weisen Sie das Objekt einer Objektvariablen zu. Verwenden Sie die Set-Anweisung, um das von GetObject zurückgegebene Objekt der Objektvariablen zuzuweisen. Ist dieser Vorgang erfolgreich, dann meldet das Objekt Err den Wert 0. In diesem Fall ist Word bereits gestartet. Als Rückgabewert geben Sie daher den Wahrheitswert True an die aufrufende Prozedur aus Listing 10.17 zurück.

Listing 10.17: Word wird gestartet.

```
Sub StartWord()
Dim WordApp As Object

 If WordOffen = False Then
  Set WordApp = CreateObject("Word.Application")
  WordApp.Documents.Add
  WordApp.Visible = True
 End If

End Sub
```

In der Prozedur aus Listing 10.17 wurde das Late-Binding durchgeführt und die Objektvariable WordApp deklariert. Meldet die Funktion WordOffen den Rückgabewert False, dann ist Word noch nicht geöffnet. In diesem Fall wenden Sie die Funktion `CreateObject` an, um ein Word-Objekt zu erstellen. Danach haben Sie Zugriff auf alle Methoden und Eigenschaften des Objekts. Geben Sie im Anschluss daran über die Methode `Add` des Objekts `Documents` an, um ein neues Dokument einzufügen. Wenden Sie danach die Eigenschaft `Visible` an, um die Applikation anzuzeigen.

10.4.2 Access-Tabelle in ein Dokument übertragen

Im nächsten Beispiel soll die Access-Tabelle Artikel in ein neues Word-Dokument eingefügt werden. Dabei soll in Word eine neue leere Tabelle eingefügt werden, die danach mit den einzelnen Datenfeldern aus der Datenbanktabelle gefüllt wird. Die etwas längere Prozedur für diese Aufgabe sehen Sie in Listing 10.18.

Listing 10.18: Access-Tabelle in ein Dokument übertragen – Variante 1

```
Sub AccessTabelleNachWord()
Dim WordObj As Object
Dim WordDoc As Object
Dim intPos As Object
Dim WordTab As Object
Dim rst As New ADODB.Recordset
Dim intz As Integer

On Error GoTo fehler
rst.Open "Artikel", CurrentProject.Connection

Set WordObj = GetObject(, "Word.Application.12")
If Err.Number = 429 Then
    Set WordObj = CreateObject("Word.Application.12")
    Err.Number = 0
End If

WordObj.Visible = True

Set WordDoc = WordObj.Documents.Add

With WordObj.Selection
   .TypeText Text:="Artikelliste aus : " & CurrentProject.Name
    .TypeParagraph
    .TypeText Text:="vom  " & Format(Now(), "dd-mmm-yyyy")
    .TypeParagraph
End With

Set intPos = WordDoc.Range(Start:=0, End:=0)
Set WordTab = WordDoc.Tables.Add(Range:=intPos, NumRows:=80,
NumColumns:=6)
```

```
With WordTab
 .Cell(1, 1).Range.Text = "Artikelname"
 .Cell(1, 2).Range.Text = "Liefereinheit"
 .Cell(1, 3).Range.Text = "Einzelpreis"
 .Cell(1, 4).Range.Text = "Mindestbestand"
 .Cell(1, 5).Range.Text = "Lagerbestand"
 .Cell(1, 6).Range.Text = "Bestellte Einheiten"
End With
intz = 2

Do Until rst.EOF

With WordTab
   .Cell(intz, 1).Range.Text = rst!Artikelname
   .Cell(intz, 2).Range.Text = rst!Liefereinheit
   .Cell(intz, 3).Range.Text = rst!Einzelpreis
   .Cell(intz, 4).Range.Text = rst!Mindestbestand
   .Cell(intz, 5).Range.Text = rst!Lagerbestand
   .Cell(intz, 6).Range.Text = rst!BestellteEinheiten
   intz = intz + 1
   rst.MoveNext
End With

Loop

WordDoc.SaveAs "c:\Artikel.doc"
WordDoc.Close

Set WordObj = Nothing
Set WordDoc = Nothing
Set WordTab = Nothing
Exit Sub

fehler:
  MsgBox Err.Number & " " & Err.Description
End Sub
```

Legen Sie im ersten Schritt aus Listing 10.18 die benötigten Objektvariablen an. Unter anderem brauchen Sie ein Objekt, um die Textverarbeitung Word zu verwalten, und eines, um das neue Dokument darin ansprechen zu können. Für Ihre Access-Datentabelle benötigen Sie ein `Recordset`-Objekt, über das Sie alle Sätze in der Tabelle ARTIKEL programmiertechnisch bearbeiten können. Nachdem Sie Ihre Tabelle sowie die Textverarbeitung Word mithilfe der Methode `Open` bzw. `CreateObject` gestartet haben, machen Sie die Word-Anwendung sichtbar. Dazu setzen Sie die Eigenschaft `Visible` auf den Wert `True`.

Mithilfe der Methode `Add` fügen Sie jetzt ein neues, noch leeres Dokument ein. Damit Sie später dieses neue Dokument weiterverarbeiten können, speichern Sie dieses in der Objektvariablen `WordDoc`.

Sie haben jetzt eine Mischung aus Access- und Word-VBA-Befehlen. Unterscheiden können Sie diese, indem Sie immer das anführende Objekt ansehen. `WordObj`, `WordDoc` und `WordTab` beinhalten die Word-VBA-Befehle, das Objekt `dbs` beinhaltet alle Access-VBA-Befehle.

Mithilfe der Word-Eigenschaft `Selection` können Sie einen markierten Bereich oder eine Einfügestelle im Dokument angeben. Über die Methode `TypeText` können Sie an der Einfügestelle einen beliebigen Text einfügen. Das Access-Objekt `CurrentProject` in Verbindung mit der Eigenschaft Name gibt Auskunft darüber, woher die Daten stammen, die übertragen werden sollen. Nach dem Einfügen des Textes fügen Sie einen leeren Absatz ein und geben danach das formatierte Tagesdatum aus.

Fügen Sie jetzt eine neue Tabelle in Ihr Dokument ein. Dazu müssen Sie vorher die aktuelle Position im Dokument bestimmen, wo die neue Tabelle eingefügt werden soll. Diese Information speichern Sie in der Objektvariablen `IntPos`. Mithilfe der Methode `Add`, die Sie auf das Objekt `Tables` anwenden, fügen Sie Ihre neue Tabelle in das Dokument ein.

Die Methode `Add` zum Einfügen einer Tabelle hat folgende Syntax:

```
Add(Bereich, AnzahlZeilen, AnzahlSpalten Standardtabellen-
verhalten, AutoAnpassen)
```

Unter dem Argument `Bereich` geben Sie die genaue Einfügeposition der Tabelle bekannt.

Im Argument `AnzahlZeilen` legen Sie die Anzahl der Zeilen fest, die in der Tabelle enthalten sein sollen.

Das Argument `AnzahlSpalten` legt die Anzahl der Spalten fest, die in der Tabelle enthalten sein sollen.

Mithilfe des Arguments `Standardtabellenverhalten` können Sie entscheiden, ob sich die Zellengröße in der Tabelle automatisch ändert, wenn zu viele Zeichen in eine Zelle übertragen werden. Standardmäßig ist diese Einstellung über die Konstante `wdWord9TableBehavior` aktiviert und kann daher auch weggelassen werden. Möchten Sie, dass sich die Zellgröße nicht ändert, dann verwenden Sie die Konstante `wdWord8TableBehaviour`.

Im letzten Argument `AutoAnpassen` legen Sie die Regeln für das AUTOANPASSEN der Zellen fest, nach denen die Größe von Tabellen in Word geändert wird. Dies kann eine der folgenden `WdAutoFitBehavior`-Konstanten sein: `wdAutoFitContent`, `wdAutoFitFixed` oder `wdAutoFitWindow`. Wenn `DefaultTableBehavior` auf `wdWord8TableBehavior` gesetzt ist, wird dieses Argument ignoriert.

Um die Tabelle elegant ansprechen zu können, bilden Sie die Objektvariable `WordTab` und speichern in ihr die erste Tabelle in Ihrem Dokument.

In einer anschließenden Schleife wird die Access-Tabelle ARTIKEL durchlaufen und die einzelnen Feldinhalte werden in die dafür vorgesehenen Zellen der Word-Tabelle übertragen. Setzen Sie für diese Aufgabe das Word-Objekt `Cell` ein. Dieses Objekt erwartet einen Wert, der die jeweilige Zeile identifiziert sowie einen Wert für die Spalte. Mit dem Objekt `Range` ist die Zellenfläche der einzelnen Tabellenzelle gemeint, welche Sie über die Eigenschaft `Text` füllen können. Als Text setzen Sie dabei natürlich die einzelnen Datenfelder Ihrer Access-Tabelle ein. Addieren Sie bei jedem eingelesenen Satz die Zählvariable `intz`, die für die Zeile steht, um den Wert 1 zu erhöhen.

Vergessen Sie nicht, am Ende der Schleife den Zeiger über die Methode `MoveNext` auf den nächsten Datensatz in der Artikeltabelle zu setzen, da Sie sonst eine Endlosschleife produzieren.

Über die Methode `SaveAs` speichern Sie das Dokument im angegebenen Verzeichnis. Die Methode `Close` schließt im Anschluss daran das Dokument.

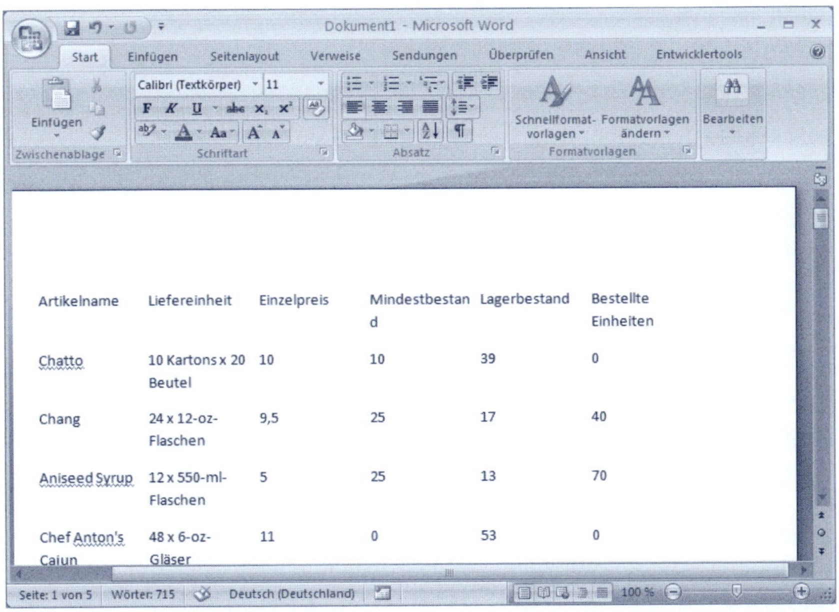

Abb. 10.12: Die Access-Tabelle wurde erfolgreich übertragen.

Eine weitere sehr komfortable Art und Weise, eine Tabelle in ein Word-Dokument zu transferieren, können Sie verwenden, wenn Sie die Methode `OutPutTo` einsetzen. Bei dieser Methode wird Ihnen der komplette Datentransfer weitestgehend abgenommen. Dabei wird die komplette Access-Tabelle übertragen.

Im folgenden Beispiel aus Listing 10.19 wird die Tabelle ARTIKEL als Word-Dokument ausgegeben.

Listing 10.19: Eine Access-Tabelle in ein Dokument übertragen – Variante 2

```
Sub TabelleNachWordTranferieren()
On Error GoTo fehler
DoCmd.OutputTo acOutputTable, "Artikel", acFormatRTF, _
"C:\Eigene Dateien\Artikel2.doc", True
Exit Sub

fehler:
 MsgBox Err.Number & " " & Err.Description
End Sub
```

Mit der Methode `OutputTo` können Sie die Daten in einem bestimmten Microsoft Access-Datenbankobjekt (einem Datenblatt, einem Formular, einem Bericht, einem Modul oder einer Datenzugriffsseite) in verschiedenen Formaten ausgeben. Dabei lautet die Syntax dieser Methode wie folgt:

```
OutputTo(ObjectType, ObjectName, OutputFormat, OutputFile,
AutoStart, TemplateFile)
```

Über das Argument `ObjectType` legen Sie die Art des Access-Objekts fest, dessen Daten Sie exportieren möchten.

Dabei haben Sie folgende Möglichkeiten.

- `acOutputForm`: Export der Daten eines Formulars
- `acOutputFunction`: Export einer Funktion zur Sicherung
- `acOutputModule`: Export eines kompletten Moduls inkl. aller Funktionen und Makros
- `acOutputQuery`: Export der Ergebnisse eine Abfrage
- `acOutputReport`: Export eines Berichts
- `acOutputServerView`: Export einer Serveransicht
- `acOutputStoredProcedure`: Export einer gespeicherten Prozedur
- `acOutputTable`: Export einer Tabelle

Beim Argument `ObjectName` geben Sie den Namen des Objekts an, das Sie exportieren möchten.

10.5 Access und Internet Explorer

Auch der Internet Explorer kann von Access aus gesteuert werden. Um die Objekte, Methoden und Eigenschaften des Internet Explorers vorab einmal anzusehen, binden Sie in der Entwicklungsumgebung die Bibliothek MICRO-

SOFT INTERNET CONTROLS ein. Rufen Sie danach die Objektbibliothek über die Taste F2 auf und wählen Sie aus dem Kombinationsfeld den Eintrag SHDocVw aus.

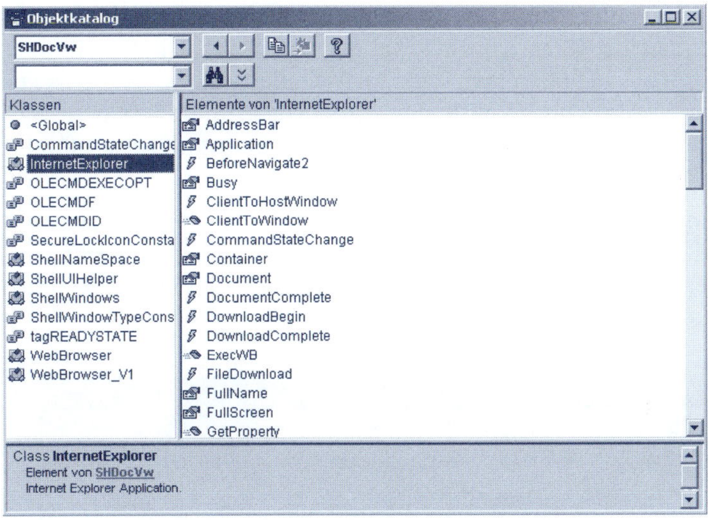

Abb. 10.13: Alle verfügbaren Befehle des Internet Explorers

10.5.1 Eine Diashow programmieren

Im folgenden Beispiel aus Listing 10.20 wird ein Verzeichnis nach Grafikdateien durchsucht. Diese werden im Abstand von ein paar Sekunden im Internet Explorer ähnlich einer Dia-Show angezeigt.

Listing 10.20: Eine Dia-Show im Internet Explorer durchführen

```
Declare Sub Sleep Lib "Kernel32.dll" (ByVal SchlafZeit As Long)

Sub InternetExplorer()
Dim IE As New InternetExplorer
Dim strVerzName As String
Dim strDatei As String

IE.Visible = True

    strVerzName = "C:\Temp\"
    strDatei = Dir(strVerzName & "*.jpg")

    Do While strDatei <> ""
       IE.Navigate "c:\Temp\" & strDatei
       Sleep 2000
       strDatei = Dir
    Loop
```

```
IE.Quit
Set IE = Nothing

End Sub
```

Erstellen Sie zunächst ein neues Internet-Explorer-Objekt über die Deklaration `Dim IE as New InternetExplorer`. Danach haben Sie automatisch Zugriff auf alle Methoden und Eigenschaften, die dieses Objekt standardmäßig anbietet. Danach weisen Sie der Eigenschaft `Visible` den Wert `True` zu, um den Internet Explorer anzuzeigen. Im nächsten Schritt führen Sie eine Suche mithilfe der Funktion `Dir` durch.

Innerhalb der `For Next`-Schleife wenden Sie die Methode `Navigate` an, um das jeweilige Bild in den Internet Explorer zu laden. Bevor jetzt das nächste Bild im Internet Explorer angezeigt wird, wird eine Pause von 2000 Millisekunden eingelegt. Diese Pause wird über die API-Funktion `Sleep` realisiert.

Abb. 10.14: Die Diashow über den Internet Explorer

Stichwortverzeichnis

... aktuelles Fachwissen rund um die Uhr – zum Probelesen, Downloaden oder auch auf Papier.

www.InformIT.de

InformIT.de, Partner von **Markt+Technik**, ist unsere Antwort auf alle Fragen der IT-Branche.

In Zusammenarbeit mit den Top-Autoren von Markt+Technik, absoluten Spezialisten ihres Fachgebiets, bieten wir Ihnen ständig hochinteressante, brandaktuelle Informationen und kompetente Lösungen zu nahezu allen IT-Themen.

wenn Sie mehr wissen wollen ... **www.InformIT.de**

So geht Web 2.0!

Jetzt lerne ich AJAX ist ein Einsteigerbuch der neueren Generation: Editieren und Programmierung werden in einem Zug gelehrt. Vom Leser wird dabei keinerlei Vorwissen verlangt - nach der Dosis der über 300 Seiten, von denen keine verzichtbar ist, wird dieser sich aber wahrscheinlich kaum noch wiedererkennen: Dieses Wissens-Paket macht auch aus dem unbedarftesten Online-User einen gewandten Meister der Source Codes und des Web 2.0.

Ralph Steyer
ISBN 978-3-8272-4225-9
24.95 EUR [D]

Start ohne Vorwissen! Mit den Büchern aus der Reihe „Jetzt lerne ich" bekommen Sie einen praktischen und verständlichen Einstieg in professionelle Computerthemen.
Mehr auf www.mut.de

Markt+Technik

Trimm-dich-Pfad für Excel-VBA!

Auf den ersten Blick werden Sie bei dem technisch sehr ausgereiften Programm Excel kaum etwas vermissen. Mit VBA-Makros können Sie aber tägliche Routinearbeiten automatisieren und Excel um eigene Funktionen erweitern - und so zukünftig jede Menge Zeit sparen. Dieses Buch zeigt Ihnen Schritt für Schritt, wie Sie mit der Programmiersprache Visual Basic for Application (VBA) solche Makros für Excel in den Versionen 97 bis 2007 erstellen: von der Programmierung von Zellen, Zeilen und Spalten über Tabellen und Arbeitsmappen bis zur Erstellung eigener Dialoge.

Bernd Held
ISBN 978-3-8272-4120-7
19.95 EUR [D]

Start ohne Vorwissen! Mit den Büchern aus der Reihe „Jetzt lerne ich“ bekommen Sie einen praktischen und verständlichen Einstieg in professionelle Computerthemen.
Mehr auf www.mut.de

Markt+Technik

Sie werden staunen!

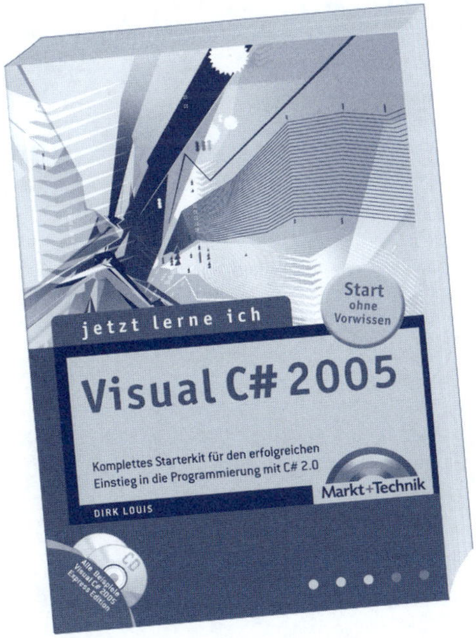

Der leichte Einstieg! Dirk Louis erklärt in diesem Buch von Grund auf alles, was C#-Programmierer beim Umgang mit Visual C# 2005 berücksichtigen müssen. Als erfolgreicher Autor v.a. auch zum Thema Visual C++ kennt er die Fragen, mit denen sich Programmierer bzw. Leser herumschlagen. Die Antworten darauf weiß er überaus locker zu vermitteln. Die Beispiele sind immer aus dem Leben gegriffen und leicht verständlich erläutert.

Dirk Louis
ISBN 978-3-8272-6374-2
24.95 EUR [D]

Start ohne Vorwissen! Mit den Büchern aus der Reihe „Jetzt lerne ich" bekommen Sie einen praktischen und verständlichen Einstieg in professionelle Computerthemen.
Mehr auf www.mut.de

Markt+Technik